스프링4 입문

Spring

입문

스프링4 입문 웹 애플리케이션의 기초부터 클라우드 네이티브 입문까지

초판 1쇄 발행 2017년 11월 01일
초판 2쇄 발행 2019년 02월 22일

지은이 하세가와 유이치, 오오노 와타루, 토키 코헤이 / **옮긴이** 권은철, 전민수 / **펴낸이** 김태헌
펴낸곳 한빛미디어(주) / **주소** 서울시 서대문구 연희로2길 62 한빛미디어(주) IT출판부
전화 02-325-5544 / **팩스** 02-336-7124
등록 1999년 6월 24일 제10-1779호 / **ISBN** 979-11-6224-021-2 93000

총괄 전태호 / **책임편집** 이상복 / **기획 · 편집** 이미연
디자인 표지 최연희 내지 김연정 / **교정 · 조판** 박혜림
영업 김형진, 김진불, 조유미 / **마케팅** 송경석, 김나예, 이행은 / **제작** 박성우, 김정우

이 책에 대한 의견이나 오탈자 및 잘못된 내용에 대한 수정 정보는 한빛미디어(주)의 홈페이지나 아래 이메일로
알려주십시오. 잘못된 책은 구입하신 서점에서 교환해 드립니다. 책값은 뒤표지에 표시되어 있습니다.

한빛미디어 홈페이지 www.hanbit.co.kr / 이메일 ask@hanbit.co.kr

지금 하지 않으면 할 수 없는 일이 있습니다.
책으로 펴내고 싶은 아이디어나 원고를 메일(writer@hanbit.co.kr)로 보내주세요.
한빛미디어(주)는 여러분의 소중한 경험과 지식을 기다리고 있습니다.

스프링4
Spring

입문

한빛미디어
Hanbit Media, Inc.

지은이 소개

하세가와 유이치 長谷川裕一

1964년 도쿄 출신. '우리다운 일을 해 보자'라는 목표로 2007년 10월에 독립해 Starlight & Storm LLC(http://www.starlight-storm.com/)를 설립했습니다. 세상에는 불합리한 것도 많지만, 엔지니어의 신념에 따라 불합리한 일은 거부하고 있으며, 앞으로도 신념을 지켜나갈 생각입니다. 그런데 업무도 물론 중요하지만, 이제부터는 아내 님을 잘 모셔서 언제까지나 행복하게 살고 싶습니다.

오오노 와타루 大野渉

1976년 도야마현 다카오카시 출신. Starlight & Storm의 멤버로서 주로 기업 연수 및 기술 지원을 담당합니다. 객체 지향 설계 및 자바 오픈소스 프레임워크를 기본으로 한 애플리케이션 아키텍처 구축에 강점이 있습니다. 2008년에 결혼해 올해 드디어 염원하던 '우리집'을 손에 넣었습니다. 요즘은 미래에 대해 이것저것 생각하고는 합니다.

토키 코헤이 土岐孝平

1976년 미야자키 출신. 대학에서 정보 공학을 전공했지만, 졸업 후에는 어느 캐주얼 숍의 판매원이 됐습니다. 다음 해에 상경해 IT 세계에 합류했습니다. 비효율적인 개발 현장을 다수 겪으며 교육과 컨설팅의 중요성을 통감해, 현재는 자바 관련 교육 및 컨설팅에 종사하고 있습니다. 집에서 작업하는 일이 많고, 텔레비전 같은 유혹은 이겨낼 수 있게 됐지만 충동적으로 골프 연습장에 가기도 합니다.

옮긴이 소개

권은철 ksfool@gmail.com

2002년 일본으로 건너가 개발자를 거쳐 아키텍트로 활동했고, 2007년 라쿠텐에 입사해 현재까지 근무하고 있습니다. 초창기에는 서비스를 담당하며 WebLogic과 Coherence를 전문으로 하는 미들웨어 엔지니어이자 아키텍트로 활동했습니다. 이때 쌓은 시스템 경험을 바탕으로 사내 클라우드 플랫폼 및 무정지 오퍼레이션을 설계했습니다. 이 시스템은 Mastering DevOps with Oracle에 Best Practice로 소개됐으며, 오라클 이노베이션 어워드를 2회 수상했습니다. 현재는 엔지니어이자 E-Commerce 코어 플랫폼 그룹의 매니저로, 여러 개발 프로젝트를 리드하면서 외부 발표도 하는 등 매우 바쁜 나날을 보내고 있습니다.

전민수 minsoo.jun75@gmail.com

2006년에 라쿠텐에 입사해서 현재 프린시플 아키텍트로 근무하고 있습니다. 라쿠텐 트라벨에서 새로운 시스템의 검증이나 튜닝을 주업무로 하며, 웹 검색 전문 그룹의 매니저도 겸하고 있습니다. 2016년 팟캐스트 '나는 프로그래머다'의 나프콘과 Tech Planet 2016에서 프로세스와 검색 시스템을 주제로 발표했습니다.

제가 처음으로 자바/웹 애플리케이션과 인연을 맺게 된 것은 1997년경입니다. 그 당시 저는 C++로 개발하고 있었는데, 포인터라든지 메모리 누수와 같은 문제로 이런저런 고민이 많았습니다. 그래서 그러한 문제를 해소시킨 자바의 사양에 매력을 느꼈고, 처음에는 여가 시간을 이용해 자바 프로그래밍을 시작했습니다.

그때 저는 자바는 곧 애플릿[1]이라고 생각하고 있어서(세계적으로도 이런 인식이 강하지 않았나 생각합니다), 첫 자바 애플리케이션으로 애플릿을 잔뜩 사용해 회사(당시) 홈페이지를 만들었습니다. 그 애플리케이션을 당시 회사의 상사에게 제출했지만 아무런 재고의 여지도 없이 그대로 버려졌습니다. 홈페이지에서 상품을 팔지 않는 일반 기업에는 홈페이지가 불필요하다고 여겨지던 시대였기 때문입니다.

그럼에도 포기하지 않고 자바 공부를 계속해나갔고, 언제부터인가 자바 업무가 저에게 맡겨지면서 XML[2]이나 CORBA[3]를 사용한 분산 미들웨어나 JSP[Java Server Pages], Servlet, EJB[Enterprise JavaBeans]를 사용한 웹 애플리케이션 업무를 주로 담당하게 됐습니다.

그로부터 얼마 후, 웹 애플리케이션 개발에 종사하는 엔지니어들 사이에서 JSP와 Servlet, EJB를 포함한 J2EE(Java2 EE 현재는 Java EE)의 사양이 복잡하고 너무 비대해져서 이해하고 사용하기 어려워졌다는 이야기가 많아졌습니다.

저는 '확실히 그 말대로, 특히 EJB가 사용하기 어렵군' 이렇게 생각하며 웹 애플리케이션 업무를 하던 중 J2EE의 복잡화와 비대화 문제에 대처할 수 있는 웹 애플리케이션 개발의 핵심이 될 '스프링'이라는 자바/웹 애플리케이션용 프레임워크를 알게 됐습니다. 그리고 이 프레임워크의 장래성과 뛰어난 설계 원리, 이용 방법을 많은 엔지니어에게 전할 수 있으면 좋겠다고 생각해

---

1 네트워크를 통해 웹 브라우저에 다운로드돼 실행되는 자바 프로그램. 애플릿을 사용함으로써 HTML만으로는 표현할 수 없었던 애니메이션 등에 의한 동적인 표현이 가능해졌습니다.

2 eXtensible Markup Language : 문서나 데이터의 의미 및 구조를 기술하기 위한 마크업 언어. 스프링과 같은 프레임워크의 동작을 정의하는 파일에도 이용되고 있습니다.

3 Common Object Request Broker Architecture : OMG(Object Management Group)라고 하는 오브젝트 지향 기술의 표준화 및 보급을 진행하는 단체가 정한 분산 오브젝트 기술의 사양

JSUG^{Japan Spring User Group}를 설립했습니다. 2004년에『스프링 입문』을 출판했으며 그 후 공저자는 조금씩 바뀌었지만, 스프링이 버전업될 때마다『스프링2 입문』,『스프링3 입문』을 계속해서 출판했습니다.

그러다 이번에는 이미 구식이 된『스프링3 입문』을 현재(2015년 7월)의 버전 4에 맞게끔 수정하고, 실무에서 생각했던 것들을 추가해 새로운 책으로 만들어보고 싶다고 생각했습니다. 하지만 일단 이 책에서는 2012년의『스프링3 입문』집필 시의 목적을 그대로 유지하려고 합니다.

요컨대 '자바에 익숙해졌다. JSP, Servlet, JDBC를 이용해 웹 애플리케이션을 만들어 보았다. 다음은 스프링이다'라고 생각하는 엔지니어에게, 웹 애플리케이션의 올바른 설계란 무엇인가? DI와 AOP란 무엇이고 어떻게 설계에 반영해 개선할 것인가? 그리고 RDB에는 어떻게 액세스하고, 트랜잭션은 어떻게 관리하면 좋은가? 스프링 MVC는 어떻게 사용하는가에 대한 내용을 중심으로 전해드리려고 합니다. 독자에 따라서 일단 복사해서 사용할 수 있는 샘플이나 동작시켜보는 것으로 만족하는 사람도 있을 수 있지만, 그러한 분들께 이 책은 기대에 미치지 못할 것입니다. 필자는 기본을 중요하게 생각해 그러한 방침으로 집필하지 않았기 때문입니다.

또한, 클라우드 네이티브 입문으로서 스프링 부트에 관해서도 설명하고 있지만, 유감스럽게도 이미 스프링에 능숙한 엔지니어나 스프링 부트에 도커^{Docker}⁴를 사용한 최신 동향의 개발에 관한 이야기를 기대하는 독자에게는 이 책이 맞지 않을 수 있습니다. 그런 분은 필자들이 개최하는 스프링 세미나(유료)에 참가하거나 3개월에 1회 정도, 간간이 기획/개최되는 JSUG의 공부 모임에 참여해주길 바랍니다(도쿄가 중심이기 때문에 도쿄 이외의 지역에 거주하는 분께는 죄송하지만…).

이 책은 시스템 개발 현장에서 컨설턴트 또는 아키텍트로 활약하고 있는 3인의 필자가 썼습니다. 각 필자는 지금도 현장에서, 여러 난관에 부딪히며 고민하면서 해결책을 모색하고 있습니다.

---

4 오픈 소스인 컨테이너 관리 소프트웨어

이런 필진이 집필한 기술서이므로 그 내용 안에는 편견이나 독단에 찬 내용이 있을 수도 있습니다. 필자들은 Best Practice라고 생각한 것이지만 독자 여러분에게는 그렇지 못할지도 모르겠습니다. 그렇게 판단하는 부분이 있다면 그 부분은 무시하고 읽어주기 바랍니다. 세상에 모든 프로젝트에 적합한 Best Practice란 있을 수가 없기 때문입니다.

또한, 이 책에서는 필자들이 항상 신입 사원에게 가르치고자 했던 '업무를 대하는 마음가짐'에 대해서도 말하고자 합니다. 언제나 즐기면서 적극적으로 업무에 임하고 있는 필자들의 업무에 대한 대처 방법이나 생각을 이 책에 잘 담아낼 수 있다면 그 목적을 달성할 수 있을 것이라 믿습니다.

이 책이 여러분에게 힘이 돼준다면 기쁘겠습니다. 가능하다면 언젠가 여러분과 함께 일할 수 있기를 기원합니다.

세 사람을 대표해 **하세가와 유이치**

감사의 말

이 책을 완성하기까지 많은 분의 지원과 협력을 받았습니다. 가장 먼저 이 책을 집필할 수 있는 기회를 주신 모든 분께 감사드립니다.

주식회사 TIO의 관계자 여러분, 평소에 업무로 바쁜 와중에도 몇 번이나 주말까지 출근해서 이 책을 리뷰해주신 점, 대단히 감사드립니다.

이와츠카 타쿠야(일본 전신전화 주식회사), 카자마 준이치로, 츠지 마사요시(주식회사 머니 파트너 솔루션), 테라히데(@terahide27), 후지오카 카즈야(아소뷰 주식회사), 마키 토시아키(@making), 마쓰다 아키라(유한회사 시스템 설계), 미야모토 다이스케(클래스메서드 주식회사), 모토하시 켄지, 이 아홉 분의 리뷰어 여러분, 업무로 바쁜 와중에서도 문제점을 지적해주고 귀중한 의견을 주셔서 대단히 감사합니다. 혹시 주셨던 의견이 미처 반영되지 않았다면 그건 저희의 능력 부족에 따른 것입니다. 사과드립니다.

이 책은 필자들의 힘으로만 만들어진 것이 아니라, 이제까지 업무나 공부 모임 등 여러 곳에서 인연이 닿았던 여러분의 힘을 빌릴 수 있었기 때문에 완성할 수 있었습니다. 그리고 여러분이 자신 있게 '내가 힘을 보태서 만든 책입니다'라고 말할 수 있을 만한 책을 만들 수 있었습니다. 여기에 이름을 올리지 못한 분도 꼭 도처에서 이 책을, 그리고 필자들을 지도해주신 점을 자랑스럽게 말씀해주었으면 합니다.

하고 싶은 일만 골라 하는 바보 같은 남편을 보좌해주고, 그뿐만 아니라 경리나 총무 업무까지 혼자서 떠맡아준 아내에게, 정말 고마워. 큰 딸 아이와 아들 녀석에게. 너희의 웃는 얼굴은 세계 최고란다. 지금의 내가 있는 것은 너희 세 명이 있어준 덕분이란다.
하세가와 유이치

집필이 늦어져서 불편을 끼쳐드린 관계자 여러분께 이 자리를 빌려 사과드립니다. 그리고 집필과 업무에 쫓겨서 힘든 와중에 따뜻하게 지켜봐주고 헌신적으로 뒷바라지해준 아내, 아키코에 감사드립니다.
오오노 와타루

전작 『스프링3 입문』에 이어 공저를 제안해주신 하세가와 씨, 바쁜 와중에도 리뷰해주셨던 여러분, 도쿄에서의 생활을 걱정해주시는 부모님께 감사드립니다.
토키 코헤이

옮긴이의 말

스프링은 역자에게 어떤 의미에서 특별한 존재라고 할 수 있습니다. 2005년초, 아키텍트로서 처음 참여했던 프로젝트에서 스프링과 하이버네이트를 접하게 됐고, 당시에는 부족했던 스프링의 기능을 보완하기 위해 소스 코드를 분석해 고쳐가는 게 즐거웠던 기억이 눈에 선합니다. 유감스럽게도 현재 회사에 입사한 후부터는 엔터프라이즈 제품을 주로 다루게 돼서 예전처럼 소스 코드를 직접 살펴보는 일은 적어졌지만 아직도 많은 프로젝트에서 리뷰할 때 자주 재회하고는 합니다.

초기에 비하면 스프링은 몸집이 많이 비대해졌습니다. 많은 라이브러리와 서브 프로젝트는 처음 접하는 경우 어디서부터 손을 대야 할지 망설여집니다. 이 책은 그런 분에게 권할 만한 책이 아닌가 생각합니다. 스프링은 이제 거대한 프로젝트이며 처음부터 모든 것을 다 알 수는 없습니다. 어떤 기능은 다른 기능에 대한 이해를 전제로 하는 경우도 많습니다. 이 책은 스프링에 대해 알아가고자 하는 분에게 좋은 방안이 될 것입니다.

이 책에 언급되지 않은 기능이 있다 해도 걱정할 필요는 없습니다. 이 책으로 스프링의 기초를 닦고, 실무에서 경험을 쌓는다면 필자의 말처럼 언젠가 자연스럽게 퍼즐이 맞춰질 것입니다. 기술은 빠르게 변화합니다. 미래에는 또 어떻게 변화해갈지 예측하기 어렵습니다. 하지만 기초가 튼튼하다면, 빠르게 변화하는 IT 기술에도 자연스럽게 대처할 수 있을 것입니다. 이 책이 스프링을 시작하는 모든 분에게 도움이 되길 바랍니다. 이 책의 번역을 제안하고 도와주신 전민수 님과 이미연 님을 비롯한 한빛미디어 분들께 감사드리고, 번역 작업을 할 수 있게 배려해준 아내 우나리 님과 규리, 미리, 기우, 세 아이들에게도 고마움을 전하고 싶습니다.

권은철

제가 처음 스프링을 접한 것은 2008년경입니다. 당시 회사에서 주로 사용하고 있던 스트럿츠 Struts 1.x계에서 여러 보안 문제가 발생하고 있어서 대안으로 찾았던 것이 스프링이었습니다. 그 후 계속해서 스프링을 자바의 메인 프레임워크로 사용해오고 있고, 최근에는 거의 모든 개발이 스프링 부트 기반으로 작성되고 있습니다. 스프링 기술을 도입한 후 프로젝트에서 코딩이 차지하는 비율이 많이 떨어진 것을 체감하고 있습니다. 다르게 말하면 비즈니스에서 의미가 없는 코드의 작성은 스프링에 맡기고 중요한 로직을 더 효율적이고 안전하게 만들 수 있게 됐습니다.

많은 사람이 스프링을 잘 이해한 후 코딩을 하고 있을 거라고 생각하지만, 정확한 의미를 모르는 채 선배의 코드를 보고 그대로 복사해서 사용하거나 검색에서 나온 소스를 그대로 사용하는 경우도 있을 것입니다. 이제 와서 누구에게 스프링 코어 부분을 물어보기도 어렵고, 검색으로는 부분적인 내용뿐이어서 전체적인 내용을 이해하기가 어려운 분에게 이 책을 추천합니다. 스프링 코어 부분만 아니라 클라우드 네이티브까지 가능한 한 쉽게 최대한 설명했습니다.

마지막으로 바쁘신 중에 책을 리뷰해주신 Kodeveloper의 나민석(msna) 님, 김형철(yoda) 님, 이태헌(hunylee) 님, 윤영진(yunyeongin) 님, 항상 사랑하는 성빈, 수빈과 응원해준 아내에게 감사드립니다. 서툰 부분을 항상 친절하게 도와주신 한빛미디어 분들께도 감사를 드립니다.

전민수

이 책을 읽는 방법

이 책을 읽는 분들은 아마도 여러 분야의 경력을 가진 분일 것입니다.

신입 사원 연수에서 웹 애플리케이션을 처음으로 만들어본 분, 자사 프레임워크로 개발 경험은 있지만 스프링은 사용해본 적이 없는 분, 개발에 스프링을 사용한 적은 있지만 스프링이 뭔지 잘 모르겠다는 분, 자바/웹 애플리케이션 전문가로서 이 책의 완성도를 체크하고 있는 분, 혹은 지금부터 자바를 공부하려고 하는 분도 계실지 모르겠습니다.

이 책은 웹 애플리케이션 초급자(앞의 예에 따르면, 신입 사원 연수에서 웹 애플리케이션을 처음 만들어본 분이나 개발 경험은 있지만 스프링은 사용해본 적이 없는 분)이자 스프링 초급자인 엔지니어를 대상으로 하고 있습니다. 그러므로 앞으로 자바를 공부해갈 분에게는 너무 어려울 수도 있습니다.

물론, 이 책이 대상으로 하는 개발 경험자라고 하더라도 설계 경험이 없는 사람에게는 어려운 부분이 있을 수 있습니다. 애초에 스프링을 다른 프레임워크들과 비교해보면, 사용법을 배운다라기보다는 어떻게 사용할 것인가(다시 말해 설계나 아키텍처에 관련된 부분)가 매우 중요한 측면이 큽니다. 그러므로 스프링에 대해서는 단순히 예제들을 복사해서 붙여넣는 식으로 실제 개발에 활용할 수 있는 서적이 되기는 어려우며, 만약에 뭔지 잘 모르겠지만 예제들을 복사해서 붙여넣었더니 어떻게든 뭔가 만들 수 있었다고 한다면 그것이야말로 문제라고 저희는 생각합니다.

그러므로 만약 초심자인 분이라면 그러한 점을 염두에 두고, 이 책에서 어려운 내용이 있더라도 포기하지 않고 읽어나가면서 그 부분을 기억해두길 바랍니다. 다른 기술 서적을 접하거나 혹은 경험을 쌓아간다면 언젠가 전체 퍼즐 조각이 딱 맞아떨어지는 것처럼 그 내용을 이해할 수 있을 것입니다.

어렵다고 포기할 것인가, 아니면 포기하지 않고 학습을 계속할 것인가. 만약 독자가 앞으로 우수한 프로그래머나 아키텍트가 되고 싶다는 희망을 가지고 있다면, 포기하지 말고 노력하길 바랍니다.

• 샘플 코드에 대해서

이 책에 나오는 소스 코드는 다음 깃허브에 있습니다.

https://github.com/minsoojun/Spring4

인터넷이 연결되는 환경이라면 이 URL에 접속해 누구라도 내려받을 수 있습니다(**제11장 클라우드 네이티브 입문**은 코드를 자동 생성하는 시나리오이기 때문에 샘플 코드가 없습니다).

각 장의 미리보기

각 장에서 배울 수 있는 내용을 간단히 살펴보면 다음과 같습니다.

CHAPTER 01. 스프링과 웹 애플리케이션

스프링과 웹 애플리케이션에 대한 기초 지식을 알아봅니다. 스프링에 대한 자세한 설명보다는 스프링 및 웹 애플리케이션 개발에 중요한 애플리케이션의 아키텍처를 살펴봅니다. 초심자에게는 필수입니다.

CHAPTER 02. 스프링 DI

스프링 코어의 하나인 DI를 살펴봅니다. DI의 개요를 설명하고 스프링에서 DI를 어떻게 이용하는지, 그 특징과 사용법을 이해할 수 있습니다.

CHAPTER 03. 스프링 AOP

스프링 코어의 또 다른 부분인 AOP를 알아봅니다. 제2장과 제3장을 끝까지 읽으면 DI와 AOP를 사용해서 어떻게 웹 애플리케이션을 만들어가는지 그 골격을 이해할 수 있습니다.

CHAPTER 04. 데이터 액세스 층의 설계와 구현

데이터 액세스 층의 설계상 문제점과 해결책을 알아본 다음, 스프링 JDBC와 스프링 Data JPA를 살펴봅니다. 스프링 JDBC와 스프링 Data JPA의 이점 및 사용법을 이해할 수 있을 것입니다.

CHAPTER 05. 비즈니스 로직 층의 설계와 구현

트랜잭션이란 무엇인지를 살펴본 다음, 스프링의 트랜잭션 기능을 알아봅니다. 선언적 트랜잭션과 명시적 트랜잭션을 이해하는 것이 목표입니다.

CHAPTER 06. 프레젠테이션 층의 설계와 구현

스프링의 MVC 프레임워크를 샘플 애플리케이션을 통해 설명합니다. 주류로 자리매김한 REST 통신 등도 해보면서 MVC 프레임워크를 구성하는 기본적인 클래스의 이용 방법을 알아봅니다. 어떤 의미에서는 웹 애플리케이션의 핵심이라고 말할 수도 있는 프레젠테이션 층의 기술을 충분히 이해할 수 있을 것이라고 생각합니다.

CHAPTER 07. 인증 · 인가

웹 애플리케이션에는 반드시 필요한 동시에, 그 중요성에 비해서는 이해하고 있는 사람이 적다고 생각되는 인증 · 인가 기능을 설명합니다. 기본적인 개념부터 시작해서 웹 애플리케이션에 스프링 시큐리티Spring Security를 도입해서 인증 · 인가 기능을 구현하는 방법까지 알아봅니다.

CHAPTER 08. ORM 연계 - 하이버네이트, JPA, MyBatis

대표적인 ORM 데이터 액세스 기술인 하이버네이트, JPA, MyBatis와 연계하는 방법을 알아봅니다. 이 장을 마치면 ORM 단독으로 사용하는 것보다는 스프링과 연계하는 편이 좋다는 점을 알 수 있으며, 각 ORM의 특징을 이해해서 실제 현장에서 무엇이 최적인가를 판단할 수 있을 것입니다.

CHAPTER 09. 캐시 추상 기능

캐시는 웹 애플리케이션을 만들 때에 의외로 많이 사용되는 기술입니다. 이 장에서는 스프링 캐시를 이해하기 위해 샘플을 준비해서 간략하게 설명합니다. 웹 애플리케이션에서 캐시를 어떻게 사용하면 좋은지 이해할 수 있습니다.

CHAPTER 10. 배치의 설계와 구현

배치Batch를 사용하지 않는 프로젝트는 없을 것입니다. 이 장에서는 배치 처리의 기초를 설명하고, 스프링 배치에 대해 간단한 예부터 난이도가 높은 샘플까지 순서대로 알아봅니다. 배치는 무엇인지, 배치는 어떻게 만들어야 하는지를 알 수 있습니다.

CHAPTER 11. 클라우드 네이티브 입문

이 장의 내용을 이해한다면 최신 경향의 개발을 경험해봤다고 할 수 있습니다. 이 장에서는 클라우드 네이티브 입문으로서 스프링 부트에 대해 설명합니다. 최근 각광받는 마이크로서비스와 클라우드 네이티브란 어떤 것인지 체험할 수 있습니다.

그럼 바로 본문에 들어갑니다. 가능하다면 언제라도 내용을 직접 확인할 수 있도록 컴퓨터를 준비해두도록 합니다.

CONTENTS

CHAPTER 01 스프링과 웹 애플리케이션

CONTENTS

CHAPTER 02 스프링 DI

CHAPTER 03 스프링 AOP

CHAPTER 04 데이터 액세스 층의 설계와 구현

CONTENTS

CHAPTER **05 비즈니스 로직 층의 설계와 구현**

CHAPTER 06 프레젠테이션 층의 설계와 구현

CONTENTS

CHAPTER **07** 인증 · 인가

CONTENTS

CONTENTS

CHAPTER 11 클라우드 네이티브 입문

스프링과 웹 애플리케이션

스프링Spring을 어떻게 사용할 것인가, 설계와 구현을 상세히 설명하기 전에, 스프링과 웹 애플리케이션web application의 개요를 살펴봅시다. 이 장에서는 스프링을 이용한 설계와 구현의 시나리오를 학습합니다.

1.1 스프링의 최신 정보

웹 애플리케이션의 설계와 스프링의 개요를 설명하기에 앞서, 우선 스프링의 현재 상황을 알아봅니다.

이 책에서 스프링은 스프링 프레임워크Spring Framework의 약자로 사용하고 있지만, IT 업계에서는 스프링 프레임워크만을 이야기하는 것이 아니라 주변 제품을 포함한 넓은 의미로 사용하는 경우가 많습니다. 그러므로 좁은 의미뿐만 아니라 넓은 의미의 스프링도 이야기합니다.

1.1.1 스프링의 역사

그럼 스프링이 어떻게 발전했는지, 그 역사를 따라가면서 스프링의 주요 제품군에는 어떠한 것이 있었는지 간단히 살펴봅시다.

스프링은 2002년에 세상에 처음 나왔습니다. 로드 존슨Rod Johnson이 자신의 저서에서 MVC 모델을 설명하면서 '이 프레임워크는 샘플이 아니며 공개돼 자유롭게 사용할 수 있다'는 취지의 문장에 이어서 스프링의 이름을 언급한 것이 최초입니다[1].

[표 1-1]과 같이 스프링이 정식으로 등장한 것은 2004년 3월입니다. OSS^Open Source Software로 시작한 스프링은 현재 Pivotal 사(http://pivotal.io/)의 관리하에 아파치 라이선스 버전 2.0 조건으로 사용할 수 있습니다.

표 1-1 스프링 프레임워크의 역사

공개일	버전	주요 특징
2004년 3월~	1.x	DIxAOP 컨테이너의 시작, Bean 정의 파일 시대의 개막 1.1에서 Bean 정의 파일의 간략화(평판이 좋지 않았음) 1.2에서 Bean 정의 파일의 거듭된 간략화
2006년 10월~	2.x	Bean 정의 파일이 DTD에서 XML 스키마 형식으로 변경됨(독자 스키마 사용 가능) 어노테이션의 등장(Bean 정의 파일을 대신할 수 있을까?) JPA와 스크립트 언어 지원과 다기능화에 돌입 2.5에서 Java 1.4와 JUnit 4 지원, 어노테이션 강화
2009년 12월~	3.x	어노테이션은 거듭 강화됐지만, 여전히 SI를 중심으로 Bean 정의 파일이 선호됨 클라우드 시대에 대응, 스프링 캐시 기능 등장 Java 7 대응(Java 1.5 이상, JUnit 4.7), Hibernate 4, Servlet 3
2014년 4월~	4.x	Java 8 서포트, Java 6 이상, 웹 컴포넌트(Web Component)의 강화 (RestController, WebSocket 등) 스프링 부트(Spring Boot) 등장
2017년 9월	5	Java 9 대응(원래 계획상 스프링 5는 2016년 출시 예정이었으나, Java 9의 릴리스가 늦어져 2017년으로 연기) 리액티브 프로그래밍(WebFlux) 제공

현재 자바 엔터프라이즈 시스템에서는 특별한 이유가 없는 한 스프링을 사용하는 것이 당연할 정도입니다. 또 2015년 Spring One의 구호 'Get Cloud Native'에서 알 수 있듯이, 스프링은 차세대를 대비하면서 진화하고 있습니다(자세한 내용은 **1.7.6 부품화의 미래**와 **제11장 클라우드 네이티브 입문**을 참고)[2].

....

[1] 옮긴이_정식으로 스프링이라는 이름을 사용한 것은 2003년에 아파치 라이선스 2.0으로 오픈하면서부터입니다. 당시 이 프레임워크의 장점을 알아보고 스프링이 널리 퍼질 것이라고 예측한 사람도 조금 있었겠지만, 지금처럼 많은 시스템에 사용되고 스프링 관련 제품이 이렇게나 확산되리라고는 누구도 예상하지 못했을 것입니다.

[2] 옮긴이_SpringOne Platform 2016 Keynote – Spring and the Circle of Feedback (https://youtu.be/Tcjdh6yCaDQ) 스프링의 역사를 상세하게 알 수 있습니다.

스프링(버전 1 계열)을 자주 이용하기 시작한 때는 2006년 무렵입니다. 당시에는 SSH라고 부르는 구성으로 웹 애플리케이션 프레임워크로 이용했습니다. SSH란 스프링^{Spring}, 스트럿츠 ^{Struts}, 하이버네이트^{Hibernate}를 조합한 구성을 말합니다. 스프링이 제공하는 DI^{Dependency Injection}와 AOP^{Aspect Oriented Programming} 기능을 중심으로, 당시 점유율이 높았던 스트럿츠와 하이버네이트 를 조합했습니다(그림 1-1).

스트럿츠 대신 스프링 MVC를 이용하는 경우도 있었지만 매우 드물었습니다. 최근에는 시스 템 개발 시 2013년에 벌써 서포트가 종료됐고, 취약성이 많이 지적되는 스트럿츠보다 스프링 MVC를 이용하는 경우가 많습니다.

그림 1-1 SSH

스프링의 보급 초기에는 스프링 동작을 규정하는 Bean 정의 파일의 비대화와 관리의 어려움 이 문제가 되기도 했지만, 버전 2.5 계열부터는 어노테이션을 이용해 Bean 정의 파일을 더욱 간결하게 이용할 수 있게 됐습니다. 또한 자바컨피그^{JavaConfig}라는 Java 클래스로 Bean 정의를 할 수도 있습니다. 현재는 Java EE에서도 XML의 Bean 정의 파일(이후 Bean 정의 파일이라 고 기술하는 경우는 XML로 기술된 것을 말함)이 줄어들고 있습니다. 앞으로는 XML이 없어 지고 자바컨피그로 스프링 동작을 정의할 것이라고 예상합니다.

현재 Bean 정의의 모범 사례^{best practice}는 자바컨피그와 어노테이션을 같이 사용하는 것이지만, 이 책에서는 장에 따라 Bean 정의 파일과 어노테이션, 자바컨피그를 함께 적기도 하고 적절하 게 구분해 사용하고 있습니다. 무엇을 선택할지는 이 책의 샘플 코드를 참고합니다³.

---

3 옮긴이_스프링 프레임워크 4 이후에 Conditional 어노테이션이 추가됐고, 이로 인해 스프링 부트에서는 Auto-configuration으로 설정을 더욱더 간단하게 할 수 있습니다.

1.1.2 스프링 서브 프로젝트

초기에는 스프링의 서브 프로젝트로 화면 전환의 흐름flow을 관리하는 스프링 웹 플로Spring Web Flow가 있었습니다. 그 후로 인증/허가 처리를 관리하는 스프링 시큐리티Spring Security 등이 추가됐고, 일괄 처리용의 스프링 배치Spring Batch가 출시됐습니다. 최근에는 애플리케이션 개발을 간단하게 해주는 스프링 부트Spring Boot가 주목받고 있습니다.

스프링 서브 프로젝트는 이뿐만이 아닙니다. 요즘에는 스프링을 웹 애플리케이션 기반으로 보기보다는 더 큰 엔터프라이즈 시스템의 기반으로 생각하는 것이 정확할 것 같습니다. 혹은 비즈니스 아이디어를 시스템으로 빠르게 만들어줄 수 있는 기반으로 보는 경우도 있습니다. 즉, 작은 시스템부터 큰 시스템까지 모두 대응할 수 있습니다.

물론 이 책에서 설명하는 스프링의 DI와 AOP 등의 코어 부분을 정확하게 이해하는 것이 중요합니다. 하지만 시스템 아키텍처를 설계하는 아키텍트를 목표로 한다면, 이뿐만 아니라 스프링 서브 프로젝트도 충분히 알고 있어야 합니다. 또한, 스프링 관련 프로젝트를 사용할 때는 항상 최신 뉴스를 확인하는 것이 좋습니다. 프로젝트에 대해서는 Pivotal 사의 웹 페이지(https://pivotal.io/kr, https://pivotal.io/open-source)에서 확인할 수 있습니다.

이 책에서 취급하는 프로젝트는 스프링 프레임워크(DIxAOP, 스프링 MVC, 스프링 JDBC) 스프링 캐시, 스프링 시큐리티, 스프링 데이터, 스프링 배치, 스프링 부트입니다.

1.1.3 스프링의 국내 동향

스프링은 해외뿐만 아니라 국내에서도 널리 사용하고 있습니다. 그 활용 범위도 판매와 물류, 금융, 의료 등 광범위합니다. 국내에서는 전자 정부 표준 프레임워크의 기반 기술로 쓰고 있으며, 한국 스프링 사용자 모임KSUG 등도 활발하게 활동하고 있습니다.

1.1.4 한국 스프링 사용자 모임

스프링 관련 정보 교환을 목적으로 설립된 사용자 모임으로, 스프링 캠프라는 비영리 컨퍼런스를 정기적으로 개최하고 있습니다. 또한 비정기적으로 밋업 활동도 활발하게 이루어지고 있습니다.

- 한국 스프링 사용자 모임(KSUG) http://www.ksug.org/

1.1.5 스프링 교육 관련 정보

스프링에 관한 연수는 여러 기업에서 하고 있지만, 스프링에 관한 공식 교육 과정은 Pivotal 사에서만 제공하고 있습니다. 제공하고 있는 교육 과정은 크게 스프링 코어, 스프링 부트, 스프링 클라우드의 세 가지입니다. 이 밖에도 CI/CD의 RCF Dev/Admin 교육이 있습니다. 스프링의 공식 교육 과정은 웹 페이지(https://pivotal.io/kr/learn)를 참고합니다.

스프링은 교육 과정과 함께 자격 시험도 있으며, 국내에서도 응시할 수 있습니다(현재 영어로만 제공).

1.2 스프링과 웹 애플리케이션

스프링은 웹 애플리케이션에 특화된 프레임워크가 아니며, 클라우드 네이티브(자세한 내용은 제11장 참고)화된 애플리케이션 만들기에 특화된 프레임워크도 아닙니다. 간단히 말해 규모가 큰 애플리케이션을 자바로 만들 때 필요한 프레임워크입니다.

욕심을 부려서 이것저것 다 설명하면 이해하기가 어려우므로, 이 책에서는 웹 애플리케이션을 대상으로 설명합니다. 다만 웹 애플리케이션으로 한정한다고 해도 그 안에는 다른 애플리케이션 개발에 이용할 수 있는 범용적인 부분도 포함될 것입니다.

스프링에 관한 자세한 설명에 앞서 웹 애플리케이션과 그 설계 이론을 알아봅니다. 스프링을 웹 애플리케이션에 이용하려면 웹 애플리케이션과 그 설계 이론을 이해하는 것이 매우 중요합니다. 스프링은 구현을 위한 프레임워크가 아니라 설계를 위한 프레임워크라고 해도 과언이 아닙니다.

내용이 조금 길지만 무슨 일이든 기본이 중요합니다. 특히 웹 애플리케이션 입문자는 '빨리 스프링 구현부터 보여주면 안 되나?'라고 불평하지 말고 읽어나가기 바랍니다. 기본이 있으면 1을 100으로 만들 수도 있습니다[4].

....

4 축구선수 나카타 히데토시의 말.

1.2.1 웹 애플리케이션이란?

1994년 무렵 WWW^{World Wide Web}나 HTML^{Hyper Text Markup Language}이 잡지 등에 소개되기 시작했습니다. 그 무렵의 홈페이지에는 이미지도 거의 없고 한글로 된 페이지조차 그 수가 적었습니다. 당연히 인터넷을 업무에 사용하는 사람도 거의 없었고, 취미 이야기를 하던 nifty 게시판[5]이 인기 있던 시절입니다. 지금 생각해보면 그때가 아주 그립습니다(요즘에는 그러한 화제로 같이 이야기할 수 있는 엔지니어도 별로 없어 개인적으로는 쓸쓸합니다).

WWW가 유행하게 된 이유는 많지만, 그중 하나는 웹 브라우저가 있으면 회사 안에서뿐만 아니라 밖에서도 같은 정보를 공유할 수 있기 때문이었습니다. 즉, WWW는 일반 사용자나 일반 고객처럼 컴퓨터와 인연이 없는 사람도 컴퓨터를 켜고 웹 브라우저만 사용할 수 있으면 간단히 이용할 수 있는 기술이었습니다. 스마트폰이 등장한 후 스마트폰용 앱이 널리 이용되는 지금 상황에 비춰보면 그 느낌을 쉽게 이해할 수 있을 것입니다.

웹 시스템의 기본적인 구조는 간단합니다. 정적 콘텐츠는 클라이언트 머신의 웹 브라우저가 네트워크에 있는 웹 서버(정적 콘텐츠를 저장하는 서버)로부터 요청한 HTML을 읽어와 표시하면 됩니다. 동적 콘텐츠는 웹 서버에서 애플리케이션 서버(웹 서버의 요구에 따라서 콘텐츠를 동적으로 생성하는 서버)에 처리를 요청하고 대부분은 RDB에서 데이터를 읽어오거나 가공하고 그 처리 결과를 웹 서버에서 받아 웹 브라우저에 표시합니다(그림 1-2).

그림 1-2 WWW의 구조

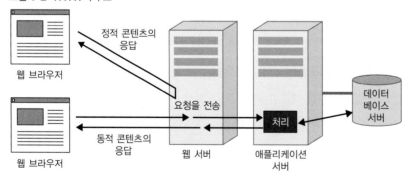

---

5 옮긴이_우리나라로 치면 천리안과 같은 오래된 온라인 커뮤니티입니다(https://www.nifty.com).

현재는 Ajax[6]로 웹 브라우저에 풍부한 화면을 구현할 수 있습니다. RDB 대신 KVS[Key Value Store](Key에 의한 Value(데이터)를 저장/관리하는 방식)를 사용하고 클라이언트가 스마트폰인 경우도 많습니다. 서비스의 실체가 클라우드 안에 숨어 있어 단순히 인터넷상의 서비스(예를 들면, 메일이나 SNS)로 존재할 때도 있지만 기본적인 동작은 앞서 설명한 것과 같습니다.

이상이 일반적인 웹 시스템에 관한 이야기입니다. 이제 이 책에서 다룰 웹 애플리케이션을 정의해봅시다. 여기서는 업무에서의 사용을 전제로, 웹 애플리케이션을 여러 사용자가 인터넷을 통해 데이터베이스에 접근하고 안전하게 정보를 읽고 쓸 수 있게 만들어진, 웹 브라우저와 RDB를 이용한 애플리케이션이라고 정의하고자 합니다(그림 1-3). 이 정의에 맞는 웹 애플리케이션으로는 티켓 및 상품 예약 시스템, 수주/발주 시스템 등이 있습니다.

그림 1-3 웹 애플리케이션

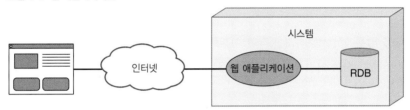

이렇게 정의한 웹 애플리케이션 서버의 동작은 아주 단순합니다. 구체적으로 다음과 같은 동작의 반복입니다(그림 1-4).

1. 웹 브라우저에서 버튼을 클릭
2. 버튼에 대응한 비즈니스 로직이 RDB의 데이터를 이용해서 처리 진행
3. 처리 결과를 전송
4. 웹 브라우저에 표시

---

6 Ajax(Asynchronous JavaScript + XML) : Javascript의 비동기 통신(XMLHttpRequest)을 사용해서 웹 브라우저의 화면 이동 없이 화면 일부를 변경하는 것으로, 화면의 편리성을 향상하는 기술. 대표적으로 Google Map의 화면 이동이나 지도상에 상점 정보를 표시하는 것 등에 사용합니다.

그림 1-4 웹 애플리케이션의 동작

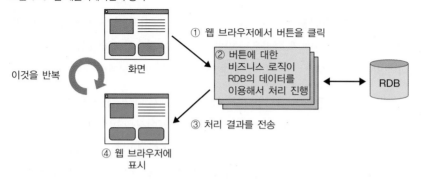

① 웹 브라우저에서 버튼을 클릭

② 버튼에 대한 비즈니스 로직이 RDB의 데이터를 이용해서 처리 진행

RDB

화면

이것을 반복

③ 처리 결과를 전송

④ 웹 브라우저에 표시

웹 애플리케이션에서 한 가지 주의해야 할 점은 처리 결과를 전송한 후 접속(세션Session)이 끊어져버리는 것으로[7] **상태를 저장할 수 없다**stateless는 것입니다. 이러한 점은 다른 장에서 상세하게 설명합니다.

웹 애플리케이션을 업무에서 사용하기 시작한 이후로 JSP, Servlet, EJB를 거쳐 현재의 스프링에 이르는 기술의 발전사를 살펴봅시다(그림 1-5).

그림 1-5 자바 엔터프라이즈의 역사

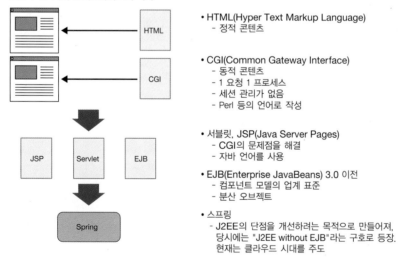

- HTML(Hyper Text Markup Language)
  - 정적 콘텐츠

- CGI(Common Gateway Interface)
  - 동적 콘텐츠
  - 1 요청 1 프로세스
  - 세션 관리가 없음
  - Perl 등의 언어로 작성

- 서블릿, JSP(Java Server Pages)
  - CGI의 문제점을 해결
  - 자바 언어를 사용

- EJB(Enterprise JavaBeans) 3.0 이전
  - 컴포넌트 모델의 업계 표준
  - 분산 오브젝트

- 스프링
  - J2EE의 단점을 개선하려는 목적으로 만들어져, 당시에는 "J2EE without EJB"라는 구호로 등장. 현재는 클라우드 시대를 주도

---

7 HTTP1.1부터 접속을 유지할 수 있는 Keep Alive를 서포트하고 있습니다.

Coffee break

후배와의 대화

후배 스프링을 공부하는 데 웹 애플리케이션이나 JSP, Servlet, EJB의 역사를 알아야 하나요?

나 그건 말이지. 나는 기술의 탄생 배경을 모르면 그 기술을 충분히 이해할 수 없다고 생각해. 과거에 얽매이지 않는 전혀 새로운 기술이라는 건 없어. 기술의 배경을 정확히 이해하면 축적된 발전의 결과인 신기술도 빨리 이해할 수 있다고 생각해. 그런데 자네는 왜 스프링을 공부하려는 거지?

후배 최근 시스템 개발에서는 스프링이 일반적이라고 들었기 때문이에요.

나 물론 지금은 그런 이유로 공부할 수도 있지. 하지만 지금은 사용법만 배워도 될지 모르겠지만 몇 년이 지나면 자네가 여러 프로그래머, 때에 따라서는 고객에게 스프링을 제안하는 경우가 있을 수도 있어. 그때 자네는 다른 사람에게 스프링의 장점을 어떻게 설득할 거지? "다른 사람도 모두 사용하니 우리도 사용합시다."라고 설득할 수는 없잖아.

후배 그렇군요. 그럴 때 웹 애플리케이션에는 이런 특징이 있고 기존의 기술로는 이런 문제가 있지만 스프링을 사용하면 그 문제를 해결할 수 있다고 설득하면 되겠군요.

나 그렇지. 그래서 스프링을 이해하려면 웹 애플리케이션의 특징과 과거 기술도 함께 이해해야 해. 그런 부분을 소홀히 하면 스프링을 사용하면서 왜 사용하는지도 모르는 엔지니어가 돼.

후배 듣고 보니 제 주변에는 그런 사람이 많았어요. 그렇다면 배워야 할 것이 많겠네요.

나 아키텍트를 목표로 한다면, 이런 건 시작일 뿐이야. 최신 시스템 개발은 대규모인 데다가 복잡한 것도 많아졌고, 예전과 달리 클라이언트 머신에는 컴퓨터뿐 아니라 스마트폰도 있어. 게다가 클라우드[8]도 신경 써야 하지. 웹 애플리케이션의 특징을 아는 것만으로는 전혀 통용되지 않는 세상이 됐어. 꼭 이용해야 하는 기술도 하드웨어나 미들웨어를 포함해 클라우드를 이용할지 직접 준비할지 등 고려할 범위가 훨씬 늘어났지. 그러면서 프로젝트 관리나 프로세스 통일, 애자일 같은 개발 방법, DevOps[9]도 배워야 하니까.

후배 와⋯. 저 같은 사람은 평생 해도 못할 거 같아요.

나 걱정 마. 좋은 선배와 좋은 일을 만나면 5~6년이면 배울 수 있으니까. 다만 매일 공부해야 해. 일류 엔지니어는 지금도 새벽 3~4시까지도 공부한다고. 나야말로 20년 이상을 '일은 돈벌이 수단'이라고 생각하고 시키는 일밖에 하지 않았다가 그 대가로 요즘은 수면 부족이야. 반대로 지금 노력하면 자네도 곧 국내 톱 레벨의 엔지니어를 따라잡을 수 있을 거야. 분명히 말해 요즘 엔지니어 대부분은 공부가 부족해. 실력 있는 사람은 정말 한정돼 있고 어디서든 필요하지. 게다가 시스템 개발은 도전해볼 만한 보람이 있는 일이야.

후배 흠⋯. 왠지 공부하고 싶어졌어요.

나 그거 잘됐군. 그럼 먼저 JSP, Servlet, EJB의 역사를 공부해볼까?

1.2.2 JSP, Servlet의 등장

웹 기술은 처음에 정적 콘텐츠(HTML 파일)를 표시하는 기술이었습니다. 즉, 웹 브라우저의 요청에 매번 같은 콘텐츠밖에 반환하지 않았습니다. 점차 웹을 업무에 이용하려는 수요가 생겨났지만, 정적 콘텐츠만으로 웹 기술을 업무에 이용하기에는 기능이 부족했습니다. 그래서 등장한 것이 CGI^{Common Gateway Interface} 기술입니다. CGI는 HTTP의 요청으로 실행되는 프로그램을 말합니다. 웹 브라우저의 요청을 받아 CGI가 해당 프로그램을 실행함으로써 같은 요청의 처리 결과로 다른 콘텐츠를 반환할 수 있게 됐습니다. 이른바 동적으로 콘텐츠를 반환할 수 있게 된 것입니다.

하지만 CGI에는 몇 가지 문제가 있었습니다. 그중 가장 큰 문제는 처리를 요청할 때마다 프로그램이 실행되는 점과 세션 관리가 없다는 점이었습니다. 이러한 문제는 처리 요청이 많아지면 성능 저하나 트랜잭션 관리의 어려움을 초래했습니다.

그래서 JSP, Servlet이 등장했습니다. JSP, Servlet은 멀티 스레드로 실행되고, JSP, Servlet의 실행 기반인 웹 컨테이너(그림 1-6)는 개발자가 세션 관리를 의식하지 않을 수 있도록 세션을 관리해줍니다. 또한 CGI는 페이지 생성 로직과 비즈니스 로직을 분리하기 곤란했던 반면, JSP로 페이지를 생성하고 비즈니스 로직을 Servlet으로 처리하는 아키텍처도 큰 장점입니다. 이렇게 JSP, Servlet은 CGI의 단점을 해결해주는 웹 애플리케이션 기술로서 보급됐습니다.

물론 이렇게 널리 보급된 이면에는 JSP와 Servlet으로 디자인과 프로그램을 분리할 수 있다는 소문과 오브젝트 지향의 장점인 재사용처럼, 과대 홍보의 영향이 컸습니다.

그림 1-6 JSP, Servlet과 웹 컨테이너

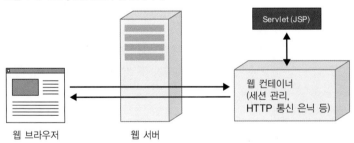

---

8 소프트웨어나 하드웨어를 소유하지 않고 인터넷을 통해 서비스로 이용(혹은 제공)하는 것입니다. 여기서 상세히 설명하기는 어려우므로 자세한 내용은 검색해보기 바랍니다.

9 개발(development)과 운영(operations)을 잘 연동한 개발 방법. 테스트와 디플로이 등의 자동화 틀의 필요성과 같이 이야기됨.

1.2.3 EJB의 등장과 쇠퇴

EJB^{Enterprise Java Beans}는 당시, EJB 컨테이너(그림 1-7)에 의해 분산된 EJB 컴포넌트를 마치 같은 머신에 있는 것처럼 접근할 수 있게 하거나, 분산된 데이터베이스의 트랜잭션을 마치 하나의 데이터베이스만 있는 것처럼 제어할 수 있는 분산 처리와 분산 트랜잭션의 융합 컴포넌트로 탄생한 기술입니다.

EJB 발전의 근원은 같은 분산 기술인 CORBA에 있습니다. CORBA가 벤더 각자의 설계로 상호 운용성^{interoperability}을 잃었기 때문에 상호 운용성을 확보하기 위해 만든 기술이 EJB라고 할 수 있습니다. 이처럼 EJB란 원래 분산 환경을 위한 컴포넌트로 등장했을 뿐, JSP, Servlet과 같은 웹 애플리케이션을 위한 기술은 아니었습니다.

그림 1-7 EJB의 등장

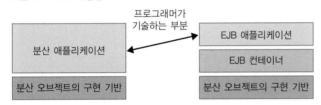

사실 과거의 EJB에는 이러한 점에서 오해가 있었습니다. 물론 오해하게끔 홍보한 사람들이 있었지만, 어느새 EJB는 웹 애플리케이션용 **재사용할 수 있는 컴포넌트**나 **SQL 기술이 필요 없는 DB 액세스 프레임워크**가 됐습니다. 그리고 JSP와 Servlet으로 프레젠테이션을 구현하고 비즈니스 로직은 EJB로 구현하는 것이 웹 애플리케이션에서의 권장 설계가 됐습니다.

하지만 이러한 권장 설계를 믿고 웹 애플리케이션을 개발한 개발자들에게서 불만의 목소리가 높아지기 시작했습니다. 애초에 EJB는 분산용 컴포넌트이므로 원격 액세스밖에 지원하지 않습니다. 그런데 웹 애플리케이션은 분산 처리를 거의 사용하지 않으며 로컬 액세스가 필요합니다. 또한 EJB 컨테이너에 의존하는 EJB는 테스트하기 어렵다는 문제점이 지적됐고 EJB의 사양도 복잡해서 많은 개발자가 멀리하는 존재가 됐습니다.

EJB가 트랜잭션을 소스 코드에서 분리하거나 컴포넌트를 풀링해 리소스를 절약하는 등 아주 뛰어난 설계 철학을 바탕으로 했다면, 그래서 EJB를 무리하게 웹 애플리케이션의 비즈니스 컴포넌트라고 강조하지 않고 제대로 웹 애플리케이션용으로 재구축했다면 스프링은 태어나지 않았을지도 모릅니다.

하지만 얄궂게도 EJB는 Java EE로 새로 단장한 EJB 3 이후로 이 책에서 다루는 스프링+하이
버네이트와 아주 비슷한 사양으로 다시 등장했습니다. 때가 너무 늦은 감도 있고 기존 EJB와는
사양이 너무 달랐습니다. 개인적으로는 "오랜만에 TV에서 건담을 봤는데, 아무도 샤아도 나
오지 않고 애초에 그림이 전혀 다른데도 건담인가?"라고 할 정도로 버전 3 이전의 EJB와 현재
의 EJB는 다른 제품입니다.

그러다 **1.7.6 부품화의 미래**에 기술한 마이크로서비스 아키텍처가 등장했습니다. 왠지 과거 EJB
의 재탕이 아니냐는 이야기도 나오고 있고, 웹 서비스의 재탕이라는 이야기도 있지만, 역시 역
사는 반복되는 것 같습니다.

1.2.4 스프링의 등장

1990년대 말, 자바의 엔터프라이즈 에디션인 J2EE는 버전업을 거듭할 때마다 JSP, Servlet,
EJB의 기능도 많아지고 새로운 표준도 추가됐습니다. 이렇게 시간이 지날수록 J2EE는 무거
워지고 복잡해졌습니다. 그래서 웹 애플리케이션 개발에는 더 가벼운 것을 이용하고 싶은데
J2EE는 너무 무겁다고 생각하는 사람이 많아졌습니다.

스프링 개발을 이끌어온 로드 존슨도 그중 한 사람이었습니다. 중량급인 J2EE 컨테이너를 대
신할 경량 컨테이너로서 DI와 AOP의 기능을 가진 DIxAOP 컨테이너인 스프링을 고안해낸
것입니다. DIxAOP 컨테이너는 POJO^{Plain Old Java Object}라고 부르는, 컨테이너와 프레임워크 등
에 의존하지 않는 일반 오브젝트의 생명 주기 관리나 오브젝트 간의 의존 관계를 해결하는 아
키텍처를 구현한 컨테이너를 말합니다.

스프링으로 대표되는 고성능 DIxAOP 컨테이너는 EJB의 장점인 선언적 트랜잭션 관리를
POJO로 구현할 수 있습니다. 데이터베이스 접근은 다양한 O/R 매핑 프레임워크^{ORM}를 이용
합니다.

EJB 컨테이너(EJB 3 이전 버전) 대신 DIxAOP 컨테이너를 이용하는 가장 큰 이유는 DIxAOP 컨
테이너에 실을 수 있는 오브젝트가 POJO라고 부르는 일반 자바 오브젝트이기 때문입니다. EJB
컨테이너에 의존하는 EJB 컴포넌트는 단위 테스트를 수행하기 어렵다는 문제점이 있지만,
DIxAOP 컨테이너로 관리되는 POJO는 DI 컨테이너에 의존하지 않는다는 특징 덕분에 단위
테스트를 쉽게 수행할 수 있습니다.

하지만 스프링을 기본 개발 환경으로 여기는 만큼 다양한 기능과 제품이 생겨났고 점점 비대해져, 오늘날에는 아무도 스프링을 경량 컨테이너라고 부르지 않게 됐습니다.

1.2.5 스프링의 현재

현재는 사실상 스프링이 Java/Java EE의 표준 프레임워크입니다. 특히 2008년부터 대한민국 공공 기관의 앱 개발 시 사용을 권장하고 있는 전자 정부 표준 프레임워크의 기반 기술로 쓰고 있습니다. 아키텍트라고 부르는 사람 중에는 '자바로 개발할 때 스프링을 이용하지 않는 다른 선택을 찾는 일이 더 어렵다'고 말하는 사람이 있을 정도입니다.

자바 자체가 앞으로 클라우드를 향해 진화하고 점점 더 이용될 것을 고려하면, 마찬가지로 클라우드를 지향하는 스프링의 정보를 따라잡는 일은 앞으로 더 중요해질 것입니다. 어쨌든 자바의 진화를 재촉한 것은 다름 아닌 스프링이기 때문입니다.

1.3 애플리케이션 아키텍처

애플리케이션 아키텍처는 시스템 개발의 성공에 가장 중요한 요소입니다. '난 프로그래머니까 설계나 아키텍처와는 관계없다'고 하지 말고 꼭 읽어보기 바랍니다. 게다가 우리가 생각하는 프로그래머란 애플리케이션 아키텍처를 이해해야 비로소 한 사람 몫을 할 수 있습니다.

레퍼런스나 설명서를 읽고 자바로 코딩할 수 있는 정도로는 절반의 몫밖에 하지 못합니다. 또한 애플리케이션 아키텍처를 이해하지 않고는 스프링이 왜 웹 애플리케이션 개발에 필요한지 이해할 수 없을 것입니다.

1.3.1 애플리케이션 아키텍처의 필요성

애플리케이션 아키텍처는 일반적으로 애플리케이션 전체의 구조, 공통된 방식(메커니즘)이라고 정의할 수 있습니다. 다시 말해, 시스템의 애플리케이션이 공통으로 이용할 수 있는 사용자 인터페이스 구조나 데이터베이스 접근 방식 등 시스템의 기반이 되는 부분을 말합니다. 그러나 아키텍처는 다양하게 정의할 수 있습니다. 이것은 그중 하나일 뿐 절대적인 정의가 아니라는 점을 이해해야 합니다.

웹 애플리케이션 개발의 목표

애플리케이션 아키텍처 설계에는 목표가 필요합니다. 목표가 없다는 것은 애플리케이션 아키텍처를 적당히 생각했다는 말과 같습니다. 목표는 일반적으로 크게 두 가지가 있습니다. 웹 애플리케이션 개발에서는 이 두 가지 목표를 더욱 구체화하는 것이 좋습니다.

첫째는 유스 케이스use case 등으로 표현되는 기능 요구나 응답 시간 등을 규정한 비기능적 요구를 포함한 사용자의 요구를 만족한다는 목표입니다.

둘째는 비동기 요건이나 제약에 포함되는 개발 기간 엄수나 변경, 기능 추가의 용이성, 테스트의 용이성 등 개발자나 운영자를 위한 목표입니다. 이 책에서는 두 번째인 개발자를 위한 목표를 만족하는 애플리케이션 아키텍처를 주로 채택할 것입니다. 구체적으로 다음과 같은 구조로 이루어진 애플리케이션 아키텍처의 실현을 목표로 합니다.

- **개발 효율**
  - 의도를 파악하기 쉽고 이해하기 쉬운 구조
  - 테스트하기 쉬운 구조
- **유연성**
  - 변경하기 쉽고 기능을 추가하기 쉬운 구조
  - 미래의 환경 변화에 대응할 수 있는 견고한 구조

물론 개발자나 운영자의 요구를 만족하기 위해서는 사용자의 요구를 만족하는 것이 전제 조건입니다. 반대로 이러한 개발자나 운영자의 요구를 만족할 수 있다면 사용자도 개발이나 운영 비용을 낮추는 데 크게 기여할 것입니다.

개발자와 운영자를 위한 애플리케이션 아키텍처는 이해하기 쉽고 테스트하기도 쉬운 개발 효율성과, 변경하기 쉬운 아키텍처의 유연성 두 가지로 분류할 수 있습니다. 그러면 이제부터 왜 이러한 목표가 필요한지 살펴보겠습니다.

개발 효율성과 애플리케이션 아키텍처의 필요성

우선 개발 효율성을 살펴봅니다. 이 목표가 왜 필요한지는 직관적으로 이해할 수 있을 것입니다. 애플리케이션의 아키텍처를 이해하기 위해 5,000쪽이나 되는 문서를 읽어야 한다거나 애플리케이션의 아키텍처를 동작하게 하려고 의미를 알 수 없는 주문 같은 코드를 삽입해야 한다면 말이 되지 않을 것입니다. 애플리케이션 아키텍처는 이해하기 쉽고 간단히 사용할 수 있어야 합니다.

테스트도 마찬가지입니다. 어떤 오브젝트를 테스트하기 위해 웹 컨테이너를 꼭 준비해야 하거나 라이브러리에 클래스 경로를 이것저것 설정해야 하거나 테스트를 위해 구현을 변경하는 것은 귀찮은 작업입니다. 테스트는 간단하게 실행할 수 있는 것이 가장 좋습니다.

웹 애플리케이션의 생명 주기와 애플리케이션 아키텍처의 필요성

애플리케이션 아키텍처의 목표에 왜 변경이나 기능 추가의 용이성, 미래의 환경 변화에 대응할 수 있는 유연성이 필요할까요? 바로 웹 애플리케이션에 대한 사용자의 요구가 변하기 쉽기 때문입니다. 요구의 변경은 웹 애플리케이션 개발 중에도, 릴리스 후에도 발생합니다. 웹 애플리케이션이 릴리스되거나 개발 중이라는 것과 관계없이 웹 애플리케이션의 생명 주기는 웹 애플리케이션 릴리스, 요구 변화, 변경 및 기능 추가라는 상태를 웹 애플리케이션이 폐기될 때까지 반복합니다(그림 1-8). 이처럼 폐기될 때까지 계속 변경되는 상태를 가리켜 웹 애플리케이션의 완성은 웹 애플리케이션이 폐기될 때라고 말하기도 합니다.

그림 1-8 웹 애플리케이션의 생명 주기

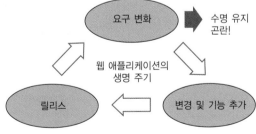

이 상태에서 변경이나 기능 추가에 유연하지 않은 애플리케이션 아키텍처를 채용한 웹 애플리케이션은 사용자의 변경 요구에 애플리케이션 아키텍처가 대응하지 못해 웹 애플리케이션을

유지하기 어려워질 것입니다. 개발 중이라면 이해할 수 없는 누더기 웹 애플리케이션을 만들거나 최악의 경우에는 납품할 수 없는 상태의 웹 애플리케이션이 될 수도 있습니다. 또한, 웹 애플리케이션을 릴리스한 다음이라면 현재의 웹 애플리케이션을 버리고 새로운 웹 애플리케이션을 도입해야 하는 상황이 발생할 것입니다.

웹 애플리케이션이 그렇게 오래 사용되지 않는다고 생각할 수도 있지만 일단 도입된 웹 애플리케이션은 예상 이상으로 오랜 기간에 걸쳐 이러한 생명 주기를 반복하면서 계속 사용됩니다. 필자가 이를 실감하게 된 계기는 밀레니엄 버그(2000년 문제)[10]였습니다. 1980년대 후반에 만든 시스템에서는 메모리 절약을 위해 연도의 두 자리만 이용하는 것이 설계의 정석이었고, 그 무렵 우리는 입버릇처럼 '이런 시스템은 5년도 안 쓸 걸'이라고 했으나 참 안이한 생각이었습니다. 한번 가동한 시스템이 그렇게 오랜 기간 동안 이용될 것이라고는 저를 포함한 당시 개발자는 거의 생각하지 않았던 것입니다. 가능하면 이 교훈을 살려서 여러분은 연말에 출근하는 일이 없기를 바랍니다.

이야기가 조금 옆으로 샜지만, 시스템 개발 중이든 릴리스 후이든 사용자의 요구에 유연하게 대응할 수 있는 애플리케이션 아키텍처가 필요하다는 것은 이해했을 것입니다.

애플리케이션 아키텍처는 자유로운 발상으로

단, 여기서 한 가지 오해하지 말아야 할 것은 사용자의 요구에 따라서 변경이나 확장의 용이성을 무시하고 애플리케이션 아키텍처 등을 고려하지 않은 채 JSP로 데이터베이스에 직접 접근해도 좋다는 것입니다. 이 역시 사용자의 요구를 만족하기 위한 훌륭한 기술입니다. 사용자의 요구나 여러 조건도 고려하지 않고 '책에 쓰여 있으니까' 또는 '외국의 유명한 사람이 말했으니까'라는 이유만으로 이것도 안 된다, 저것도 안 된다고 하는 엔지니어가 많습니다. 우리는 이러한 꽉 막힌 사고방식에는 반대합니다. 그것이야말로 엔지니어의 창조력을 방해하고 일하는 즐거움을 앗아가는 일이기 때문입니다.

우리가 지향하는 웹 애플리케이션 개발이란 사용자의 요구와 개발자/운영자의 요구라는 두 가지 목표를 만족하는 애플리케이션 아키텍처가 프레임워크나 라이브러리로 구현돼 매뉴얼과 함께 초기 개발 단계에서 개발자에게 제공되는 것입니다.

---

10 날짜 데이터의 연도 부분을 두 자리로 관리해 2000년의 00을 1900년으로 잘못 인식함으로써 데이터를 정확하게 처리하지 못하는 문제입니다.

이제 개발자의 요구를 포함한 웹 애플리케이션의 아키텍처를 구체적으로 어떤 구조와 기술로 어떻게 설계하면 좋을지를 설명하겠습니다.

1.3.2 티어와 레이어

웹 애플리케이션의 아키텍처는 크게 티어라고 하는 물리층과 레이어라고 하는 논리층으로 나 눕니다. 티어와 레이어 양쪽 다 한국어에서는 층이니 주의해야 합니다(사람에 따라서는 티어 를 단, 레이어를 층으로 구별하기도 하지만, 보통 양쪽 다 층으로 해석합니다).

티어는 클라이언트 층, 중간층, EIS^Enterprise Information System 층의 3개 층이 기본입니다(그림 1-9). 기본적으로 웹 애플리케이션에서 고려할 것은 중간층이지만, 현재의 웹 애플리케이션 에서는 클라이언트 층이 데스크톱 컴퓨터이고 중간층에 있는 웹 애플리케이션에서 웹 브라우 저에 HTML을 보내는 것이라는 설명만으로는 충분하지 않습니다. 예를 들어, 클라이언트가 스 마트폰이고 스마트폰 앱이 웹 애플리케이션의 기능 일부를 구현하는 경우도 있습니다. 그럴 때 는 레이어의 일부가 클라이언트에 있다고 생각하는 것이 좋습니다.

그림 1-9 티어

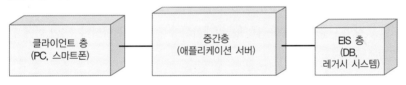

레이어는 앞에서 설명한 것처럼 클라이언트 층에도 일부 있지만, 기본적으로는 중간층에 있는 웹 애플리케이션을 논리적으로 분류한 것입니다. 여기서는 레이어를 약한 결합으로 유지해서 변경이나 기능 추가에 강한 웹 애플리케이션을 만드는 레이어의 기본 개념을 소개합니다.

레이어는 원래 아키텍처 패턴 중 하나이며, 서로 인접한 레이어끼리만 단방향 액세스를 할 수 있습니다. 일반적인 레이어는 다음 3개 층으로 나누고 각각 다른 역할을 부여합니다.

- **프레젠테이션 층** 사용자 인터페이스(UI)와 컨트롤러를 제공합니다. 이 층에는 클래스 이름에 Controller나 Action이 붙은 클래스가 배치됩니다.
- **비즈니스 로직 층** 비즈니스 로직을 제공합니다. 이 층에는 이름 끝에 Service가 붙은 유스 케이스를 제 어하는 클래스나 회사^Company나 종업원^Employee, 주문^Order 등 업무 대상의 이름이 붙은 클래스가 배치됩니다.

- **데이터 액세스 층** 데이터베이스 액세스를 추상화합니다. 이 층에는 클래스 이름 끝에 Dao^{Data Access Object}가 붙은 클래스가 배치됩니다.

또한, 컨트롤러나 비즈니스 로직 등의 용어는 여러 가지로 해석되거나 다른 이름이 붙기도 합니다. 용어가 통일되지 않으면 엔지니어 사이의 의사소통을 방해하므로 원활한 의사소통을 위해서는 용어를 통일해야 합니다. 따라서 이 책에서는 [표 1-2]와 같이 용어를 통일합니다.

표 1-2 용어의 정의

용어		정의
컨트롤러		화면 전환이나 화면에서 버튼을 눌렀을 때의 동작 제어 또는 세션 관리 등을 함
비즈니스 로직	서비스(애플리케이션)	유스 케이스로 표현되는 특정 업무나 특정 부서 처리의 통합. 트랜잭션의 기점. 일반적으로는 stateless(자신의 상태를 나타내는 값을 가지지 않음) 클래스
	도메인	서비스로부터 비즈니스를 실행하는 데 반드시 사용하는 고객과 주문 같은 클래스의 집합. 자신이 무엇인지 나타내는 값과 그 값을 이용한 처리를 실현함

이 밖에도 웹 애플리케이션의 레이어를 분류하는 방법은 다양하지만(표 1-3), 이름이 다른 정도일 뿐 기본적인 사고방식은 같으므로 프로젝트나 이용 기술에 따라 구분해 사용하는 것이 좋습니다. 단, 레이어를 많이 나눈다고 좋은 앱 애플리케이션이 되는 것은 아닙니다. 이 점에 관해서는 **1.6.4 부품화**에서 설명합니다.

표 1-3 다양한 레이어

레이어1	레이어2	레이어3	레이어4
프레젠테이션	프레젠테이션	프레젠테이션	클라이언트 층에 있는 프레젠테이션
		애플리케이션 컨트롤러	중간층의 프레젠테이션
비즈니스	서비스	도메인	비즈니스
	도메인		
데이터 액세스	퍼시스턴스	인티그레이션	인티그레이션
비(非)레이어			리소스

현재 웹 애플리케이션 레이어라고 부르는 것에는 인접하는 레이어에 대한 단방향 액세스뿐만 아니라, 상호 의존(그림 1-10)을 하는 것도 있습니다. 이러한 것은 레이어가 아닙니다. 단지 화면 쪽이나 데이터베이스 쪽에 관련된 내용입니다. 이러한 현상을 발견하면 리팩터링[11]하는 것이 좋습니다.

그림 1-10 상호 의존 레이어

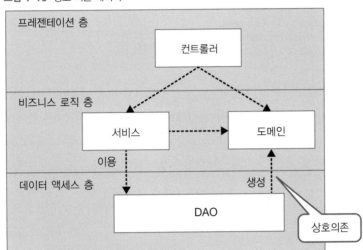

1.3.3 오목(凹)형 레이어

웹 애플리케이션의 레이어는 크게 비즈니스와 관련된 부분과 비즈니스 로직의 결과를 어떻게 표현할지 구현하는 두 부분으로 나눌 수 있습니다(그림 1-11). 비즈니스 로직이야말로 애플리케이션에서 가장 중요하며, 비즈니스 로직의 결과를 어떻게 다룰지 구현하는 기술(예를 들어 브라우저에 표시하거나 RDB에 저장하는 기술 등)이 비즈니스 로직에 영향을 미치지 않는 것이 좋은 설계입니다. 그러므로 기존의 세로형 레이어를 버리고 새로운 형태의 레이어를 생각해야 합니다. 그것이 이번에 다룰 오목형 레이어입니다.

---

11 '가독성'과 '변경의 용이성', '성능 향상' 등을 목적으로, 프로그램의 외적인 동작은 변경하지 않고 프로그램의 내부를 변경해서 개선하는 것

그림 1-11 레이어의 개념

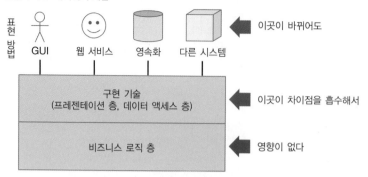

이 책에서는 오목형 레이어(그림 1-12)로 설명하겠습니다[12]. 그림에 관해 덧붙이면 이 그림은 UML 방식으로 그린 것입니다. 그림 안의 동그라미는 UML의 인터페이스, 사각형은 클래스입니다. 자바를 사용하는 엔지니어라면 반드시 UML을 읽을 수 있어야 합니다. 혹시 그림의 원이나 사각형에서 뻗어가는 점선 화살표의 의미를 전혀 알 수 없다면 우선 다른 책을 참고해서 이해해두는 것이 좋습니다.

그림 1-12 오목형 레이어

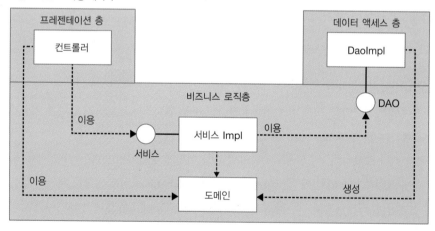

오목형 레이어는 이름이 이상하기는 해도 안정 의존 원칙Stable Dependencies Principle과 의존 관계 역

---

12 혹시 현재 상태대로 기존 레이어를 이용해야 한다면, 레이어를 '층'이 아니라, 예전부터 사용하던 말인 '화면 영역'처럼 '영역'이라고 해석하는 것이 좋습니다. 즉 '프레젠테이션 영역'과 '데이터 액세스 영역' 등입니다. 이러한 경우에는 패키징으로 오목형을 지향하면 될 것입니다.

전 원칙Dependency Inversion Principle 등에 뒷받침된 꽤 건실한 구조입니다(Column1 참고).

오목형 레이어에서 중요한 점은 프레젠테이션 층의 이용 기술이 브라우저를 사용하는 기술에서 스마트폰을 사용하는 기술로 변경됐을 경우와 데이터 액세스 층의 사용 기술이 RDB에서 NoSQL로 변경된 경우 등에서도 비즈니스 층에 영향을 미치지 않는다는 점입니다. 즉, 비즈니스 층이야말로 시스템의 핵심이나 기반이므로 표시 메커니즘이나 영속화 메커니즘이 바뀌어도 영향을 받지 않게 만드는 것이 중요합니다.

비즈니스 로직 층을 다른 층의 변경과 분리하려면 레이어를 형식으로만 분류할 것이 아니라 레이어의 결합 부분에 인터페이스를 도입한 약한 결합 설계나 구현을 고려해야 합니다.

오목형 레이어별 상세 설계와 구현에 관해서는 스프링에 의존하는 부분이 많으므로 나중에 설명하기로 하고, 다음으로 레이어별 개요를 알아봅시다. 우선은 대강이라도 레이어에 따른 책임과 설계 지침을 이해하기 바랍니다.

Column1_ 안정 의존 원칙과 의존 관계 역전 원칙과 오목형 레이어

안정 의존 원칙과 의존 관계 역전 원칙은 패키지를 위한 원칙입니다. 안정이란 다른 패키지가 변경됐을 때 영향을 받지 않는다는 것을 의미하고, 안정 의존 원칙이란 안정된 방향으로 의존하라는 뜻입니다. 의존 관계 역전 원칙이란 다른 패키지에 가장 큰 영향을 줄 것 같은 위치에 있는 패키지의 의존 방향성을 바꾸기 위한 원칙입니다. 의존 관계가 뒤바뀌면 인터페이스의 소유권도 바뀌므로 주의해야 합니다.

오목형 레이어는 이 두 가지 원칙을 기초로 합니다. 비즈니스 로직 층이 가장 안정돼야 하고 데이터 액세스 층은 다른 레이어에 가장 큰 영향을 주는 위치에 있으므로 비즈니스 로직 층과 의존 관계를 역전해 비즈니스 로직 층이 데이터 액세스 층의 인터페이스를 소유하게 됩니다. 또한 부품화에서 설명하겠지만 '중요한 쪽이 인터페이스를 소유한다'는 원칙도 따른 것입니다.

그림 1-13 안정 의존 원칙

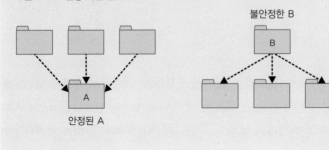

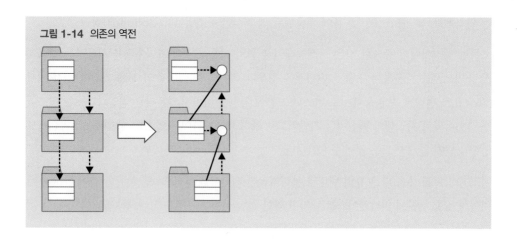

그림 1-14 의존의 역전

1.4 프레젠테이션 층의 역할

프레젠테이션 층의 주된 역할은 사용자 인터페이스와 컨트롤러를 제공하는 것입니다.

사용자 인터페이스란 사용자가 직접 조작하는 화면이나 장표를 말합니다. 최근에는 IoT의 발전으로 단말도 존재하지만, 이 책에서 사용자 인터페이스라고 했을 때는 화면 인터페이스를 가리키는 것으로 합니다.

컨트롤러는 사용자 인터페이스를 통해 사용자의 입력을 받아 적절한 비즈니스 로직을 호출하고, 그 결과를 사용자 인터페이스로 반환하는 작업을 합니다. 컨트롤러의 또 한 가지 중요한 작업은 웹 애플리케이션의 상태(세션)를 저장해 이용하는 데이터를 관리하는 것입니다. 컨트롤러는 일반적으로 MVC2라고 불리는 JSP 모델의 컨트롤러로 알려져 있습니다.

1.4.1 MVC2란?

예전 J2EE의 MVC2[Model-View-Controller 2](그림 1-15)는 스몰토크[Smalltalk]에서 확립된 MVC 패턴을 참고한 것으로, Model 부분에 JavaBeans(EJB), View 부분에 JSP, Controller 부분에는 Servlet을 사용합니다. MVC2라는 이름은 스몰토크의 MCV 패턴을 따라 했거나 JSP Model 2(그림 1-16)가 MVC 패턴과 유사한 데서 만들어진 것으로 보입니다.

그림 1-15 MVC2

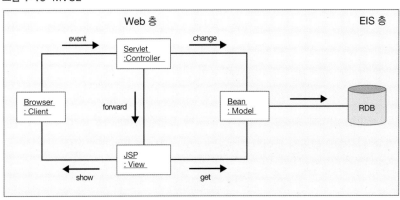

Column2_ MVC2와 JSP 모델

JSP 모델은 표시 부분인 프레젠테이션과 비즈니스 로직을 분리해 변경을 최소화하는 기술의 발전사를 보여준다고 할 수 있습니다.

그림 1-16 MVC2와 JSP 모델

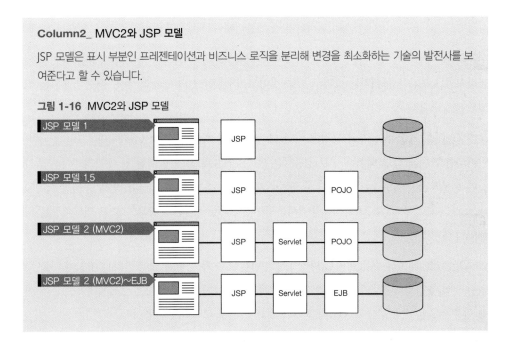

일반적으로 컨트롤러는 스프링이 제공하는 스프링 MVC나 오픈 소스의 MVC 프레임워크에서 제공되므로 이를 이용할 때가 많습니다. 요즘은 그런 일이 없겠지만 프로젝트 때마다 처음부터 컨트롤러를 직접 만드는 것은 낭비이므로 피하는 것이 좋습니다.

1.4.2 다양화되는 사용자 인터페이스

웹 애플리케이션이 비즈니스에 도입될 당시에는 한정된 사람만이 컴퓨터를 이용했고 일반 소비자는 별로 이용하지 않았습니다. 그래서 시스템 운영을 우선했고 사용자 인터페이스는 대충 만드는 경우가 많았습니다. 물론 버튼 위치라든가 표의 위치 등 세밀한 부분에 신경 쓰는 경우는 당시에도 있었지만, 사용자 인터페이스 자체가 지금처럼 복잡하지 않아 개발 기간을 생각하면 개발 비용의 차이는 미미한 수준이었습니다. 그러나 요즘은 일반 가정까지 컴퓨터(컴퓨터라고 부르는 자체가 시대에 뒤쳐져 보이기도 하지만)가 보급돼 초등학생도 인터넷으로 쉽게 검색할 수 있습니다.

웹 브라우저에서는 Ajax에 의한 비동기 통신으로 편의성 향상을 도모하고, iOS나 Android 등을 사용하는 스마트폰에서는 TV 게임과 같은 사용자 인터페이스를 제공하고 있습니다. 이러한 상황에서는 사용자 인터페이스의 편의성이 웹 애플리케이션 성공의 열쇠라고 할 수 있습니다.

현재의 웹 애플리케이션에는 이러한 사용자 인터페이스를 구현하는 방법이 다양합니다. 리치 클라이언트 제품을 구매하는 방법도 있을 것이고, 리액트React와 앵귤러Angular 등을 이용하는 방법도 있습니다.

프레젠테이션 층은 사용자의 요청에 따라 패턴이 늘어 다양하게 발전했습니다. 그렇게 되자, 아키텍처 면에서 입력 데이터 구문 검증[13]은 JSP Servlet으로 만들어진 웹 애플리케이션 중간 층에서 실행되지만, Ajax를 사용한 웹 애플리케이션일 경우 일부는 클라이언트 층에서 실행될 때도 있습니다. iPad와 Android 등에서는 그 자체를 클라이언트 층으로 보고 별도의 애플리케이션 레이어를 배치하는 경우도 있습니다.

현재의 프레젠테이션 층은 이처럼 다양해져 일반론으로 꼭 이렇게 해야 한다는 지침이 나올 수 없는 것이 특징입니다. 앞으로 여러분이 웹 애플리케이션을 개발할 때는 프레젠테이션 층에 어떤 이용 기술을 사용할지 결정한 다음 그에 맞는 설계를 고려하기 바랍니다.

물론 필자도 갑을 관계 때문에 이상한 사용자 인터페이스를 만들 수밖에 없었던 경험이 있지만, 페르소나/시나리오법이나 페이퍼 프로토타이핑 등 화면 주도 개발 방법 등을 참고해서 부끄럽지 않은 사용자 인터페이스를 만들기 바랍니다.

---

13 사용자 입력 데이터의 검증에는 구문 검증과 시맨틱 검증의 두 가지가 있습니다. 구문 검증은 숫자뿐인지 또는 문자인지 등을 검사하는 것이고, 시맨틱 검증은 암호 검증이나 재고량 확인 등 데이터베이스 접근이 필요한 검증입니다.

1.5 비즈니스 로직 층의 역할

비즈니스 로직 층은 서비스나 도메인 같은 비즈니스 로직을 구현하는 웹 애플리케이션의 중심입니다. 개인적으로는 웹 애플리케이션의 성공은 비즈니스 로직 층에 달려 있다고 믿습니다.

[표 1-2]처럼 비즈니스 로직 층은 유스 케이스로 표현되는 특정 업무나 특정 부서 처리의 통합인 서비스 및 도메인으로 구성됩니다. 도메인은 서비스에서 시작되는 비즈니스 실행에서 필요한 고객이나 주문 등의 처리를 구현하는 클래스의 집합입니다. 이 서비스와 도메인은 각각 비즈니스 층에 만들어진 서비스 패키지의 클래스와 도메인 패키지의 클래스로 구현합니다.

그런데 개발할 때나 운영할 때나 웹 애플리케이션의 기능 추가와 변경은 주로 비즈니스 로직 층의 로직 변경입니다. 다시 말해 아키텍처가 유연한 웹 애플리케이션을 만들기 위해서는 로직 층을 잘 만드는 것이 매우 중요합니다. 특히 최근에는 프레젠테이션 층과 데이터 액세스 층에서는 신뢰성 있는 프레임워크를 이용하면 장애 등의 리스크를 거의 피할 수 있습니다. 하지만 비즈니스 로직에는 업무용 프레임워크가 적기 때문에 매번 새로 만들어지고 있습니다. 더구나 비즈니스 로직 층에서 구현하고 싶은 업무를 가장 잘 아는 것은 개발자가 아닌 사용자입니다.

최근 우리는 몇 대의 동작하지 않는 서비스를 검증했지만, 대부분은 사용자와 벤더 간의 커뮤니케이션 문제와 비즈니스 로직 층의 구조 문제였습니다.

1.5.1 비즈니스 로직 층의 패턴

비즈니스 로직 층을 설계할 때는 어느 클래스에 로직을 할당할지가 중요합니다. 판단하기 아주 어려운 문제지만 설계 실력을 보여줄 수 있는 기회기도 합니다. 여기서 실패하면 앞으로의 작업이 힘들어지므로 실제 개발에서는 서둘지 말고 차분히 생각해서 결정해야 합니다.

트랜잭션 스크립트

일반적인 지침으로는 데이터베이스의 내용을 표시/변경하기만 하는 업무 처리, 즉 비즈니스 로직이 적은 단순 입출력 애플리케이션일 때는 로직을 전부 서비스 클래스에 포함시키는 편이 좋습니다. 또한, 객체 지향 지식이 없는 프로그래머가 많이 일하는 대규모 개발 프로젝트에서도 도메인에는 가능한 한 로직을 포함시키지 않는 편이 좋을 것입니다(그림 1-17). 이때는 도메인이 아니라 단순히 값을 저장하기만 하는 오브젝트, 사람에 따라서는 VO^{Value Object}(값을 저장하는 오브젝트)나 DTO^{Data Transfer Object}(값을 전달하기만 하는 오브젝트)라고 부르는 것이 됩니다. 이렇게 쓰면 로직이 없는 도메인 클래스는 객체 지향이 아니라고 비판하는 사람도 있지만, 신경 쓸 필요는 없습니다. 비판은 학자들에게 맡기고 우리는 프로젝트를 성공시키는 가장 좋은 방법을 생각해야 합니다.

그러나 언제까지나 객체 지향을 잘 모른다고 한다면 엔지니어로서 자질을 의심받을 것입니다. 최근에는 에릭 에반스가 제안한 도메인 주도 설계[14]도 주목받고 있습니다. 대규모 개발이라도 중요한 도메인이면 다음에 설명할 도메인 모델로 웹 애플리케이션을 만들어보는 것이 좋습니다.

도메인 모델

대규모 개발쯤 되면 기본적으로 트랜잭션 스크립트와 같은 로직 주도 설계로 만드는 경우가 많지만, 최근 시스템 개발은 비즈니스 로직이 복잡한 것도 많습니다. 또한 웹 애플리케이션의 생명 주기를 고려해 상속 등 객체 지향의 이점을 살린 변경이나 확장의 용이성이 필요할 때도 많습니다. 그럴 때 트랜잭션 스크립트 비즈니스 로직을 만들면 비즈니스 로직이 복잡해져 마치 구조화 언어로 만든 것처럼 크고 복잡한 비즈니스 로직이 됩니다. 이를 방지하려면 도메인 패키지의 클래스에 도메인 로직을 두는 도메인 모델로 비즈니스 로직 층을 만드는 것이 좋습니다 (그림 1-18).

다만 실제 개발에서는 도메인 모델을 이용해 아름답게 만드는 데 너무 집착하다가 동작하지도 않고 납품할 수도 없는 애플리케이션을 만드는 일만은 피하기를 바랍니다. 현실에서는 도메인 모델로 만들다 한계를 느끼면 재빨리 트랜잭션 스크립트로 전환하는 두뇌의 유연성도 필요합니다.

그리고 앞으로를 위해 한 가지 더 주의해야 할 것이 있습니다. 스프링이 중심이 되는 DIxAOP 컨테이너는 도메인 모델의 구축이나 관리에 별로 도움이 되지 않는다는 점입니다. 도메인 모델은 로직을 가진 메서드뿐만 아니라 속성, 즉 값을 가진 인스턴스로서 생성되지만, 값을 가진 인스턴스는 RDB에서 읽어와서 RDB와의 통신으로 관리됩니다. 다시 말해, 도메인의 생성과 관리는 DIxAOP 컨테이너가 아닌 데이터 액세스 층의 구조에 의존합니다. 바꾸어 말하면, 스프링은 도메인 모델을 제외한 모든 것에 대응할 수 있는 프레임워크입니다.

----

14 도메인 주도 설계(DDD : Domain-Driven Design) : 에릭 에반스가 정리한 도메인 모델을 생성하는 패턴과 철학

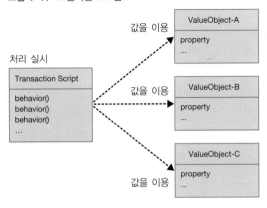

그림 1-17 트랜잭션 스크립트

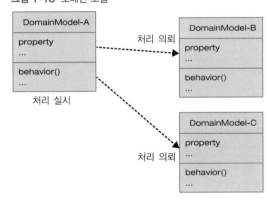

그림 1-18 도메인 모델

1.5.2 트랜잭션 관리

트랜잭션이란 간단히 말해 처리 단위입니다. 예를 들면, 웹 사이트에서 검색하고 상품 목록을 보기까지의 트랜잭션, 웹 사이트에서 상품을 주문해서 상품이 집에 도착하기까지처럼 긴 트랜잭션, 주문을 받고 발주 테이블과 고객 테이블, 재고 테이블을 갱신하는 데이터베이스 트랜잭션 등이 있습니다. 여기서는 그중 데이터베이스 트랜잭션을 다루지만, 이처럼 다양한 트랜잭션이 있다는 점을 기억해야 합니다.

이 트랜잭션에는 지켜야 할 ACID라는 특성이 있습니다(표 1-4). 이 중에서 애플리케이션 아키텍처로서 신경을 써야 하는 것은 [그림 1-19]의 원자성[atomicity], 독립성[isolation]입니다.

일관성consistency과 독립성isolation에 대해서는 **제4장 데이터 액세스 층의 설계와 구현**에서 상세하게 설명합니다.

반면, 영속성durability은 우리가 만드는 애플리케이션의 전제 조건이라고 할 수 있습니다(애플리케이션에서 어떻게 영속성을 보증할 것인가?).

표 1-4 ACID 특성

ACID	의미	설명
Atomicity	트랜잭션의 원자성	트랜잭션 내의 모든 처리는 전부 실행됐거나 아무것도 실행되지 않았다.
Consistency	데이터의 일관성	데이터에 일관성이 있어야 한다. –일관성을 지키지 않은 예: 상위 테이블이 없는데 하위 테이블이 있는 경우
Isolation	트랜잭션의 독립성	병행해서 달리는 트랜잭션이 서로 독립된 것
Durability	데이터의 영속성	데이터가 영속화된 것. 영속화된 데이터를 읽어서 출력할 수 있는 것

그림 1-19 원자성

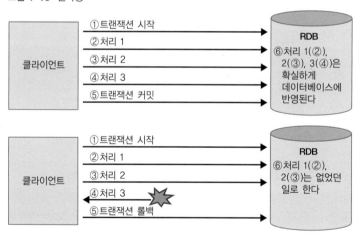

시스템을 구축할 때는 원자성의 범위를 정해야 합니다. 모든 처리가 실행됐는지, 실행되지 않았는지 처리 단위(트랜잭션)를 정하는 것입니다. 일반적으로 트랜잭션은 메서드에 들어가면서 트랜잭션 시작, 그 메서드를 빠져나오면서 트랜잭션 커밋처럼 결정합니다(그림 1-20). 트랜잭션 대상이 되는 메서드에서 호출된 메서드는 모두 트랜잭션의 대상이 됩니다.

그림 1-20 트랜잭션 관리의 기본

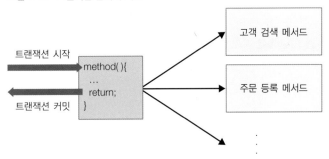

그러므로 트랜잭션 대상의 메서드가 모든 층에 흩어져 있으면 관리하기가 어렵습니다. 따라서 관리하기 쉽게 일정한 규칙으로 트랜잭션의 시작과 종료가 이루어지는 메서드를 정해야 합니다. 이러한 규칙으로 만들어진 트랜잭션의 시작과 종료는 논리적으로 레이어상의 선으로 나타나는데, 이것이 트랜잭션의 경계선입니다.

트랜잭션의 경계선은 프레젠테이션 층과 비즈니스 로직 층 사이에 그어지는 것이 일반적입니다(그림 1-21). 더 구체적으로 말하면, 프레젠테이션 층에 공개된 비즈니스 로직 층의 서비스 클래스의 메서드가 트랜잭션의 시작이고 끝입니다. 즉, 프레젠테이션 층의 클래스에서 서비스 클래스의 메서드를 호출하면 트랜잭션이 시작되고, 서비스 클래스의 메서드가 종료되고 프레젠테이션 층의 클래스로 되돌아갈 때 트랜잭션이 종료됩니다.

중요한 것은 트랜잭션의 경계를 만들기 위한 트랜잭션 구현을 어떻게 설계할 것인지입니다.

그림 1-21 트랜잭션 경계

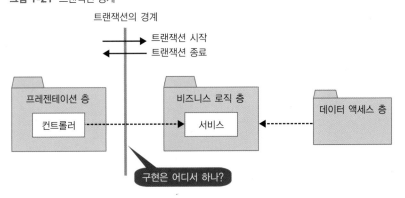

트랜잭션의 시작과 커밋, 롤백과 같은 RDB에 대한 트랜잭션 관리를 소스 코드로 명시하는 것을 명시적 트랜잭션(그림 1-22)이라고 하고, 소스 코드로 기술하지 않고 정의 파일 등으로 선언해 프레임워크 등에서 제공되는 트랜잭션 처리에 트랜잭션 관리를 시키는 것을 선언적 트랜잭션(그림 1-23)이라고 합니다.

그림 1-22 명시적 트랜잭션

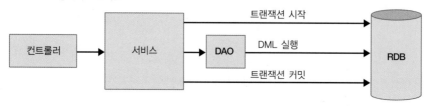

그림 1-23 선언적 트랜잭션

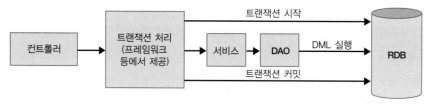

선언적 트랜잭션

선언적 트랜잭션을 이용하면 비즈니스 로직 층에 포함되는 컴포넌트를 자유롭게 조합할 수 있고, 또한 개발자도 트랜잭션을 의식하지 않고 로직에 전념할 수 있습니다. 애플리케이션 아키텍처를 유연하게 하려면 선언적 애플리케이션 아키텍처를 적극적으로 선택하는 것이 좋습니다. 선언적 트랜잭션을 이용할 때, 트랜잭션의 경계가 되는 것은 서비스 클래스의 메서드입니다. 서비스 클래스의 메서드가 호출되면 트랜잭션이 시작되고 메서드가 종료되면 트랜잭션이 커밋됩니다.

명시적 트랜잭션

만약 어떤 사정 때문에 명시적 트랜잭션을 구현해야 한다면 프레젠테이션 층의 컨트롤러로 트랜잭션을 구현하고 비즈니스 층에 포함되는 컴포넌트는 트랜잭션으로부터 자유롭게 해야 합니다. 그렇게 해야 트랜잭션 중첩에 신경 쓰지 않고 비즈니스 로직 층에 있는 컴포넌트를 자유롭게 조합할 수 있기 때문입니다.

또한, 프레젠테이션 층에서 트랜잭션을 구현할 때는 트랜잭션 관리가 한 곳에서 이루어지게 해야 합니다. 예를 들어 컨트롤러 클래스에서 서비스 클래스의 메서드를 호출하기 전후에 트랜잭션의 시작과 종료를 설정하는 것이 좋습니다.

가장 나쁜 패턴은 비즈니스 로직 층에 포함되는 여러 클래스가 java.sql.Connection을 다루고 트랜잭션을 관리하는 것입니다. 컴포넌트 조합 등 이전에 테스트를 포함한 개발 기간이 어느 정도 걸릴지 클로즈 처리나 예외 처리의 복잡함을 고려해보면 무섭기만 합니다.

1.6 데이터 액세스 층의 역할

데이터 액세스 층은 기본적으로 RDB(테이블) 액세스를 비즈니스 로직에서 숨기고, 비즈니스 로직에 필요한 데이터를 테이블에서 취득해서 오브젝트에 매핑하는 것입니다. 이렇게 오브젝트와 RDB를 매핑하는 것을 O/R 매핑이라고 합니다[O는 Object, R은 Relational(테이블)].

1.6.1 O/R 매핑

O/R 매핑은 시스템 개발 방법에 따라서 O에서 R과, R에서 O[15]의 두 가지 방향이 존재합니다 (그림 1–24). 일반적으로 O에서 R의 O/R 매핑은 객체 지향 분석으로 엔티티(도메인 모델의 클래스)를 추출해, 그 엔티티를 바탕으로 설계 단계에서 테이블을 작성합니다. 기본적으로 테이블의 한 레코드가 한 오브젝트에 대응합니다. 객체 지향으로 분석·설계하면 일반적으로 이러한 O/R 매핑이 됩니다.

마찬가지로 R에서 O의 O/R 매핑(단순하게 R/O 매핑이라고 하겠습니다)은 시스템의 데이터 분석을 DOA[Data Oriented Approach](데이터 중심 접근) 등에서 처리해 테이블을 작성할 경우나 시스템 개발 이전에 테이블이 이미 존재할 경우에 사용합니다.

---

15 이것을 다른 말로는 모델 퍼스트와 데이터베이스 퍼스트로 부릅니다.

그림 1-24 O와 R

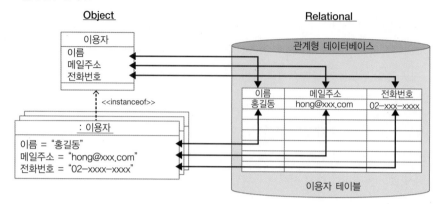

또한, 주로 참조용 웹 애플리케이션이나 단순 입출력 애플리케이션일 때는 화면에 표시할 데이터를 모아 한 오브젝트로 만드는 편이 효율적이므로, O/R 매핑을 피하고 R/O 매핑을 일부러 선택하는 것도 고려할 수 있습니다. 예를 들어, 사원 이름과 기본 급여 목록 표시 화면이 필요할 때는 사원 테이블(항목: 사원 번호, 이름, 직위, 나이, 주소 등)과 급여 테이블(항목: 사원 번호, 기본급, 조정 수당)에서 사원 오브젝트와 급여 오브젝트를 생성해 표시하는 것보다 사원 테이블과 급여 테이블에서 급여 목록 오브젝트(속성: 이름, 기본급)를 생성해 표시하는 편이 더 효율적입니다.

1.6.2 DB 액세스 프레임워크의 종류

DB 액세스 프레임워크로 흔히 알려진 것은 ORM(O/R 매핑 프레임워크)입니다. ORM은 XML 등으로 기술된 매핑 파일로, 오브젝트와 테이블을 매핑합니다. 매핑 파일 작성은 손이 많이 가지만 개발자가 SQL 문을 작성하지 않아도 된다는 특징이 있습니다.

ORM의 대표적인 프레임워크가 하이버네이트입니다. 반면 직접 SQL 문 사용을 전제로 한 DB 액세스 프레임워크도 있습니다. 스프링에 포함된 스프링 JDBC나 MyBatis[16]가 여기에 해당합니다.

---

16 MyBatis는 이전에는 iBATIS라는 이름으로 알려졌지만, 현재는 모두 소문자인 mybatis를 로고로 사용하고 있습니다. 이 책에서는 정식 레퍼런스 매뉴얼에서 표기한 M과 B가 대문자로 된 MyBatis를 사용합니다.

1.6.3 데이터 액세스 층의 설계 지침

설계를 생각하기 전에 데이터 액세스 층의 구현을 생각해봅시다. 데이터 액세스 층의 구현은 O/R 매핑인지 R/O 매핑인지에 따라 달라집니다. O/R 매핑은 ORM이라고 일컫는 하이버네이트 등을 이용합니다. R/O 매핑으로도 테이블 구조가 복잡하면 스프링 JDBC처럼 직접 SQL을 이용하는 방법도 생각해볼 수 있습니다. 하이버네이트 같은 프레임워크를 이용하면 다음과 같은 '설계 시 고려해야 하는 내용'이 포함돼 있어서 이를 별도로 설계하지 않아도 됩니다.

커넥션 풀링을 이용한다

커넥션connection을 이용할 때마다 생성하고 해제하는 것은 효율적이지 않습니다. 일반적인 DB 액세스 프레임워크에서는 커넥션 풀링을 이용할 수 있습니다.

RDB(제품)가 바뀌어도 구현에 영향을 미치지 않게 한다

일반적인 DB 액세스 프레임워크에서는 이용할 RDB, 예를 들어 HSQLDB와 Oracle 등을 설정 파일에서 지정하므로 RDB가 바뀌어도 구현에 영향을 미치지 않습니다.

이용하는 RDB에 의존적인 SQL 문을 기술하지 않는다.

ORM에서는 설정 파일로 지정한 RDB에 의해 출력되는 SQL 문이 자동으로 변환됩니다. 직접 SQL 문을 기술하는 방식의 DB 액세스 프레임워크에서는 RDB에 의존하는 SQL 문을 기술하지 않도록 주의해야 합니다. 특히 주의할 것은 자동 증가 프라이머리 키 생성 방법과 현재 날짜 등을 구하는 함수 등이 RDB에 의존하는 기능입니다.

지금까지의 설명으로 알 수 있듯이 DB 액세스 프레임워크가 포함되므로 데이터 액세스 층에서는 설계할 곳이 거의 없습니다. 데이터 액세스 층의 인터페이스만 설계하면 됩니다. 즉, 테이블과 도메인의 관계, 다시 말해 O/R 매핑 부분만 설계합니다. 테이블과 도메인 설계가 끝나면 그 시스템의 특징과 필요한 성능을 얻을 수 있는 DB 액세스 프레임워크를 선택하면 됩니다.

비즈니스 로직 층과 데이터 액세스 층의 분리

하지만 이것만으로는 여전히 문제가 남습니다. 우리가 목표로 하는 것은 비즈니스 로직 층과 데이터 액세스 층의 상호 의존을 없앤 오목형 레이어입니다.

일반적인 설계로는 트랜잭션 관리를 위해 비즈니스 로직 층에서 java.sql.Connection(하이버네이트이면 세션)을 취득해서 데이터 액세스 층에 전달하는 인터페이스가 됩니다. 이래서는 아무리 인터페이스 기반으로 하더라도 데이터 액세스 층이 비즈니스 로직 층에 의존하게 됩니다. 인터페이스로부터 커넥션을 분리하는 방법으로는 ThreadLocal을 이용한 패턴 사용 등을 생각할 수 있지만, 이는 꽤 귀찮은 방법입니다. 이 책에서는 나중에 스프링을 사용해 간단히 구현해보겠습니다.

Column3_ 파티션 혹은 인프라 층

스프링을 레이어에 맞추려고 하면 상당히 어렵습니다. 프레젠테이션 층은 스프링 MVC고 데이터 액세스 층은 스프링 JDBC로 할 수 있지만, 코어인 DIxAOP와 스프링 시큐리티 같은 것은 레이어에 걸쳐져 있습니다. 3층(프레젠테이션 층/ 비즈니스 로직 층/ 데이터 액세스 층)에 넣을 때도 있지만, 이 책에서는 스프링은 레이어에서 독립돼 있고, 레이어는 개발자가 작성하는 것을 넣는 것으로 생각합니다.

그래도 레이어를 그림으로 표현할 필요가 있다면 그때는 레이어에 독립된 파티션, 혹은 레이어로 인프라 층을 만들어서 거기에 스프링을 넣는다고 생각할 수 있습니다(그림 1-25).

그림 1-25 파티션 혹은 인프라 층

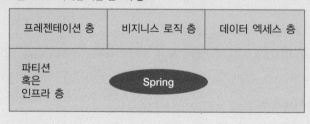

1.6.4 부품화

지금까지 개발 효율성과 유연성 향상을 애플리케이션 설계 목표로 삼고 이를 실현하는 방법으로 티어와 레이어에 관해 이야기했습니다. 정리하면 결국 애플리케이션을 부품화하자는 말로 통일됩니다. 부품이 큰 쪽은 티어나 레이어가 되고, 그보다 작은 부품은 패키지나 컴포넌트가 됩니다. 그리고 부품끼리는 인터페이스로 연결됩니다. 정리하면 이 모든 것이 부품화라고 할 수 있습니다.

더 간단히 말하자면, TV, DVD 레코더, 스피커 등으로 구성된 가전제품이나 모니터, 마우스, 메인보드, CPU와 메모리 등으로 구성된 컴퓨터처럼 애플리케이션을 여러 부품으로 조립된 전자 제품과 같은 아키텍처로 만들어서 개발 효율성과 유연성을 높이는 것입니다.

티어나 레이어처럼 큰 부품은 현실 세계에서 컴퓨터와 모니터, 스피커에 해당한다고 생각하면, 패키지나 컴포넌트는 컴퓨터에 들어간 메인보드와 CPU, 메모리가 됩니다. 클래스는 메인보드와 CPU 및 메모리에 들어가는 더 작은 부품이 될 것입니다.

그런데 이러한 부품화가 어떻게 개발 효율성이나 유연성을 높일 수 있을까요? 부품화는 개발 효율 면에서는 전자 제품처럼 부품별로 다른 업체에 테스트를 포함한 제조를 맡길 수 있고, 유연성 면에서는 마우스나 모니터처럼 쉽게 교체할 수 있기 때문입니다. 게다가 뭔가 고장났을 때 그 부품만 수리하면 정상 작동합니다. 원래 객체 지향 자체가 부품화를 촉진하는 기술로 여겨지고 있고, 시스템 개발 현장에서는 전자 제품의 경우처럼 그리 잘 되지는 않지만, 일단은 이러한 개념임을 기억해둡시다.

여기서 중요한 점은, 부품화는 인터페이스가 중요하다는 것입니다. 전자 제품의 예에서 알 수 있듯이 부품은 반드시 콘센트나 모듈러 잭과 같은 인터페이스로 연결됩니다(그림 1-26). 다른 부분으로는 연결되지 않을 것입니다. 만약 컴퓨터에 마우스를 연결하는데 "USB 포트에 꽂은 다음 마우스에서 나온 빨간 선을 컴퓨터 본체의 메인보드에 납땜하세요"라고 한다면 어려운 일일 것입니다. 만약 그렇다면 상품으로서 가치가 없는 제품이 됩니다(그림 1-27). 또한 오목형 레이어에서 상호 의존이 되지 않는 이유도 설명했지만, 전자 제품의 부품화를 떠올려보면 그 이유를 유추할 수 있습니다. 애플리케이션도 마찬가지로 인터페이스로 연결할 수 있게 부품화할 수 있을 것입니다. 스프링은 이러한 부품화 아키텍처를 만드는 데 아주 유용한 프레임워크입니다.

여기서 부품화의 두 가지 중요점을 알아봅시다.

첫째는 2개의 부품이 있을 때, 인터페이스를 어느 쪽이 가져야 하는지 결정해야 합니다. 조금 전의 전자 제품으로 말하면, 인터페이스는 꽂을 구멍이 있는 쪽, 자바로 말하면 인터페이스의 정의가 있는 쪽이 어느 부품인가로 이야기할 수 있습니다.

전자 제품을 보면 알겠지만 **더 중요한 부품**이 인터페이스를 가집니다. 컴퓨터와 마우스의 경우에는 컴퓨터에 구멍이 있고, TV와 스피커의 경우에는 TV에 구멍이 있습니다. 그리고 컴퓨터와 TV 모두 전기를 공급받기 위해 콘센트가 필요합니다.

그림 1-26 부품화되어 있는 제품

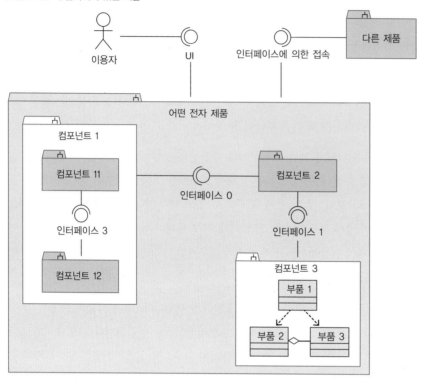

그림 1-27 부품화되어 있지 않은 제품

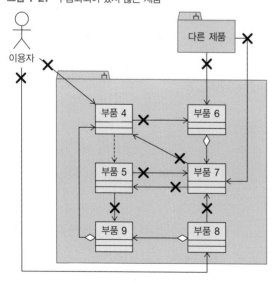

컴퓨터와 마우스 중 왜 컴퓨터가 중요한지 논리적으로 잘 설명할 수 없지만, 변화가 적은 쪽이나 없으면 곤란한 쪽 등의 이유를 생각해볼 수는 있을 것입니다. 깊게 파고들면 설명이 곤란하지만 대체로 이렇다고 생각합니다(혹시 필자의 지식이 부족해서 그럴지도 모르겠습니다).

애플리케이션도 이러한 방식으로 부품화해야 하며, 자바의 API도 인터페이스는 API에 있습니다. 앞에서 설명한 오목형 레이어의 사고방식도 비즈니스 로직 층이 가장 중요하다는 생각을 바탕으로 합니다(그림 1-12). 저명한 톰 엥겔베르그도 중요한 쪽에 인터페이스를 두는 것을 원칙으로 추천하고 있습니다[17].

그림 1-28 부품화와 인터페이스

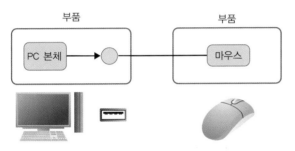

사족일지도 모르지만, 무엇이든 부품화해서 인터페이스를 가져다 붙이면 되는 것은 아닙니다. 부품에는 인터페이스가 없어도 되는 것도 있습니다. 예를 들어 컴퓨터 안에 박혀 있는 녹색 기판을 하나의 부품으로 생각한다면, 기판 위의 부품은 인터페이스 없이 각각 직접 연결하거나 납땜으로 고정해도 좋을 것입니다. 잘못 생각해서 불필요한 인터페이스를 붙이지 않게 주의해야 합니다.

둘째는 어느 정도까지 부품화를 해야 하는가입니다. 다르게 말하면 **부품 하나의 크기를 어떻게 잡아야 할까**입니다. 여기에 절대적인 기준은 없으며 **부품화할 필요가 있는 만큼 부품화한다**가 정답입니다. 이것도 전자 제품을 예로 들어 생각해보면 쉽게 알 수 있습니다. 예를 들어 데스크톱 컴퓨터를 살 때 디스플레이 일체형을 살 수도 있고, 오디오를 살 때 스피커나 앰프, 플레이어를 따로 사느냐 일체형을 사느냐는 구입자가 스테레오의 확장 여부나 고장이 났을 때의 AS 여부, 지출할 수 있는 금액 등의 조건을 보고 결정하는 것이므로 어느 쪽이 좋다고 단언할 수는 없을 것입니다.

애플리케이션도 마찬가지로 부품화에 따라 성능에 영향을 미치는 제약이나 조건의 차이가 있을 뿐입니다. 한 가지 말할 수 있는 것은 만약 부품화가 어렵게 느껴지면 이 책에서 권장하는

17 Downward Bound : Guide to Application Architecture by Tom Engelberg

3레이어부터 생각하는 것이 좋습니다. 설계상 레이어는 늘리기보다 줄이는 편이 간단합니다. 부품화에 관해 잘 모르면 1레이어부터 시작해 2레이어, 3레이어로 늘려가기가 어렵습니다. 그렇다고 해서 레이어를 10부터 시작하는 것은 지나치므로 3레이어가 적절할 것입니다. 만약 어디까지 부품화할지가 고민된다면 3레이어부터 시작해 필요에 따라 늘리거나 줄여봅시다.

1.7 웹 애플리케이션이 안고 있는 문제

지금까지의 설명으로 웹 애플리케이션 아키텍처는 이해했을 거라고 생각합니다. 그러므로 스프링을 이용하지 않을 때의 문제점, 반대로 말하면 스프링을 이용하면 해결할 수 있는 웹 애플리케이션의 문제점을 분명히 밝히고 가야 합니다.

1.7.1 EJB의 문제(현재는 문제점이 해결된 상태)

이전에 스프링은 안티 EJB라는 느낌이었지만, EJB 자체가 버전 3.0으로 넘어가면서 DI 컨테이너, AOP 프레임워크가 됐으므로 이제 EJB와 비교해 스프링의 우위를 증명하는 방법은 성립하지 않습니다. 과거에 EJB라는 중량 컨테이너의 안티테제antithese로서 경량 컨테이너를 자처하고 등장한 스프링이 현재는 오히려 비교 대상이 Java EE가 됐을 정도로 스프링은 거대해졌습니다.

1.7.2 오브젝트의 생명 주기

앞서 설명했던 것처럼 웹 애플리케이션의 프레젠테이션 부분에는 서블릿Servlet을 컨트롤러로 한 MVC2 모델을 채용하는 것이 일반적입니다. 컨트롤러를 구현하는 서블릿은 View에 액세스하는 사용자 수가 증가할 때마다 인스턴스화에 의한 가비지 컬렉션의 성능 저하나 메모리 압박을 방지하도록 멀티스레드로 동작시키고 있습니다. 하지만 컨트롤러에서 호출되는 서비스 로직의 오브젝트를 매번 인스턴스화하게 설계/구현해 버리면, View에 액세스하는 사용자 수가 늘어났을 때 인스턴스가 증가해 가비지 컬렉션의 성능이 떨어지거나 메모리 압박이 일어날 우려가 있습니다.

이를 방지하려면 서비스 로직의 오브젝트는 싱글턴[singleton][18]으로 해야 하지만, 오브젝트를 싱글턴으로 하려면 구현을 변경해야 하고 어떤 사정으로 오브젝트가 싱글턴일 필요가 없어졌을 때의 비용이 커지는 단점이 있습니다. 또한, 마찬가지로 싱글턴처럼 오브젝트가 HTTP의 Session인 동안만 있으면 된다거나 Request일 때만 있으면 되는, 오래 살아남으면 곤란한 오브젝트의 생명 주기를 만들어내는 것도 어렵지만, 스프링은 이러한 생명 주기도 관리해줍니다.

1.7.3 부품화의 문제

웹 애플리케이션을 구축하는 오브젝트 사이의 의존 관계는 인터페이스를 매개로 해서 구현에 의존하지 않음으로써 오브젝트 사이를 약한 결합으로 유지할 수 있습니다. 또한, 그렇게 함으로써 오브젝트를 쉽게 확장·변경하고, 개발 효율을 올리며, 시스템을 고품질로 유지할 수 있음은 앞에서 설명했습니다.

예를 들어 오브젝트가 인터페이스에만 의존하면 인터페이스가 확장/변경되더라도 이용하는 오브젝트에는 아무 영향도 주지 않습니다. 또한, 인터페이스의 배후에 있는 오브젝트가 미완성일 때에도 mock 오브젝트로 치환해 개발을 중단하지 않고 진행할 수 있으며, 테스트용 클래스로 치환해 손쉽게 테스트를 시행할 수 있습니다[19]. 이러한 사고방식을 적극적으로 밀고 나가면 전자 제품처럼 부품별로 개발 거점을 나누어 작성할 수 있습니다(그림 1-29).

그림 1-29 부품별 개발

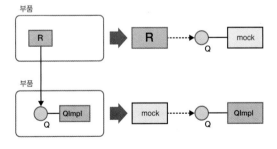

---

18 싱글턴은 디자인 패턴 중 하나이며, 지정한 클래스가 시스템 안에서 하나임을 보증하고 싶을 때 이용합니다. 싱글턴에 관한 자세한 내용은 디자인 패턴 관련 서적을 참고합니다.

19 물론 Mockito(의존하는 클래스를 mock으로 치환해줌, http://mockito.org/)를 사용하면 인터페이스가 없더라도 개발할 수 있습니다. 단, 어느 정도 큰 규모에서 개발할 경우에는, 팀 간의 경계선에 인터페이스가 필요할 것이고, 부품화에 따라서 명확하게 하기 위해서도 필요합니다. 가능하면 UML(실제 관계와 사용 의존) 같이, 실현되는 인터페이스와 실현되지 않는 인터페이스를 명확하게 구분할 수 있게 두 종류의 인터페이스가 필요할 것입니다.

하지만 스프링과 같은 프레임워크를 이용하지 않고 이러한 인터페이스 의존/구현 비의존을 실현하려면 고도의 기술이 필요합니다. 예를 들어, 단순히 인터페이스를 이용하는 것만으로는 구현 비의존을 실현할 수 없습니다(그림 1-30).

그림 1-30 구현 의존

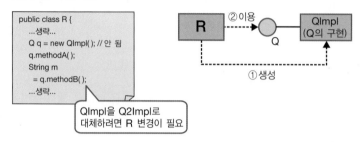

그래서 보통은 팩토리 메서드Factory Method[20] 등을 도입해서 구현 비의존을 실현합니다(그림 1-31).

그림 1-31 구현 비의존

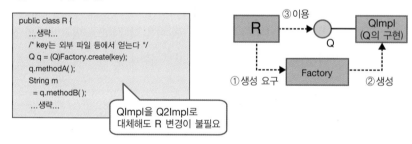

하지만 현실에서는 의존과 비의존을 만들어가는 것 자체를 모르거나 혹은 비용이 많이 발생한다고 여기는 경우가 많습니다[21]. 그러면 결국 인터페이스에 의존하고 구현에 의존하지 않는 설계/구현이 이루어지지 않고, 개발 효율과 변경/확장의 용이성, 테스트에 의한 품질 유지를 달성할 수 없습니다.

---

20 팩토리 메서드는 디자인 패턴 중 하나입니다. 여기서는 자바의 리플렉션 기능을 이용해 new 연산자를 쓰지 않고 인스턴스화하는 것을 가리키고 있습니다. 팩토리 메서드에 관한 자세한 내용은 디자인 패턴 관련 서적 등을 참고하고, 자바의 리플렉션 기능에 관해서는 자바 관련 서적 등을 참고하기 바랍니다.

21 유지관리나 품질을 고려하면 원래는 비용에 맞을 것입니다. 무리한 납기에 맞추려고 시스템의 특성을 버리는 것은 조악한 시스템 난개발로 이어질 가능성이 큽니다.

1.7.4 기술 은닉과 부적절한 기술 은닉

개발자의 수준을 고려하지 않은 채 고급 기술을 초보 개발자에게 이용하게 해서 장해를 일으키거나, 부적절한 기술 은닉으로 기술 이용을 어렵게 하는 문제(표 1-5)도 개발 현장에서는 흔히 볼 수 있습니다. 게다가 고객 클래스나 수주 클래스 내에 고객이나 수주 처리라고 하기 어려운 트랜잭션이나 예외, 로깅과 같은 처리가 들어가면 프로그램의 가독성을 현저하게 떨어뜨릴 우려가 있습니다.

또한 여러 클래스에 걸쳐 존재하는 트랜잭션이나 예외 처리, 로깅 처리는 프로그램의 가독성을 떨어뜨리기도 하고, 유닛 테스트 역시 어렵게 만들기도 합니다. 덧붙여 여러 클래스에 걸쳐 있는 트랜잭션의 예외 처리 및 로깅 처리는 부품화를 촉진하는 데 방해가 되기도 합니다.

표 1-5 기술 은닉의 문제

기술을 은닉하지 않아 발생한 문제	• 트랜잭션 제어를 초보자에게 코딩시켜 통합 테스트에서 트랜잭션 오류가 빈발했다. • 예외 처리 순서가 인식되지 않아서 컴포넌트 사이의 어딘가에서 예외가 사라지는 이벤트가 운영 전에 발견돼 큰 문제가 됐다.
부적절하게 기술을 은닉한 문제	트랜잭션 제어를 개발자에게 은닉하고자 프레임워크를 만들었지만, 이용 절차가 복잡해서 동료들이 알기 어렵다고 외면했다.

1.7.5 문제 해결은 스프링에 맡기자

지금까지 스프링을 이용하지 않을 때 일어날 수 있는 웹 애플리케이션의 세 가지 문제점을 알아봤습니다. 한 번 더 문제점을 정리해보면,

- 오브젝트의 생명 주기 문제
- 부품화 문제
- 기술 은닉과 부적절한 기술 은닉 문제

이러한 문제를 해결하지 않는 한 웹 애플리케이션은 리소스를 잘 이용하지 못하고, 테스트하기 어려우며, 확장이나 변경도 어려워질 것입니다. 스프링은 이러한 문제를 해결하기 위해 태어난 컨테이너라고도 할 수 있습니다. 자세한 내용은 나중에 설명하겠지만, 스프링은 다음처럼 문제를 해결해줄 수 있습니다.

- 오브젝트의 생명 주기 문제는 DI 컨테이너로 해결

- 부품화 문제는 DI 컨테이너로 해결

- 기술 은닉과 부적절한 기술 은닉 문제는 AOP로 해결

1.7.6 부품화의 미래

여기까지 부품화의 이야기는 아키텍처로서의 모놀리식^{monolithic} 형태를 대상으로 해왔습니다. 여기서는 현재의 이야기를 해봅니다.

우선 모놀리식의 아키텍처는 웹 애플리케이션이 하나의 프로젝트 형태로 디플로이된 형태입니다. 따라서 모놀리식 아키텍처에서는 부품화 후 한 부품을 수정하더라도 전체를 다시 디플로이해야 합니다. 이렇게 되면 부품화한 의미가 흐려질 것입니다(그림 1-32).

그림 1-32 모놀리식 아키텍처

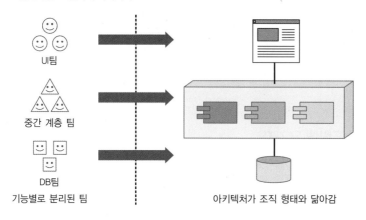

UI팀

중간 계층 팀

DB팀

기능별로 분리된 팀

아키텍처가 조직 형태와 닮아감

그래서 어느 정도의 크기 및 모놀리식이라고 보이는 복잡한 시스템은 부품을 개별로 작성·수정해서 디플로이할 수 있다고 생각한 마이크로서비스^{Microservices}[22]가 나왔습니다. 어느 비즈니스 용건에 특화한 단위로, 거기에 UI부터 DB의 액세스까지 포함해도 문제(단, 라이브러리 같은 범용, 공용 부품은 별도)가 되지 않습니다. 이렇게 잘라낸 부품을 서비스라고 합니다(일반적인 비즈니스 로직 층의 서비스와 다른 개념입니다). 이 서비스를 하나의 프로덕트로 생각해서 팀별로 분담해서 개발하고 프로덕트에 최선인 개발 언어를 선택합니다. 이렇게 구성된 서비스

----

22 http://microservices.io/

를 경량의 통신 수단(REST와 RabbitMQ) 등으로 유연하게 결합한 시스템을 만들어가는 것이 마이크로서비스 아키텍처입니다(그림 1-33). 지금까지의 부품화 이야기와 비교해서는 꽤 큰 부품이 되지만, 그 서비스의 내부에서는 다시 세세한 부품으로 이루어진 구조입니다.

그림 1-33 마이크로서비스 아키텍처

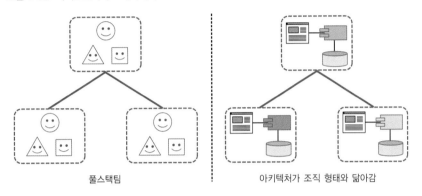

풀스택팀

아키텍처가 조직 형태와 닮아감

화면을 포함하지 않는다면 EJB가 최초에 목표로 한 방향이나 그 후의 웹 서비스 및 SOA와 같은 이야기입니다. 실제로 해외의 유명한 프로그래머들은 마이크로서비스 아키텍처와 같지 않은가를 논의하기도 하니, 크게 다르지 않다고 생각해도 좋을 듯합니다.

이러한 마이크로서비스 아키텍처의 상세한 이야기와 DDD의 이야기, 혹은 마이크로서비스와 같이 나오는 DevOps 등은 이 책에서 길게 언급하지 않겠지만 스프링을 사용하는 한 여러 아키텍처를 이해하는 것은 중요합니다. 물론 지금 개발 중이고 운영 중인 시스템에 마이크로서비스를 적용하라는 말은 아닙니다. 현실적으로 운영 면이나 경험이 풍부한 모놀리식 아키텍처보다 마이크로서비스가 어려운 것은 굳이 해보지 않아도 알 수 있다고 생각합니다. 게다가 원래 복잡한 도메인에서는 마이크로서비스로 분류는 쉽게 할 수 있지만, 복잡한 도메인 자체가 없어지는 것은 아닐 것입니다.

스프링은 마이크로서비스 아키텍처에 어떻게 대응할까요? 그 대답 중 하나가 스프링 부트Spring Boot입니다. 스프링 부트에서 개발한 애플리케이션이 서비스되고 이것들을 조합해서 작업함으로써 마이크로서비스 아키텍처가 실현될 것입니다. 그리고 클라우드 네이티브(처음부터 클라우드용으로 애플리케이션을 만든다는 생각) 아키텍처(그림 1-34)가 최신 아키텍처로 자리잡고 있습니다.

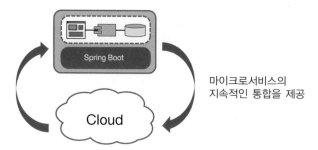

그림 1-34 최신 아키텍처

마이크로서비스의
지속적인 통합을 제공

1.8 스프링 개요

드디어 스프링에 들어갑니다. 앞에서 말한 것과 같이 이 책에서 말하는 스프링이란 DI 컨테이너와 AOP 등을 구현하는 스프링 프레임워크를 말합니다. 구현은 뒷부분에 나오겠지만, 우선은 지금까지 설명한 웹 애플리케이션과 애플리케이션 아키텍처의 관계, 스프링의 필요성과 특징부터 이해해야 합니다.

1.8.1 스프링이란?

스프링은 로드 존슨을 중심으로 개발된 Java/Java EE용 프레임워크입니다. DIxAOP 컨테이너를 중심으로 MVC 프레임워크(스프링 MVC, 스프링 웹 플로), JDBC를 추상화한 프레임워크(스프링 JDBC), 기존 프레임워크와의 통합 기능 등을 개발자에게 제공하는 애플리케이션 아키텍처의 기반이 되는 것입니다. 계속해서 이 책에서 설명하는 스프링의 기능이 웹 애플리케이션의 레이어에서 어떻게 이용되는지 간단히 설명하겠습니다.

1.8.2 프레젠테이션 층

스프링 MVC

프레젠테이션 층에서는 스프링 MVC와 스프링 웹 플로를 이용할 수 있습니다. 이것은 웹 애플리케이션의 프레젠테이션 층에서 잘 사용하는 MVC 프레임워크에 해당합니다. 스프링 MVC와 스프링 웹 플로를 이용하면 이 책에서 설명하지 않은 Ajax 등의 연계도 가능합니다.

스프링 시큐리티

정확하게는 프레젠테이션 층, 비즈니스 층, 데이터 액세스 층 전체에서 사용할 수 있지만, 프레젠테이션 층의 화면별 액세스 제어에 많이 사용하므로 여기서 설명합니다.

스프링 시큐리티Spring Security는 인증/인가 기능을 제공하며, 베이직 인증이나 OAuth(데스크톱 PC 혹은 모바일 단말기 등에서 안전하고 공개적인 프로토콜)의 표준에 따라가는 인증 서비스(Facebook, Twitter, Google 등)를 사용할 수 있습니다.

1.8.3 비즈니스 로직 층

여기서는 스프링의 핵심이 되는 DIxAOP 컨테이너와 스프링 캐시를 알아봅니다. 비즈니스 로직 층을 설명하고 있지만, 정확하게는 둘 다 복수의 층(레이어)을 넘어서 이용할 수 있습니다. 앞의 [그림 1−25]에서 DIxAOP 컨테이너 층의 위치를 다시 확인해볼 수 있습니다.

스프링 DIxAOP 컨테이너

DIxAOP 컨테이너는 스프링을 특징짓는 기능입니다. DI는 오브젝트를 생성하고 오브젝트끼리의 관계를 생성해 소프트웨어의 부품화 및 설계를 가능하게 합니다. DI를 이용하면 인터페이스 기반의 컴포넌트를 쉽게 구현할 수 있습니다.

DIxAOP 컨테이너에는 물론 AOP 기능도 있습니다. AOP를 이용하면 오브젝트 책임 외의 로직(사용자 인증이나 로깅, 트랜잭션 관리와 예외 처리 등)을 소스 코드에 명시적으로 기술하지 않고 나중에 추가할 수 있습니다. 소스 코드에는 할당된 책임 외의 처리가 필요 없어지고 개발자는 비즈니스 로직에 집중할 수 있어서 코드가 한결 간결해지고 보기에도 쉬워질 것입니다.

또한 AOP에 의해 책임 이외의 로직이 없어지면 DI를 이용한 컴포넌트화를 더 추진할 수 있고 단위 테스트나 팀 개발이 쉬워져 시스템 개발 비용을 크게 절감할 수 있습니다.

스프링 캐시

이용자 수가 늘어날수록 퍼포먼스 문제가 발생할 수 있습니다. 퍼포먼스 문제는 대부분 RDB 와의 처리에서 발생합니다. 스프링 캐시는 이름처럼 데이터를 캐시해서 RDB와의 처리를 줄임 으로써 퍼포먼스를 향상시키는 역할을 합니다.

1.8.4 데이터 액세스 층

스프링 JDBC

개발자가 JDBC를 직접 다루는 것은 영속화 로직을 복잡하게 만든다는 생각에서, 스프링은 JDBC를 추상화하는 프레임워크인 스프링 JDBC를 제공하고 있습니다.

스프링 JDBC는 SQL 문을 이용하는 형태의 데이터 액세스 프레임워크입니다. 스프링 JDBC 의 이용법은 'SELECT 문'과 'SELECT한 결과와 엔티티 클래스의 매핑'을 기술하기만 하면 되 므로, SQL 문에 익숙한 개발자라면 간단히 사용할 수 있습니다.

최근에는 XML을 이용해 오브젝트와 테이블을 매핑하는 프레임워크도 많지만, SQL 문에 익숙 한 개발자나 참조가 주가 되는 앱 애플리케이션에서는 스프링 JDBC의 이용도 권장하고 있습 니다.

스프링 데이터

RDB(릴레이션 데이터베이스)와 NoSQL 등의 다른 데이터 스토어에 액세스의 통일화와 단 순화를 목적으로 한 프로덕트입니다. RDB에 대해서는 JPA, NoSQL에 대해서는 도큐먼트형 DB인 MongoDB, 그래픽 DB인 Neo4j 등이 액세스할 수 있습니다. 단, 다른 데이터 액세스 의 통일화에 대해서는 아직 완전하게 대응됐다고 보기는 힘들고 JPA, MongoDB, Neo4j를 각각의 프로덕트로 이해하는 것이 좋습니다[23].

----

23 옮긴이_2017년 현재 지원하는 메인 모듈은 Gemfire, JPA, KeyValue, LDAP, MongoDB, REST, Redis, Apache Cassandra, Apache Solr 등이 있으며, 더 상세한 리스트는 웹 페이지(http://projects.spring.io/spring-data/)에서 확인할 수 있습니다.

스프링 ORM 인티그레이션 기능

MVC 프레임워크와 마찬가지로 데이터 액세스 층에서 스프링 JDBC를 반드시 이용할 필요는 없습니다. 스프링이 제공하는 ORM 인티그레이션 기능을 이용하면 하이버네이트 등을 간단히 이용할 수 있는 것도 스프링의 장점 중 하나입니다. 스프링의 ORM 인티그레이션 기능을 이용하면 각각의 프레임워크를 단독으로 이용하는 것보다 간단하게 서비스를 만들 수 있습니다.

하지만 ORM 프레임워크에도 새로운 프레임워크에 대한 인티그레이션 기능이 있어, 스프링의 ORM 인티그레이션 기능의 중요성과 유용성은 예전보다 떨어졌습니다. 다만 오래된 프레임워크나 하이버네이트를 이용하는 경우라면 여전히 중요하고 유용한 기능입니다.

1.8.5 스프링 배치

지금까지는 웹 애플리케이션을 기준으로 이 책에서 설명하는 스프링의 기능을 레이어별로 소개했지만, 실제 시스템 개발에는 배치 처리도 필요합니다. 배치 처리는 대량의 데이터의 일괄 처리와 복수 처리, 병행 처리의 실행을 반드시 고려해야 합니다.

스프링은 그 배치 처리를 실행하기 위한 템플릿으로 스프링 배치Spring Batch를 제공하고 있으며, Java EE7에서 발표된 jBatch는 스프링 배치의 영향을 많이 받고 있습니다.

1.8.6 스프링 부트

스프링 부트는 소프트웨어 개발을 위한 기반 프레임워크라고도 말할 수 있습니다[24]. 앞에서 설명한 레이어에 존재하는 스프링 기술이나 그 밖의 라이브러리(Tomcat, H2DB, Commons 등)를 적절하게 통합한 템플릿을 풍부하게 제공하고 있어서, 웹 애플리케이션을 빠르게 개발할 수 있게 해줍니다.

대규모 업무 시스템의 실적은 아직 적은 편이나, 애자일이나 마이크로서비스 아키텍처(**1.7.6 부품화의 미래** 참고), 클라우드 등의 키워드와 잘 어울리는 주목해볼 기술입니다.

---

24 스프링의 만병통치약이라는 설도 있습니다.

1.8.7 스프링을 사용하는 이유

스프링은 Java/Java EE용 오픈 소스 프레임워크이고, 현재는 Pivotal 사의 소수 정예 엔지니어가 관리하고 있습니다. 가끔 시스템을 개발할 때 오픈 소스는 '누가 만들었는지 알 수 없다'는 이유로 채택을 주저한다는 이야기가 들리지만, 스프링에 한해서는 처음 등장할 때부터 Pivotal 사에서 관리·운영되고 있는 오픈 소스여서, 다른 회사에서 제품으로 팔고 있는 프레임워크나 패키지와 같이 안심하고 사용할 수 있습니다.

시스템을 개발할 때 '앞으로의 유지 보수를 생각해서 표준인 Java EE가 좋다'라는 생각으로 스프링 채택을 주저한다는 이야기도 들립니다. 하지만 생각해보면 표준이 우선이라고 생각하는 것은 IT 세계에서 별로 도움이 되지 않습니다. 예를 들어 EJB 버전 1을 이용해 만든 시스템을 개선할 때, EJB가 표준이었다는 것에 얼마나 의미가 있었는가 하는 것입니다. 또한, Java EE의 CDI^Contexts and Dependency Injection는 스프링 DI보다 늦게 나왔고, 구글과 스프링의 영향으로 만들어졌다는 이야기도 있습니다. JPA도 마찬가지로 오픈 소스 하이버네이트의 영향을 많이 받았고, 또 Java EE7에서 발표된 자바 배치(Batch Applications for the Java Platform jBatch)는 스프링 배치를 참고하고 있습니다.

결국, Java EE의 사양은 스프링과 하이버네이트를 지지하는 분들도 참가해서 만들어지고 있으며, Java EE가 널리 사용될 때 오픈 소스는 다음 세대의 기술을 적용하고 있을 것이고, Java EE는 결국 오픈 소스를 참고해서 수정해갈 것입니다. 덧붙여 Java EE는 스프링과 하이버네이트보다 대응할 수 있는 범위가 좁습니다.

시스템에 지금 필요한 최신 기능을 이용할 때는 Java EE보다는 스프링이 유리할 것입니다. 예를 들어, 과거 웹소켓^{WebSocket}(클라이언트와 서버의 양방향 통신을 가능하게 하는 기술)을 사용할 필요가 있었을 때 Java EE는 이용할 수 있는 서버를 몇 년 동안 기다려야 했지만, 스프링은 바로 이용할 수 있었습니다. 또, 다음 시대를 예견하는 마이크로서비스 아키텍처(**1.7.6 부품화의 미래** 참고)와 클라우드 네이티브(**제11장 클라우드 네이티브** 참고)의 애플리케이션은 스프링 부트를 제외하고는 말할 수 없을 것입니다.

이러한 이유로 스프링은 앞으로도 계속 많이 사용될 것이고, 지금 스프링을 이용할지 말지 고민하고 있다면, 이용해볼 것을 추천합니다.

CHAPTER 02

스프링 DI

스프링은 MVC 프레임워크(스프링 MVC)와 JDBC를 추상화한 프레임워크(스프링 JDBC) 등 여러 기능을 개발자에게 제공하는 애플리케이션 아키텍처의 베이스가 됩니다. 그리고 코어가 DIxAOP 컨테이너입니다.

이 장에서는 스프링 코어의 하나인 DI를 알아봅니다. 개요, 스프링에서의 특징과 이용 방법 및 DI를 어떻게 이용할 것인가를 설명합니다.

2.1 DI란?

우선 스프링이 제공하는 DIxAOP 컨테이너에서의 DI 부분을 알아봅니다. DI는 인터페이스를 이용해 컴포넌트화를 실현하는 것입니다. 이 부분을 분명히 인식해야 합니다.

DI를 우리말로 옮기면 의존 관계의 주입입니다. 의미가 구체적이지 않아 선뜻 이해되지 않겠지만, 쉽게 말해 오브젝트 사이의 의존 관계를 만드는 것입니다. 이 말은 어떤 오브젝트의 프로퍼티(인스턴스 변수)에 그 오브젝트가 이용할 오브젝트를 설정한다는 의미입니다. 이를 학술적으로 말하면, 어떤 오브젝트가 의존(이용)할 오브젝트를 주입 혹은 인젝션(프로퍼티에 설정)한다는 것입니다.

그리고 DI는 단순히 이러한 인젝션을 가리키지만, DI를 구현하는 컨테이너는 이 밖에도 클래스의 인스턴스화 등의 생명 주기 관리 기능이 있는 경우가 많습니다. 인터페이스를 이용하지 않는 단순한 예를 들어 설명하면, 제품[product]을 관리하는 웹 애플리케이션을 모방한 예제 애플리케이션을 생각해봅시다(그림 2-1).

그림 2-1 최초의 Product 애플리케이션

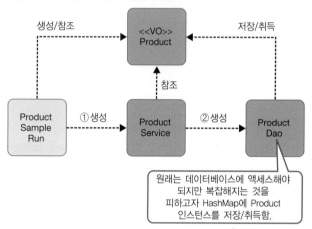

간단히 동작시키기 위해 우선 main 메서드가 있는 ProductSampleRun 클래스를 작성합니다. 이 클래스는 웹 애플리케이션의 뷰[view]와 컨트롤러[controller]를 대신한다고 생각합시다. 계속해서 비즈니스 로직을 실현하는 ProductService 클래스를 준비하고 데이터베이스 액세스를 하는 ProductDao 클래스를 작성합니다. 데이터베이스 액세스 오브젝트를 DAO[Data Access Object]라고 부르고 클래스명은 XxxDao 형식으로 작성합니다.

다음 샘플은 복잡한 기능을 제외하기 위해서 실제 데이터베이스는 하지 않습니다. 가장 간단하게 만들며, ProductSampleRun이 ProductService를 new하고 ProductService가 ProductDao를 new한 다음 각각의 인스턴스를 생성해 이용하는 형태일 것입니다(그림 2-1 ①, ②).

이어서 DI 컨테이너를 이용하는 예입니다. DI 컨테이너를 이용하면 ProductSampleRun이 이용하는 ProductService의 인스턴스, 그리고 ProductService가 이용하는 ProductDao의 인스턴스는 DI 컨테이너가 생성해줍니다(그림 2-2 ①, ②). 그리고 ProductDao의 인스턴스를 이용하는 ProductService에 인젝션(의존 관계 주입)해줍니다(그림 2-2 ③).

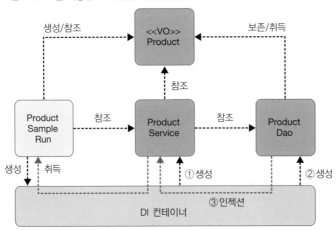

그림 2-2 DI를 사용한 Product 애플리케이션

main 메서드가 있는 ProductSampleRun은 DI 컨테이너의 생성이나 ProductService의 인스턴스 취득 등을 해야 하지만, 이러한 작업은 **2.6 ApplicationContext**에 기술한 것처럼 실제 웹 애플리케이션에서는 코드에서 배제됩니다. 우선은 간단한 예제 애플리케이션이라고 생각하고 생략합니다.

DI 컨테이너가 다루는 ProductService 클래스, ProductDao 클래스에는 DI를 위한 특수한 메커니즘이 필요합니다. 다시 말해, DI 컨테이너가 인스턴스를 생성할 클래스, 인스턴스를 전달받을 클래스는 모두 POJO^Plain Old Java Object(컨테이너나 프레임워크에 독립적인 자바 오브젝트)로 작성해도 문제가 없습니다[1].

지금까지의 설명만으로는 DI 컨테이너의 장점은 클래스에서 new 연산자가 사라지는 것뿐, 다시 말해 POJO를 사용해 단순히 POJO를 인스턴스화하지 않기 위한 기술이고, 인터페이스 기반의 컴포넌트화(지금까지 설명해온 부품화)와는 관계가 없어 보이기도 합니다.

하지만 클래스에서 new 연산자가 사라졌다는 사실이 중요합니다. 클래스에서 new 연산자가 사라짐으로써 개발자가 팩토리 메서드 같은 디자인 패턴을 구사하지 않아도 DI 컨테이너가 건네주는 인스턴스를 인터페이스로 받아서 인터페이스 기반의 컴포넌트화를 구현할 수 있게 됐습니다.

---

1 지금부터 기술하는 스프링이 제공하는 어노테이션을 이용하면, 프로그램은 스프링에 의존해버리고 POJO가 아니라고 생각하지만, 일반적으로 어노테이션은 의존이라고 생각하지 않는 것 같아서 이 책도 그에 따릅니다. 또한 어노테이션을 사용하지 않고 Bean 정의 파일만 사용하면 진짜 POJO로 하는 것도 가능합니다.

DI를 이용할 때는 원칙적으로 클래스는 인터페이스에 의존하고 실현 클래스에서는 의존하지 않을 필요가 있습니다. 그러므로 [그림 2-2]와 같은 설계는 원칙적으로는 잘못된 것입니다. 앞의 예에서는 ProductService와 ProductDao라는 구현 클래스를 이용해 설명했지만 인터페이스 기반의 컴포넌트화를 실현하려면 ProductService와 ProductDao(라는 이름)를 인터페이스로 하고, 그 구현 클래스는 인터페이스 이름에 Impl을 덧붙인 것으로 합니다. DI 컨테이너를 이용할 때는 이러한 인터페이스 기반의 컴포넌트화를 의식해 설계할 필요가 있습니다(그림 2-3).

그림 2-3 Service와 DAO가 컴포넌트화된 Product 애플리케이션

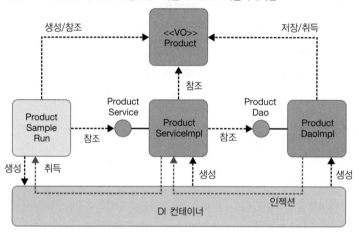

DI 컨테이너의 구상 클래스의 인스턴스화는(디폴트로는) 1회만 실행합니다. 생성된 인스턴스는 필요한 곳에서 사용합니다. 이렇게 하는 것으로 서비스와 DAO처럼 Singleton으로 만들고 싶은 컴포넌트를 특별히 Singleton으로 만들지 않아도 간단히 실현되게 해줍니다.

이것으로 웹 애플리케이션을 본뜬 샘플 애플리케이션은 완성입니다. 인터페이스와 DI 컨테이너를 이용함으로써 부품화의 이점을 누릴 수 있으며, 이것으로 개발 효율이 상승하고, 변경과 확장에 강하며 품질이 좋은 애플리케이션이 됩니다.

마지막으로 샘플의 동작 시퀀스 다이어그램을 이해해봅시다. [그림 2-4]는 샘플의 시퀀스 다이어그램(정확하지는 않지만 알기 쉽게 기술)입니다.

시퀀스 No : 1 ~ 1.1
이클립스^{Eclipse} 혹은 Spring Tool Suite(STS)에서 ProductSampleRun의 main 메서드를

기동하면 execute 메서드가 호출됩니다.

시퀀스 No : 1.1.1 ~ 1.1.2

execute 메서드에서 DI 컨테이너가 생성되고 DI 컨테이너의 getBean 메서드가 Product Service(실제로는 ProductServiceImpl)를 취득합니다.

시퀀스 No : 1.1.3 ~ 1.1.3.1

"100원 공책"이라는 Product 인스턴스를 생성하고 ProductService의 addProduct 메서드, Product(실제로는 ProductDaoImpl)의 addProduct 메서드를 이용해 저장합니다(이 예제 코드에서는 ProductDaoImpl이 데이터베이스에 접속하지 않습니다. 소스를 확인해보면 알 수 있듯이 HashMap에 저장하고 있습니다.)

시퀀스 No : 1.1.4 ~ 1.1.4.1

계속해서, ProductService의 findByProductName 메서드, ProductDao의 findByProductName 메서드를 이용해서 저장해둔 Product 인스턴스를 취득합니다.

시퀀스 No : 1.1.5

취득한 Product 인스턴스의 내용을 표준 출력으로 출력합니다.

그림 2-4 샘플의 시퀀스 다이어그램

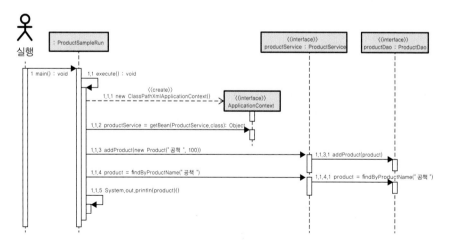

2.2 DI를 사용할 곳

웹 애플리케이션 설명의 도메인 모델에서도 설명했지만, DI는 데이터베이스에서 값을 가지고 와서 인스턴스화하는 작업에는 어울리지 않습니다(파일 같은 고정된 값을 가진 인스턴스를 생성하는 것에 잘 사용됩니다). [그림 2-3]에서 설명하면 Product 클래스를 생성하는 부분입니다. 여기서 착각해서, 도메인 오브젝트 간의 의존 관계를 DI로 구축해서 값을 데이터베이스에서 읽어 들여 설정해서는 안 됩니다. 레이어의 부품이라고 하면, 컨트롤러와 서비스, 서비스와 DAO의 의존 관계를 구축할 때는 DI가 잘 어울립니다. 그러나 서비스와 도메인, DAO와 도메인 의존 관계의 구축에 DI를 사용하는 것은 어울리지 않습니다.

또, 이전에 DI와 인터페이스의 관계를 강조해서 아무 클래스에나 인터페이스를 붙여버리는 설계를 본 적이 있지만, 인터페이스는 외부에 공개된 부품의 접속 부분입니다. 모든 클래스가 클래스 단위로 부품이 될 리는 없습니다. 주의해서 설계해야 합니다.

2.3 어노테이션을 이용한 DI

이제 실제로 스프링이 어떻게 DI 컨테이너를 간단하게 이용하고 있는지 알아봅시다.

스프링에는 크게 XML로 작성된 Bean 정의 파일(이후, Bean 정의 파일)을 이용한 DI, 어노테이션을 이용한 DI, 자바 프로그램(이후 JavaConfig)에 의한 DI가 있습니다. 여기서는 간단하게 DI를 이용할 수 있는 어노테이션으로 구현하는 방법을 설명합니다.

2.3.1 기본 – @Autowired와 @Component

[그림 2-3]을 구현하는 소스 코드 중 인터페이스가 부가된 Service와 Dao의 소스 코드를 살펴봅시다(리스트 2-1, 리스트 2-2, 리스트 2-3, 리스트 2-4).

[리스트 2-1]은 ProductService 인터페이스, [리스트 2-3]은 ProductDao 인터페이스가 있지만 인터페이스에는 아무 조작도 없으므로 따로 설명하지는 않습니다.

이어서 조작이 필요한 부분, [리스트 2-2]의 ProductServiceImpl 클래스와 [리스트 2-4]의 ProductDaoImpl 클래스를 살펴봅시다. 클래스 선언 앞에 @Component라는 어노테이션

(리스트 2-2 ❶, 리스트 2-4 ❶)이, ProductServiceImpl 클래스의 인스턴스 변수 앞에 @
Autowired라는 어노테이션(리스트 2-2 ❷)이 추가된 것을 알 수 있습니다.

리스트 2-1 ProductService 인터페이스

```
package sample.di.business.service;

import sample.di.business.domain.Product;

public interface ProductService {
  void addProduct(Product product);
    Product findByProductName(String name);
}
```

리스트 2-2 ProductServiceImpl 클래스

```
package sample.di.business.service;

import org.springframework.beans.factory.annotation.Autowired;
import org.springframework.stereotype.Component;

import sample.di.business.domain.Product;

@Component ◀---------------------------------------------❶
public class ProductServiceImpl implements ProductService {
  @Autowired ◀-------------------------------------------❷
  private ProductDao productDao;

  public void addProduct(Product product) {
    productDao.addProduct(product);

  }

  public Product findByProductName(String name) {
    return productDao.findByProductName(name);
  }
}
```

리스트 2-3 ProductDao 클래스

```
package sample.di.business.service;

import sample.di.business.domain.Product;

public interface ProductDao {
    void addProduct(Product product);
    Product findByProductName(String name);
}
```

리스트 2-4 ProductDaoImpl 클래스

```
package sample.di.dataaccess;

import java.util.HashMap;
import java.util.Map;

import org.springframework.stereotype.Component;

import sample.di.business.domain.Product;
import sample.di.business.service.ProductDao;

@Component  ◄ ┄┄┄┄┄┄┄┄┄┄┄┄┄┄┄┄┄┄┄┄┄┄┄┄┄┄┄┄┄┄┄┄┄ ❶
public class ProductDaoImpl implements ProductDao {
    // Dao를 간단하게 구현하게 위해서 데이터베이스를 액세스하지 않습니다.
    // Map은 RDB 접속 부분을 대신하는 데이터
    private Map<String, Product> storage = new HashMap<String, Product>();  ◄┄┄┄┄ ❷

    public Product findByProductName(String name) {
        return storage.get(name);
    }

    public void addProduct(Product product) {
        storage.put(product.getName(), product);
    }
}
```

여기에 사용된 @Component와 @Autowired란 무엇일까요? 자세한 설명은 나중에 하겠지
만, 인스턴스 변수 앞에 @Autowired를 붙이면 DI 컨테이너가 그 인스턴스 변수의 형에 대입
할 수 있는 클래스를 @Component가 붙은 클래스 중에서 찾아내 그 인스턴스를 인젝션해줌

니다(정확히는 Bean 정의에서 클래스를 스캔할 범위를 정해야 합니다).

그리고 인스턴스 변수로의 인젝션은 [리스트 2-2 ❷]처럼 접근 제어자가 private라도 인젝션할 수 있으므로 public void setProductDao(..)와 같은 Setter 메서드를 준비할 필요는 없습니다[2]. 만약 @Component가 붙은 클래스가 여러 개 있어도 형이 다르면 @Autowired가 붙은 인스턴스 변수에 인젝션되지 않습니다. 이렇게 형을 보고 인젝션하는 방법을 byType이라고 합니다.

이상으로 DI의 기본적인 내용을 살펴봤습니다. 하지만 클래스를 만든 것만으로는 DI를 할 수 없고, XML로 기술된 Bean 정의 파일도 만들어야 합니다. 혹은 JavaConfig가 필요할 수도 있습니다. JavaConfig는 일단 무시하고, 앞에서 설명한 ProductServiceImpl 클래스와 ProductDaoImpl 클래스를 사용한 DI를 구현하기 위한 Bean 정의 파일은 [리스트 2-5]와 같습니다.

리스트 2-5 어노테이션을 사용한 Bean 정의 파일[3]

```xml
<?xml version="1.0" encoding="UTF-8"?>
<beans xmlns="http://www.springframework.org/schema/beans"
  xmlns:xsi="http://www.w3.org/2001/XMLSchema-instance"
  xmlns:context="http://www.springframework.org/schema/context"
  xsi:schemaLocation="
    http://www.springframework.org/schema/beans
    http://www.springframework.org/schema/beans/spring-beans.xsd
    http://www.springframework.org/schema/context
    http://www.springframework.org/schema/context/spring-context.xsd">
  <context:annotation-config />  ◀------------------------------------❶
  <context:component-scan base-package="sample" />  ◀-----------------❷
</beans>
```

Bean 정의 파일을 보면, 파일의 가장 바깥쪽에 beans 태그가 기술되며, 그 beans 태그의 속성으로 XML의 스키마로서 bean과 context라는 두 속성이 선언됐습니다. 스키마에는 bean과 context 외에도 여러 가지가 있으며, 주요 스키마는 [표 2-1]에서 확인할 수 있습니다. 덧붙여, Bean 정의 파일의 이름은 관습적으로 applicationContext.xml로 할 때가 많습니다.

---

2 Setter 메서드가 없는데도 private인 변수 안을 수정할 수 있는 것은 캡슐화의 정보 은닉에 반하는 것이 아니냐는 논의가 과거에 있었지만, 현재는 편리함에 밀려 그런 논의를 보기 힘들어졌습니다.

3 스키마에는 버전 번호를 표기하지 않는 것이 좋습니다. 버전 번호를 부여하지 않으면 이용하는 스프링의 버전이 올라가더라도 Bean 정의 파일을 수정할 필요가 없어집니다.
  – 버전 번호가 있는 경우: http://www.springframework.org/schema/beans/spring-beans-3.1.xsd
  – 버전 번호가 없는 경우: http://www.springframework.org/schema/beans/spring-beans.xsd

표 2-1 주요 스키마

명칭	스키마 파일	URI	해설
bean 스키마	spring-beans.xsd	http://www.springframework.org/schema/beans	Bean(컴포넌트) 설정
context 스키마	spring-context.xsd	http://www.springframework.org/schema/context	Bean(컴포넌트) 검색과 어노테이션 설정
util 스키마	spring-util.xsd	http://www.springframework.org/schema/util	정의와 프로퍼티 파일을 불러오는 등의 유틸리티 기능 설정
jee 스키마	spring-jee.xsd	http://www.springframework.org/schema/jee	JNDI의 lookup 및 EJB의 lookup 설정
lang 스키마	spring-lang.xsd	http://www.springframework.org/schema/lang	스크립트 언어를 이용할 경우의 설정
aop 스키마	spring-aop.xsd	http://www.springframework.org/schema/aop	AOP 설정
tx 스키마	spring-tx.xsd	http://www.springframework.org/schema/tx	트랜잭션 설정
mvc 스키마	spring-mvc.xsd	http://www.springframework.org/schema/mvc	Spring MVC 설정

스키마에 이어서 기술되는 태그(리스트 2-5 ❶, ❷)는 @Autowired와 @Component를 구현하기 위한 태그입니다. 자세한 의미는 [표 2-2]를 확인합니다. 일단 이것으로 어노테이션을 이용한 DI를 구현할 수 있습니다.

그림 2-5 context:exclude-filter

```
<context:component-scan base-package="jp.co">
    <context:exclude-filter type="regex" expression=".*hoge.*"/>
</context:component-scan>
```

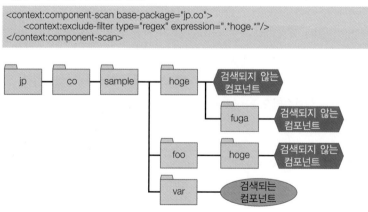

표 2-2 태그 설명

태그	설명
〈context:annotation-config /〉	@Autowired, @Resource를 이용할 때의 선언입니다. 다음에 설명할 context:component-scan이나 스프링 MVC에서 설명할 mvc:annotation-driven이 Bean 정의 파일에 기술됐으면 생략할 수도 있으므로 [리스트 2-5]에서도 생략할 수 있습니다.
〈context:component-scan base-package= "패키지명, ..."/〉	@Component, @Service 등의 어노테이션이 설정된 클래스를 읽어 들여서, DI 컨테이너에 등록되고 base-package 속성으로 지정한 패키지 아래의 컴포넌트를 검색합니다. import 문처럼 와일드카드(*)를 이용할 수 있습니다. 또한, 개발자들이 실수로 틀린 패키지를 만들거나, 틀린 이름으로 컴포넌트를 등록하더라도 사용할 수 있게 하기 위해서 context:exclude-filter(검색에서 제외할 컴포넌트의 조건)나 use-default-filters="false"(기본 설정, @Component, @Repository, @Service, @Controller를 읽어 들이지 않음), context:include-filter(검색할 컴포넌트의 조건)를 조합해서 이용할 컴포넌트를 한정할 수도 있습니다(그림 2-5의 context:exclude-filter, 그림 2-6의 use-default-filters="false", 그림 2-7의 context:include-filter를 참고). 덧붙여 이 책의 이전에는 패키지명 뒤에 com.xxx.*와 같이 와일드카드(*)를 붙이는 경우가 많았지만, 최근에는 *를 붙이지 않는 것이 유행입니다.

그림 2-6 use-default-filters="false"

```
<context:component-scan base-package="jp.co" use-default-filters="false">
    <context:include-filter type="regex" expression=".*hoge.*"/>
</context:component-scan>
```

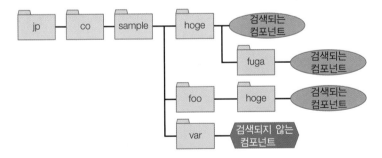

그림 2-7 context:include-filter

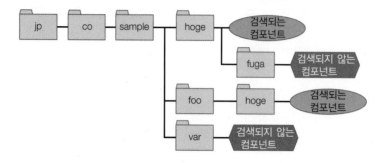

```
<context:component-scan base-package="jp.co" use-default-filters="false">
    <context:include-filter type="aspectj" expression="jp.co..*hoge.*"/>
</context:component-scan>
```

2.3.2 @Autowired와 @Component를 동작시켜보자

여기까지 어노테이션을 사용한 DI에 대한 간단한 설명을 마치고, 실제 동작을 확인해봅시다.

main 메서드가 있는 ProductSampleRun 클래스(리스트 2-6)와 ValueObject로 등장하는 Product 클래스(리스트 2-7)입니다. main 메서드에 아직 설명하지 않은 부분이 있지만, 우선은 동작을 확인하기 위한 주문 같은 것이라 생각하고 실행해보기 바랍니다[4].

제대로 동작해서 콘솔상에 [그림 2-8]과 같은 결과가 나왔나요? 그럼 샘플 애플리케이션을 실행해서 DI의 이미지를 잡았으니, 이번에는 @Autowired와 @Component를 포함한 DI에 관해 더 자세히 알아봅시다.

리스트 2-6 ProductSampleRun 클래스

```
package sample;

import org.springframework.beans.factory.BeanFactory;
import org.springframework.context.support.ClassPathXmlApplicationContext;
```

....

4 샘플 코드는 보통의 Java 애플리케이션으로 동작합니다. 샘플 코드를 최근 자주 사용되는 스프링 부트로 동작하기를 기대하고 있을지도 모르겠지만, 이 책에서 다뤄야 할 내용 외의 것이 많아지는 것을 우려해서 제외했습니다. 스프링 부트에 대해서는 제11장을 참조합니다.

```
import sample.di.business.domain.Product;
import sample.di.business.service.ProductService;

public class ProductSampleRun {

    public static void main(String[] args) {
        ProductSampleRun productSampleRun = new ProductSampleRun();
        productSampleRun.execute();
    }

    @SuppressWarnings("resource")
        public void execute() {
        // BeanFactory는 ApplicationContext에 적어도 괜찮습니다.
        BeanFactory ctx = new ClassPathXmlApplicationContext(
                "/sample/config/applicationContext.xml");
        ProductService productService = ctx.getBean(ProductService.class);

        productService.addProduct(new Product("공책", 100));

        Product product = productService.findByProductName("공책");
        System.out.println(product);
    }
}
```

리스트 2-7 Product 클래스

```
package sample.di.business.domain;

public class Product {
    private String name;
    private int price;


    public Product(String name, int price) {
        this.name = name;
        this.price = price;
    }

    public String getName() {
        return name;
    }
```

```
    public int getPrice() {
        return price;
    }

    @Override
    public String toString() {
        return "Product [name=" + name + ", price=" + price + "]";
    }
}
```

그림 2-8 실행 결과

```
Product [name=공책, price=100]
```

2.3.3 @Autowired

지금까지도 간단히 설명했지만 @Autowired는 인젝션(의존 관계)을 받기 위한 설정입니다. @Autowired는 [리스트 2-2]처럼 인스턴스 변수 앞에 붙이는 것 외에도, [리스트 2-8]처럼 적당한 메서드 선언 앞에도 붙일 수 있습니다. [리스트 2-8 ❶]에서는 인수로 설정된 Foo 클래스(리스트 2-9)의 인스턴스만 인젝션되지만 [리스트 2-8 ❷]처럼 함으로써 인수로 설정된 Foo 클래스(리스트 2-9)와 Bar 클래스(리스트 2-10)의 두 인스턴스를 인젝션할 수도 있습니다. 또한 [리스트 2-11]처럼 생성자에도 이용할 수 있습니다.

리스트 2-8 메서드 인젝션

```
@Autowired
public void setFoo(Foo foo) {                                        ❶
  this.foo = foo;
}
@Autowired
public void setFoo(Foo foo, Bar bar) {                              ❷
  this.foo = foo;
  this.bar = bar;
}
```

리스트 2-9 @Component가 설정된 Foo 클래스

```
@Component
public class Foo {
...(생략)...
}
```

리스트 2-10 @Component가 설정된 Bar 클래스

```
@Component
public class Bar {
...(생략)...
}
```

리스트 2-11 생성자 인젝션

```
public class Foo {
  @Autowired
  public Foo(Bar b) {...}
```

@Autowired는 기본적으로 인젝션(인젝션할 수 있는 클래스가 없으면 에러가 발생)이 필수지만, [리스트 2-12]처럼 기술해서 인젝션이 필수가 아니게 할 수도 있습니다.

리스트 2-12 필수가 아닌 인젝션

```
@Autowired(required = false)
public void setFoo(Foo foo) {
  this.foo = foo;
}
```

그런데 [그림 2-9]와 같이 @Autowired로 인젝션할 수 있는 클래스의 형이 2개 존재한다면 어떻게 될까요? 바로 에러가 발생합니다. 인젝션할 수 있는 클래스의 형은 반드시 하나로 해야 합니다[5].

----

5 정확하게는 뒤에서 설명할 byType의 인젝션 내용입니다.

그림 2-9 인터페이스에 구현 클래스가 2개인 경우

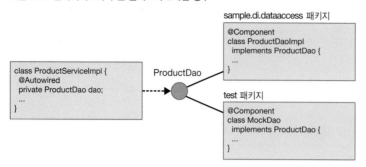

하지만 이래서는 인터페이스의 구현 클래스를 테스트용 클래스 등 다른 클래스로 바꿀 경우에 불편합니다. 그래서 이를 회피하는 세 가지 방법을 소개합니다(스프링의 유닛 테스트에 대해서는 **2.8 스프링의 유닛 테스트**를 참고).

한 가지는 우선할 디폴트 Bean을 설정하는 @Primary를 @Bean이나 @Component에 부여하는 방법입니다(Bean 정의 파일에서는 〈bean primary="true"〉). 세 가지 방법 중 가장 간단한 방법입니다.

리스트 2-13 @Primary를 부여하기

```
@Component
@Primary
public class ProductDaoImpl implements ProductDao {
... ( 생략 ) ...
```

두 번째는 [리스트 2-14]처럼 @Autowired와 병행해서 @Qualifier를 하는 방법입니다. 단, 이 경우는 @Component에도 [리스트 2-15]와 같이 이름을 지정해야 합니다(@Component에 이름을 지정하지 않는 경우는 클래스의 선두를 소문자로 한 것이 디폴트로 부여됩니다). 이렇게 인젝션할 클래스를 형이 아닌 이름으로 찾아주는 방법을 byName이라고 합니다. 물론 @Component고 같은 이름이 붙은 클래스가 중복되면 오류가 발생합니다.

리스트 2-14 @Autowired + Qualifier

```
@Autowired
@Qualifier("productDao")
private ProductDao productDao;
```

```
@Component ("productDao")
public class ProductDaoImpl implements ProductDao {
...(생략)...
}
```

마지막 방법은 Bean 정의 파일인 context:component-scan을 잘 이용하는 것입니다. context:component-scan을 어느 정도 크기의 컴포넌트마다 기술해두고, 만약 어떤 컴포넌트를 테스트용으로 바꾸고자 할 때는 그 컴포넌트 부분의 정의만 테스트용 부품을 스캔하게 수정하는 방법입니다.

[그림 2-10]처럼 Service와 Dao 두 컴포넌트가 있다면 [리스트 2-16]처럼 context:component-scan을 Service와 Dao, 둘로 나누어 기술하면 됩니다. 만약 개발 도중에 Dao 대신 테스트용 컴포넌트를 사용하고 싶을 때는 [리스트 2-17]처럼 Dao 컴포넌트를 주석으로 처리하고 테스트용 컴포넌트를 기술합니다. 테스트 등에서 컴포넌트를 교체한다면 어노테이션으로 byName을 사용하기 위해 소스 코드를 변경하기보다는 Bean 정의 파일인 context:component-scan을 수정하는 편이 불필요한 컴파일이나 수정 실수에 의한 버그도 막는 좋은 방법입니다. 또 테스트 시 다른 소스 폴더에 있는 같은 패키지로 Mock 클래스를 관리하고 싶을 때, 예를 들어 Dao 클래스를 Mock으로 할 때는 [리스트 2-18]과 [리스트 2-19]처럼 할 수 있습니다[6].

또한, Bean 정의를 그룹화해서 유효/무효 그룹을 요구하는 프로파일 기능을 사용하면, 더욱 편리하게 전환할 수 있습니다. 프로파일 기능에 대해서는 **2.9 Bean 정의 파일의 프로파일 기능**을 참고합니다.

그림 2-10 두 곳을 스캔

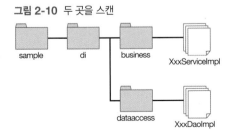

---

6 혹은 @Mock 등의 독자적인 어노테이션을 작성해서 Mock 클래스를 설정해두고, type="annotation"의 include-filter에 그 어노테이션을 설정하는 것도 한 가지 방법입니다.

리스트 2-16 컴포넌트별 스캔

```xml
<?xml version="1.0" encoding="UTF-8"?>
<beans xmlns="...( XML 스키마는 생략 )...">
    <context:annotation-config />
    <context:component-scan base-package="sample.di.business"/>
    <context:component-scan base-package="sample.di.dataaccess"/>
</beans>
```

리스트 2-17 컴포넌트 스캔을 변경

```xml
<?xml version="1.0" encoding="UTF-8"?>
<beans xmlns="...( XML 스키마는 생략 )...">
    <context:annotation-config />
    <context:component-scan base-package="sample.di.business"/>
    <!-- <context:component-scan base-package="sample.di.dataaccess"/> -->
    <context:component-scan base-package="test.*"/>
</beans>
```

리스트 2-18 Mock 클래스

```java
// Mock 클래스에는 어노테이션을 설정하지 않음.
public class MockProductDao {
...( 생략 )...
}
```

리스트 2-19 Mock을 스캔

```xml
<!--
<context:component-scan base-package="sample.di.dataaccess"/>
-->
<context:component-scan base-package="sample.di.dataaccess">
// include-filter로 스캔할 대상으로 지정하고 type으로 필터링에 사용될 타입을 지정함
// 여기서는 정규 표현으로 스캔할 대상을 Mock이 선두에 붙어 있는 클래스로 하고 있음
<context:include-filter type="regex"
    expression="sample\.di\.dataaccess\.Mock.*"/>
// exclude-filter로 스캔에서 제외할 대상을 지정. type으로 필터링에 사용될 타입을 지정함
// 여기서는 어노테이션(후술) 중에서, Repository 어노테이션이 붙은 클래스를 스캔에서 제외함
<context:exclude-filter type="annotation"
```

```
        expression="org.springframework.stereotype.Repository"/>
    </context:component-scan>
```

@Resource라는 어노테이션을 사용하면 @Autowired와 똑같은 일을 할 수 있습니다. 그리고 스프링 공식 레퍼런스도 @Resource를 사용해 Dao 클래스를 인젝션하는 방법을 설명했습니다. 단, @Resource를 @Autowired와 똑같이 사용하는 방법은 잘못됐다고 생각합니다. @Resource가 @Autowired와 똑같은 일을 할 수 없다는 말이 아니라 @Resource의 사용법이 잘못됐다는 것입니다. @Resource는 자바의 표준 기술로 삼을지 한창 논의 중인 사양 JSR-250이고, JSR-250은 JNDI를 이용한 DataSource 등의 인젝션을 위한 사양입니다(현재 논의 중이라서 변경될 가능성도 있습니다). 애당초 @Resource나 @Autowired가 똑같은 일밖에 할 수 없다면 한쪽은 필요 없을 것입니다[7].

2.3.4 @Component

지금까지의 설명처럼 @Component는 DI 컨테이너가 관리한, 주로 인젝션을 위한 인스턴스를 설정하는 것입니다. 클래스 선언 앞에 @Component를 붙이면 스프링의 DI 컨테이너가 찾아서 관리하고 @Autowired가 붙은 인스턴스 변수나 메서드에 인젝션해줍니다. 또한, byName으로 인젝션받고 싶을 때는 [리스트 2-15]처럼 @Component의 뒤에 이름을 지정할 수도 있습니다.

@Component에는 [표 2-3]처럼 확장된 어노테이션이 있습니다. 웹 애플리케이션 개발에는 @Component를 이용할 것이 아니라 클래스가 어느 레이어에 배치될지 고려해서 배치될 레이어에 있는 @Component 확장 어노테이션을 사용하기 바랍니다(그림 2-11). 예를 들어 [리스트 2-2]의 ProductServiceImpl 클래스는 @Component가 아니라 그럴듯하게 @Service로 바꾸는 편이 좋고, [리스트 2-4]의 ProductDaoImpl 클래스도 가짜 DAO지만 @Component가 아니라 그럴듯하게 만들려면 @Repository로 바꾸는 편이 좋을 것입니다. 사람에 따라서는 이를 계기로 클래스 이름을 XxxDao가 아닌 XxxRepository로 붙이는 것이 낫다는 경우도 있지만, 이는 지금으로서는 취향의 문제라고 생각합니다.

....

7 자세히 설명하면 Collection이나 MAP에 대해 @Resource 했을 때와 @Autowired 혹은 @Qualifier 했을 때의 동작이 다르지만, 이 책에서는 생략했습니다.

표 2-3 스테레오 타입 어노테이션

어노테이션	설명
@Controller	• 프레젠테이션 층 스프링 MVC용 어노테이션(자세한 내용은 제6장 참고)
@Service	• 비즈니스 로직 층 Service용 어노테이션으로, @Component와 동일 • 이 어노테이션으로 트랜잭션 관리를 할 수 있다는 소문이 있지만 아직 실현되지 않음
@Repository	• 데이터 액세스 층의 DAO용 어노테이션 • 데이터 액세스에 관련된 예외를 모드 DataAccessException으로 변환
@Configuration	• Bean 정의를 자바 프로그램에서 실행하는 JavaConfig용 어노테이션

그림 2-11 레이어와 어노테이션

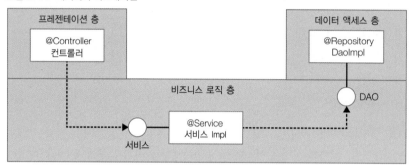

@Component와 함께 이용하는 어노테이션의 하나로 @Scope가 있습니다(리스트 2-20). @Scope 뒤에 Value 속성을 지정하면 인스턴스화와 소멸을 제어할 수 있습니다. @Scope를 생략하면 해당 클래스는 싱글턴이 되므로, [리스트 2-20]은 중복 기술의 예입니다. [표 2-4]에 @Scope의 주요 Value 속성을 정리했습니다. 예를 들어 @Scope의 prototype을 사용하면 이용 시 클래스가 인스턴스화됩니다.

다행히도 샘플에서는 ProductDaoImpl 클래스(리스트 2-4)가 인스턴스 변수에 제품 데이터를 가지고 있습니다(리스트 2-4 ❷). ProductDaoImpl 클래스에 @Scope를 추가해서, singleton과 prototype에서 제품 데이터가 어떻게 변화되는지 확인해보기 바랍니다.

리스트 2-20 @Scope

```
@Component
@Scope("singletone") //기능상 중복이지만 명시적으로 하기 위해서 추가
public class ProductDaoImple implements ProductDao{
  //생략
}
```

표 2-4 @Scope의 주요 Value 속성

Value 속성	설명
singleton	인스턴스를 싱글턴으로 함
prototype	이용할 때마다 인스턴스화함
request	Servlet API의 request 스코프인 동안만 인스턴스가 생존함
session	Servlet API의 session 스코프인 동안만 인스턴스가 생존함
application	Servlet API의 application 스코프인 동안만 인스턴스가 생존함

또한, value 속성의 값은 직접 문자열로 넣어도 되지만, 상수가 준비됐으므로 상수를 사용하는 것이 좋습니다(표 2-5).

표 2-5 스코프 지정과 상수

스코프	상수
singleton	BeanDefinition.SCOPE_SINGLETON
prototype	BeanDefinition.SCOPE_PROTOTYPE
request	WebApplicationContext.SCOPE_REQUEST
session	WebApplicationContext.SCOPE_SESSION
application	WebApplicationContext.SCOPE_APPLICATION

NOTE_ request/session/application 스코프 지정

앞에서 언급했듯이, @Scope와 bean 태그의 scope 속성에 지정하는 스코프에는 singleton과 prototype 외에도, 웹 애플리케이션에 특화된 request 및 session, application을 지정할 수 있습니다. 이것을 사용하기 위해서는, 일단 RequestContextListener 혹은 RequestContextFilter를 웹 애플리케이션에 설정할 필요가 있습니다. 그러나 스프링 MVC의 DispatcherServlet을 도입하고 있는 경우에는 설정이 필요 없습니다.

하나 더, 스코프가 긴 Bean을 인젝션하는 경우에는 Scoped Proxy 설정이 필수입니다. 한번 인젝션된 Bean은 그 프로퍼티를 가진 Bean이 종료될 때까지 계속 남아있기 때문입니다. 예를 들어, 사용자 A의 세션을 관리하는 Bean이 한 번 Singleton으로 관리되고 있는 인스턴스에 인젝션되면, 그 인스턴스가 종료될 때까지, 즉 웹 애플리케이션이 종료될 때까지 사용자 A의 Bean이 설정된 채 남아 있고, 사용자 B와 사용자 C의 Bean으로 치환되지 않을 것입니다.

이 문제에 대응하기 위해서 스코프가 긴 Bean에 인젝션되는 Bean은 Scoped Proxy를 설정합니다. Bean 설정 파일의 경우에는 다음과 같이 설정하면 됩니다.

```
<bean id="xxx" class="xxx" scope="session">
    <aop:scoped-proxy /> <!-- Scoped Proxy 설정 -->
</bean>
```

@Scope 어노테이션을 설정하는 경우(@Component 등으로 직접 클래스에 설정하는 경우, 혹은 @Bean을 사용해 JavaConfig에서 설정하는 경우)에는 다음과 같이 proxyMode 속성을 설정합니다.

```
@Scope(
    value = WebApplicationContext.SESSION_SCOPE,
    proxyMode = ScopedProxyMode.TARGET_CLASS)
```

혹은 scoped-proxy 속성을 component-scan으로 설정할 수도 있습니다.

```
<context:component-scan base-package="xxx" scoped-proxy="targetClass"/>
```

이 밖에도 [리스트 2-21]처럼 @Component와 함께 사용하는 어노테이션으로는 @Lazy가 있습니다. @Lazy는 인스턴스의 생성을 지연시키는 어노테이션입니다. @Lazy가 없으면 DI 컨테이너가 시작될 때 @Component가 붙은 클래스가 한 번에 전부 인스턴스화됩니다. 일반 웹 애플리케이션은 한 번에 인스턴스화되더라도 아무런 문제가 없어 보이지만, 개발 중인 테스트 애플리케이션은 대량의 Bean이 한 번에 인스턴스화되면 성능이 나빠지므로 테스트에 사용할 클래스만 인스턴스로 만들고 싶을 때가 있을 것입니다. 그런 테스트 단계에서 @Lazy는 효과적인 어노테이션입니다[8](테스트가 끝난 뒤 삭제하기 위해서 소스 코드의 변경은 하지 않는 것이 좋습니다).

리스트 2-21 @Lazy

```
@Component
@Lazy
public class ProductDaoImpl implements ProductDao {
    ...(생략)...
}
```

---

8 성능 문제에서 @Lazy를 사용하는 것은 안티 패턴이라는 의견이 있습니다. ApplicationContext를 작성할 때 이용할 수 없는 외부 소스를 사용할 필요가 있는 경우 등 필요한 경우 외에는 @Lazy를 사용하지 않는 것이 좋다는 의견입니다.

2.3.5 생명 주기 관리

스프링 DI 컨테이너에는 인스턴스의 생성과 소멸 타이밍에 호출되는 메서드를 설정하기 위해 @PostConstruct와 @PreDestroy라는 2개의 어노테이션이 있습니다. 이 두 어노테이션은 Java SE 6에서 준비된 것이고 Java SE 5에서는 표준으로 포함되지 않으므로 Java SE 5에서 사용하려면 javax.annotation 라이브러리가 별도로 필요합니다.

표 2-6 생명 주기로 실행[9]

어노테이션	설명	예제
@PostConstruct	초기 처리를 하는 메서드 선언. 메서드 이름은 임의 (start로 하든 init으로 하든 아무거나 상관없다). 단 메서드와 인수 없이 반환형은 void 형으로 해야 함	@PostConstruct public void start( ) {...}
@PreDestroy	종료 처리를 하는 메서드 선언. 메서드 이름은 임의. 단, 메서드 인수 없이 반환형은 void 형으로 해야 함	@PreDestroy public void stop( ) {...}

@PostConstruct와 @PreDestroy는 다음과 같은 곳에서 사용됩니다. @PostConstruct는 DI 컨테이너에 의해 인스턴스 변수에 무언가 인젝션된 다음에 호출됩니다. 다시 말해, 인젝션된 값으로 초기 처리를 할 때 사용하는 것입니다(다른 방법으로는 생성자에서 초기 처리를 하면 됩니다).

@PreDestroy를 사용하지 않고 종료 처리는 소멸자에게 하면 된다고 생각하는 사람은 자바에 중독되지 않은 분이겠지만, 유감스럽게도 자바에는 소멸자가 없습니다. 결국, 종료 처리를 하고 싶다면 @PreDestroy를 사용할 수밖에 없습니다.

2.3.6 리플렉션 문제

지금까지 어노테이션에 의한 DI를 설명했지만, 보통은 'DI 컨테이너가 리플렉션[10]을 이용해 인스턴스를 생성하면 그에 따른 성능 저하는 없을까?'라는 의문이 듭니다. 하지만 우리는 리플렉션으로 인한 성능 저하를 별로 걱정하지 않습니다.

---

9 어노테이션으로 설정하는 방법 외에, InitializingBean 인터페이스를 구현하는 방법도 있습니다. 스프링에 준비된 클래스로 생명 주기 관리가 필요한 클래스 대부분은 이 인터페이스를 구현하고 있습니다.

10 여기에서는 실행할 때 Class 클래스 등을 사용해서 클래스의 정보를 취득하거나 인스턴스를 생성하는 것을 말합니다.

리플렉션은 대체로 어느 시스템에서나 이용하는 것이고, 경험상 리플렉션의 과다 사용이(다시 말해 유연한 설계가 우선하는 시스템) 성능에 큰 문제가 된 적은 없습니다. 성능 저하는 데이터베이스 같은 쪽이 훨씬 심각하고 큰 문제가 됩니다.

2.4 Bean 정의 파일을 이용한 DI

지금까지 DI에서 이용하는 주요 어노테이션을 살펴봤습니다. 이제부터는 Bean 정의 파일을 중심으로 주요 DI 이용법을 알아봅시다. 어노테이션을 사용한 DI는 매우 편리해서 소규모 개발에 자주 사용되지만, 대규모 개발에는 다양한 프로그래머가 참여하므로 그들이 쓴 어노테이션을 관리하기란 쉽지 않습니다(사실은 빼먹은 어노테이션을 관리하기가 쓰여 있는 어노테이션을 관리하기보다 어렵습니다). 그래서 대규모 개발에서는 어노테이션을 이용하지 않고 아키텍트팀이나 기반팀이 Bean 정의 파일을 이용해서 DI를 관리하는 경우가 많습니다. 이는 프로그래머 중에 부주의한 사람이 많다는 전제에서 생긴 것으로, 조금 마음에 들지 않는 방법이지만 현실적으로는 다른 방법이 없는 면도 있습니다.

또 스프링이나 다른 프레임워크에서 제공하고 있는 클래스를 DI 컨테이너에서 관리하는 경우, 기능 확장이나 변경을 스프링 설정 파일에서 할 필요성이 있는 경우(은행 송금 지급을 신용카드 지급으로 변경하는 경우) 등은 어노테이션을 사용한 DI와 Bean 정의 파일에 의한 DI를 겸용하는 방법도 자주 사용합니다.

2.4.1 BeanFactory

Bean 정의 파일을 설명하기 전에, DI 컨테이너에 관해 먼저 알아봅시다. 이제는 [리스트 2-6]의 ProductSampleRun 클래스에 있는 내용의 의미도 이해할 수 있을 것입니다.

DI 컨테이너의 핵심은 BeanFactory입니다(정확히는 BeanFactory 인터페이스와 그 구상 클래스군이지만, 여기서는 단순히 BeanFactory라고 하겠습니다). BeanFactory는 실행 시 건네지는 Bean 정의 파일(기본은 applicationContext.xml)을 바탕으로 인스턴스를 생성하고 인스턴스의 인젝션을 처리합니다.

웹 애플리케이션 개발 등에서 개발자가 BeanFactory를 직접 이용(리스트 2-22)할 일은 별로 없지만, DI 컨테이너로부터 인스턴스를 얻는다는 말은 구체적으로 BeanFactory로부터 인스턴스를 얻는다는 것입니다. 덧붙여서 ProductSampleRun 클래스에서 생성하는 ClassPathXmlApplicationContext는 BeanFactory의 상위에 있고 BeanFactory가 확장된 것이므로 [리스트 2-22]처럼 BeanFactory가 아니라 ApplicationContext를 사용해도 문제가 없습니다.

리스트 2-22 BeanFactory의 이용

```
Resource resource = new ClassPathResource("Bean정의 파일.xml");
BeanFactory beanFactory = new ClassPathXmlBeanFactory(resource);
// ProductSampleRun 클래스(<span class="listref">리스트 2-5</span>)와 같은
T형을 사용한 getBean 메서드
클래스명 오브젝트명 = beanFactory.getBen(클래스.class);
/*** 이전 방식으로 이름을 지정하는 방법
이름 앞에 @Component를 지정한 이름을 사용한 getBean 메서드
클래스명 오브젝트명 = (클래스)beanFactory.getBean("클래스명");
***/
```

2.4.2 Bean 정의 파일

Bean 정의 파일은 LDAP와 RDBMS, 프로퍼티 파일에도 기술할 수 있지만, XML 파일에 기술하는 것이 일반적입니다. 이 장에서도 Bean 정의 파일은 XML 파일에 기술된 것으로 다룰 것입니다. 지금까지는 어노테이션이 중심이라 Bean 정의 파일에 관한 내용이 별로 없었지만, 만약 @Autowired와 @Component의 두 어노테이션으로 구현한 것을 정의 파일로 바꿔 쓰면 [리스트 2-23]과 같습니다. 덧붙여서 이때 ProductServiceImpl 클래스(리스트 2-24)나 ProductDaoImpl 클래스에서는 어노테이션이 사라지고, ProductServiceImpl 클래스에는 인젝션을 위한 Setter 메서드가 필요해집니다(리스트 2-24 ❶).

리스트 2-23 @Autowired와 @Component 대신 XML 파일로

```
<?xml version="1.0" encoding="UTF-8"?>
<beans xmlns="http://www.springframework.org/schema/beans"
  xmlns:xsi="http://www.w3.org/2001/XMLSchema-instance"
```

```
  xsi:schemaLocation="
    http://www.springframework.org/schema/beans
    http://www.springframework.org/schema/beans/spring-beans.xsd">
   <bean id="productService"
     class="sample.di.business.service.ProductServiceImpl"
     autowire="byType" />
   <bean id="productDao" class="sample.di.dataaccess.ProductDaoImpl" />
</beans>
```

리스트 2-24 ProductServiceImpl 클래스

```
package sample.di.business.service;

import sample.di.business.domain.Product;

public class ProductServiceImpl implements ProductService {
    private ProductDao productDao;

    public void setProductDao(ProductDao productDao) {  ┄┄┄┄┄┄┄┄┄┄┄┄┄
        this.productDao = productDao;                                      ┄ ❶
    }  ┄┄┄┄┄┄┄┄┄┄┄┄┄┄┄┄┄┄┄┄┄┄┄┄┄┄┄┄┄┄┄┄┄┄┄┄┄┄┄┄┄┄┄┄┄

    @Override
    public void addProduct(Product product){
        productDao.addProduct(product);
    }

    @Override
    public Product findByProductName(String name){
        return productDao.findByProductName(name);
    }
}
```

Bean 태그를 사용한 인젝션의 기본적인 정의 방법은 [리스트 2–25]를 참고합니다.

리스트 2-25 bean 태그의 기본적인 사용 방법

```
<beans>
    <!-- 클래스Y에 클래스X를 Autowired로 인젝션한다 -->
    <bean id="오브젝트명X" class="패키지명.클래스명X" />
    <bean id="오브젝트명Y" class="패키지명.클래스명Y" autowire="byType" />
```

```
        <!-- 클래스B에 클래스A를 명시적으로 인젝션한다 -->
        <bean id="오브젝트명A" class="패키지명.클래스명A" />
        <bean id="오브젝트명B" class="패키지명.클래스명B">
            <property name="인스턴스 변수명" ref="오브젝트명A" />
        </bean>

        <!-- 프로퍼티에 문자열과 스칼라값을 설정한다 -->
        <bean id="오브젝트명C" class="패키지명.클래스명C">
            <property name="인스턴스 변수명" value="Hello" />
            <property name="인스턴스 변수명" value="109" />
        </bean>
    </beans>
```

2.4.3 bean 태그

[표 2-7]은 bean 태그에 설정할 수 있는 주요 속성입니다. 어노테이션에서 설명한 @Auto
wired나 @Scope, @Lazy 등을 Bean 정의 파일 설정만으로 구현할 수 있다는 것을 알 수 있
습니다.

표 2-7 bean 태그의 속성

속성	의미	
id	오브젝트를 유일하게 하는 ID	
name	오브젝트명을 정의 오브젝트에 여러 이름을 설정하고 싶을 때나 ID에는 설정할 수 없는 이름을 지정할 때 이용 예) name = "/showEmployee" name = "bean1, bean2"	
class	id의 실체. 패지키명과 클래스명으로 구성	
scope	오브젝트의 스코프를 지정(지정할 수 있는 값은 표 2-4 참고)	
parent	설정을 물려받을 오브젝트명을 지정	
abstract	true	인스턴스를 만들지 않고 공통 설정을 정의해두고 싶을 때 지정
	false	속성 생략 시 기본값. 인스턴스를 만들고 싶을 때 지정
singleton	true	속성 생략 시 기본값. getBean 메서드로 얻는 인스턴스는 싱글턴
	false	getBean 메서드로 얻는 인스턴스는 매번 인스턴스화된 것
lazy-init	true	인스턴스 생성을 지연시킴
	false	속성 생략 시 기본값. BeanFactory 시작 시 인스턴스를 생성

속성	의미	
autowire	no	속성 생략 시 기본값. property 태그에는 ref 태그로 지정된 오브젝트가 인스턴스 변수로 설정됨
	byName	프로퍼티명과 일치하는 오브젝트명의 Bean이 자동으로 인젝션됨 예) setEmployee 메서드가 있으면 → id 혹은 이름이 employee인 오브젝트가 인젝션됨
	byType	프로퍼티형과 일치하는 Bean이 인젝션됨 예) setEmployee(Employee emp) 메서드가 있으면 → 형이 Employee인 오브젝트가 인젝션됨
	constructor	생성자를 이용해 인젝션
depend-on	의존 관계의 대상이 되는 오브젝트가 있는지 검사	
init-method	메서드명을 기술함으로써 인스턴스 변수의 설정 후에 호출됨 여기서 지정하는 메서드에는 인수가 없고 반환값이 void 형이 됨	
destroy-method	메서드명을 기술함으로써 시스템 종료 시 호출됨 여기서 지정하는 메서드에는 인수가 없고 반환값이 void 형이 됨. 또한 메서드를 가진 오브젝트는 싱글턴임	

2.4.4 Bean 정의 파일 분할

Bean 정의 파일이 크면 읽기가 힘듭니다. 그래서 Bean 정의 파일의 분할이 필요해집니다. [리스트 2-26], [리스트 2-27]은 Bean 정의 파일을 applicationContext.xml과 applicationContext-bean.xml로 분할한 예입니다. 이 예에서는 applicationContext-bean.xml에서 friendlyDAO의 인스턴스 변수가 〈ref = "dataSource"〉를 이용해 다른 Bean 정의 파일 applicationContext.xml의 dataSource를 참조합니다.

분할한 Bean 정의 파일은 개별적으로 읽어와도 좋지만(Bean 정의 파일 읽기를 참고) import 태그를 이용해 읽어와도 괜찮습니다(리스트 2-28).

리스트 2-26 applicationContext.xml

```
..(생략)...
<beans>
..(생략)...
    <bean id="dataSource"
    class="org.springframework.jdbc.datasource.DriverManagerDataSource">
```

```xml
            <property name="driverClassName" value="${jdbc.driverClassName}" />
            <property name="url" value="${jdbc.url}" />
            <property name="username" value="${jdbc.username}" />
            <property name="password" value="${jdbc.password}" />
        </bean>
..(생략)...
    <!-- ====== event bean ========================= -->
    <bean id="customEventListener" class="sample.di.petsite.event.CustomEventListener"/>
</beans>
```

리스트 2-27 applicationContext-bean.xml

```xml
..(생략)...
<beans>
    <!-- ====== target bean ========================= -->
    <bean id="friendlyService"
    class="sample.di.petsite.business.FriendlyServiceImpl">
        <property name="friendlyDao" ref ="friendlyDao" />
    </bean>
    <bean id="friendlyDao" class="sample.di.petsite.dao.spring.JdbcFriendlyDao">
        <property name="dataSource" ref ="dataSource" />
    </bean>
</beans>
```

리스트 2-28 import의 이용

```xml
<beans>
    <import resource="config/services.xml"/>
    <import resource="resources/dataaccess.xml"/>

    <bean id="service" class="..."/>
    <bean id="dao" class="..."/>
</beans>
```

2.4.5 프로퍼티 파일 이용

Bean 정의 파일에서 프로퍼티 파일을 이용할 수도 있습니다. [리스트 2-29]와 [리스트 2-30]
은 Bean 정의 파일로, [리스트 2-31]과 [리스트 2-32] 어노테이션으로 Message 클래스를
message.properties 파일(리스트 2-23)에 정의해서 메시지를 이용하는 예입니다.

또한, JDBC용 프로퍼티 파일을 읽어 들여 DataSource를 작성할 때는 property-
placeholder 등을 이용하므로 **제4장 데이터 액세스 층의 설계와 구현**을 참고합니다.

리스트 2-29 message.properties를 할당하는 applicationContext.xml(Bean 정의)

```
<?xml version="1.0" encoding="UTF-8"?>
<beans xmlns="http://www.springframework.org/schema/beans"
    xmlns:xsi="http://www.w3.org/2001/XMLSchema-instance"
    xmlns:util="http://www.springframework.org/schema/util"
    xsi:schemaLocation="
        http://www.springframework.org/schema/beans
        http://www.springframework.org/schema/beans/spring-beans.xsd
        http://www.springframework.org/schema/util
        http://www.springframework.org/schema/util/spring-util.xsd">

    <util:properties id="msgProperties"
    location="classpath:sample/config/message.properties"/>
    <bean id="message" class="sample.MessageServiceImpl">
        <property name="message" value="#{msgProperties.message}"/>
    </bean>
</beans>
```

리스트 2-30 MessageServiceImpl 클래스(Bean 정의)

```
public class MessageServiceImpl implements MessageService {

    private String message;

    public void setMessage(String message) {
        this.message = message;
    }

    public String getMessage() {
```

```
        return message;
    }
}
```

리스트 2-31 message.properties를 할당하는 applicationContext.xml(어노테이션)

```xml
<?xml version="1.0" encoding="UTF-8"?>
<beans xmlns="http://www.springframework.org/schema/beans"
    xmlns:xsi="http://www.w3.org/2001/XMLSchema-instance"
    xmlns:context="http://www.springframework.org/schema/context"
    xmlns:util="http://www.springframework.org/schema/util"
    xsi:schemaLocation="
        http://www.springframework.org/schema/beans
        http://www.springframework.org/schema/beans/spring-beans.xsd
        http://www.springframework.org/schema/context
        http://www.springframework.org/schema/context/spring-context.xsd
        http://www.springframework.org/schema/util
        http://www.springframework.org/schema/util/spring-util.xsd">

    <context:annotation-config />
    <context:component-scan base-package="*"/>
    <util:properties id="msgProperties"
    location="classpath:sample/config/message.properties"/>
</beans>
```

리스트 2-32 MessageServiceImpl 클래스(어노테이션)

```java
@Component
  public class MessageServiceImpl implements MessageService {

  @Value("#{msgProperties.message}")
  private String message;

  public String getMessage() {
      return message;
  }
}
```

리스트 **2-33** message.properties

```
message = "Hello Spring"
```

2.5 JavaConfig를 이용한 DI

여기서는 스프링 3.1부터 도입된 Bean 정의를 자바 프로그램에서 기술하는 JavaConfig를 알아봅니다.

JavaConfig에 대해서는 호불호가 갈리지만, 이클립스 등으로 자동 컴파일해주는 IDE를 이용해 혼자 프로그래밍하는 경우에는 매우 편리합니다. 또한, 자바의 흐름으로도 지금까지 XML에 기술했던 정의를 자바 프로그램으로 작성할 수 있게 됐기 때문에 앞으로는 JavaConfig를 사용하는 경향이 강해질 것이라고 생각합니다.

JavaConfig가 XML의 Bean 정의보다 뛰어난 점으로 자주 거론되는 것은 바로 타입 세이프 (프로퍼티명이나 클래스명이 틀렸을 경우 컴파일 에러를 내는 것)입니다. 실제로는 툴의 진화에 따라서 XML의 Bean 정의라도 틀린 부분이 있으면 지적해주기도 합니다.

개발 현장에서도 Bean 정의 파일과 어노테이션, JavaConfig 중에서 어느 것을 사용해야 할지 고민이 많을 것입니다. 기본 방침으로는 혼자서 애플리케이션을 개발하고 있으면 JavaConfig를, 리더가 있어서 관리할 수 있는 소규모 개발이면 어노테이션을, 대규모 개발이면 Bean 정의 파일을 중심으로 한 일부 어노테이션을 이용하는 것을 추천합니다. 예를 들어 트랜잭션은 Bean 정의 파일에 사용하고, DI와 AOP의 대상이 되는 컴포넌트의 정의는 어노테이션을 이용하는 조합도 괜찮습니다. 기반팀과 아키텍트팀이 Bean 정의 파일을 담당하는 것도 좋을 것입니다. 설계서에서 Bean 정의 파일과 클래스를 자동 생성해서 개발자가 스프링의 Bean 정의 파일과 어노테이션을 의식하지 않아도 되게 만드는 것도 좋습니다.

또한, Bean 정의 파일, 어노테이션, JavaConfig의 어느 방법으로도 자주 문제가 되는 것이 트랜잭션 관리 부분입니다. 이 부분은 어느 것을 이용하더라도 잘 관리된 설계서가 반드시 필요합니다. 실제 개발에서는 XML에 의한 Bean 정의로 할지, JavaConfig로 할지를 가독성과 보수성을 고려해서 적절하게 선택해야 합니다.

2.5.1 예제를 이용한 JavaConfig

앞서 Bean 정의 파일을 사용한 ProductService와 구현, ProductDao와 구현 등의 샘플에 관해서 설명했습니다. 그 Bean 정의 파일(리스트 2-23)을 JavaConfig로 수정한 것이 [리스트 2-34]입니다.

리스트 2-34 AppConfig.java

```
@Configuration    ◀----------------------------------------------------❶
public class AppConfig{
    @Bean(autowire = Autowire.BY_TYPE)    ◀-----------------------❷
    public ProductServiceImpl productService(){
        return new ProductServiceImpl();
    }


    @Bean    ◀-------------------------------------------------------❸
    public ProductDaoImpl productDao(){
        return new ProductDaoImpl();
    }
}
```

❶의 @Configuration은 이 Java 클래스가 JavaConfig임을 나타내는 어노테이션이고, ❷와 ❸의 @Bean은 XML의 bean 태그에 해당하는 어노테이션입니다. ❷의 autowire = Autowire.BY_TYPE은 bean 태그의 autowire 속성인 BY_NAME을 지정할 수 있습니다. 또한 ❷를 BY_NAME으로 하는 경우에는 ❸의 @Bean에도 name 속성을 사용해서 name 속성에 지정한 이름으로 인젝션하면 됩니다.

@Bean의 속성에는 SINGLETON과 PROTOTYPE을 지정하는 scope 속성(어노테이션 @Scope)과, 인스턴스화(new)한 후 초기 처리 메서드를 지정하는 initMethodName 속성(어노테이션 @PostConstruct), 종료 처리를 지정하는 destroyMethodName 속성(어노테이션 @PreDestroy) 등이 있습니다.

컴포넌트의 검색 장소를 지정하기 위해서는 context:component-scan 태그를 대신하는 @ComponentScan이 있습니다(리스트 2-35 ❶).

리스트 2-35 @ComponentScan

```
...(생략)...
@Configuration @ComponentScan("sample.web.controller") ◄----------------------●
public class AppConfig {
...(생략)...
```

복수의 Bean 정의 파일을 import할 수 있는 것과 같이, 복수의 JavaConfig를 import하기 위한 @import가 있습니다(리스트 2-36 ●).

리스트 2-36 @Import

```
...(생략)...
@Configuration
@Import({InfrastructureConfig.class, WebConfig.class }) ◄---------------------●
public class AppConfig {
...(생략)...
```

JavaConfig를 사용해서 @Autowired 어노테이션을 사용하지 않고 인젝션하기 위해서는 프로그램에서 구현할 필요가 있습니다. 예를 들어 생성자 인젝션을 이용할 경우에는 [리스트 2-37 ●]과 같이 작성합니다. Setter 인젝션을 이용할 경우에도 같은 방법으로 할 수 있습니다.

리스트 2-37 AppConfig.java

```
...(생략)...
@Bean
public ProductServiceImpl productService() {
    return new ProductServiceImpl(productDao); ◄-----------------------------●
}
...(생략)...
```

단, 이때는 참조처인 productDao를 어떤 수단으로 취득할 필요성이 있습니다. 그 방법은 JavaConfig를 잘 이용하는 데 중요한 내용이기 때문에 확실하게 이해해야 합니다. 크게는 다음 세 가지 방법이 있습니다.

- @Bean 메서드를 인수로부터 취득
- @Bean 메서드를 불러들여서 취득

- @Autowired 프로퍼티에서 취득

@Bean 메서드를 인수로부터 취득

우선 @Bean 메서드를 인수로부터 취득하는 방법을 알아봅시다. [리스트 2-38 ❶]과 같이 @Bean 메서드의 인수에 설정하고 싶은 오브젝트를 설정하는 것입니다. 그 후 인수를 이용해서 오브젝트를 생성합니다(리스트 2-38 ❷).

리스트 2-38 @Bean 메서드를 인수로부터 취득

```
...(생략)...
@Bean
public ProductService productService(ProductDao productDao) {     ❶
  return new ProductServiceImpl(productDao);     ❷
}
...(생략)...
```

@Autowired 어노테이션을 설정하지 않고서도 @Autowired 어노테이션을 설정한 것과 같이 메서드의 인수에 설정됩니다. 물론 JavaConfig가 분할된 경우에도 문제없이 취득할 수 있습니다.

만약 DI 컨테이너에서 ProductDao 오브젝트가 생성되지 않았다면 @Autowired 어노테이션이 설정된 경우와 같은 에러가 발생합니다. 이 때문에 productDao가 null로 설정돼 불안정한 ProductService가 생성되는 염려는 없습니다.

@Bean 메서드를 불러들여서 취득

다음은 @Bean 메서드를 불러들여 취득하는 방법을 알아봅시다. [리스트 2-39 ❶]과 같이 @Bean 메서드를 실행하고, 그 결과를 이용해서 인젝션을 실행합니다(리스트 2-39 ❷).

리스트 2-39 @Bean 메서드를 불러들여서 취득

```
...(생략)...
@Bean
public ProductDao productDao() {
  return new ProductDaoImpl();     ❶
}
```

```
@Bean
public ProductService productService() {
 return new ProductServiceImpl(productDao());  ◀-----------------------------------❷
}
...(생략)...
```

이 방법은 같은 JavaConfig 안에 @Bean 메서드가 정의됐다는 전제이며, 인젝션 대상의 오브
젝트가 어느 곳에서 생성되고 있는지 찾기 쉬운 것이 특징입니다. 특히 이클립스 등의 IDE를
사용하고 있는 경우에는 productDao 메서드의 정의에 간단하게 이동할 수 있으므로 편리할
것입니다.

덧붙여 JavaConfig를 보고 신경이 쓰이는 부분이 보일 수도 있습니다. 예를 들어 [리스트
2-40]의 경우입니다.

리스트 2-40 여러 곳에서 @Bean 메서드를 불러들여 취득하는 방법

```
...(생략)...
@Bean
public ProductDao productDao() {
 return new ProductDaoImpl();
}


@Bean
public ProductService productService() {
 return new ProductServiceImpl(productDao());  ◀-------------------------------❶
}


@Bean
public OrderService orderService() {
 return new OrderServiceImpl(productDao());  ◀---------------------------------❷
}
...(생략)...
```

productDao 메서드를 [리스트 2-40 ❶, ❷]의 두 곳에서 불러들이고 있습니다. 소스만을 보
고 new ProductDao()가 두 번 실행되지 않을까 걱정할 수도 있습니다. 그러나 이 부분은 스
프링에서 제어하고 있어서 처음 @Bean 메서드가 호출되면 그 결과를 DI 컨테이너에 등록하
고, 같은 호출이 왔을 때는 DI 컨테이너에서 돌려줍니다. 그 결과로 prodcutDao 메서드는 한

번만 실행됩니다. 단, 이것은 스코프를 singleton으로 설정했을 때의 경우입니다. 다른 스코프를 설정했을 때는 그 설정에 따라서 달라지므로 주의해야 합니다.

@Autowired 프로퍼티에서 취득

마지막으로 @Autowired 프로퍼티에서 취득하는 방법입니다. [리스트 2-41 ❶]과 같이 @Autowired 어노테이션을 설정해두면 DI 컨테이너의 오브젝트가 설정되고, 이것을 이용해서 오브젝트를 생성합니다(리스트 2-41 ❷).

리스트 2-41 @Autowired 프로퍼티에서 취득

```
...(생략)...
@Autowired
private ProductDao prodcutDao;  ◀------------------------------❶


@Bean
public ProductService productService() {
 return new ProductServiceImpl(productDao());  ◀-----------------❷
}
...(생략)...
```

@Bean 메서드를 인수로부터 취득하는 경우와 같이 JavaConfig가 분할된 경우에도 문제없이 취득할 수 있습니다.

2.5.2 예제 코드 실행

[리스트 2-6]의 ProductSampleRun 클래스에서는 ClasspathXmlApplicationContext 클래스를 사용해서 Bean 정의 파일을 읽어 들였지만, JavaConfig를 이용하는 경우에는(리스트 2-42) AnnotationConfigApplicationContext 클래스를 이용해서 JavaConfig의 class 파일을 읽어 들여 인스턴스화합니다.

리스트 2-42 예제 코드 실행

```
...(생략)...
ApplicationContext ctx =
```

```
new AnnotationConfigApplicationContext(AppConfig.class);
ProductService productService = ctx.getBean(ProductService.class);
...(생략)...
```

리스트 2-43 복수의 JavaConfig 설정

```
...(생략)...
ApplicationContext ctx =
  new AnnotationConfigApplicationContext(
    AppConfig1.class,AppConfig2.class,AppConfig3.class);
...(생략)...
```

2.5.3 JavaConfig를 사용할 곳에 대해서 복습

이 장을 읽은 것만으로는 쉽게 이해할 수 없는 부분이 있겠지만, JavaConfig는 개발 도구, 예를 들어 이클립스나 STS를 이용해서 혼자 코딩하고 있는 경우에는 이점을 쉽게 느낄 수 있을 것입니다.

머릿속으로 컴포넌트의 조합을 생각하고 JavaConfig에 적어두면 개발 도구의 보조 기능으로 인스턴스화하고 싶은 클래스(내용은 없는)와 인터페이스를 자동으로 생성할 수 있습니다. Bean 정의 파일과 어노테이션에서는 느낄 수 없었던 중단 없는 개발이 새로운 경험이 될 것입니다. 또한, Bean 정의의 모범 사례로 JavaConfig + 어노테이션을 꼽기도 합니다.

단, 개발을 복수의 인원으로 진행할 때, JavaConfig와 인스턴스화되는 클래스를 다른 사람이 만들게 되면 JavaConfig에는 "클래스가 없습니다."라는 경고가 발생할 것입니다. 특히 JavaConfig는 프로그램이므로 머릿속에서 정확하게 분리해두지 않으면, 무엇이 처리를 위한 클래스인지, 무엇이 설정을 기술한 클래스인지 혼란스러워질 가능성도 큽니다. 그러므로 이러한 주의점을 잘 이해하고 난 후에 JavaConfig를 사용해야 합니다.

2.6 ApplicationContext

ApplicationContext(정확히는 ApplicationContext 인터페이스와 그 구현 클래스군을 말하지만, 여기서는 ApplicationContext라고 합니다)는 **2.4.1 BeanFactory**에서도 설명한 것처럼 BeanFactory를 확장한 것입니다. Bean 정의 파일 읽기, 메시지 소스, 이벤트 처리 등의 기능을 BeanFactory에 추가한 것입니다.

여기서는 웹 애플리케이션에서 자주 이용하는 ApplicationContext를 알아봅니다.

2.6.1 웹 애플리케이션에서의 Bean 정의 파일 읽기

웹 애플리케이션은 ContextLoaderListener 클래스나 ContextLoaderServlet 클래스에 의해 자동으로 ApplicationContext(XmlWebApplicationContext 클래스)가 로드되므로 이를 이용하게 됩니다. 스프링을 일반적으로 이용하게 된 무렵에는 클라이언트가 요청할 때마다 매번 클래스 안에서 [리스트 2-6]과 같이 DI 컨테이너를 생성하는 웹 애플리케이션도 있었습니다. 요즘에는 보이지 않지만 같은 실수를 하지 않도록 주의해야 합니다.

[리스트 2-44]는 web.xml에서 Bean 정의 파일과 ContextLoaderListener 클래스를 정의하는 부분입니다[11].

리스트 2-44 web.xml

```
<context-param>
    <param-name>contextConfigLocation</param-name>
    <param-value>/WEB-INF/Bean 정의 파일.xml</param-value>
</context-param>
    ......(생략)......
<listener>
    <listener-class>
      org.springframework.web.context.ContextLoaderListener
    </listener-class>
</listener>
```

---

11 ContextLoaderListener 클래스는 Servlet 버전이 2.2인 경우에는 사용할 수 없으므로, 그럴 때는 ContextLoaderServlet 클래스를 이용해야 합니다.

```
<!--
<servlet>
    <servlet-name>context</servlet-name>
    <servlet-class>org.springframework.web.context.ContextLoaderServlet</servlet-class>
    <load-on-startup>1</load-on-startup>
</servlet>
-->
```

Bean 정의 파일이 여러 개일 때는 공백이나 세미콜론(;), 콤마(,)로 구분합니다. [리스트 2-45]는 웹 애플리케이션에서 2개의 Bean 정의 파일을 설정하는 예입니다.

그리고 Bean 정의 파일이 클래스 경로상에 있을 때는 classpath:설정 파일의 경로 형식으로 읽어 들일 수 있습니다.

리스트 2-45 web.xml(Bean 정의 파일이 여러 개일 경우)

```
<context-param>
    <param-name>contextConfigLocation</param-name>
    <param-value>
        /WEB-INF/applicationContext.xml /WEB-INF/applicationContext-petsite.xml
    </param-value>
</context-param>
```

웹 애플리케이션에서는 ApplicationContext를 클래스 안에서 직접 이용할 일이 없을 거라고 생각하지만, 이 책처럼 간단한 예제 애플리케이션을 만들고 싶은 때는 [리스트 2-6]의 ProductSampleRun 클래스처럼 ClassPathXmlApplicationContext 클래스를 인스턴스화해서 이용하면 좋습니다. 만약 Bean 정의 파일이 여러 개일 때는 ClassPathXmlApplication Context 클래스의 인수로 Bean 정의 파일명이 설정된 String 배열을 넘겨주면 됩니다(리스트 2-46).

리스트 2-46 ProductSampleRun 클래스(Bean 정의 파일이 여러 개일 경우)

```
ApplicationContext context =
    new ClassPathXmlApplicationContext("a.xml", "b.xml", "c.xml");
```

웹 애플리케이션이라도 때로는 ApplicationContext를 POJO로 만든 클래스에서 직접 이용하고 싶을 때가 있습니다. 그럴 때는 @Autowired로 ApplicationContext를 인젝션합니다.
[리스트 2-47]은 Dao를 인젝션하지 않고 ApplicationContext를 인젝션(리스트 2-47 ❶)
해서 ApplicationContext로부터 Dao를 취득하고 있습니다(리스트 2-46 ❷).

리스트 2-47 ApplicationContext를 이용한 ProductServiceImpl 클래스

```
@Component
public class ProductServiceImpl implements ProductService {
    // @Autowired
    private ProductDao productDao;
    @Autowired
    private ApplicationContext ac;  ◀----------------------------------------❶

    public Product getProduct() {
        productDao = ac.getBean(ProductDaoImpl.class);  ◀------------------❷
        return productDao.findProduct();
    }
}
```

2.6.2 웹 애플리케이션에서의 JavaConfig 읽어 들이기

여기서는 웹 애플리케이션에서 JavaConfig를 이용하는 경우를 알아봅니다.

[리스트 2-48]은 [리스트 2-44]의 JavaConfig를 읽어 들이게 수정한 것입니다. Bean 정의
파일을 이용하는 경우에는 웹 애플리케이션에서 사용하는 XmlWebApplicationContext 클
래스를 스프링이 디폴트로 적용해주기 때문에 web.xml에 명시적으로 적을 필요가 없었지만,
JavaConfig를 이용하는 경우에는 웹 애플리케이션이 사용하는 AnnotationConfigApplica
tionContext 클래스를 명시적으로 지정하고 파라미터로 JavaConfig를 넘겨줘야 합니다.

리스트 2-48 web.xml

```
...(생략)...
<context-param>
    <param-name>contextClass</param-name>
    <param-value>
        org.springframework.web.context.support.AnnotationConfigWebApplicationContext
    </param-value>
```

```
    </context-param>
    <context-param>
        <param-name>contextConfigLocation</param-name>
        <param-value>sample.config.AppConfig</param-value>
    </context-param>
    <listener>
        <listener-class>
            org.springframework.web.context.ContextLoaderListener
        </listener-class>
    </listener>
    <servlet>
        <servlet-name>sampleServlet</servlet-name>
        <servlet-class>
            org.springframework.web.servlet.DispatcherServlet
        </servlet-class>
        <init-param>
            <param-name>contextClass</param-name>
            <param-value>
                org.springframework.web.context.support.AnnotationConfigWebApplicationContext
            </param-value>
        </init-param>
    </servlet>
    ...(생략)...
```

2.6.3 메시지 소스

ApplicationContext는 MessageSource(메시지 소스) 인터페이스를 구현합니다. ApplicationContext가 다루는 메시지는 국제화internationalization(i18n)에 의해 특정 언어, 지역, 문화 환경에 의존하는 부분을 시스템에서 분리하도록 돼 있습니다. 웹 시스템이라면 웹 브라우저의 언어 설정에서 표시할 메시지를 한국어나 영어로 변환할 수 있습니다.

ApplicationContext에 메시지를 등록하려면 Bean 정의 파일에 메시지 소스 오브젝트를 등록합니다. ApplicationContext로부터 메시지를 얻을 때는 getMessage() 메서드를 이용합니다. 혹은 MessageSource 형의 오브젝트를 @Autowired로 인젝션해두고 MessageSource#getMessage 메서드로 취득하는 방법도 있습니다. 메시지만을 사용하는 경우라면 ApplicationContext를 인젝션하는 것보다 MessageSource를 인젝션하는 것이 목적을 명확하게 한다는 점에서 좋을 것입니다.

2.6.4 이벤트 처리

Application Context는 기본적으로 [표 2-8]에 보여준 다섯 가지 이벤트를 발생시킵니다.

표 2-8 이벤트 목록

이벤트명	발생 시점
ContextRefreshedEvent	Bean 생명 주기의 초기화 상태 후 발생
ContextStartedEvent	ApplicationContext가 시작했을 때 발생
ContextStoppedEvent	ApplicationContext가 정지했을 때 발생
ContextClosedEvent	ApplicationContext(ConfigurableApplicationContext 클래스)의 close 메서드가 호출됐을 때 발생
RequestHandledEvent	웹 시스템 고유의 이벤트. HTTP 요청(Request)에 의해 서비스가 호출됐을 때 발생

ApplicationContext가 발생시킨 이벤트는 ApplicationListener 인터페이스를 구현한 클래스를 DI 컨테이너에 등록함으로써 받을 수 있습니다(리스트 2-49, 리스트 2-50). 또한 특정 이벤트를 받고 싶을 때는 [리스트 2-51]처럼 쓸 수 있습니다.

리스트 2-49 이벤트 받기(1)

```java
public class CustomEventListener implements ApplicationListener {
    public void onApplicationEvent(ApplicationEvent event) {
        if(event instanceof ContextRefreshedEvent) {
            System.out.println("*** ContextRefreshedEvent! ***");
        } else if(event instanceof ContextClosedEvent) {
            System.out.println("*** ContextRefreshedEvent! ***");
        } else if(event instanceof RequestHandledEvent) {
            System.out.println("*** RequestHandledEvent! ***");
        } else {
            System.out.println("*** Event? ***");
        }
    }
}
```

리스트 2-50 이벤트 받기(2)

```xml
<!-- = = = = = = = event bean  = = = = = = == = = = = = = = = = = = = = = = = -->
<bean id="customEventListener" class="sample.di.petsite.event.CustomEventListener"/>
```

```
@Component
public class CustomEventListener implements ApplicationListener<ContextRefreshedEvent> {
    public void onApplicationEvent(ContextRefreshedEvent event) {
        System.out.println("*** ContextRefreshedEvent ***");
    }
}
```

스프링 4.2 이후에는 [리스트 2-52]와 같이 @EventListener를 사용할 수 있습니다.

리스트 2-52 @EventListener

```
@Component
public class CustomEventListener {
    @EventListener
    public void onApplicationEvent(ContextRefreshedEvent event) {
        System.out.println("*** ContextRefreshedEvent ***");
    }
}
```

이 책에서도 다르지 않지만, @TransactionalEventListener를 사용해서 트랜잭션의 이벤트 (커밋과 롤백 등)를 취득함으로써 처리를 추가할 수 있습니다. 혹은 독자 이벤트를 정의해서, 그 이벤트를 처리하는 EventListener를 구현하는 것 역시 가능합니다. 이벤트를 발생시키기 위해서는 ApplicationContext 혹은 ApplicationEventPublisher 오브젝트를 @Autowired 로 설정하고 publishEvent 메서드를 실행하면 됩니다.

2.7 스프링 로깅

스프링이 어떻게 동작하는지 알기 위해 로그를 얻고 싶을 때도 있을 것입니다. 스프링은 기본 적으로 Commons Logging으로 로그를 출력하며 Log4j 라이브러리가 있으면 Commons Logging이 Log4j를 사용할 수 있습니다. 구체적으로는 Log4j 라이브러리를 클래스 경로에 두고 /WEB-INF/log4j.xml을 배치합니다.

[리스트 2-53]에서는 패키지 org.springframework.beans와 패키지 org.springframe work.transaction을 Log4j의 레벨 debug로 표준 출력(stdout)으로 로그를 출력합니다.

최근에는 SLF4J + Logback이 많이 사용되지만 이 책에서는 다루지 않습니다.

리스트 2-53 log4j.xml

```xml
<?xml version="1.0" encoding="UTF-8" ?>
<!DOCTYPE log4j:configuration SYSTEM "log4j.dtd">
<log4j:configuration xmlns:log4j="http://jakarta.apache.org/log4j/">
    <appender name="stdout" class="org.apache.log4j.ConsoleAppender">
        <layout class="org.apache.log4j.PatternLayout">
            <param name="ConversionPattern" value="%d %-5p [%t] %C{2} (%F:%L) - %m%n"/>
        </layout>
    </appender>
    <logger name="org.springframework.beans">
        <level value="debug"/>
    </logger>
    <logger name="org.springframework.transaction">
        <level value="debug"/>
    </logger>
    <root>
        <priority value ="error" />
        <appender-ref ref="stdout" />
    </root>
</log4j:configuration>
```

2.8 스프링의 유닛 테스트

이 책에서는 JUnit에 관한 상세한 설명은 생략하지만, 스프링의 유닛 테스트는 기본적으로 JUnit의 사용법을 이해하고 있으면 쉽게 알 수 있습니다. [리스트 2-54]는 앞에서 여러 번 등장했던 ProductService를 유닛 테스트하는 테스트 코드입니다.

리스트 2-54 테스트 코드

```java
@RunWith(SpringJUnit4ClassRunner.class) ◄------------------------------------①
@ContextConfiguration(locations = {"../sample/config/applicationContext.xml"}) ◄---②
public class ProductServiceTest {
```

```
    @Autowired  ◄-------------------------------------------------------❸
    ProductService productService;

    @Test  ◄------------------------------------------------------------❹
    public void testFindProduct() {
        Product addProduct = new Product("공책", 100);
        productService.addProduct(addProduct);
        Product findProduct = productService.findByProductName("공책");
        assertThat(findProduct, equalTo(addProduct));  ◄---------------❺
    }
    …(생략)…
}
```

❶은 테스트 코드에는 반드시 기술하는 어노테이션입니다. 스프링의 유닛 테스트를 한다는 선언입니다.

❷에는 유닛 테스트에서 이용할 Bean 정의 파일 혹은 JavaConfig 클래스를 기술합니다. 복수의 Bean 정의 파일이 필요할 때에는 콤마로 구별해서 추가합니다. 여기에 테스트용으로 준비한 Bean 정의 파일을 지정하면 **2.3.3 @Autowired**에서 소개한 것과 같은 @Autowired의 컴포넌트를 스캔하기 위한 노력이 필요 없어집니다. 또한 @ContextConfiguration(classes = JavaConfig 클래스명.class)과 같이 JavaConfig를 사용할 수도 있습니다.

❸에서 테스트 대상 인터페이스, 여기서는 ProductService 인터페이스를 구현한 Product ServiceImpl이 인젝션됩니다.

❹와 ❺는 특별히 스프링용으로 고안된 것이 아닌 일반 JUnit의 기술 방법입니다. ❹는 메서드 앞에 기술된 @Test 어노테이션입니다. [리스트 2-54]에서는 테스트 메서드가 하나지만, 필요하면 @Test 어노테이션이 부가된 테스트 메서드를 여러 개 기술할 수도 있습니다.

❺는 ProductService의 테스트 대상인 getProduct 메서드가 기대한 값(여기서 기대한 값은 처음 new로 만든 '공책'과 '100'이 저장된 Product)을 반환하는지 assertEquals 메서드로 판별합니다. 여기서 기대한 값을 반환해주면 메서드가 바르게 기술됐다는(녹색 바가 나타나고 테스트 성공) 것이고, 기대한 값이 반환되지 않으면 메서드가 바르게 기술되지 않았다는(빨간색 바가 나타나고 테스트 실패) 것입니다.

덧붙여, 유닛 테스트를 실행할 때는 반드시 맨 처음에 실패(빨간색 바가 나타나고 테스트 실패)하고 ❺를 기술해야 합니다. 예를 들어, ❺를 assertEquals(new Product("안 되네요",200),

product);로 해서 유닛 테스트를 돌리고 유닛 테스트가 실패하는 것을 확인한 후, 테스트가 성공하도록 ❺를 수정하고 유닛 테스트를 돌립니다(이번에는 녹색 바가 나타나고 테스트 성공).

이러한 방법으로 ❺를 반드시 통과한다는 것을 확인해야 합니다. 그렇지 않으면 ❺를 통과하지 않고 유닛 테스트가 성공한 것처럼 보이는 웃지 못할 사태를 초래할 수 있습니다. 시험 삼아 ❺를 주석으로 처리하고 유닛 테스트를 돌려보기 바랍니다. 유닛 테스트는 성공할 것입니다(녹색 바가 나타남).

또한, [리스트 2-54]에서는 SQL을 사용하고 있지 않습니다. SQL을 이용해서 테이블을 초기화할 필요가 있으면 스프링 4.1부터 추가된 @Sql 어노테이션을 사용할 수 있습니다(리스트 2-55 ❶, ❷).

리스트 2-55 테스트 코드

```
@RunWith(SpringJUnit4ClassRunner.class)
@ContextConfiguration(locations={"../config/applicationContext.xml"})
@Sql({"/data1.sql", "/data2.sql"})  ◀------------------------------------❶
public class HogeTest {
    @Test
    @Sql("/test-data.sql")  ◀----------------------------------------------❷
    public void method() {
        ...(생략)...
    }
}
```

그리고 유닛 테스트를 어느 범위까지 시행할 것인지도 정해야 하는데, 기본은 인터페이스(자바의 인터페이스가 아니고, 이용하기 위해서 외부에 공개된 것)로 외부에 공개된 부품 단위입니다. 그 부품도 큰 것에서 작은 것까지 다양하므로 큰 것만 테스트할 것인지 작은 것도 모두 테스트할 것인지는 애플리케이션의 특성(미션 크리티컬한지 등)이나 일정 등을 고려해 타협점을 찾아야 합니다. 적어도 모든 클래스, 모든 메서드를 모든 패턴으로 실시하려는 생각은 하지 않는 편이 좋습니다. 만약 하려고 하면 몇천 년이 걸릴지도 알 수 없을 것입니다. 결국, 현실적인 테스트는 타당성에 달려 있습니다.

2.9 Bean 정의 파일의 프로파일 기능

프로파일 기능은 Bean 정의 파일을 프로파일 형태로 그룹화해서 DI 컨테이너로 작성할 때 프로파일을 지정하는 것으로, 어떤 Bean 정의 파일을 유효화할 것인지를 지정하는 기능입니다.

Bean 정의 파일을 프로파일에 지정하려면 beans 태그의 profile 속성에 프로파일명을 기술합니다. [리스트 2-56]은 프로파일 지정의 예입니다.

리스트 2-56 프로파일을 지정한 Bean 정의 파일의 예

```
<?xml version="1.0" encoding="UTF-8"?>
<beans ...>
    <beans profile="test">
        <bean id="dataSource"п
          class="org.springframework.jdbc.datasource.DriverManagerDataSource">
        </bean>                                                                    ①
        <bean ...
    </beans>

    <beans profile="production">
        <jee:jndi-lookup id="dataSource"
            jndi-name="..."/>                                                      ②
        <bean ...
    </beans>
</beans>
```

[리스트 2-56]과 같이 지정함으로써 Bean 정의 파일을 프로파일 형태로 그룹화할 수 있습니다. 예로 [리스트 2-56 ①]은 test 프로파일, [리스트 2-56 ②]는 production 프로파일에 소속됩니다. 다음은 DI 컨테이너에 프로파일을 지정하면 됩니다. 프로파일을 test로 지정하면 [리스트 2-56 ①]의 Bean 정의가 유효화되고, 프로파일을 production으로 지정하면 [리스트 2-56 ②]의 Bean 정의 파일이 유효화됩니다.

beans 태그는 Bean 정의 파일의 루트의 태그입니다. 루트 태그인 beans 태그의 profile 속성을 지정할 수 있으므로 속성을 지정하면 그 Bean 정의 파일의 모든 Bean 지정이 프로파일에 소속됩니다.

```
<?xml version="1.0" encoding="UTF-8"?>
<beans ...(생략)... profile="foo">
```

다음으로 프로파일 지정 방법을 알아봅시다.

2.9.1 DI 컨테이너에 직접 지정하는 방법

DI 컨테이너에 직접 지정하는 방법입니다. 즉, BeanFactory의 오브젝트를 직접 new로 해서 사용하는 케이스를 채용한 방법입니다. 이 경우에는 BeanFactory의 인터페이스 구현 클래스로서 GenericXmlApplicationContext 클래스를 이용합니다. [리스트 2-57]에서 그 예를 볼 수 있습니다.

리스트 2-57 DI 컨테이너에 프로파일 지정

```
GenericXmlApplicationContext factory = new GenericXmlApplicationContext();
factory.getEnvironment().setActiveProfiles("test"); ◀------------------❶
factory.load("classpath:/META-INF/spring/beans.xml");
factory.refresh();
```

[리스트 2-57 ❶]이 프로파일을 지정하는 곳입니다. GenericXmlApplicationContext 오브젝트의 getEnvironment 메서드를 실행해서 취득한 Environment 오브젝트의 setActiveProfiles 메서드의 인수로 프로파일명을 넘겨주고 실행하면 됩니다. setActiveProfiles라는 이름에서 짐작할 수 있듯이 프로파일명을 여러 개 지정할 수도 있습니다.

```
factory.getEnvironment().setActiveProfiles("profile1", "profile2", ...);
```


2.9.2 SpringJUnit4ClassRunner 테스트 클래스를 지정하는 방법

SpringJUnit4ClassRunner를 사용한 테스트 클래스를 지정하는 방법입니다. 이 경우에는 테스트 클래스에 @ActiveProfiles 어노테이션을 설정하면 프로파일 지정이 가능합니다. [리스트 2-58]이 그 예입니다.

리스트 2-58 SpringJUnit4ClassRunner를 사용한 테스트 클래스의 프로파일 지정

```
@RunWith(SpringJUnit4ClassRunner.class)
@ContextConfiguration("classpath:/META-INF/spring/beans.xml")
@ActiveProfiles("test")  ◄----------------------------------------------❶
public class BeanProfileSpringTest {
...(생략)...
```

[리스트 2-58 ❶]이 프로파일을 지정하는 곳입니다. @ActiveProfiles 어노테이션의 값으로 프로파일명을 지정합니다. 배열 형태로 지정할 수도 있으므로 프로파일명을 여러 개 지정할 수 있습니다.

```
@ActiveProfiles({"profile1", "profile2", ...})
```


2.9.3 웹 애플리케이션에서 지정하는 방법

마지막으로 웹 애플리케이션에서 지정하는 방법입니다. 웹 애플리케이션에서는 크게 두 곳에서 DI 컨테이너를 설정합니다. 첫 번째가 ContextLoaderListener에서 작성하는 DI 컨테이너, 두 번째가 DispatcherServlet에서 작성하는 DI 컨테이너입니다.

우선 ContextLoaderListener에서 작성되는 DI 컨테이너에 프로파일을 지정하기 위해서 web.xml의 context-param에서 spring.profiles.active를 키로 해서 프로파일명을 지정하는 것입니다(리스트 2-59).

리스트 2-59 ContextLoaderListener에서 작성되는 DI 컨테이너에 프로파일 지정

```
<context-param>
    <param-name>spring.profiles.active</param-name>
    <param-value>production</param-value>
</context-param>
```

프로파일을 여러 개 지정하는 경우는 쉼표로 구분해 프로파일명을 지정합니다.

```
<param-value>profile1, profile2, ...</param-value>
```

DispatcherServlet으로 작성되는 DI 컨테이너에 프로파일을 설정하려면, web.xml의 DispatcherServlet의 servlet 태그에서, init-param으로 'spring.profiles.active'를 키로 프로파일명을 지정합니다(리스트 2-60).

리스트 2-60 DispatcherServlet으로 작성되는 DI 컨테이너에 프로파일 지정

```
<servlet>
<servlet-name>dispatcherServlet</servlet-name>
...생략...
<init-param>
<param-name>spring.profiles.active</param-name>
<param-value>production</param-value>
</init-param>
...생략...
</servlet>
```

2.10 생명 주기

여기서는 스프링이 관리하는 애플리케이션의 생명 주기에 관해서 상세하게 알아봅니다.

우선 스프링에서 관리하고 있는 애플리케이션에는 JUnit으로 테스트를 하는 경우에도, 엔터프라이즈 시스템에서 동작하는 경우에도 초기화initialization – 이용use – 종료destruction의 세 단계로 진행됩니다(그림 2-12).

그림 2-12 애플리케이션의 생명 주기

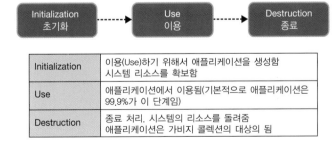

Initialization	이용(Use)하기 위해서 애플리케이션을 생성함 시스템 리소스를 확보함
Use	애플리케이션에서 이용됨(기본적으로 애플리케이션은 99.9%가 이 단계임)
Destruction	종료 처리. 시스템의 리소스를 돌려줌 애플리케이션은 가비지 콜렉션의 대상의 됨

이 3단계를 DI/AOP 샘플 코드로 예를 들어 설명하면, 초기화는 샘플 애플리케이션을 실행한 순간부터 ApplicationContext의 인스턴스가 취득되기까지고, 그 후 Service 및 Dao의 동작은 이용 단계입니다. 샘플 애플리케이션의 실행이 종료되기 직전의 짧은 순간이 종료에 해당합니다.

초기화

초기화는 크게 Bean 정의 로드와 Bean 생성 및 초기화라는 두 가지 처리를 실행합니다(그림 2-13).

그림 2-13 초기화의 상세

Bean 정의 로드는 XML에 기술된 Bean 정의 파일과 어노테이션, JavaConfig에 기술된 Bean 정의를 BeanFactory 인터페이스를 확장한 ApplicationContext의 인스턴스(실제로 ApplicationContext는 인터페이스이므로 구현 클래스인 XmlWebApplicationContext 클래스의 인스턴스)에 읽어 들이고, BeanFactoryPostProcessors 인스턴스(이 역시 인터페이스이므로 구현 클래스인 PropertyPlaceholderConfigurer 클래스의 인스턴스)가 ApplicationContext가 읽어 들인 Bean 정의 파일을 참조하면서 PropertyPlaceholder Configurer 인스턴스면 프로파일을 읽어 들입니다.

ApplicationContext 인스턴스는 Bean 생성 및 초기화를 하기 시작합니다. 우선 Bean 정의를 가지고 클래스를 인스턴스화하고 인스턴스를 다른 인스턴스에 인젝션합니다. 계속해서 BeanPostProcessor 인스턴스를 이용해서 @PostConstruct 및 bean 태그의 init-method 속성에 지정된 메서드를 호출해서 초기화를 실시합니다.

여기까지가 초기화에 관한 설명이었습니다. 샘플 프로그램에서는 ApplicationContext 인스턴스가 생성되고 getBean 메서드 등이 이용할 수 있는 상태가 됐습니다.

이용

이용은 ApplicationContext 인스턴스에서 Service 인스턴스 및 Dao 인스턴스를 getBean 메서드로 취득해서 findProduct 메서드 등으로 불러들일 때를 말합니다.

종료

이용이 끝난 애플리케이션은 종료 단계로 이동합니다. @PreDestroy 및 bean 태그의 destroy-method 속성에 지정된 메서드를 불러들이고 종료 처리를 합니다.

Column_ 학습의 확장

A와 B, 두 명의 신입사원이 있고 DI 컨테이너 내용을 읽었다고 가정해봅니다. A는 설명을 쭉 읽고 DI 컨테이너의 예제 프로그램을 한번 동작시켜봤습니다. B는 예제뿐 아니라 인스턴스 변수에 Map을 설정하거나 로그를 출력하는 등 여러 시도를 해봤습니다.

자, 나중에 실력이 느는 것은 두 사람 중 어느 쪽일까요? 그렇습니다. 아마도 B일 것입니다.

B와 같은 행위를 '학습의 확장'이라고 합니다. 학교 공부에는 '주입식 암기'보다 '학습의 확장'이 중요하다고 합니다. 저도 아이 둘을 둔 아빠인지라 어떻게 하면 아이가 자발적으로 학습을 확장하게 될지 자주 고민합니다. 예를 들어, 아이 앞에서 그림 물감으로 빨강과 파랑을 섞어 녹색을 만들어 보여주면, 아이들은 빨강, 파랑뿐만 아니라 노랑이나 녹색이나 다른 색도 섞기 시작하고 색을 조합하면 어떤 색이 만들어지는지 이해하게 될 것입니다. 이것도 확장 학습의 하나입니다.

아이가 확장 학습을 시작할 때는 어떤 감동이나 놀라움이 있었을 거라고 생각합니다. 만약 삼각형의 면적을 구하는 법으로 아이를 감동시키거나 놀라움을 줄 수 있다면 아마도 스스로 학습을 확장해갈 것입니다.

이야기가 옆길로 샜지만 아마도 여러분은 제가 무엇을 말하려고 하는지 이미 이해했을 것입니다. 만약, 업무상의 의무감만으로 기술서를 읽고 있다면 학습을 확장하기는 분명히 어려울 거라고 생각합니다. 그렇게는 엔지니어로서 성장하지 못합니다.

기술서를 읽고 새로운 발견에 감동하고 놀랄 수 있다면 학습의 확장이 쉽고 엔지니어로서 순조롭게 실력도 늘어갈 것입니다. 딱히 기술서가 아니라도 좋습니다. 업무상의 감동이나 놀라움을 항상 유지하는 사람이 성장합니다. 게다가 우리가 다루는 것은 눈에 보이고 움직이는 것이므로 '삼각형의 면적을 구하는 것보다는 그림 물감 놀이를 하는 것'에 가깝습니다.

말로 하면 간단한 이야기지만 회사에서는 아무도 '감동하라! 놀라워하라!'라고 하지 않습니다. 당장 필요한 기술 사항, 또는 사무적인 것이나 기업 문화를 배우라고 할 뿐입니다. 기술 팁을 암기하는 것도 물론 중요하지만 엔지니어라면 '기술적인 것에 감동하고 놀라워하는 마음'이 더 중요합니다. 이런 마음을 꼭 자기 안에서 키워가기 바랍니다.

CHAPTER 03

스프링 AOP

이 장에서는 제2장에 이어 스프링 코어의 다른 하나인 DIxAOP 컨테이너의 AOP 부분을 알아봅니다. 지금까지의 설명에서 DI 컨테이너란 오브젝트 사이에 밀접한 의존 관계를 가지지 않게 하고, 인터페이스에 의한 약한 결합을 쉽게 만들어 소프트웨어의 컴포넌트화(부품화와 같음)를 촉진하며, 오브젝트의 생명 주기를 관리할 수 있게 하는 것임을 이해했을 것입니다.

하지만 DI 컨테이너만으로는 지향하는 아키텍처의 길이 여전히 멀기만 합니다. 왜냐하면 DI 컨테이너를 이용한 것만으로는 컴포넌트 내부의 오브젝트에 손을 쓸 수 없기 때문입니다. 할 수 있다면 컴포넌트 내부의 오브젝트도 깔끔하게 정리하는 것이 좋습니다. 일반적으로 작성한 오브젝트에는 원래 있어야 할 처리 이외의 처리도 있기 때문입니다.

예를 들어 [리스트 3-1]은 DI 컨테이너를 이용했을 때의 오브젝트 예제 코드입니다. 이 책에서는 여러 가지로 생략했지만 로그 출력이나 트랜잭션 처리 등이 여전히 뒤섞여 있습니다. 이렇게 공통화할 수 있는 처리는 오브젝트 안에 없는 편이 소스 코드의 가독성도 좋아지고 결과적으로 컴포넌트로서의 역할도 명확해집니다. 게다가 테스트도 쉬워집니다.

리스트 3-1 DI만 사용한 ServiceImpl

```java
public class EmployeeServiceImpl implements EmployeeService {
    @Autowired
    private EmployeeDao dao;

    public int insert(Employee emp) throws Exception {
```

```
            if (Log.flag) {
                System.out.println("***Start");
            }
            Connection conn = null;
            ......Connection 획득 등은 생략.....
            try {
                ret = dao.insert(conn, emp);
                conn.commit();
            } catch (Exception e) {
                conn.rollback();
            } finally {
                ......Connection 해제 등은 생략......
            }
            if (Log.flag) {
                System.out.println("***End");
            }
            return ret;
        }
    }
```

[리스트 3-2]는 이 장에서 설명한 AOP(관점 지향 프로그래밍)를 이용해 오브젝트 안에 있는 공통된 처리를 제거한 것입니다. 소스 코드의 가독성이 좋아졌고 테스트도 쉽게 할 수 있게 바뀐 것을 알 수 있습니다. 게다가 만약 코드의 라인 수와 버그 수가 연관이 있다면 [리스트 3-1]보다 [리스트 3-2]가 버그가 들어갈 가능성이 낮을 것입니다.

리스트 3-2 DI와 AOP를 사용한 ServiceImpl

```
public class EmployeeServiceImpl implements EmployeeService {
    @Autowired
    private EmployeeDao dao;

    public int insert(Employee emp) throws Exception {
        return dao.insert(emp);
    }
}
```

지금까지 설명한 대로 AOP란 어떤 오브젝트가 원래 하지 않아도 될 로깅이나 트랜잭션 등의 처리(다르게 말하면, 공통화해서 라이브러리화할 수 있는 처리)를 그 오브젝트에서 분리해서 별도의 오브젝트로 구현하는 기술입니다. 이제 스프링이 제공하는 AOP를 알아보겠습니다.

3.1 AOP란?

AOP란 업무 등 특정 책임이 있는 클래스, 예를 들어 주문 클래스나 계좌 클래스 안에 본질적인 처리만 기술하고, 본질적이지 않은 처리는 밖으로 꺼내는 기술입니다.

더 구체적으로는 로그 출력이나 예외 처리 등 공통화할 수 있는 처리를 Aspect라는 하나의 단위로 모아서 어떤 오브젝트가 원래 해야 할 일만을 하게 만드는 기술입니다. 물론, 객체 지향 개발의 분석과 설계를 제대로 할 수 없다면 무엇이 그 오브젝트의 본질적인 처리이고, 무엇이 부수적인 처리인지 알 수 없습니다. 그런 의미에서의 AOP는 객체 지향을 대체하는 기술이 아니라 객체 지향과 함께 사용하는 자동차의 양 바퀴와 같다고 할 수 있습니다.

AOP를 도입함으로써 오브젝트가 원래 실행해야 하는 본질적인 처리와 그 밖의 횡단 관심사로 불리는 여러 오브젝트에 걸쳐 기술되기 쉬운 처리를 분리해 모듈성을 높입니다. 나아가서는 각 관심사를 따로따로 생각할 수 있고, 개별 관심사를 추출할 수 있으면 관심사로 분할해 개발할 수 있는 등의 이점을 얻을 수 있습니다.

3.1.1 AOP 용어

AOP의 대표 용어를 간단히 알아봅시다. 구체적인 이미지는 나중에 스프링 AOP의 예제로 잡아보기로 하고 여기서는 각 용어를 대략적으로 이해하고 넘어갑니다.

애스펙트(Aspect)

횡단 관심사의 동작과 그 횡단 관심사를 적용하는 소스 코드상의 포인트를 모은 것입니다. 다시 말해, 하나 또는 그 이상의 어드바이스(동작)와 포인트컷(동작을 적용하는 조건)을 조합한 것입니다.

조인 포인트(Join Point)

어드바이스가 실행하는 동작을 끼워 넣을 수 있는 때를 말합니다. 코딩에 있어서는 프로그램 코드상의 위치를 의식하지만, 코드가 실행된 때는 반드시 어드바이스가 동작하는 때인 것입니다.

조인 포인트는 개발자가 고려해서 만들어 넣을 수 없는 AOP(제품)의 사양입니다. 스프링에서는 메서드가, 정확히는 메서드가 호출될 때와 메서드가 원래 호출한 곳으로 돌아갈 때가 어드바이스를 끼워 넣을 수 있는 조인 포인트입니다.

어드바이스(Advice)

조인 포인트에서 실행되는 코드를 말합니다. 로그 출력이나 트랜잭션 관리 등의 코드가 기술됩니다.

포인트컷(Pointcut)

조인 포인트 설명에서 어드바이스는 조인 포인트가 호출되면 반드시 실행된다고 했습니다. 그렇다고 해서, System.out.println("Hello!"); 밖에 없는 helloWorld 메서드가 호출될 때마다 트랜잭션 관리가 기술된 어드바이스를 작동시키고 싶지는 않을 것입니다. 포인트컷은 조인 포인트와 어드바이스의 중간에 있으면서 처리가 조인 포인트에 이르렀을 때 어드바이스를 호출할지 선별합니다. 예를 들어 포인트컷에 '메서드명에 hello라는 문자열이 있으면 어드바이스를 호출하지 않는다' 혹은 '메서드명에 Service라는 문자열이 있으면 어드바이스를 호출한다'라고 기술해두면 처리가 helloWorld 메서드에 이르렀을 때도 포인트컷이 선별해주므로 트랜잭션 처리가 기술된 어드바이스가 호출되지 않습니다.

그림 3-1 조인 포인트, 어드바이스, 포인트컷

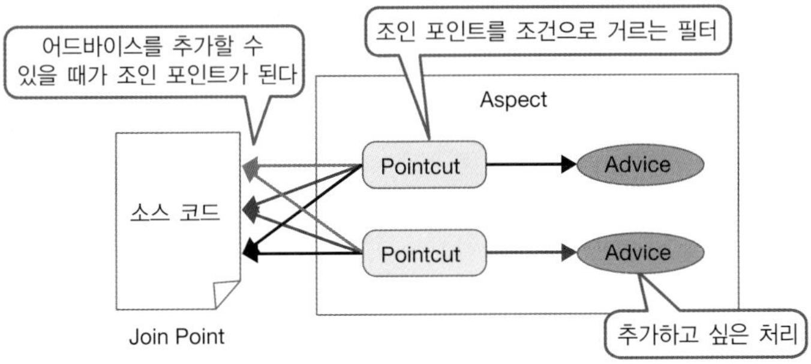

3.1.2 스프링이 제공하는 어드바이스

앞에서 모듈 본래의 기능이 아닌 처리를 모듈에서 분리해 어드바이스에 기술한다고 설명했습니다. 어드바이스에는 몇 가지 종류가 있는데, 필요에 따른 어드바이스에 처리를 기술해야 합니다. [표 3-1]은 스프링이 제공하는 어드바이스입니다.

표 3-1 스프링이 제공하는 어드바이스

어드바이스의 형태	설명
Before	조인포인트 앞에서 실행할 어드바이스
After	조인포인트 뒤에서 실행할 어드바이스[1]
AfterReturning	조인포인트가 완전히 정상 종료한 다음 실행되는 어드바이스
Around	조인포인트 앞뒤에서 실행되는 어드바이스
AfterThrowing	조인포인트에서 예외가 발생했을 때 실행되는 어드바이스

---

1 try-catch-finally에서 finally를 떠올려보면 됩니다.

그림 3-2 Before 어드바이스

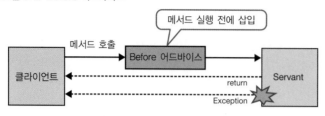

그림 3-3 After 어드바이스

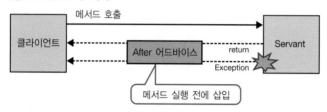

그림 3-4 AfterReturning 어드바이스

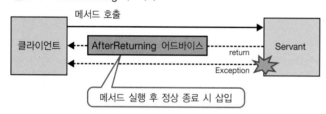

그림 3-5 Around 어드바이스

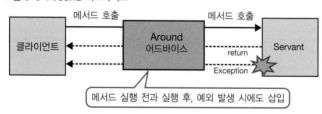

그림 3-6 AfterThrowing 어드바이스

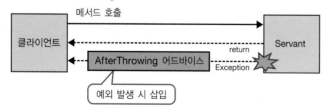

예를 들어 메서드의 시작과 종료 로그를 출력하고 싶다면 Before 어드바이스와 After 어드바이스(또는 AfterReturning 어드바이스)에 로그 처리를 기술하거나 Around 어드바이스에 로그 처리를 기술하는 것이 좋습니다.

마찬가지로 예외 발생 시 예외 처리를 AOP로 하고 싶다면 AfterThrowing 어드바이스나 Around 어드바이스를 사용할 수 있습니다. 만약 실수로 AfterReturning 어드바이스에 예외 처리를 기술해버리면 예외 처리는 영원히 이루어지지 않을 것입니다.

트랜잭션은 어떻게 할까요? 트랜잭션처럼 대표적인 어드바이스는 직접 만들 필요 없이 AOP 제품에서 이미 트랜잭션 처리를 구현해서 제공해주므로 이를 이용합니다[2]. 스프링의 트랜잭션 처리에 관해서는 제5장을 참고합니다.

그렇다면 도대체 어드바이스는 자바의 클래스와 무엇이 다르고, 어떻게 코딩하는 것일까요? 이에 관해서는 조금 더 학습한 후에 알아보기로 합니다.

3.1.3 프락시를 이용한 AOP

다음으로 AOP의 구현 방법을 알아봅시다. AOP 구현 방법에는 몇 가지가 있지만, 여기서는 스프링에서도 이용하는 프락시proxy를 이용한 AOP를 설명합니다. 이 방법을 알아두면 어려울 것만 같던 AOP도 쉽게 이해할 수 있을 것입니다.

프락시를 이용한 AOP는 [그림 3-7]처럼 인터페이스를 구현한 프락시를 이용해 Q 클래스가 호출한 메서드를 가로채서 어드바이스를 동작시킵니다.

다소 과장하더라도 더 간단히 설명해보겠습니다. 우선, DI를 활용하기 위해 인터페이스 R을 구현한 RImpl 클래스를 준비했습니다. 그 클래스를 이용하는 것은 Q 클래스이며, Q 클래스에는 R 인터페이스 타입의 인스턴스 변수가 있습니다. 스프링이라면 @Autowired 어노테이션이 붙습니다. 그리고 이 부분이 핵심인데, RImpl 클래스의 어느 메서드를 실행해도 어드바이스가 동작하게 설정됐다고 가정합니다.

DIxAOP 컨테이너는 R 인터페이스를 구현한 프락시 클래스의 인스턴스를 자동으로 생성해서 Q 클래스의 R 인터페이스형 인스턴스 변수에 인젝션합니다. Q 클래스는 R 인터페이스를 구현한 클래스의 인스턴스가 인젝션되므로 그 인스턴스가 진짜 RImpl 클래스의 인스턴스인지

---

2 스프링의 경우에는 트랜잭션뿐만 아니라 로그의 출력, 앞으로 설명할 캐시, 인가 처리도 어드바이스로 준비돼 있습니다.

눈치 채지 못합니다. 그 자동 생성된 프락시 클래스의 인스턴스는 물론 진짜 RImpl 클래스로 구현된 메서드를 호출하게 구현돼 있고, 종류에 따라 RImpl 클래스의 메서드를 호출하기 전후에 어드바이스를 호출합니다. 이상과 같이 인터페이스를 구현하는 클래스의 인터페이스라면 무엇이든 인젝션할 수 있다는 특성을 이용한 프락시를 이용해서 AOP를 구현하는 것입니다.

그림 3-7 프락시 기반의 AOP 예

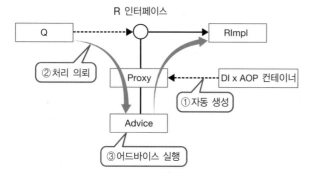

이러한 프락시 기반 AOP는 단순한 자바 프로그래밍으로 구성되므로 클래스의 바이너리를 수정하는 다른 방식의 AOP와 비교하면, 메서드 이외의 필드 등 세밀한 AOP를 할 수 없고, 성능 면에서 우수하지 않은 점도 있습니다. 다만 프락시 기반 AOP라도 트랜잭션 관리, 오브젝트 그룹, 시큐리티, 형의 재정의[3] 등 AOP로 구현되는 대부분의 기능을 수행할 수 있으므로 그리 신경 쓰이지는 않을 것입니다.

또한 실무에서 의식하는 경우는 없지만, 인터페이스를 구현하지 않은 클래스에 AOP를 하는 경우에는, 디폴트의 JDK Dynamic Proxy가 아닌 CGLib Proxy를 사용하고 있습니다(원래 인터페이스가 없으면 JDK Proxy는 이용할 수 없습니다). 자세한 설명은 생략하지만 Bean 정의에서 JDK Dynamic Proxy와 CGLib Proxy를 의식해서 사용할 수도 있습니다.

3.1.4 AOP 사용법

개발 프로젝트에서의 AOP 기본 사용법을 알아봅시다. 어디까지나 기본이므로 절대적인 것은 아니라는 점을 주의합니다.

----

3 어떤 오브젝트에 다른 기능을 가진 인터페이스를 AOP로 합성하는 것입니다.

우선, 하지 말아야 할 것은 AOP를 이용해 업무 처리를 분리하는 것입니다. 이유는 간단합니다. 소스 코드의 가독성이 현저하게 떨어지기 때문입니다. [리스트 3-3]을 봅시다. getPrice 메서드를 호출하면 price 속성의 내용이 100임에도 불구하고, 예상 외로 소비세가 더해진 108이 반환됩니다. 코드에서도 소비세를 더하지 않았고, 호출한 쪽의 메서드를 봐도 소비세가 더해진 모습은 없습니다. 그러나 [리스트 3-3]의 Product 클래스의 getPrice 메서드처럼 업무에서 이용하는 처리에 AOP를 이용해 처리를 추가하면 그렇게 될 것입니다.

리스트 3-3 Product 클래스

```java
public class Product {
  private String name;
  private int price;

  public int getPrice() {
    return price;
  }
}
```

그렇다면 AOP로 분리해도 되는 처리란 무엇일까요? 지금까지 계속 등장했던 로그 출력이나 트랜잭션 처리 등은 이른바 공통화할 수 있는 처리입니다. 예를 들어 업무 전체에서 사용하거나 혹은 다양한 클래스에서 여러 번 같은 로직이 등장한다면 공통화하는 편이 좋습니다. 지금까지 공통 라이브러리로 제공하면 된다고 여기던 처리가 AOP로 구현할 처리의 후보입니다.

이 정도면 개발 프로젝트에서 AOP를 이용해도 되는 사람과 AOP를 이용하지 말아야 할 사람을 알 수 있을 것입니다. AOP를 이용해도 되는 사람은 개발 프로젝트 내에서 공통화팀이나 기반팀에 속하는 사람들입니다. 반대로 AOP를 이용하지 말아야 할 사람은 업무 처리를 프로그래밍하는 업무팀의 사람들입니다. 어디까지나 일반론이지만 개발 프로젝트에서는 기반팀이 AOP로 공통된 처리를 기술하고, 업무팀이 만든 프로그램에 적용하는 형태가 될 것입니다.

다음은 스프링 AOP에 관해서 알아봅니다. 스프링의 매력은 DI와 AOP를 조합했을 때 발휘된다고 해도 과언이 아닙니다.

3.2 어노테이션을 이용한 AOP

이제 어려운 내용은 끝났습니다. 어려운 부분을 빼고 곧바로 AOP를 동작시켜봅시다. 스프링의 AOP에서는 DI와 같이 어노테이션을 사용하는 방법과 Bean 정의 파일에 설정을 두는 방법, JavaConfig로 작성하는 방법의 세 가지 방법이 있습니다. 우선은 DI에서와 같이 어노테이션부터 알아봅니다.

소재는 DI에서 사용했던 Product를 다루는 예제 애플리케이션입니다. AOP의 적용 대상은 ProductDao의 findProduct 메서드로 합니다. ProductDao의 findProduct 메서드를 이용할 때 어드바이스로 기술된 "Hello 어드바이스 종류!"를 표시하는 처리가 동작하게 하는 것입니다(그림 3-8).

그림 3-8 AOP를 적용한 Product 애플리케이션

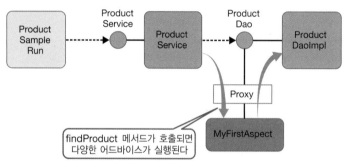

우선은 애스펙트(어드바이스와 포인트컷을 조합한 것)를 봅시다. [리스트 3-4]가 이번에 적용할 애스펙트인 MyFirstAspect입니다. 클래스 선언 앞에 클래스가 애스펙트임을 나타내는 @Aspect(리스트 3-4 ❶)가 붙어 있습니다. @Aspect 다음에 기술된 것은 DI에서 자주 봤던 @Component입니다.

그리고 MyFirstAspect의 메서드를 살펴보겠습니다. 메서드 선언 앞에 @Before나 @After, @AfterReturning, @Around, @AfterThrowing(리스트 3-4 ❷~❻)이라는 어노테이션이 붙어 있습니다. 이러한 어노테이션이 붙은 메서드가 어드바이스입니다. 그런데 이 어노테이션은 괄호로 묶여 execution이라고 쓰여 있습니다. 나중에 자세히 설명하겠지만 이 괄호 안의 내용이 포인트컷이며 필터링할 조건입니다.

물론 AOP의 어노테이션을 이용하더라도 Bean 정의 파일은 필요합니다. 이번 Bean 정의 파

일은 [리스트 3-5]와 같습니다. DI일 때와의 차이는 aop 스키마와 AOP를 어노테이션으로 적용한다는 것을 선언하는 aop:aspectj-autoproxy 태그(리스트 3-5 ❶)가 추가된 것뿐입니다.

이상이 어노테이션을 사용한 AOP의 구현 예입니다. 그냥 봐도 알겠지만, 애스펙트라고 해서 특별한 장치는 없습니다. 보통 클래스에 보통 메서드로 애스펙트가 만들어집니다.

마지막으로 DI일 때와 같이 ProductSampleRun 클래스를 실행하면 AOP가 적용되고 실행 결과는 [그림 3-9]와 같습니다. 물론 AfterThrowing 어드바이스는 동작하지 않습니다. AfterThrowing 어드바이스를 동작해보고 싶을 때는 findProduct 메서드에서 thrownew RuntimeException() 등으로 예외를 무리하게 던지도록 수정하기 바랍니다.

리스트 3-4 MyFirstAspect.java

```
@Aspect    ◀-----------------------------------------------------------❶
@Component
public class MyFirstAspect {

    @Before("execution(* findProduct(String))")   ◀-------------------❷
    public void before() {
        // 메서드 시작 시 동작하는 어드바이스
        System.out.println("Hello Before! *** 메서드가 호출되기 전에 나온다!");
    }

    @After("execution(* findProduct(String))")   ◀--------------------❸
    public void after() {
        // 메서드 종료 후 동작하는 어드바이스
        System.out.println("Hello After! *** 메서드가 호출된 후에 나온다 !");
    }

    @AfterReturning(value="execution(* findProduct(String))", returning="product") ◀❹
    public void afterReturning(Product product) {
        // 메서드 호출이 예외를 내보내지 않고 종료했을 때 동작하는 어드바이스
        System.out.println("Hello AfterReturning! *** 메서드를 호출한 후에 나온다!");
    }

    @Around("execution(* findProduct(String))")   ◀------------------❺
    public Product around(ProceedingJoinPoint pjp) throws Throwable {
        // 메서드 호출 전후에 동작하는 어드바이스
        System.out.println("Hello Around! before *** 메서드를 호출하기 전에 나온다!");
```

```java
        Product p = (Product)pjp.proceed();
        System.out.println("Hello Around! after *** 메서드를 호출한 후에 나온다!");
        return p;
    }

    @AfterThrowing(value="execution(* findProduct(String))", throwing="ex")   ◀········⑥
    public void afterThrowing(Throwable ex) {
        // 메서드 호출이 예외를 던졌을 때 동작하는 어드바이스
        System.out.println("Hello Throwing! *** 예외가 생기면 나온다!");
    }
}
```

리스트 3-5 Bean 정의 파일

```xml
<?xml version="1.0" encoding="UTF-8"?>
<beans xmlns="http://www.springframework.org/schema/beans"
  xmlns:xsi="http://www.w3.org/2001/XMLSchema-instance"
  xmlns:context="http://www.springframework.org/schema/context"
  xmlns:aop="http://www.springframework.org/schema/aop"
  xsi:schemaLocation="
    http://www.springframework.org/schema/beans
    http://www.springframework.org/schema/beans/spring-beans-3.1.xsd
    http://www.springframework.org/schema/context
    http://www.springframework.org/schema/context/spring-context-3.1.xsd
    http://www.springframework.org/schema/aop
    http://www.springframework.org/schema/aop/spring-aop-3.1.xsd">

        <context:component-scan base-package="sample.*"/>
        <aop:aspectj-autoproxy />   ◀·······························································❶
</beans>
```

그림 3-9 실행 결과

```
Hello Before! *** 메서드가 호출되기 전에 나온다!
Hello Around! before *** 메서드를 호출하기 전에 나온다!
Hello After! *** 메서드가 호출된 후에 나온다!
Hello Around! after *** 메서드를 호출한 후에 나온다!
Hello AfterReturning! *** 메서드를 호출한 후에 나온다!
Product [name=공책, price=100]
```

3.2.1 포인트컷 기술 방법

우선 모든 어노테이션에 공통된 기술 방법을 알아봅시다. 포인트컷은 [리스트 3-4]에서 설명했듯이 어노테이션 괄호 안에 execution(* findProduct(String)) 형식으로 기술합니다. 이 포인트컷 지정법은 AspectJ라는 아주 유명한 AOP 제품에서 사용하는 포인트컷 지정법을 스프링에 도입한 것입니다. AspectJ에는 호출하는 쪽의 메서드나 클래스, 호출되는 쪽의 메서드나 클래스를 조건으로 지정할 수 있는 프리미티브 포인트컷^{primitive pointcut}이라고 불리는 포인트컷이 있습니다. 스프링에서도 프리미티브 포인트컷을 조합해 포인트컷을 기술할 수 있습니다.

갑자기 AspectJ의 프리미티브 포인트컷을 모두 이해하기는 어려우므로 가장 자주 이용하는 execution에 한정해 포인트컷을 지정하는 방법을 알아봅시다. execution에서는 호출되는 쪽의 메서드(생성자)를 조건으로 포인트컷을 기술합니다. execution의 호출되는 쪽은 와일드카드로 지정할 수 있습니다. 예를 들어 다음의 포인트컷은 모두 com.starlight.service.business.HogeBean이라는 클래스의 public String exMethod() 메서드에서 애스펙트를 실행할 수 있는 포인트컷의 기술 방법입니다.

- execution(public String com.starlight.service.business.HogeBean.exMethod())
- execution(* com.starlight.service.business..*Bean.*(..))
- execution(* *..*exMethod())
- execution(* *.. HogeBean.*())
- execution(public String ex*(..))
- execution(*com.starlight.service.business.*.*(..))

execution의 기본 구문을 정리하면 다음과 같습니다(△는 공백을 표시).

execution(메서드의 수식자△메서드의 반환값△패키지.클래스 또는 인터페이스.메서드명(인수 형 |, 인수형...|)△throw△예외)

- "메서드의 수식자(public 혹은 private)"나 "throws△예외"는 생략 가능
- 메서드의 반환값형, 패키지와 클래스명, 인터페이스명에는 와일드카드(*)를 이용 가능
- "*"는 "."(패키지 구분 문자)와 일치하지 않으므로 복수 패키지와 일치시키려면 ".."를 사용
- 메서드의 인수에 ".."를 기술하면 모든 인수와 일치시킬 수 있음

또한 포인트컷은 몇 가지 포인트컷을 조합해서 설정할 수도 있습니다. 이때는 조건의 지정에 논리 연산자를 이용할 수 있습니다. 포인트컷 지정에 이용할 수 있는 논리 연산자를 [표 3-2]에 정리했습니다. and, or, not은 AspectJ에서 이용할 수 없는 스프링 고유의 표기법입니다. 나중에 설명할 Bean 정의 파일에서는 &&를 나타낼 때 &&로 써야 하므로 되도록 and, or, not으로 통일하는 편이 바람직합니다.

표 3-2 포인트컷 지정에서 이용할 수 있는 논리 연산자

논리 연산자	설명
|| 또는 or	논리합을 의미하는 논리 연산자
	(예) execution(* *..AopExBean.exMethod( )) or 　　execution(* *..AopExBeanParent.exMethod( ))
	AopExBean의 exMethod 메서드 또는 AopExBeanParent의 exMethod 메서드를 지정
&& 또는 and	논리곱을 의미하는 논리 연산자
	(예) execution(* *AopExBean.exMethod()) && 　　execution(* *..AopExBeanParent.exMethod( ))
	AopExBean의 exMethod 메서드, 그리고 AopExBeanParent의 exMethod 메서드를 지정
! 또는 not	부정을 의미하는 논리 연산자
	(예) execution(* exMethod( )) and not 　　execution(* *..AopExBeanParent.*( ))
	AopExBeanParent 외 클래스(인터페이스)의 exMethod 메서드를 지정

3.2.2 어노테이션으로 어드바이스 만들기

여기서는 Before에서 AfterThrowing까지의 어드바이스를 만드는 방법을 살펴봅니다.

Before 어드바이스, After 어드바이스

Before, After 어드바이스의 작성법은 [리스트 3-4 ❷, ❸]에서 본 것처럼 간단합니다. 자세한 것은 [표 3-3]에서 설명합니다.

표 3-3 Before, After 어드바이스

어노테이션	@Before("PrimitivePointcut") @After("PrimitivePointcut")
내용	• 메서드명은 임의 • 메서드의 인수는 없는 것이 기본 • 메서드의 반환값은 void가 기본

예제	```@Before("execution(* findProduct(String))")```
	```public void foo( ) {```
	``` // 메서드 시작 시 동작하는 어드바이스```
	``` System.out.println("Hello Before! *** 메서드 호출 전에 나온다!");```
	```}```
	
	```@After("execution(* findProduct(String))")```
	```public void bar( ) {```
	``` // 메서드 종료 후 동작하는 어드바이스```
	``` System.out.println("Hello After! *** 메서드 호출 후에 나온다!");```
	``` return msg;```
	```}```

하지만 이뿐이라면 뭔가 시시합니다. 애당초 시작과 종료 로그를 출력한다고 해도 어느 메서드에서 로그를 출력하는지 메서드의 이름조차 알 수 없다면 제대로 된 로그라고 할 수 없습니다. 그러한 경우에는 메서드의 인수에 org.aspectj.lang.JoinPoint를 설정합니다.

[리스트 3-6]은 [리스트 3-4 ❷] Before 어드바이스로 메서드명과 인수로 전달된 값을 조인 포인트를 이용해 표시하도록 수정한 예입니다.

리스트 3-6 조인 포인트 이용

```
@Before("execution(* findProduct(String))")
public void foo(JoinPoint jp) {
  // 메서드 시작 시 삽입하는 어드바이스
  System.out.println("Hello Before! *** 메서드 호출 전에 나온다!");
  Signature sig = jp.getSignature();
  System.out.println("- - - --> 메서드 이름:" + sig.getName());
  Object[] objs = jp.getArgs();
  System.out.println("- - - --> 인수값:" + objs[0]);
}
```

AfterReturning 어드바이스

AfterReturning 어드바이스도 [리스트 3-4 ❹]에서 본 것처럼 간단합니다. 자세한 것은 [표 3-4]와 같습니다. 예제 코드에서는 반환값이 String인 getMessage 메서드에 AfterReturning 어드바이스를 장치하는 예를 들어봤습니다. 여기서는 getMessage 메서드가 반환한 값을 System.out.println()으로 표시하게 한 점이 핵심입니다(예제의 ❶).

앞절의 **Before 어드바이스, After 어드바이스**에서 설명한 것처럼 hoge(JoinPoint jp, String ret)와 같이 하면 메서드명과 인수에 넘겨진 값을 취득할 수 있습니다.

표 **3-4** AfterReturning 어드바이스

어노테이션	@AfterReturning(value="PrimitivePointcut", returning="반환값의 변수명")
내용	• 메서드명은 임의 • 메서드의 인수는 AOP 적용 대상이 된 메서드의 반환형(리스트 3-4 ❹에서는 Product 형을 정의했음)과 어노테이션의 returning 속성에서 지정한 변수명(리스트 3-4 ❹에서는 변수명 product를 정의했음)으로 해야 함 • 메서드의 반환값은 void가 기본

예제	`// 반환값이 String인 getMessage 메서드에 어드바이스를 장치한다`
	`@AfterReturning(value="execution(* getMessage ( ))", returning="ret")`
	`public void hoge(String ret) {`
	`    // 메서드 호출이 예외를 내보내지 않고 종료했을 때 호출되는 어드바이스`
	`    System.out.println("Hello AfterReturning! *** 메서드를 호출한 후에 나온다");`
	`    System.out.println("- - - - - 〉반환된 메시지: = " + ret);` ◀┄┄┄┄┄❶
	`}`

Around 어드바이스

[리스트 3-4 ❺]를 보고 알아차렸을지도 모르지만 Around 어드바이스를 만드는 방법은 조금 특수합니다. 어떤 점에서 특수하냐면, 다른 어드바이스와 달리 AOP의 대상이 되는 메서드의 호출을 어드바이스 안에서 직접 해야 합니다. 바로 [표 3-5] 예제의 ❶입니다.

AOP 대상이 되는 메서드 호출은 인수로 기술된 org.aspectj.lang.ProceedingJoinPoint 클래스의 Object proceed 메서드를 이용해 이루어집니다. 이 proceed 메서드의 반환값은 AOP의 대상이 되는 메서드의 반환값이므로 여기서 읽어버리면 안 됩니다. 확실하게 받아서 리턴하도록 해야 합니다(예제의 ❷). 왜냐하면 자바는 메서드의 반환값을 받지 못해도 컴파일 오류가 나지 않기 때문입니다.

더 큰 문제는 proceed 메서드가 빠지는 것입니다. 그렇게 되면 애스펙트 대상인 메서드가 절대로 호출되지 않으므로 주의해야 합니다. 예전에는 Around 어드바이스를 사용해 원래 호출될 애스펙트 대상이 된 메서드를 호출하지 않고 다른 메서드를 호출하는 방법이 소개된 적도 있었지만, 이러한 방법은 기본적으로 프로그램의 동작을 이해하기 어렵게 만들기 때문에 권장하지 않습니다.

표 3-5 Around 어드바이스

어노테이션	@Around("PrimitivePointcut")
내용	• 메서드명은 임의 • 메서드의 파라미터에는 반드시 org.aspectj.lang.ProceedingJoinPoint를 기술 • 반환값은 AOP의 대상이 된 메서드의 반환값의 형과 호환성이 있어야 함. 예를 들어 반환값의 형을 Object 형으로 해두면 좋음

예제	```@Around("execution(* getMessage( ))")```
	```public String fuga(ProceedingJoinPoint pjp) throws Throwable {```
	   ```// 메서드 호출 전후로 동작하는 어드바이스```
	   ```System.out.println("Hello Around! before *** 메서드를 호출하기 전에 나온다!");```
	   ```String message = (String)pjp.proceed( );``` ◄········· ❶
	   ```System.out.println("Hello Around! after *** 메서드를 호출한 후에 나온다!");```
	   ```return message;``` ◄········· ❷
	```}```

Around 어드바이스가 되는 메서드의 인수 ProceedingJoinPoint 클래스는 앞서 등장한 조인 포인트를 상속받으므로 AOP의 대상이 된 메서드의 이름 등도 가져올 수 있습니다. [리스트 3-7]은 [리스트 3-4 ❺]의 Around 어드바이스를 가공해서 메서드 이름을 출력하게 한 예입니다.

리스트 3-7 ProceedingJoinPoint의 사용법

```
@Around("execution(* findProduct(String))")
public Product fuga(ProceedingJoinPoint pjp) throws Throwable {
    // 메서드 호출 전후에 동작하는 어드바이스
    System.out.println("Hello Around! before *** 메서드 호출 전에 나온다!");

    // 메서드 이름 출력
    Signature sig = pjp.getSignature();
    System.out.println("-----> aop:around 메서드 이름:" + sig.getName());
```

```
    Product p = (Product)pjp.proceed();
    System.out.println("Hello Around! after *** 메서드를 호출한 후에 나온다");
    return p;
}
```

Around 어드바이스를 사용하면 다른 어드바이스를 사용하지 않아도 괜찮습니다. 예를 들어 proceed 메서드 앞에 처리를 기술하면 Before 어드바이스가 되고, proceed 메서드를 try-catch 구문으로 묶으면 이 뒤에 설명할 AfterThrowing 어드바이스가 됩니다. 그러나 모든 경우에 Around 어드바이스를 사용하면 다른 어드바이스보다 복잡해져 실수하기 쉬워지므로 Around 어드바이스가 꼭 필요한 경우에만 사용해야 합니다.

Around 어드바이스에서는 proceed 메서드를 이용해 AOP의 대상인 메서드를 호출합니다. 그렇다면 어떤 한 메서드가 두 개의 다른 Around 어드바이스의 AOP 대상이 되면 어떻게 될까요? 메서드가 두 번 실행되는 것일까요? 그렇게 되면 수치 계산 메서드가 AOP의 대상일 때는 계산된 값이 바뀔 것입니다.

결론부터 말하면 한 메서드가 복수의 다른 Around 어드바이스의 적용 대상이 됐을 때라도 메서드는 한 번만 실행됩니다. 물론 복수의 다른 Around 어드바이스에 기술된 처리는 제대로 동작하므로 걱정할 필요는 없습니다.

AfterThrowing 어드바이스

마지막으로 AfterThrowing 어드바이스입니다. 다른 어드바이스와 달리 AOP의 대상이 되는 메서드에서 예외가 발생했을 때만 동작하는 어드바이스입니다. 자세한 것은 [표 3-6]과 같습니다.

예제 코드에서는 애스펙트 대상인 getMessage 메서드에서 SQLException 예외가 발생했을 때 메시지를 출력합니다. 당연한 말이지만 AOP의 대상이 되는 메서드가 정상적으로 종료했을 때는 호출되지 않습니다. **Before 어드바이스, After 어드바이스**에서 설명한 것처럼 boo(JoinPoint jp, SQLException)과 같이 메서드 이름과 인수로 건네진 값을 구할 수도 있습니다.

이처럼 "AOP로 예외 처리를 하게 되면 업무 클래스에서 예외 처리가 사라져 깔끔한 소스를 작성할 수 있다" 따위의 과장된 광고 문구를 믿어서는 안 됩니다. 왜냐하면, AOP에는 업무 처리를 기술하지 않는 것이 원칙이기 때문입니다. 업무 처리 가운데는 업무 예외(검사나 실행 시 예외와는 다른 업무적으로 발생시키는 예외. 예를 들어 '재고가 부족하다'와 같은 예외) 처리가 반드시 있고, 그 처리가 업무 처리인 이상 애스펙트로서 업무 컴포넌트에서 배제하지 않아야 하기 때문입니다.

게다가 어느 정도 큰 규모의 개발 프로젝트에서는 AOP를 기반팀에서 구현하는 등의 역할 분담이 발생하는데, 기반팀은 업무를 상세하게 알지 못할 수 있으므로 재고 부족 예외가 발생했을 때 어떤 예외 처리를 써야 할지 모른다는 것도 이유입니다. 개인적으로는, 업무 예외라는 Exception 클래스를 상속받은 것을 사용하지 말아야 하는 것일 수도 있다고 생각합니다. 업무 처리는 가령 예외 처리라도 Exception을 사용하지 않고 일반 로직 안(플로 차트로 기술할 수 있는 범위)에서 처리해야 하지 않을까요? 그렇다고 해도 자바에서는 Exception을 사용할 수밖에 없지만 말입니다.

이상의 설명으로 AfterThrowing 어드바이스 이야기는 끝났습니다. 마지막으로 [리스트 3-8]과 같이 한 메서드에 여러 AfterThrowing 어드바이스를 적용했을 때, 예를 들어 SQL Exception이 발생했을 때와 보통 Exception이 발생했을 때 어느 어드바이스가 동작하는지 생각해봅시다.

표 3-6 AfterThrowing 어드바이스

어노테이션	@AfterThrowing(value="PrimitivePointcut", throwing="예외의 변수명")
내용	• 메서드명은 임의 • 메서드의 인수에는 잡고 싶은 예외를 기술하고 그 변수명은 어노테이션의 throwing 속성으로 지정한 "예외의 변수명"과 같아야 함 • 메서드의 반환값은 void가 기본

예제	@AfterThrowing(value="execution(* getMessage( ))", throwing="ex")
	public void boo(SQLException ex) {
	   // 메서드 호출이 예외를 던졌을 때 동작하는 어드바이스
	   System.out.println("Hello Throwing! *** 예외가 생기면 나온다");
	}

정답은 SQLException이 발생했을 때는 모든 AfterThrowing 어드바이스가 동작하고, Exception이 발생했을 때는 trouble과 someTrouble 두 개의 AfterThrowing 어드바이스가 동작합니다.

다시 말해 AfterThrowing 어드바이스로 잡으려는 예외를 상속한 예외는 모두 잡아서 동작합니다.

'여러 개가 동작해버리니 사용하기 어려운 걸'이라고 생각했다면 틀렸습니다. 평소에 예외 설계가 제대로 되지 않았다는 증거입니다. 일반적으로 try-catch를 써도 Exception으로 모두 잡아내 적당히 처리하지 않는 것처럼 AfterThrowing 어드바이스도 다른 처리가 필요한 Exception으로 제대로 나누면 그렇게 이상한 일은 일어나지 않습니다. 그런 의미에서 [리스트 3-8]은 좋은 예외 처리가 아닙니다.

리스트 3-8 복수의 예외 처리

```
@AfterThrowing(value="execution(* getMessage())", throwing="ex")
public void someTrouble(Throwable ex) {
  System.out.println("*** Throwable!");
}

@AfterThrowing(value="execution(* getMessage())", throwing="ex")
public void anyTrouble(SQLException ex) {
  System.out.println("***SQLException!");
}

@AfterThrowing(value="execution(* getMessage())", throwing="ex")
public void trouble(Exception ex) {
  System.out.println("*** Exception!");
}
```

3.3 JavaConfig를 이용한 AOP

지금까지 살펴본 바와 같이, AOP는 어노테이션을 사용하는 것으로 끝낼 수 있지만, XML로 기술된 Bean 정의 파일은 어지러워져 있을 수도 있습니다. 혼자서 프로젝트를 하고 있다면 JavaConfig의 이용도 생각해보는 것이 좋습니다.

[리스트 3-9]는 **3.2 어노테이션을 이용한 AOP**에서 설명한 Product 애플리케이션의 Bean 정의를 JavaConfig로 변환한 것입니다.

JavaConfig로 AOP를 정의하기 위해서 필요한 것은 @EnableAspectJAutoProxy입니다. 이것은 Bean 정의 파일의 aop:aspectj-autoproxy 태그와 같은 역할을 합니다.

리스트 3-9 AppConfig.java

```java
@Configuration
@EnableAspectJAutoProxy
public class AppConfig{
  @Bean
  public ProductServiceImpl productService(){
    return new ProductServiceImpl();
  }

  @Bean
  public ProductDaoImpl productDao(){
    return new ProductDaoImpl();
  }

  @Bean
  public MyFirstAspect myFirstAspect(){
    return new MyFirstAspect();
  }
}
```

3.4 Bean 정의 파일을 이용한 AOP

지금까지 여러 번 설명한 것처럼 AOP는 어느 정도 규모가 되면 기반팀이 기술하므로 어노테이션을 사용해도 문제가 없는 예가 많습니다. 결국, 규모가 작으면 DI도 사용이 편리한 어노테이션을 사용해 관리할 수 있는 것처럼, 기반팀이라는 한정된 규모라면 AOP도 어노테이션을 사용하는 편이 관리가 편합니다. 하지만 애스펙트에서는 포인트컷을 기술하기 위해서 결국 프로젝트 고유의 특성이 되는 경우가 있습니다. 예를 들어 사내 프레임워크 등에서 공통의 어드바이스를 준비할 때는 Bean 정의 파일에 포인트컷을 지정하는 것이 편리합니다.

[리스트 3-10]은 지금까지 여러 번 사용한 Product 애플리케이션이고, Bean 정의 파일을 이용해 AOP를 구현한 부분입니다. 이용할 스키마는 기본적으로 [리스트 3-5]와 같은 bean과

context, aop입니다. 그리고 어드바이스로 할 소스는 [리스트 3-4]에서 @Aspect, @Before, @AfterThrowing 등의 어노테이션을 제거한 것입니다. 메서드의 형식은 어노테이션이 붙었을 때와 같아야 합니다. 즉, 어노테이션만 Bean 정의 파일로 옮겨놓은 이미지입니다.

소스 코드에서 @Component는 어떻게 해야 할까요? 이는 DI를 어노테이션으로 할지 Bean 정의 파일로 할지에 따라 적절히 남겨도 좋고 없애도 좋습니다. 없앤 경우는 [리스트 3-11]의 한 줄을 Bean 정의 파일에 추가해야 합니다. 그 의미는 DI의 Bean 정의 파일에서 배웠으므로 생략합니다.

[리스트 3-10]의 각 태그의 의미는 [표 3-7]에 설명했습니다. Bean 정의 파일을 작성할 필요가 있다면 참고합니다.

리스트 3-10 AOP의 Bean 정의 파일의 예

```
<aop:config>
  <aop:aspect id="myAspect" ref="myFirstAspect">
    <aop:pointcut id="pc" expression="execution(* findProduct(String))"/>
    <aop:before pointcut-ref="pc" method="before"/>
    <aop:after pointcut-ref="pc" method="after"/>
    <aop:after-returning pointcut-ref="pc"
            method="afterReturning"
            returning="product" />
    <aop:around pointcut-ref="pc" method="around"/>
    <aop:after-throwing pointcut-ref="pc"
            method="afterThrowing"
            throwing="ex" />
  </aop:aspect>
</aop:config>
```

리스트 3-11 컴포넌트 추가(@Component를 이용하지 않을 때)

```
<bean id="myFirstAspect" class="sample.aop.MyFirstAspect" />
```

표 3-7 리스트 3-10의 Bean 정의 파일 안의 태그 의미

태그 · 속성	설명
aop:config	AOP의 정의를 하는 최상위 엘리먼트. 하나의 Bean 정의 파일에 여러 개를 기술할 수 있음
aop:aspect	Aspect를 정의. aop:config의 시작과 종료 사이에 여러 개의 Aspect를 정의할 수 있음 • id 속성 : 적당한 이름 • ref 속성 : 컴포넌트의 id. @Component를 사용할 때는 클래스의 첫 글자를 소문자로 만든 것 또는 @Component의 값으로 지정한 이름. @Component를 사용하지 않을 때는 bean 태그에 지정한 id 속성의 이름
aop:pointcut	포인트컷을 정의. aop:aspect의 시작과 종료 사이에 여러 개의 포인트컷을 정의할 수 있음 • id 속성 : 적당한 이름 • expression 속성 : 포인트컷을 기술
aop:before	Before 어드바이스를 정의. aop:aspect의 시작과 종료 사이에 여러 개의 Before 어드바이스를 정의할 수 있음 • pointcut-ref 속성 : 적용할 포인트컷의 id(aop:pointcut의 id 속성으로 정의한 것). pointcut 속성이라고 하는 aop:pointcut 태그의 expression 속성과 같게 포인트컷을 정의할 수도 있음 • method 속성 : Before 어드바이스로 하고 싶은 메서드 이름. 단, 그 메서드는 aop:aspect의 ref 속성으로 지정한 클래스에 있어야 할 필요가 있음
aop:after	After 어드바이스를 정의. aop:aspect의 시작과 종료 사이에 여러 개의 After 어드바이스를 정의할 수 있음 • pointcut-ref 속성 : aop:before와 같음 • method 속성 : aop:before와 같음
aop:after-returning	AfterReturning 어드바이스를 정의. aop:aspect의 시작과 종료 사이에 여러 개의 AfterReturning 어드바이스를 정의할 수 있음 • pointcut-ref 속성 : aop:before와 같음 • method 속성 : aop:before와 같음
aop:around	Around 어드바이스를 정의. aop:aspect의 시작과 종료 사이에 여러 개의 Around 어드바이스를 정의할 수 있음 • pointcut-ref 속성 : aop:before와 같음 • method 속성 : aop:before와 같음
aop:after-throwing	AfterThrowing 어드바이스를 정의. aop:aspect의 시작과 종료 사이에 여러 개의 AfterThrowing 어드바이스를 정의할 수 있음 • pointcut-ref 속성 : aop:before와 같음 • method 속성 : aop:before와 같음

스프링에서 제공하는 어드바이스를 이용하는 경우에는 aop:advisor 태그를 이용해서 어드바이스를 정의합니다. 사용 방법은 제5장을 참고합니다.

CHAPTER 04

데이터 액세스 층의 설계와 구현

이 장에서는 데이터 액세스 층에서 스프링을 이용할 때의 프로그램 설계와 구현을 살펴봅니다. 구현의 데이터 액세스에는 여러 종류가 있지만, 처음에는 데이터 액세스 기술에 의존하지 않는 부분을 설명하고, 그 후에 데이터 액세스 기술인 스프링 JDBC와 스프링 Data JPA를 개별적으로 알아봅니다.

4.1 데이터 액세스 층과 스프링

우선은 데이터 액세스 층의 역할을 다시 확인해봅시다. 제1장에서도 언급했지만 데이터 액세스 층의 주요 역할은 데이터 액세스 처리를 비즈니스 로직 층에서 분리하는 것입니다. 만약 비즈니스 로직과 데이터 액세스 처리가 섞여 있으면 어떤 소스 코드가 될까요? 은행의 계좌 이체 서비스를 예로 들어보겠습니다.

[그림 4-1]은 비즈니스 로직 층의 서비스 클래스인 이체 서비스가 계좌끼리 이체를 처리하는 transfer 메서드를 가지고 있음을 나타낸 클래스 다이어그램입니다. Account(계좌) 클래스는 계좌 번호나 계좌 잔고 등의 정보만 저장되는, 동작이 없는 도메인 클래스입니다[1].

---

1 금액을 프로그램으로 다룰 때는 계산 오차(절단 오차, 반올림 오차 등)에 대응하기 위해 BigDecimal 형을 사용하거나 Money 클래스를 직접 만들어 사용해야 하지만 예제에서는 이해하기 쉽도록 int 형을 사용했습니다.

[리스트 4-1]은 비즈니스 로직과 데이터 액세스 처리가 뒤섞인 소스 코드입니다. JDBC를 사용해 transfer 메서드를 구현하고 있습니다.

그림 4-1 이체 서비스의 transfer 메서드

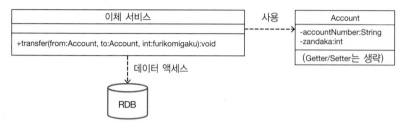

리스트 4-1 비즈니스 로직과 데이터 액세스 처리가 같이 있는 소스 코드

```
public void transfer(Account from, Account to, int furikomigaku)
  throws ZandakaFusokuException, DataNotFoundException {
  Connection con = null;
  PreparedStatement ps = null;
  ResultSet rs = null;
  try {
    con = dataSource.getConnection();
    con.setTransactionIsolation(Connection.TRANSACTION_SERIALIZABLE);
    // 출금 계좌 잔고 확인
    int zandaka = -1;
    ps = con.prepareStatement("SELECT ZANDAKA FROM ACCOUNT WHERE ACCOUNT_NUM = ?");
    ps.setString(1, from.getAccountNumber());
    rs = ps.executeQuery();
    if (rs.next()) {
      zandakaFrom = rs.getInt("ZANDAKA");
    } else {
      throw new DataNotFoundException("데이터가 없습니다");
    }
    rs.close();
    int newZandakaFrom = zandakaFrom - furikomigaku;
    if (newZandakaFrom < 0) {
      throw new ZandakaFusokuException("잔고가 부족합니다");
    }
    from.setZandaka(newZandakaFrom);
    // 입금 계좌 잔고를 계산
    ps.clearParameters();
    ps.setString(1, to.getAccountNumber());
```

비즈니스 로직

```
    int zandakaTo = -1;
    rs = ps.executeQuery();
    if (rs.next()) {
      zandakaTo = rs.getInt("zandaka");
    } else {
      throw new DataNotFoundException("데이터가 없습니다");
    }
    int newZandakaTo = zandakaTo + furikomigaku;          ┌─────────────┐
    to.setZandaka(newZandakaTo);                          ┊   비즈니스 로직   │
    //출금 계좌 잔액 갱신                                    └─────────────┘
    ps = con.prepareStatement("UPDATE ACCOUNT SET ZANDAKA = ? WHERE ACCOUNT_NUM = ?");
    ps.setInt(1, from.getZandaka());
    ps.setString(2, from.getAccountNumber());
    ps.execute();
    // 입금 계좌 잔고 갱신
    ps.clearParameters();
    ps.setInt(1, to.getZandaka());
    ps.setString(2, to.getAccountNumber());
    ps.execute();
    con.commit();
  } catch (SQLException sqle) {
    try {
      con.rollback();
    } catch (Exception e) {
      System.err.println("시스템 오류");
      e.printStackTrace();
    }
    int errorCode = sqle.getErrorCode();
    if (errorCode = = ERR_DEADLOCK) {
      throw new DeadLockException("데드록 발생", sqle);
    } else {
      throw new SystemException("시스템 오류", sqle);
    }
  } finally {
    try {
      if (rs != null) {
        rs.close();
      }
    } catch (Exception e) {
      System.err.println("시스템 오류");
      e.printStackTrace();
    }
    try {
      if (ps != null) {
```

```
        ps.close();
      }
    } catch (Exception e) {
      System.err.println("시스템 오류" + e);
      e.printStackTrace();
    }
    try {
      if (con != null) {
        con.close();
      }
    } catch (Exception e) {
      System.err.println("시스템 오류");
      e.printStackTrace();
    }
  }
}
```

소스 코드를 보면 알 수 있겠지만, 비즈니스 로직이라고 부를 수 있는 부분(비즈니스 로직)이 아주 적고, 소스 코드의 대부분이 데이터 액세스 처리가 됐습니다. 이래서는 비즈니스 로직이 변경돼(예를 들어 1일 이체 한도 500만 원으로 제한하는 처리를 추가하는 등) 소스 코드를 수정해야 할 때 가독성이 나빠져 수정이 힘들어질 것입니다[2].

비즈니스 로직의 소스 코드를 간결하게 하기 위해 [리스트 4-1]의 소스 코드에서 데이터 액세스 처리를 분리해봅시다. 데이터 액세스에서는 지정한 계좌의 잔고를 알아내고 지정한 계좌의 잔고를 갱신하는 두 가지 일을 합니다. 이 두 가지 처리를 다른 클래스로 분리합니다. [그림 4-2]는 데이터 액세스 처리를 담당하는 AccountDao 클래스를 작성했을 때의 클래스 다이어그램입니다.

AccountDao 클래스의 getZandaka 메서드는 계좌 번호를 인수로 해서 잔고를 알아오는 메서드고, updateZandaka는 계좌의 도메인 클래스를 인수로 해서 잔고를 갱신하는 메서드입니다. 비즈니스 로직이 간결해짐을 보여주는 것이 목적이므로 AccountDao의 메서드의 소스 코드는 여기서 다루지 않고 뒤로 미루겠습니다. 이 클래스를 사용해 조금 전의 transfer 메서드 내용을 수정한 결과가 [리스트 4-2]입니다.

---

2 try-with-resources 문에서 클로즈 처리를 할 수는 있지만, 소스 코드의 길이에는 큰 차이가 없습니다.

그림 4-2 데이터 액세스 처리를 담당하는 AccountDao 클래스

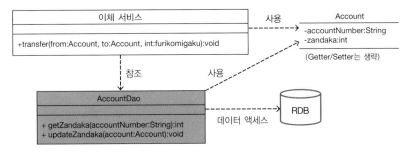

리스트 4-2 데이터 액세스가 분리된 비즈니스 로직의 소스 코드

```
public void transfer(Account from, Account to, int furikomigaku)
    throws ZandakaFusokuException, DataNotFoundException {
    // 출금 계좌 잔고 확인
    int zandakaFrom = accountDao.getZandaka(from.getAccountNumber());
    int newZandakaFrom = zandakaFrom - furikomigaku;
    if (newZandakaFrom < 0) {
        throw new ZandakaFusokuException("잔고가 부족합니다");
    }
    from.setZandaka(newZandakaFrom);
    // 입금한 계좌 잔고 계산
    int zandakaTo = accountDao.getZandaka(to.getAccountNumber());
    int newZandakaTo = zandakaTo + furikomigaku;
    to.setZandaka(newZandakaTo);
    // 출금 계좌 잔고 갱신
    accountDao.updateZandaka(from);
    // 입금 계좌 잔고 갱신
    accountDao.updateZandaka(to);
}
```

소스 코드 안의 진한 글씨는 AccountDao의 메서드를 호출하는 부분입니다. accountDao 변수에 AccountDao 클래스의 오브젝트가 들어 있습니다. 길어서 보기 어려웠던 소스 코드가 산뜻하고 보기 쉬워졌음을 알 수 있습니다. 이처럼 비즈니스 로직 소스 코드의 유지관리 효율을 높이려면 데이터 액세스 처리를 분리하는 것이 중요합니다.

AccountDao의 오브젝트처럼 데이터 액세스의 처리에 특화된 오브젝트를 일반적으로 DAO[3]라고 하고, DAO는 선 마이크로시스템즈(현재는 Oracle)가 제창한 J2EE 패턴 중 하나인 DAO 패턴에서 등장한 용어입니다. 이번에는 DAO 패턴을 사용해 어떻게 데이터 액세스 층을 구현하는지 간단히 알아봅니다.

4.1.1 DAO 패턴이란?

DAO 패턴은 데이터의 취득과 변경[4] 등의 데이터 액세스 처리를 DAO라고 하는 오브젝트로 분리하는 패턴입니다. 이렇게 분리하면 데이터 액세스에 특화된 처리를 비즈니스 로직에서 숨길 수 있고, 데이터 액세스 방식이 바뀌어도 DAO만 변경되면 되므로 비즈니스 로직에는 영향을 주지 않고 처리할 수 있습니다. DAO 패턴을 이용한 프로그램의 이미지를 나타내면 [그림 4-3]과 같습니다.

그림 4-3 DAO 패턴을 이용한 프로그램 이미지

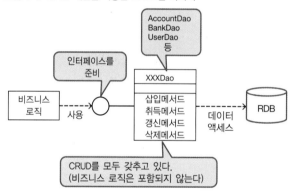

DAO 클래스는 데이터베이스의 테이블별로 만들어지는 것이 보통입니다. ACCOUNT 테이블에는 AccountDao, BANK 테이블에는 BankDao, USER 테이블에는 UserDao라는

---

3 Data Access Object. '다오'나 '디에이오'로 읽습니다. DDD(도메인 주도 설계)의 영향으로 최근에는 레포지토리(repository)라는 단어도 사용되고 있지만 DDD의 프로그램이 아닌 곳에서의 사용은 위화감이 있습니다.

4 데이터 액세스 처리 중이라도, 데이터베이스 접속, 절단 및 트랜잭션 제어는 DAO에서 처리하지 않고 다른 곳에서 처리되므로 이곳에서는 대상 외로 합니다.

식입니다[5]. DAO가 구현하는 메서드의 종류는 기본적으로 담당하는 테이블에 대한 단순한 CRUD(Create, Read, Update, Delete의 머리글자를 이어붙인 것)를 갖춘 형태가 됩니다. 비즈니스 로직이 포함되지 않는 단순한 소스 코드므로 개발 프로젝트에 따라서는 테이블 정의 정보를 바탕으로 DAO를 자동 생성하기도 합니다. 또한 DAO를 부품화하기 위해 대개 인터페이스를 준비해 개발 효율이나 유연성을 높입니다. DAO 프로그램의 이미지를 잡았으면 이제 DAO 구현을 위한 데이터 액세스 기술을 살펴봅시다.

4.1.2 자바의 데이터 액세스 기술과 스프링의 기능

DAO 클래스에 데이터 액세스 처리를 기술하지만 그 처리를 구현하는 자바 기술에는 여러 가지가 있습니다. [그림 4-4]에 대표적인 데이터 액세스 기술을 열거했습니다. 이제는 원시적인 느낌마저 드는 JDBC를 비롯해 하이버네이트와 JPA 등 고성능 ORM 프레임워크, 독자 개발한 프레임워크 등이 다양하게 존재합니다[6].

그림 4-4 자바의 다양한 데이터 액세스 기술

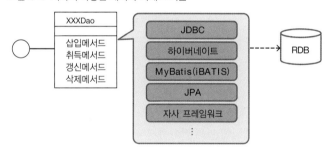

그럼 DAO 구현에서 스프링이 어떤 역할을 하는지 알아봅시다. 스프링은 새로운 데이터 액세스 기술을 제공하는 것이 아니라 기존의 데이터 액세스 기술을 쉽게 사용하기 위한 연계 기능을 제공합니다(그림 4-5). JDBC, 하이버네이트, JPA에 대해서는 스프링에서 연계 기능을 제공하고 있고, MyBatis는 MyBatis에서 연계 기능을 제공하고 있습니다. JPA는 스프링 프로젝

---

5 어려운 점은 하나의 DAO에서 여러 테이블을 결합해서 결과를 출력해야 할 경우입니다. 예를 들어 주문 DAO에서 주문 정보를 돌려주는 경우를 생각해보면, 주문 정보에 설정된 상품 정보와 주문자 정보는 각각의 상품 테이블과 고객 테이블에서 취득할 필요가 있습니다. 이 부분을 어떻게 조정할 것인가가 설계자의 실력이 나타나는 곳이라고 생각합니다.

6 JDBC 이외의 데이터 액세스 기술은 내부에서 JDBC를 사용하지만 이 장에서는 편의상 다른 데이터 액세스 기술로 표현하고 있습니다.

트의 하나인 스프링 데이터Spring Data 프로젝트의 스프링 데이터 JPA를 이용할 수도 있습니다. 어떤 것을 사용하더라도 스프링과 연계함으로써 많은 이점을 얻을 수 있습니다[7].

그림 4-5 데이터 액세스 기술과 스프링

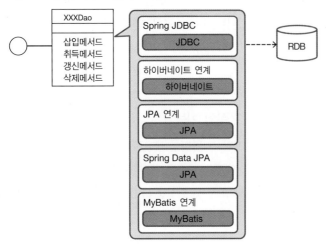

스프링과 연계함으로써 얻을 수 있는 주요 장점은 다음 세 가지입니다.

- 데이터 액세스 처리를 간결하게 기술할 수 있다.
- 스프링이 제공하는 범용적이고 체계적인 데이터 액세스 예외를 이용할 수 있다.
- 스프링의 트랜잭션 기능을 이용할 수 있다.

이제 스프링이 제공하는 범용 데이터 액세스 예외에 관해 알아봅시다.

4.1.3 범용 데이터 액세스 예외 처리

스프링이 제공하는 범용 데이터 액세스 예외는 데이터 액세스 기술에 의존하지 않는 범용적인 예외 클래스군입니다. 데이터 액세스 시의 에러 원인을 체계적으로 정리해서 에러의 원인별로 클래스를 만들어뒀습니다. 데이터 액세스 기술의 독자적인 예외를 범용적인 예외로 변환함으로써 예외를 핸들링하는 클래스가 데이터 액세스 기술에 의존하지 않아도 됩니다(그림 4-6).

....

7 이 장에서는 스프링 JDBC와 스프링 데이터 JPA에 대해서 설명합니다. 하이버네이트, JPA(스프링 데이터 JPA를 사용하지 않는), MyBatis와의 연계는 제8장에서 알아봅니다.

그림 4-6 범용 데이터베이스 예외

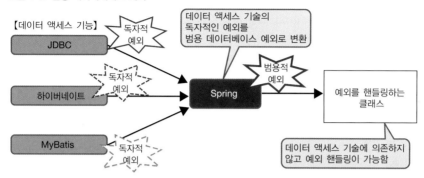

범용 데이터 액세스 예외의 모든 클래스는 DataAccessException이라는 예외 클래스가 슈퍼 클래스입니다(간접적으로 승계되는 경우도 포함). 많은 예외 클래스가 있지만, 주요 클래스를 [표 4-1]에 정리했습니다.

표 4-1 범용 데이터 액세스 예외의 예

예외 클래스	에러의 원인
BadSqlGrammarException	SQL 문법 에러
CannotAcquireLockException	Lock 취득 실패
ConcurrencyFailureException	동시 실행 에러
DataAccessResourceFailureException	데이터 소스에 접속 실패
DataIntegrityViolationException	정합성 위반 에러
DeadlockLoserDataAccessException	교착 상태(Dead Lock) 발생
DuplicateKeyException	INSERT / UPDATE 발생 시 주 키(PK) 및 유니크 키 제약 위반
EmptyResultDataAccessException	취득할 수 있는 데이터가 없음.
IncorrectResultSizeDataAccessException	취득한 레코드의 수가 부정확(예 : 1건이 취득될 것이 0건 혹은 2건 이상이 취득됐을 때)
OptimisticLockingFailureException	낙관적 lock 실패 낙관적 lock(optimistic lock)은 자주 경합되지 않을 것을 가정하고, 최대한 lock을 나중에 하는 것을 의미
PermissionDeniedDataAccessException	권한 에러

범용 데이터 액세스 예외는 실행할 때의 예외이므로 예외를 핸들링하는 쪽에서는 catch 구가 필수가 아니게 되고, 처리 가능한 예외만 처리 가능한 장소에서 catch하면 됩니다. 그러면 대응 가능한 장소가 어떤 장소인지 구체적으로 알아봅시다.

범용 데이터 액세스 예외의 핸들링 방침

지금부터 소개하는 내용은 반드시 따라야 할 필요는 없지만, 참고 사항으로 알아두면 좋습니다.

그림 4-7 범용 데이터 액세스 예외의 핸들링 방침

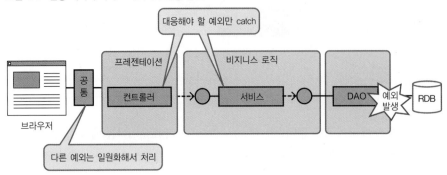

범용 데이터 액세스 예외는 발생한 곳에서 가까운 데이터 액세스 층의 DAO에서 catch하는 것이 되지만, DAO에 대응해야 하는 예외는 기본적으로 정의하지 않았으므로 통과되는 것으로 하고, 서비스 및 컨트롤러에서 대응해야 하는 예외만을 catch해서 처리하는 것입니다. 예를 들어 취득돼야 할 데이터가 취득되지 않아서 EmptyResultDataAccessException이 발생했을 때, 데이터가 취득되지 않았다면 업무적 사양에서는 다른 테이블에서 데이터를 취득하는 것일 경우 서비스의 예외를 catch해서 다른 테이블에서 데이터를 취득하면 됩니다.

교착 상태^{Dead Lock}에 빠졌을 경우 발생하는 DeadlockLoserDataAccessException에 대해서는 컨트롤러가 catch해서 브라우저에 "10초 후 재시도해주세요."라는 메시지를 표시하는 것으로 대응할 수 있는 예도 있을 것입니다.

단, 데이터베이스에 접속되지 않는 경우에 발생하는 DataAccessResourceFailureException 등에 대해서는 서비스 및 컨트롤러에서 대응할 수 있는 것이 아니므로, 공통 기능에서 catch해서 일원적으로 처리하는 것이 좋습니다. 예를 들어 AOP를 사용해서 시스템 관리자에게 통지하는 기능을 추가한다든지, 서블릿의 필터를 이용해서 에러 페이지("고객 센터에 전화해주세요." 등이 표시되는 에러 페이지)로 이동시키는 처리 등이 있습니다.

4.1.4 데이터 소스

데이터 액세스 기술의 종류와 상관없이 데이터베이스 접속은 필요하고, 데이터베이스에 접속할 경우에는 데이터베이스 접속을 관리해주는 데이터 소스를 준비할 필요가 있습니다.

데이터 소스는 데이터베이스와 접속 오브젝트인 Connection 오브젝트의 팩토리라고 할 수 있습니다. Connection 오브젝트의 생명 주기는 데이터 소스에 맡겨지고, 보통의 업무용 애플리케이션에서는 커넥션 풀connection pool에 의해 Connection 오브젝트를 재사용합니다(그림 4-8). 무한히 Connection 오브젝트를 작성해서 데이터베이스의 리소스가 고갈되는 것을 방지하거나 Connection 오브젝트의 생성과 소멸 시의 부하를 줄이는 것이 주된 목적입니다.

그림 4-8 커넥션 풀에 대응하는 데이터 소스

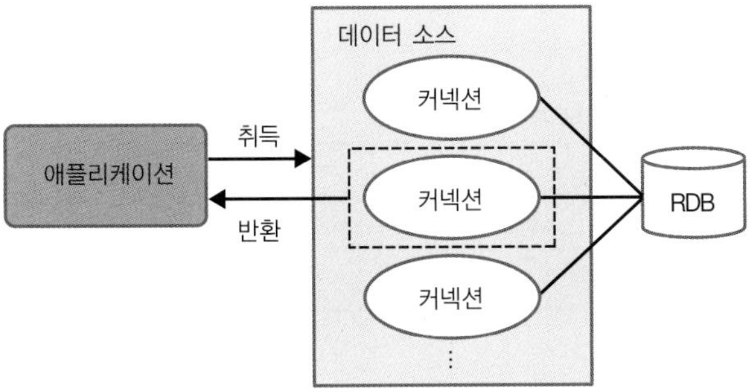

JDBC의 API로서 DataSource라는 인터페이스가 제공되고 다양한 구현 모델이 존재합니다.

스프링에서의 데이터 소스는 우선 데이터 소스를 Bean 정의 파일이나 JavaConfig로 정의한 다음, 개발자가 작성한 Bean 등에 인젝션해서 사용합니다(그림 4-9). 인젝션할 때는 어노테이션으로 해도 되고 Bean 정의 파일이나 JavaConfig로 해도 문제가 없습니다.

또한, 데이터 소스를 정의할 때 지정하는 JDBC 드라이버의 이름과 URL 등의 접속 정보는 언제든 변경할 수 있게 별도의 프로퍼티 파일에 작성하는 것이 좋습니다. context 스키마의 property-placeholder 태그를 이용하거나, JavaConfig의 @PropertySource 어노테이션을 이용하면 프로퍼티 파일에 작성한 문자열을 Bean 정의로 이용할 수 있습니다(그림 4-10).

그림 **4-9** 데이터 소스의 이용

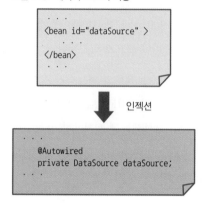

```
. . .
<bean id="dataSource" >
    . . .
</bean>
. . .
```

인젝션

```
. . .
    @Autowired
    private DataSource dataSource;
. . .
```

그림 **4-10** 프로퍼티 파일의 활용

【Bean 정의 파일】

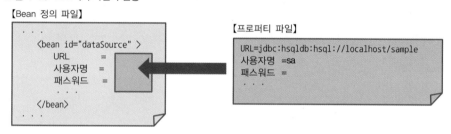

```
    <bean id="dataSource" >
        URL       =
        사용자명    =
        패스워드    =
        . . .
    </bean>
. . .
```

【프로퍼티 파일】

```
URL=jdbc:hsqldb:hsql://localhost/sample
사용자명 =sa
패스워드 =
. . .
```

프로퍼티 파일의 이용 방법과 같이 데이터 소스의 Bean 정의 방법을 확인해봅시다. 개발자가 적절한 데이터 소스의 구현체를 선택해서 설정합니다. 구현의 종류는 다음과 같이 분류해서 각 각 설정 방법을 설명합니다.

- 서드 파티가 제공하는 데이터 소스
- 애플리케이션 서버가 제공하는 데이터 소스
- 임베디드 데이터베이스의 데이터 소스

서드 파티(third party)가 제공하는 데이터 소스

데이터 소스의 구현 제품은 여러 서드 파티에서 제공하고 있으며, 대표 제품으로는 Apache Commons DBCP(이하 DBCP)가 있습니다. DBCP는 Apache가 제공하고 있는 오픈 소스 제품으로, 무상으로 이용할 수 있으며 커넥션 풀도 대응하고 있습니다.

다음은 Bean 정의 파일에 DBCP의 데이터 소스를 정의한 예제입니다.

```
<bean id="dataSource" class="org.apache.commons.dbcp.BasicDataSource"
destroy-method="close">
  <property name="driverClassName" value="${jdbc.driverClassName}" />
  <property name="url" value="${jdbc.url}" />
  <property name="username" value="${jdbc.username}" />
  <property name="password" value="${jdbc.password}" />
  <property name="maxActive" value="${jdbc.maxPoolSize}" />
</bean>
```

데이터베이스의 접속 정보로 사용자명 및 패스워드 등의 기본 정보 및 풀링pooling하는 커넥션의 최대 수 지정(maxActive) 등 상세 설정도 할 수 있습니다[8]. 설정하는 값은 직접 정의 파일에 적을 수도 있지만, 변경하기 편하도록 프로퍼티 파일에 적고 읽어 들이며, "${}"의 중괄호 안에 프로퍼티의 키를 지정하고 있습니다. 프로퍼티 파일의 내용은 다음과 같습니다. 이번에는 jdbc.properties라는 이름으로 프로퍼티 파일을 작성했습니다.

```
jdbc.driverClassName=org.hsqldb.jdbc.JDBCDriver
jdbc.url=jdbc:hsqldb:hsql://localhost/sample
jdbc.username=sa
jdbc.password=
jdbc.maxPoolSize=20
```

프로퍼티 파일을 읽어 들이기 위해서는 property-placeholder 태그를 사용해서 다음의 한 줄을 Bean 정의 파일에 추가합니다(context 스키마를 이용하므로 bean 태그로 context 스키마를 정의할 필요가 있습니다).

```
<context:property-placeholder location="jdbc.properties"/>
```

location 속성에서 프로퍼티 파일의 패스를 지정합니다. 콤마로 여러 파일을 지정하면 여러 파일을 읽어 들일 수도 있습니다.

---

8 더 상세한 내용은 Apache Commons DBCP의 레퍼런스 페이지를 참고합니다.
http://commons.apache.org/proper/commons-dbcp/

다음은 JavaConfig에서 데이터 소스를 지정하는 예제입니다. [리스트 4-3]은 JavaConfig의 클래스입니다.

리스트 4-3 데이터 소스의 정의(JavaConfig)

```
@Configuration
@PropertySource("jdbc.properties")          ◀──────────────────────❶
public class DataSourceConfig {

    @Value("${jdbc.driverClassName}")
    private String driverName;
    @Value("${jdbc.url}")
    private String url;
    @Value("${jdbc.username}")
    private String userName;                                         ❷
    @Value("${jdbc.password}")
    private String password;
    @Value("${jdbc.maxPoolSize}")
    private int maxPoolSize;

    @Bean
    public static PropertySourcesPlaceholderConfigurer propertyConfig() {
        return new PropertySourcesPlaceholderConfigurer();           ❸
    }

    @Bean
    public DataSource dataSource() {
        BasicDataSource ds = new BasicDataSource();
        ds.setDriverClassName(driverName);
        ds.setUrl(url);                                              ❹
```

```
        ds.setUsername(userName);
        ds.setPassword(password);
        ds.setMaxActive(maxPoolSize);
        return ds;
    }
}
```

❶은 프로퍼티 파일을 읽어 들이기 위한 설정입니다. ❷에서 프로퍼티 파일의 값을 취득해서 필드에 넣어둡니다. 프로퍼티 파일을 읽어 들일 때는 @Value 어노테이션을 이용합니다. @Value 어노테이션에서 지정하는 값은 Bean 정의 파일에서와 같이 "${ }"의 서식을 사용하고 프로퍼티 키를 지정합니다. ❸은 "${ }"의 서식을 분석하는 데 필요한 Bean의 정의로서 context:property-placeholder 태그에 해당합니다. 스프링이 내부에서 정의해주면 좋을 것 같지만, 명시적으로 정의하지 않으면 작동하지 않습니다. ❹는 데이터 소스의 Bean을 정의하고 있는 부분입니다. 데이터 소스의 구현 클래스 오브젝트를 생성하고 프로퍼티를 설정한 후에 반환값으로 오브젝트를 돌려주고 있습니다. @PropertySource 어노테이션도 데이터 액세스에 특화된 것이 아니고 범용적으로 사용할 수 있습니다. 또한 @PropertySource 어노테이션에서 읽어 들인 정보는 모든 Bean에서 참조할 수 있습니다(@Value 어노테이션에서 참조 가능).

> **NOTE_ Bean을 생성하는 JavaConfig의 메서드를 static 메서드로 만드는 이유**
>
> [리스트 4-3]에서 PropertySourcesPlaceholderConfigurer를 생성하는 메서드가 static이 된 것은 PropertySourcesPlaceholderConfigurer가 BeanFactoryPostProcessor를 구현하고 있는 것에서 유래합니다. BeanFactoryPostProcessor는 DI 컨테이너가 가지고 있는 Bean 정의 정보를 변경하는 구조로 DI 컨테이너가 Bean의 생성을 시작하기 전에 처리됩니다. 이렇기 때문에 JavaConfig의 Bean을 생성하지 않으면 불러들일 수 없는 인스턴스 메서드면 잘 작동되지 않습니다(Bean을 생성하기 전에 불러들여야 하므로). static 메서드로 하면 JavaConfig의 Bean을 생성하지 않고도 불러들이기 위한 BeanFactoryPostProcessor의 처리를 적절하게 할 수 있습니다.

애플리케이션 서버가 제공하는 데이터 소스

일반적으로 애플리케이션 서버 제품은 데이터 소스의 오브젝트를 생성·관리해주는 기능이 있습니다. 애플리케이션이 관리하는 데이터 소스 오브젝트는 대부분 애플리케이션 서버에 내장되고 네이밍 서비스naming service로 관리됩니다. 애플리케이션은 네이밍 서비스가 관리하는 오브젝트에 액세스하기 위한 표준 API인 JNDI를 이용해서 데이터 소스 오브젝트를 취득하고 있습니다(그림 4-11).

그림 4-11 JNDI를 이용한 데이터 소스 취득

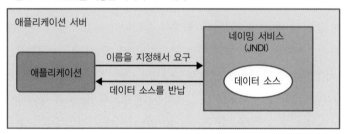

JNDI 경유로 데이터 소스를 취득하는 방법에는 여러 가지가 있지만, 대표적인 방법만 살펴봅시다. 우선 Bean 정의 파일을 사용하는 경우에는 jee 스키마의 jndi-lookup 태그를 이용해서 다음과 같이 기술합니다(jee 스키마를 이용하기 때문에 beans 태그로 jee 스키마를 정의해야 합니다).

```
<jee:jndi-lookup id="dataSource" jndi-name="${jndi.datasource}"/>
```

룩업lookup할 때 JNDI 명은 jndi-name 속성에서 지정합니다. 이번에는 프로퍼티 파일에서 JNDI 명을 읽어 들이도록 상정하고 있어서 "${ }"의 서식을 사용하고 있습니다. DI 컨테이너가 생성될 때 내부에서 JNDI의 룩업이 실행되고, 애플리케이션 서버가 관리하는 데이터 소스의 오브젝트가 dataSource라는 ID의 Bean으로 관리됩니다.

다음은 JavaConfig를 이용하는 정의입니다. Bean 정의 예제는 다음과 같습니다.

```
@Bean
public DataSource dataSource() throws NamingException {
  Context ctx = new InitialContext();
  return (DataSource)ctx.lookup(jndiName);
}
```

JNDI의 API를 직접 사용해서 룩업을 하고 있습니다. JNDI 명의 값은 프로퍼티 파일에서 읽어 들여서 jndiName 필드에 넣어뒀다고 전제합니다.

임베디드 데이터베이스의 데이터 소스

임베디드 데이터베이스는 넓은 의미로 애플리케이션과 밀접하게 결합한 데이터베이스를 이야기하지만 여기서는 애플리케이션의 자바 프로세스 위에서 작동하고 메모리상에서 데이터 관리를 하는 데이터 소스를 말합니다. 제품의 라이브러리만 있으면 간단하게 이용할 수 있고 기동역시 빠르므로 테스트용 데이터베이스로 애용되고 있습니다(애플리케이션이 종료되면 데이터도 없어지기 때문에 프로덕션용으로는 적합하지 않습니다).

임베디드 데이터베이스로 스프링에서 지원하는 데이터베이스 제품은 다음과 같습니다.

- HSQLDB (http://www.hsqldb.org/)
- H2 (http://www.h2database.com/)
- Apache Derby (http://db.apache.org/derby/)

XML로 데이터 소스를 정의한 예제를 봅시다. jdbc 스키마의 embedded-database 태그를 이용해서 다음과 같이 기술합니다(jdbc 스키마를 사용하므로 beans 태그에 jdbc 스키마를 정의할 필요가 있습니다).

```xml
<jdbc:embedded-database id="dataSource" type="HSQL">
  <jdbc:script location="script/table.sql"/>
  <jdbc:script location="script/data.sql"/>
</jdbc:embedded-database>
```

id 속성은 데이터 소스의 Bean 이름에 지정하지만, 특별한 이유가 없다면 dataSource로 좋을 것입니다. type 속성에는 임베디드 데이터베이스의 제품을 지정합니다(HSQL, H2, DERBY의 3종류이며, 디폴트는 HSQL). script 태그에는 임베디드 데이터베이스를 기동할 때 실행할 SQL 스크립트 파일(테이블 작성이나 초기 데이터 도입 등)을 지정할 수 있습니다. script는 여러 개를 지정할 수 있습니다.

다음은 JavaConfig를 사용한 정의입니다.

```java
@Bean
public DataSource dataSource(){
  return new EmbeddedDatabaseBuilder()
    .setType(EmbeddedDatabaseType.HSQL)
    .addScript("script/table.sql")
```

```
    .addScript("script/data.sql")
    .build();
}
```

EmbeddedDatabaseBuilder를 사용해서 데이터베이스 제품의 지정과 SQL 스크립트 파일을 지정함으로써 데이터 소스를 간단하게 정의할 수 있습니다.

NOTE_ 데이터 소스에 SQL 스크립트 파일을 실행하기

앞서 임베디드 데이터베이스의 데이터 소스에 SQL 스크립트 파일을 실행하는 방법은 설명했습니다. 여기서는 임베디드 데이터베이스뿐만 아니라 일반 데이터 소스(예를 들어 MySQL에 접속하는 데이터 소스)에서 SQL 스크립트 파일을 실행하는 기능을 소개합니다. 다음 예제를 참고합니다.

```xml
<jdbc:initialize-database data-source="dataSource">
  <jdbc:script location="script/table.sql"/>
  <jdbc:script location="script/data.sql"/>
</jdbc:initialize-database>
```

jdbc:initialize-database 태그를 사용해서 스크립트 실행 대상의 데이터 소스의 Bean 명을 data-source 속성에 지정합니다. 다음은 jdbc:script 태그로 실행할 SQL 스크립트 파일이 있는 장소를 지정하면 됩니다.

JavaConfig에서는 다음과 같이 작성합니다.

```java
ResourceDatabasePopulator p = new ResourceDatabasePopulator();
p.addScripts(
  new ClassPathResource("script/table.sql"),
  new ClassPathResource("script/data.sql")
);
p.execute(dataSource);
```

ResourceDatabasePopulator 클래스를 사용해서 SQL 스크립트 파일을 지정하고, execute 메서드의 인수로 실행 대상의 데이터 소스를 지정합니다. 위의 프로그램을 데이터 소스를 생성하는 @Bean의 메서드 안에 기술하면 기동할 때 실행될 것입니다. 단, 애플리케이션을 기동할 때 데이터를 초기화하는 경우가 프로덕션 환경에서는 거의 없으므로 주로 테스트용으로 사용됩니다.

여기까지는 데이터 액세스 기술에 의존하지 않는 부분에 관한 설명이었습니다. 이제부터는 개별 데이터 액세스 기술인 스프링 JDBC와 스프링 데이터 JPA를 상세하게 알아봅시다.

4.2 스프링 JDBC

스프링 JDBC는 JDBC를 래핑한 API를 제공하고 JDBC보다 간결하게 사용할 수 있는 스프링의 기능입니다. 기능을 설명하기 전에 JDBC를 직접 사용한 경우의 문제점을 확인봅시다.

4.2.1 JDBC를 직접 사용한 경우의 문제점

앞서 나온 AccountDao(계좌의 잔고를 취득하거나 갱신하기 위한 DAO)를 JDBC로 직접 구현한 경우(그림 4-12)의 문제점을 봅시다.

그림 4-12 JDBC를 직접 사용한 JdbcAccountDao 클래스의 구현

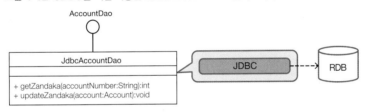

지금까지의 설명에서는 DAO의 인터페이스와 구현 클래스를 나누지 않고 AccountDao 클래스로 했지만, 여기서부터는 인터페이스와 구현 클래스를 분리해서, 인터페이스는 AccountDao 인터페이스로, 구현 클래스는 JdbcAccountDao 클래스로 합니다. 이 책의 내용과 관계는 없지만, 어떤 인터페이스를 구현implements한 구상 클래스concrete class의 클래스명은 일반적으로 구현 방식을 표시하는 문자열(여기에서는 jdbc)을 인터페이스명(여기에서는 AccountDao)에 붙이는 것으로 합니다[9]. 이때 어디에 붙일 것인가에 따라서 다음 세 가지 방법이 있습니다.

---

9 DAO에 대해서는 하나의 프로젝트에서 사용하는 DAO의 구현 방식은 하나인 경우가 일반적이기 때문에(하나의 프로젝트에서 JDBC와 MyBatis를 동시에 사용하는 경우는 드물 것입니다) 단순하게 XxxDaoImpl로 하는 경우가 많습니다.

- 앞에 붙이기(JdbcAccountDao)

- 중간에 붙이기(AccountJdbcDao)

- 끝에 붙이기(AccountDaoJdbc)

취향에 따라서 달라지겠지만 이 책에서는 앞에 붙이는 방법으로 합니다.

[리스트 4-4]는 JdbcAccountDao의 getZandaka 메서드의 소스 코드입니다.

리스트 4-4 getZandaka 메서드

```java
public int getZandaka(String accountNumber) throws DataNotFoundException {
  Connection con = null;
  PreparedStatement ps = null;
  ResultSet rs = null;
  try {
    con = dataSource.getConnection();
    int zandaka = -1;
    ps = con.prepareStatement("SELECT ZANDAKA FROM ACCOUNT WHERE ACCOUNT_NUM=?");
    ps.setString(1, accountNumber);
    rs = ps.executeQuery();
    if (rs.next()) {
      zandaka = rs.getInt("ZANDAKA");
    } else {
      throw new DataNotFoundException("데이터가 없습니다");
    }
    return zandaka;
  } catch (SQLException sqle) {
    throw new SystemException("시스템 에러", sqle);
  } finally {
    try{
      if(rs != null){
      rs.close();
      }
    } catch(Exception e){
      System.err.println("시스템 에러");
      e.printStackTrace();
    }
    try{
      if(ps != null){
        ps.close();
      }
    } catch(Exception e){
```

```
        System.err.println("시스템 에러");
        e.printStackTrace();
      }
      try{
        if(con != null){
          con.close();
        }
      } catch(Exception e){
        System.err.println("시스템 에러");
        e.printStackTrace();
      }
    }
  }
```

getZandaka 메서드에서 하고 싶은 것은 간단한 SELECT 문을 하나 실행하는 것뿐입니다. 하지만 JDBC를 사용하는 경우에는 [리스트 4-4]와 같이 대량의 소스 코드를 기술해야 합니다. PreparedStatement를 취득했을 때는 반드시 클로즈 처리를 해야 하지만[10], 실수로 잊어버리는 개발자도 많을 것입니다. 클로즈하지 않으면 데이터베이스의 리소스 고갈과 메모리 리크의 원인이 되기도 해서 최악의 경우에는 시스템이 멈춰버리는 경우도 있습니다.

다음은 JdbcAccountDao의 다른 하나의 메서드인 updateZandaka를 보겠습니다.

리스트 4-5 updateZandaka 메서드

```
public void updateZandaka(Account account) {
  Connection con = null;
  PreparedStatement ps = null;
  ResultSet rs = null;
  try {
    con = dataSource.getConnection();
    con.setTransactionIsolation(Connection.TRANSACTION_SERIALIZABLE);
    ps = con.prepareStatement("UPDATE ACCOUNT SET ZANDAKA=? WHERE ACCOUNT_NUM=?");
    ps.setInt(1, account.getZandaka());
    ps.setString(2, account.getAccountNumber());
    ps.execute();
    con.commit();
  } catch (SQLException sqle) {
    try {
```

---

10 Java 7 이후 버전을 이용하는 경우에는 try-with-resource 문으로 클로즈 처리를 하는 것이 확실합니다.

```
                con.rollback();
            } catch (Exception e) {
                System.err.println("시스템 에러");
                e.printStackTrace();
            }
    int errorCode = sqle.getErrorCode();
        if (errorCode == ERR_DEADLOCK) {
            throw new DeadLockException("교착 상태(dead lock) 발생", sqle);
        } else {
            throw new SystemException("시스템 에러", sqle);
        }
    } finally {
        try{
            if(rs != null){
            rs.close();
            }
        } catch(Exception e){
            System.err.println("시스템 에러");
            e.printStackTrace();
        }
        try{
            if(ps != null){
                ps.close();
            }
        } catch(Exception e){
            System.err.println("시스템 에러");
            e.printStackTrace();
        }
        try{
            if(con != null){
                con.close();
            }
        } catch(Exception e){
            System.err.println("시스템 에러");
            e.printStackTrace();
        }
    }
}
```

❶

getZandaka 메서드도 똑같이 소스 코드의 양이 많아지고 [리스트 4-5 ❶]과 같이 데이터 액세스 시 발생한 에러의 원인을 특정할 때는 SQLException에서 에러 코드를 취득한 후 값을 조사해야 합니다. 또한, 에러 코드는 데이터베이스 제품마다 다르므로 데이터베이스가 바뀌면 소스도 변경해야 할 필요가 있습니다. SQLException은 컴파일 시 예외 처리 유무를 검사하므로 소스 코드에서 반드시 catch 구문을 기술해야 컴파일할 수 있습니다. throws를 선언하는 방법도 있지만 결국에는 호출한 메서드 안에서 catch를 기술해야 합니다.

4.2.2 스프링 JDBC의 이용

앞에서 설명한 JDBC를 직접 사용했을 때 생기는 문제점은 스프링 JDBC를 활용함으로써 해결할 수 있습니다(그림 4-13).

그림 4-13 스프링 JDBC를 사용해 SpringJdbcAccountDao 클래스를 구현

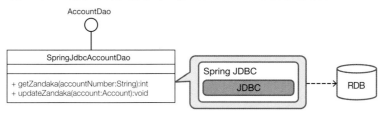

스프링 JDBC는 JDBC를 래핑한 API를 제공해, JDBC를 직접 사용할 때 발생하는 장황한 코드를 숨겨줍니다. 스프링 JDBC를 이용하면 소스 코드가 아주 간단해지고 SQLException의 원인을 특정하는 처리도 필요없어집니다.

그럼 소스 코드를 단순하게 만드는 스프링 JDBC를 어떻게 사용하는지 살펴봅시다.

4.2.3 Template 클래스

스프링 JDBC에는 중요한 클래스가 2개 있습니다. 바로 JdbcTemplate 클래스와 Named ParameterJdbcTemplate 클래스입니다. 끝에 Template이 붙었으니 편의상 이 두 클래스를 템플릿 클래스라고 부르겠습니다. 템플릿은 우리말로 형틀, 본보기라는 의미입니다. JDBC를 직접 사용했을 때 생기는 장황한 처리 부분을 지정된 형틀로 구현해주는 것입니다[11].

그럼 두 템플릿 클래스의 특징을 간단히 살펴봅시다.

....

11 템플릿(template)이라는 단어는 GOF의 디자인 패턴의 TemplateMethod 패턴에서 유래됐습니다.

- **JDBCTemplate**

메서드의 종류가 풍부하고 직접 이용할 수 있는 JDBC의 API 범위도 넓습니다. 스프링 1.0부터 제공되고 있습니다.

- **NamedParameterJdbcTemplate**

SQL 파라미터에 임의의 이름을 붙여 SQL을 발행할 수 있습니다. 스프링 2.0부터 제공되고 있습니다.

둘 중 자주 이용하는 것은 JDBCTemplate입니다. JDBCTemplate만으로도 기능적으로는 모두 적용할 수 있습니다. 하지만 상황에 따라서 NamedParameterJdbcTemplate을 사용하는 편이 효율적일 때가 있습니다. 이 장에서는 JDBCTemplate을 사용해 설명하고, 필요에 따라 NamedParameterJdbcTemplate을 살펴봅니다.

템플릿 클래스의 오브젝트 생성과 인젝션

템플릿 클래스의 메서드를 사용하기 위해서는 템플릿 클래스의 오브젝트를 생성할 필요가 있습니다. 개발자가 new 연산자를 사용해서 오브젝트를 생성해도 되지만, 생성하는 타이밍이 개발자에 따라서 천차만별이 될 가능성이 있으므로 Bean 정의를 할 때 스프링이 생성하게 하는 것이 좋습니다.

XML로 Bean 정의를 하는 경우에는 Bean 정의 파일에 [리스트 4-6]처럼 기술합니다.

리스트 4-6 템플릿 클래스의 Bean 정의(XML)

```
<bean class="org.springframework.jdbc.core.JdbcTemplate">
  <constructor-arg ref="dataSource" />
</bean>
<bean class="org.springframework.jdbc.core.namedparam.NamedParameterJdbcTemplate">
  <constructor-arg ref="dataSource" />
</bean>
```

JavaConfig에서 Bean 정의를 하는 경우는 JavaConfig 클래스에 [리스트 4-7]처럼 기술합니다.

리스트 4-7 템플릿 클래스의 Bean 정의(JavaConfig)

```
@Autowired
private DataSource dataSource;
```

```
@Bean
public JdbcTemplate jdbcTemplate() {
  return new JdbcTemplate(dataSource);
}

@Bean
public NamedParameterJdbcTemplate namedParameterJdbcTemplate() {
  return new NamedParameterJdbcTemplate(dataSource);
}
```

[리스트 4-6], [리스트 4-7]에서는 JdbcTemplate과 NamedParameterJdbcTemplate의 Bean을 등록합니다. 각각 생성자에서 데이터 소스(어딘가에 Bean 정의가 됐다는 전제)를 인젝션합니다.

템플릿 클래스의 Bean을 등록한 다음 DAO에 인젝션합니다. [리스트 4-8]처럼 템플릿 클래스의 오브젝트를 저장할 필드를 준비해서 @Autowired를 지정하면 템플릿 클래스의 Bean이 인젝션됩니다(물론 Bean 정의 파일을 사용해서 인젝션해도 됩니다).

리스트 4-8 템플릿 클래스의 Bean을 DAO에 인젝션[12]

```
@Repository
public class SpringJdbcAccountDao implements AccountDao {
  @Autowired
  private JdbcTemplate jdbcTemplate;
  @Autowired
  private NamedParameterJdbcTemplate npJdbcTemplate;
  ... (생략)...
```

@Repository는 @Component를 확장한 어노테이션으로, DAO를 DI 컨테이너에 등록할 때 사용합니다(데이터 액세스 시의 예외가 전부 DataAccessException으로 변환하도록 작용하지만, 애초에 템플릿 클래스가 변환해주므로 여기서는 관례적인 의미가 강합니다). 이상으로 템플릿 클래스의 Bean 준비가 됐습니다.

---

12 JdbcTemplate과 NamedParameterJdbcTemplate을 모두 인젝션하지만, 필요에 따라서 어느 한쪽만 인젝션해도 상관없습니다.

다음은 SQL 발행 방법입니다. 다음과 같은 흐름에 따라 설명합니다.

- SELECT 문(도메인으로 변환하지 않을 때)[13]

- SELECT 문(도메인으로 변환할 때)

- INSERT/UPDATE/DELETE 문

- 배치(batch) 업데이트, 프로시저콜

API 해설에 들어가기 전에 예제 프로그램이 사용할 테이블과 도메인 클래스를 살펴봅시다. 지금까지 사용했던 은행 계좌 대신 주인과 반려동물의 예를 이용합니다(그림 4-14).

그림 4-14 예제 프로그램이 사용할 테이블과 도메인 클래스[14]

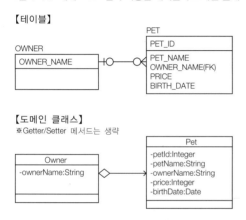

OWNER 테이블은 주인의 정보를 저장하고, PET 테이블은 반려동물의 정보를 저장합니다. PET 테이블의 OWNER_NAME 칼럼이 외부 키가 되고, OWNER 테이블이 OWNER_NAME 칼럼과 연결됩니다. 도메인 클래스는 기본적으로 테이블의 구조와 같지만 Owner 클래스의 오브젝트가 여러 개의 Pet 클래스 오브젝트를 가질 수 있는 구조입니다. 그럼 다음으로 SELECT 문의 발행에 관해서 알아봅시다.

---

13 이 장에서 '도메인'이라고 표기하면 도메인 클래스의 오브젝트를 가리킵니다.

14 OWNER_NAME을 주 키(PK : primary key)와 외래 키(FK : foreign key)로 설계하는 것은 좋지 않지만, 이 장에서 사용할 SQL을 간결하게 하려고 일부러 이렇게 설계했습니다.

4.2.4 SELECT 문(도메인으로 변환하지 않을 때)

queryForObject 메서드

취득 결과를 도메인으로 변환하지 않는 경우라는 것은, 예를 들어 레코드의 건수를 취득하는 경우나, 1 레코드 중에서 특정 칼럼만 취득하는 등의 값을 단순하게 취득하는 경우를 말합니다. 우선 수치형 값의 취득부터 살펴봅시다.

수치형을 취득하는 경우에는 queryForObject 메서드[15]를 사용합니다. 이 메서드는 오버로드 돼서 몇 가지 종류가 있지만, 전부 설명하면 길어지므로 여기서는 자주 사용하는 일부만 다룹니다. 오버로드된 메서드의 종류는 스프링의 Javadoc을 참고합니다. 다음 코드는 queryForObject를 사용한 예제입니다.

```
int count = jdbcTemplate.queryForObject(
    "SELECT COUNT(*) FROM PET", Integer.class);
```

JDBC를 사용한 경우에는 여러 줄에 기술해야 했던 소스 코드를 한 줄로 기술할 수 있게 됐습니다. 제1인수로 SQL의 문자열을 지정하고, 제2인수로 반환형의 클래스 오브젝트를 지정합니다. queryForObject 메서드의 반환형은 Object 형이지만, 제너릭generics에 따라서 제2인수에서 지정한 형으로 반환형이 인식되기 때문에 캐스팅이 필요 없습니다.

예제에서는 Integer 형을 지정하고 있지만, 취득하는 값에 대응해서 Long 형이나 Double 형으로 지정할 수도 있습니다. SELECT 문에 파라미터를 지정하는 경우에는 다음과 같이 기술합니다.

```
int count = jdbcTemplate.queryForObject(
    "SELECT COUNT(*) FROM PET WHERE OWNER_NAME=?", Integer.class, ownerName);
```

ownerName은 파라미터값이 저장된 변수이고, 제1인수에 플레이스홀더(? 마크)를 포함한 SQL을 지정합니다. 제2인수에 반환형으로 Integer 클래스의 클래스 오브젝트, 제3인수로 파라미터의 값을 지정합니다. 인수의 수는 자바 5부터 제공되는 VarArgs(가변 인수)로 임의의 수를 지정할 수 있습니다. 즉, 파라미터의 수는 임의는 늘릴 수 있습니다(이후 설명하는 query

---

15 queryForInt 메서드와 queryForLong 메서드를 사용할 수도 있지만, 버전 3.2.4부터 deprecated돼서 사용을 추천하지 않습니다.

로 시작하는 모든 메서드도 같습니다).

다음은 취득 결과가 문자열 혹은 날짜 형인 경우입니다. 이러한 경우에도 queryForObject 메서드를 사용합니다. 다음은 문자열을 취득하는 예제입니다.

```
String petName = jdbcTemplate.queryForObject(
  "SELECT PET_NAME FROM PET WHERE PET_ID=?", String.class, id);
```

제2인수는 문자열을 나타내는 String 클래스의 클래스 오브젝트로 지정하고, 제3인수의 id는 파라미터가 저장된 변수입니다. 다음은 날짜 형을 취득하는 예제입니다.

```
Date birthDate = jdbcTemplate.queryForObject(
  "SELECT BIRTH_DATE FROM PET WHERE PET_ID=?", Date.class, id);
```

날짜 형이므로 제2인수에는 Date 클래스(java.util 패키지)의 클래스 오브젝트를 지정합니다[16].

queryForMap 메서드

칼럼 하나가 아니라 한 레코드의 값을 가져오는 방법을 살펴봅시다. queryForMap 메서드를 사용하면 한 레코드의 값을 Map(칼럼 이름을 키로 해서 값이 들어감)으로 가져올 수 있습니다. 다음은 queryForMap을 사용한 예제입니다.

```
Map<String, Object> pet = jdbcTemplate.queryForMap(
  "SELECT * FROM PET WHERE PET_ ID=?", id);
```

반환값 pet 안에는 한 레코드분 데이터가 저장됩니다. 만약 PET_NAME 칼럼의 값을 참조하고 싶다면 반환값 pet에 대해 다음처럼 기술합니다.

```
String petName = (String)pet.get("PET_NAME");
```

---

16 자바 8부터 도입된 Date and Time API(JSR 310)에 대해서는 집필 시점의 버전에서는 아직 적용되지 않았습니다.

queryForList 메서드

여러 레코드분의 Map 데이터를 가져오려면 queryForList 메서드를 사용합니다. 한 레코드 값이 저장된 Map을 여러 개 저장한 List를 가져올 수 있습니다. 다음은 queryForList의 예제입니다.

```
List<Map<String, Object>> petList = jdbcTemplate.queryForList(
    "SELECT * FROM PET WHERE OWNER_NAME=?", ownerName);
```

queryForMap과 queryForList는 아주 간단하게 레코드의 정보를 취득할 수 있어서 자주 사용하고 싶어지지만, 비즈니스 로직에서 데이터를 사용하는 경우에는 따로 도메인으로 변경해야 해서 실제로 사용되는 빈도는 그렇게 높지 않습니다(Map 그대로 비즈니스 로직 층에 전달하는 경우는 예외). 도메인으로 변환할 필요가 있는 경우에는 이제부터 소개하는 SELECT 문의 발행 방법을 사용하는 것이 좋습니다.

4.2.5 SELECT 문(도메인으로 변환할 때)

queryForObject 메서드

취득 결과를 도메인으로 변환할 때는 queryForObject 메서드와 query 메서드를 사용합니다. queryForObject 메서드는 한 레코드의 도메인을 가져올 때 사용하고, query 메서드는 여러 레코드의 도메인을 가져올 때 사용합니다. 우선은 queryForObject를 사용한 예제를 살펴봅시다(리스트 4-9).

리스트 4-9 queryForObject 메서드

```
Pet pet = jdbcTemplate.queryForObject(
  "SELECT * FROM PET WHERE PET_ID=?"
  , new RowMapper<Pet>() {                    ◄------------------------  익명 클래스
      public Pet mapRow(ResultSet rs, int rowNum) throws SQLException {
        Pet p = new Pet();
        p.setPetId(rs.getInt("PET_ID"));
        p.setPetName(rs.getString("PET_NAME"));
        p.setOwnerName(rs.getString("OWNER_NAME"));
        p.setPrice((Integer)rs.getObject("PRICE"));
        p.setBirthDate(rs.getDate("BIRTH_DATE"));
```

```
        return p;
      }
    }
  , id);
```

조금 어려울 수 있지만 queryForObject는 인수를 3개 지정하고 있습니다. 제1인수는 SELECT 문이고, 제3인수는 SELECT 문의 파라미터로 지정할 값입니다. 그리고 제2인수에 도메인으로 변환 처리하는 클래스의 오브젝트를 건네주고 있습니다. RowMapper는 스프링이 제공하는 인터페이스로, mapRow라는 추상 메서드를 정의하고 있습니다. mapRow 메서드는 1건의 레코드를 도메인으로 변환해서 반환값으로 돌려주는 처리를 기술하고 있습니다[17]. 애플리케이션 개발자는 mapRow를 구현한 클래스를 작성하고 그 오브젝트를 queryForObject의 인수로 건네주는 것입니다.

queryForObject의 제2인수 부분처럼 처리 코드 내부에 메서드의 정의가 들어간 기술 방식을 본 적이 없는 사람도 있을 것입니다. 제2인수 부분은 사실 클래스를 정의하고 있고, 이렇게 그 자리에만 한정된 일회용 구현 클래스 혹은 하위 클래스를 익명 클래스라고 부릅니다. 클래스를 정의하고 있지만, 클래스 이름이 없으므로 익명입니다. 군이 익명 클래스를 사용하지 않아도 queryForObject 메서드를 이용할 수 있으므로 [리스트 4-10]처럼 기술해도 좋습니다.

리스트 4-10 익명 클래스를 이용하지 않을 때

```java
class MyRowMapper implements RowMapper<Pet> {
  public Pet mapRow(ResultSet rs, int rowNum) throws SQLException {
    Pet p = new Pet();
    p.setPetId(rs.getInt("PET_ID"));
    p.setPetName(rs.getString("PET_NAME"));
    p.setOwnerName(rs.getString("OWNER_NAME"));
    p.setPrice((Integer)rs.getObject("PRICE"));
    p.setBirthDate(rs.getDate("BIRTH_DATE"));
    return p;
  }
}
Pet pet = jdbcTemplate.queryForObject(
  "SELECT * FROM PET WHERE PET_ID=?"
```

....

17 PRICE 칼럼을 취득할 때 ResultSet의 getInt 메서드를 이용해서 int 형의 값을 취득할 수 있지만, 칼럼의 값이 null의 경우에는 0이 반환되기 때문에 이 장의 예제에서는 null이 반환되도록 getObject 메서드를 사용합니다.

```
       ,new MyRowMapper()
       ,id);
```

코드가 조금 길어졌지만 처리 내용은 완전히 동일합니다.

사용법을 안다고 해도 자신이 구현한 mapRow 메서드가 어떤 시점에서 호출되는지 궁금할 수 있습니다. [그림 4-15]는 mapRow 메서드가 호출되는 시점을 나타낸 시퀀스 다이어그램입니다.

그림 4-15 RowMapper와 시퀀스 다이어그램

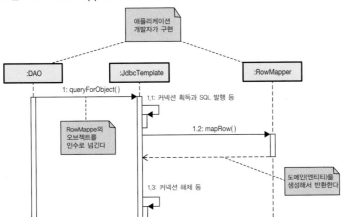

DAO가 RowMapper 오브젝트를 queryForObject 메서드의 인수로 넘기면 JdbcTemplate은 커넥션을 획득하고 SQL을 발행해서 ResultSet를 얻습니다. 그다음, ResultSet를 인수로 해서 mapRow를 호출합니다. mapRow 내부에서 ResultSet가 도메인으로 변환되고, 변환된 오브젝트가 queryForObject 메서드의 반환값으로 돌아옵니다.

query 메서드

한 레코드의 도메인을 가져오는 방법을 살펴봤지만, 여러 레코드의 오브젝트를 가져올 때는 query 메서드를 사용해야 합니다. [리스트 4-11]은 query 메서드의 예제입니다.

리스트 4-11 query 메서드

```
List<Pet> petList = jdbcTemplate.query(
  "SELECT * FROM PET WHERE OWNER_NAME=?"
  , new RowMapper<Pet>() {
      public Pet mapRow(ResultSet rs, int rowNum) throws SQLException {
        Pet p = new Pet();
        p.setPetId(rs.getInt("PET_ID"));
        p.setPetName(rs.getString("PET_NAME"));
        p.setOwnerName(rs.getString("OWNER_NAME"));
        p.setPrice((Integer)rs.getObject("PRICE"));
        p.setBirthDate(rs.getDate("BIRTH_DATE"));
        return p;
      }
    }
  , ownerName);
```

호출하는 방법은 queryForObject와 동일합니다.

여기서 'RowMapper에서 하는 도메인 변환 처리도 자동으로 해주지 않을까' 하고 생각할 수 있습니다. 그럴 때는 스프링이 제공하는 BeanPropertyRowMapper를 사용하면 변환을 자동화할 수 있습니다. BeanPropertyRowMapper는 RowMapper를 구현한 클래스로, 도메인 클래스의 프로퍼티명과 테이블의 칼럼명을 서로 연결해 도메인을 자동으로 생성해줍니다. 연결 조건은 프로퍼티명과 칼럼명이 같거나 혹은 언더스코어로 구분된 칼럼명을 카멜 케이스[18]로 기술한 문자열과 프로퍼티명이 같을 때입니다(예를 들어 프로퍼티명이 "petName"이고 칼럼명이 "pet_name"일 때). 연결 조건이 맞지 않을 때는 SELECT로 프로퍼티명과 같은 에일리어스alias를 지정해줍니다.

다음은 BeanPropertyRowMapper의 예제입니다.

```
Pet pet = jdbcTemplate.queryForObject(
  "SELECT * FROM PET WHERE PET_ID=?"
  , new BeanPropertyRowMapper<Pet>(Pet.class)
  , id);
```

----

18 단어의 시작을 대문자로 해서 붙여 쓴 문자열. 자바의 프로퍼티명은 맨 첫 글자만 소문자로 하는 것이 관례입니다. 예를 들어 account number의 카멜 케이스는 accountNumber가 됩니다.

BeanPropertyRowMapper의 생성자에는 변환할 도메인 클래스의 Class 오브젝트를 지정합니다. 단, BeanPropertyRowMapper는 아주 편리하지만, 내부에서 리플렉션을 많이 사용하므로 성능이 나빠집니다[19]. 배치 처리 등으로 고성능이 필요할 때는 편리함과 성능을 고려해서 선택해야 합니다.

여기서는 하나의 테이블에 대한 SELECT 문을 살펴봤지만, 테이블을 JOIN한 SELECT 문일 때는 어떻게 하면 좋을까요? 예를 들어 OWNER 테이블의 한 레코드와 외부 키가 연결된 PET 테이블의 여러 레코드를 가져오고 싶을 때입니다. 이럴 때는 RowMapper 인터페이스가 적절하지 않습니다. 그 대신 ResultSetExtractor를 사용합니다. RowMapper의 mapRow 메서드는 레코드 한 건에 대한 변환 처리를 할 수 있지만, ResultSetExtractor의 extractData 메서드는 가져온 여러 레코드를 한 번에 처리할 수 있습니다(리스트 4-12).

리스트 4-12 ResultSetExtractor를 사용한 소스 코드

```
Owner owner = jdbcTemplate.query(
  "SELECT * FROM OWNER O INNER JOIN PET P ON O.OWNER_NAME=P.OWNER_NAME WHERE O.OWNER_NAME=?"
  , new ResultSetExtractor<Owner>() {
      public Owner extractData(ResultSet rs) throws SQLException, DataAccessException {
        if (!rs.next()) {
          return null;
        }
        Owner owner = new Owner();
        owner.setOwnerName(rs.getString("OWNER_NAME"));
        do {
          Pet pet = new Pet();
          pet.setPetId(rs.getInt("PET_ID"));
          pet.setPetName(rs.getString("PET_NAME"));
          pet.setOwnerName(rs.getString("OWNER_NAME"));
          pet.setPrice((Integer)rs.getObject("PRICE"));
          pet.setBirthDate(rs.getDate("BIRTH_DATE"));
          owner.getPetList().add(pet);
        } while(rs.next());
        return owner;
      }
  }
  , ownerName);
```

----

19 필자의 PC(Intel Core i7 2.0GHz 쿼드코어, 메모리 16GB)로 시험한 결과 20칼럼인 테이블의 레코드 1,000건을 가져올 때 처리 시간이 RowMapper는 550밀리 초 전후이고, BeanPropertyRowMapper는 1,200밀리 초 전후였습니다.

만약 OWNER 테이블의 레코드를 여러 건 가져오는 SQL을 발행할 때는 extractData 안에서 Pet 오브젝트와 Owner 오브젝트를 적절히 연결하면서 Owner 오브젝트를 List 안에 채워 넣어 반환값으로 돌려주는 구현이 필요합니다.

또한 ResultSetExtractor를 사용하면 아무래도 소스 코드가 복잡해지는 것을 부정할 수 없습니다. 간결함을 우선하고 싶다면 OWNER 테이블용 SQL과 PET 테이블용 SQL을 RowMapper를 사용해 두 번 발행하고, Owner 오브젝트와 Pet 오브젝트를 일단 가져온 다음 서로 이어주는 것도 방법입니다.

이상으로 SELECT 문에 관한 설명이 끝났습니다. JDBC를 직접 사용할 때보다 소스 코드가 훨씬 단순해짐을 알 수 있습니다. SELECT 문뿐만 아니라 INSERT/UPDATE/DELETE 문도 마찬가지로 심플하게 만들 수 있습니다.

4.2.6 INSERT/UPDATE/DELETE 문

SELECT 문은 발행 방법이 다양한 반면 INSERT/UPDATE/DELETE 문의 발행 방법은 update 메서드만을 사용하므로 아주 간단합니다. INSERT/UPDATE/DELETE 문은 모두 갱신 계통의 SQL이므로 하나의 메서드로 집약됐습니다. 메서드명인 update는 UPDATE 문을 뜻하는 것이 아닙니다.

다음은 update 메서드의 예제입니다.

INSERT 문

```
jdbcTemplate.update(
  "INSERT INTO PET (PET_ID, PET_NAME, OWNER_NAME, PRICE, BIRTH_DATE) VALUES (?, ?, ?, ?, ?)"
  , pet.getPetId(), pet.getPetName(), pet.getOwnerName(), pet.getPrice(), pet.
getBirthDate());
```

UPDATE 문

```
jdbcTemplate.update(
  "UPDATE PET SET PET_NAME=?, OWNER_NAME=?, PRICE=?, BIRTH_DATE=? WHERE PET_ID=?"
  ,pet.getPetName(), pet.getOwnerName(), pet.getPrice(), pet.getBirthDate(), pet.
getPetId());
```

```
jdbcTemplate.update("DELETE FROM PET WHERE PET_ID=?", pet.getPetId());
```

어느 것이나 첫 번째 인수로 SQL 문을 지정하고 두 번째 인수 이후로 파라미터값을 지정하면 됩니다. 또한, update 메서드의 반환값은 int 형으로 갱신된 레코드 수가 돌아옵니다. 예상한 수와 같은 값이 돌아오는지 확인할 때 사용합니다.

4.2.7 NamedParameterJdbcTemplate

지금까지 살펴봤던 예제는 SQL의 파라미터에 플레이스홀더(? 마크를 말함)를 사용해서 지정했습니다. 플레이스홀더를 사용할 때는 플레이스홀더가 출연하는 순서와 파라미터의 순서를 맞출 필요가 있습니다. 플레이스홀더의 값이 적을 때는 괜찮지만, 많아지면 순서가 어긋나 엉뚱한 값을 지정할 수도 있습니다. 특히 INSERT 문을 작성할 때는 칼럼의 값에만 플레이스홀더를 지정하는 일이 많으므로 위험성이 커집니다. 이럴 때는 NamedParameterJdbcTemplate 클래스를 사용하는 것이 좋습니다. NamedParameterJdbcTemplate은 SQL의 파라미터에 임의의 이름을 설정할 수 있고, 이름과 값을 명시적으로 연결할 수 있습니다. 다음은 그 예제 코드입니다.

```
namedParameterJdbcTemplate.update(
  "INSERT INTO PET (PET_ID, PET_NAME, OWNER_NAME, PRICE, BIRTH_DATE)" +
  " VALUES (:PET_ID, :PET_NAME, :OWNER_NAME, :PRICE, :BIRTH_DATE)"
  , new MapSqlParameterSource()
    .addValue("PET_ID", pet.getPetId())
    .addValue("PET_NAME", pet.getPetName())
    .addValue("OWNER_NAME", pet.getOwnerName())          메서드 체인
    .addValue("PRICE", pet.getPrice())
    .addValue("BIRTH_DATE", pet.getBirthDate())
);
```

플레이스홀더가 ?가 아니라 :으로 시작하는 문자열입니다. : 뒤의 문자열이 파라미터의 이름이고, 개발자가 이름을 자유롭게 정할 수 있습니다. 예제에서는 칼럼 이름을 그대로 사용했습니다. 두 번째 인수에서 지정하는 것은 MapSqlParameterSource의 오브젝트입니다. MapSqlParameterSource는 SQL의 파라미터 정보를 Map으로 가지는 클래스입니다.

오브젝트를 생성하는 문장에서 addValue 메서드를 여러 개 호출해서 파라미터 이름과 값을 함께 지정했습니다. 결국 MapSqlParameterSource를 이용함으로써 파라미터의 순서가 어긋날 위험성을 없앨 수 있게 됐습니다.

예제처럼 한 문장에서 메서드를 여러 개 호출하는 방식에 익숙하지 않을 수도 있습니다. 이러한 방식을 메서드 체인이라고 하는데, 여러 메서드 호출을 한 문장으로 기술하기 위한 테크닉입니다. 메서드의 반환값으로 자기 자신의 오브젝트를 반환하므로 반복해서 같은 메서드를 호출 할 수 있습니다. 예제에서는 addValue 메서드의 반환값이 MapSqlParameterSource의 오브젝트를 반환하고 있습니다.

물론 메서드 체인을 사용하지 않아도 전혀 문제가 없습니다. 참고로 다음은 메서드 체인을 사용하지 않고 기술한 예제입니다.

```java
MapSqlParameterSource map = new MapSqlParameterSource();
map.addValue("PET_ID", pet.getPetId());
map.addValue("PET_NAME", pet.getPetName());
map.addValue("OWNER_NAME", pet.getOwnerName());
map.addValue("PRICE", pet.getPrice());
map.addValue("BIRTH_DATE", pet.getBirthDate());
namedParameterJdbcTemplate.update(
  "INSERT INTO PET (PET_ID, PET_NAME, OWNER_NAME, PRICE, BIRTH_DATE)"
  + " VALUES (:PET_ID, :PET_NAME, :OWNER_NAME, :PRICE, : BIRTH_DATE)"
  ,map
);
```

또한 MapSqlParameterSource 대신 Map(HashMap 클래스 등)의 오브젝트를 사용할 수 있습니다. 단, Map을 이용할 때는 메서드 체인을 이용할 수 없으므로 주의합니다.

MapSqlParameterSource 대신 BeanPropertySqlParameterSource를 이용하면 파라미터와 프로퍼티 이름을 같게 함으로써 파라미터와 값의 명시적인 연결을 생략할 수 있습니다.

```java
BeanPropertySqlParameterSource beanProps = new BeanPropertySqlParameterSource(pet);
namedParameterJdbcTemplate.update(
  "INSERT INTO PET (PET_ID, PET_NAME, OWNER_NAME, PRICE, BIRTH_DATE)"
  + " VALUES (:petId, :petName, :ownerName, :price, :birthDate)"
  ,beanProps
);
```

BeanPropertySqlParameterSource의 생성자 인수로 파라미터값을 가진 오브젝트(예제에서는 Pet 클래스의 오브젝트)를 건네주고, SQL 문 안의 파라미터명은 오브젝트의 프로퍼티명을 기술합니다. 또한 오브젝트가 중첩 구조일 때는 파라미터명에 .을 사용해 오브젝트를 연결해서 기술합니다. 예를 들어 Pet 오브젝트가 Owner 오브젝트를 참조하고 있고 (owner 프로퍼티), Owner 오브젝트의 ownerName 프로퍼티의 값을 사용하고 싶다면 파라미터명으로 owner.ownerName이라고 기술합니다.

NOTE_ IN 절에 값을 설정하기

IN 절에 여러 값을 지정하는 경우에는 JDBC의 사양으로는 지정하는 값의 수만큼 플레이스홀더("?" 마크)가 필요합니다. 예를 들어 "SELECT * FROM PET WHERE PET_ID IN (1,2,3)"과 같이 값을 3개 지정하는 경우에는 "SELECT * FROM PET WHERE PET_ID IN (?,?,?)"와 같이 플레이스홀더를 기술해야 합니다. 지정해야 하는 값의 수가 변동되는 경우에는 플레이스홀더의 수를 변경하는 동적 SQL을 생성해야 해서 소스 코드가 복잡해질 우려가 있습니다. NamedParameterJdbcTemplate를 이용하면 플레이스홀더의 동적 생성을 스프링이 해주기 때문에 간단하게 처리를 할 수 있습니다. 다음 예제를 봅시다.

```
List<Integer> ids = new ArrayList<Integer>();
ids.add(1);
ids.add(2);
ids.add(3);
MapSqlParameterSource param = new MapSqlParameterSource();
param.addValue("ids", ids);
List<Pet> petList = namedParameterJdbcTemplate.query(
    "SELECT * FROM PET WHERE PET_ID IN (:ids)",
    param,
    new RowMapper<Pet>() {
     public Pet mapRow(ResultSet rs, int rowNum) throws SQLException {
       Pet p = new Pet();
       p.setPetId(rs.getInt("PET_ID"));
       p.setPetName(rs.getString("PET_NAME"));
       p.setOwnerName(rs.getString("OWNER_NAME"));
       p.setPrice((Integer)rs.getObject("PRICE"));
       p.setBirthDate(rs.getDate("BIRTH_DATE"));
       return p;
     }
    }
);
```

IN 절의 값을 리스트로 지정하면 내부에 리스트의 요소 숫자 분의 플레이스홀더가 생성됩니다. 단 IN 절에 지정할 수 있는 값의 숫자에는 제한이 있으므로 주의해야 합니다(DB 제품에 따라서 제한 숫자가 달라집니다. Oracle의 경우에는 1,000개까지입니다.)

4.2.8 배치 업데이트, 프로시저콜

batchUpdate 메서드

배치 업데이트는 여러 개의 갱신(UPDATE, INSERT 문의 실행)을 모아서 데이터베이스에서 처리하기 위한 것입니다. 하나씩 실행하는 것과 비교하면 성능에서 큰 차이가 있으므로 갱신하는 양이 많은 경우에는 반드시 배치 업데이트를 사용하는 것이 좋습니다. 배치 업데이트를 할 때는 batchUpdate 메서드를 사용합니다. 사용 방법은 여러 가지지만 추천하는 두 가지를 소개합니다.

첫 번째는 BatchPreparedStatementSetter 클래스의 익명 클래스의 오브젝트를 인수로 넘겨주는 방법입니다. 다음은 예제입니다.

```java
final ArrayList<Pet> petList = ... // 갱신할 Pet 오브젝트를 준비
int[] num = jdbcTemplate.batchUpdate(
  "UPDATE PET SET OWNER_NAME=? WHERE PET_ID=?",
  new BatchPreparedStatementSetter(){
    @Override
    public void setValues(PreparedStatement ps, int i) throws SQLException{
      ps.setString(1, petList.get(i).getOwnerName());
      ps.setInt(2, petList.get(i).getPetId());
    }
    @Override
    public int getBatchSize(){
      return petList.size();
    }
  }
);
```

BatchPreparedStatementSetter의 익명 클래스는 2개의 메서드를 오버라이드하고 있습니다. 첫 번째의 setValues 메서드에서는 인수로 넘어온 PreparedStatement 오브젝트를 이용

해서 1건분의 갱신 정보를 설정하는 처리를 기술하고 있습니다. 이때 갱신 정보를 가지고 있는 오브젝트는 미리 준비한 리스트(여기에서는 Pet의 리스트)에서 취득합니다. 취득할 때 지정하는 인덱스 번호는 setValue 메서드의 두 번째 인수로 준비합니다. 두 번째 인수는 setValues 메서드의 '몇 번째 호출됐는가'를 나타내는 숫자입니다. 그리고 몇 번을 호출할 것인지는 다른 하나의 메서드인 getBatchSize의 리턴값으로 지정합니다. batchUpdate 메서드의 리턴값은 하나의 업데이트별로 갱신된 레코드의 수가 배열로 돌아옵니다.

두 번째 방법은 NamedParameterJdbcTemplate의 batchUpdate 메서드를 사용합니다.

```
final ArrayList<Pet> petList = ... // 갱신할 Pet 오브젝트를 준비
SqlParameterSource[] batch = SqlParameterSourceUtils.createBatch(petList.toArray());
num = namedParameterJdbcTemplate.batchUpdate(
    "UPDATE PET SET OWNER_NAME=:ownerName WHERE PET_ID=:petId", batch
);
```

우선 갱신 정보를 가지고 있는 오브젝트의 리스트 혹은 배열을 준비합니다. SqlParameter SourceUtils의 createBatch 메서드의 인수로 넘겨서 SqlParameterSource의 배열로 변환합니다. 오브젝트는 원래 오브젝트(여기서는 Pet 오브젝트)의 프로퍼티명과 값을 Map 형태로 가지고 있게 됩니다. 그다음에는 NamedParameterJdbcTemplate의 batchUpdate의 두 번째 인수로 넘겨줍니다. 그때 첫 번째 인수의 SQL 파라미터 부분은 오브젝트가 가지고 있는 프로퍼티명을 사용합니다.

batchUpdate 메서드의 사용 방법도 여러 가지입니다. 자세한 내용은 매뉴얼을 참고합니다[20].

프로시저콜

프로시저콜에 관해 알아봅시다. 프로시저콜은 데이터베이스에 준비된 스토어드 프로시저를 호출할 때 사용하는 것입니다. 프로시저콜 방법에는 몇 가지가 있지만, 이 책에서는 가장 단순한 방법을 소개합니다. 스프링 버전 2.5부터 제공된 SimpleJdbcCall을 사용하는 방법입니다. 호출하고 싶은 스토어드 프로시저가 다음과 같은 정의였다고 해봅시다.

• 프로시저 이름 : CALC_PET_PRICE

----

20 http://docs.spring.io/spring/docs/current/spring-framework-reference/htmlsingle/#jdbc-batch-list

- IN 파라미터 : IN_PET_ID
- OUT 파라미터 : OUT_PRICE

이때 SimpleJdbcCall을 사용하는 예제는 다음과 같습니다.

```
SimpleJdbcCall call = new SimpleJdbcCall(jdbcTemplate.getDataSource())
  .withProcedureName("CALC_PET_PRICE")
  .withoutProcedureColumnMetaDataAccess()  ----------------------------
  .declareParameters(
    new SqlParameter("IN_PET_ID", Types.INTEGER),                        ---❶
    new SqlOutParameter("OUT_PRICE", Types.INTEGER)
  );  -----------------------------------------------------------------
MapSqlParameterSource in = new MapSqlParameterSource().addValue("IN_PET_ID", id);
Map<String, Object> out = call.execute(in);
int price = (Integer)out.get("OUT_PRICE");
```

생성자의 인수로 데이터 소스를 지정해 SimpleJdbcCall 오브젝트를 생성한 다음 with ProcedureName 메서드로 프로시저 이름을 지정합니다. withoutProcedureColumnMeta DataAccess부터 시작된 ❶ 부분은 프로시저의 메타 데이터인 파라미터명을 선언하는 부분입니다. 그다음 IN 파라미터값을 MapSqlParameterSource를 사용해 지정하고, 마지막으로 OUT 파라미터값을 꺼냅니다.

또한, 예제의 동작 환경에서 사용한 HSQLDB 데이터베이스는 프로시저의 파라미터 등 메타 데이터 취득을 스프링이 지원하지 않아서 ❶의 기술이 필요했지만, 메타 데이터 취득을 스프링이 지원하는 데이터베이스 제품(Oracle과 SQL서버 등)에서는 기술할 필요가 없습니다. 지원하는 데이터베이스는 스프링의 레퍼런스 메뉴얼을 참고합니다.

이상으로 Template 클래스의 설명을 마칩니다. Template 클래스를 사용하면 소스 코드가 아주 간결해짐을 알 수 있었습니다[21].

---

21 이 책은 개인적으로 Template 클래스를 이용한 데이터 엑세스 방법을 설명했지만, RDBMS 오퍼레이션 클래스를 이용하는 방법도 있습니다. 하지만 필자는 개인적으로 클래스를 이용하는 편이 프로그램이 간결해진다고 생각해서 RDBMS 오퍼레이션 클래스의 설명은 생략했습니다.

4.3 Spring Data JPA

여기서는 Spring Data JPA를 이용한 JPA와의 연계를 알아봅니다. Spring Data JPA는 JPA 와 단순하게 연결하는 것뿐만 아니라 DAO 구현을 자동 생성하는 편리한 기능을 제공합니다. 구현의 수고를 크게 줄일 수 있어서 최근 주목받고 있습니다. JPA와 단순하게 연계하는 것만이 라면(다시 말해 직접 JPA의 API의 사용하고 싶은 경우) 제8장을 참고합니다.

4.3.1 Spring Data JPA란?

Spring Data JPA는 Spring Data 프로덕트의 제품입니다. Spring Data 프로덕트는 다양한 데이터 액세스 기술을 간단하게 이용할 수 있게 하는 것이 목적인 프로젝트로, 개별 데이터 액 세스 기술별로 제품이 나뉘어 있습니다. Spring Data JPA 외에도 Spring Data Hadoop, Spring Data MongoDB 등이 있습니다.

Spring Data JPA의 주요 특징은 DAO 구현의 자동 생성입니다. CRUD 등과 같은 단순한 쿼 리를 실행하는 것뿐이라면 코딩할 필요가 거의 없습니다.

바로 구체적인 사용법을 알아봅시다. 그 전에 JPA가 무엇인지 알고 싶어 하는 분도 있을 것 같 아서 우선 JPA가 무엇인지 설명합니다. 이미 JPA에 대해 잘 안다면 다음 내용으로 넘어가도 됩니다.

4.3.2 JPA의 기초

JPA는 JAVA EE에 포함된 사양 중 하나로, ORM 표준화된 API를 제공합니다. 하이버네이트 및 EclipseLink 등의 ORM 제품이 JPA에 대응되고 있어서 표준화된 API로 ORM을 이용하 는 경우에는 JPA를 이용할 수 있습니다.

JPA를 이용한 프로그램의 작성은 기본적으로 다음 두 작업이 필요합니다.

- Entity 클래스의 작성
- EntityManager 메서드 호출

그럼 하나씩 상세하게 알아봅시다.

Entity 클래스의 작성

Entity 클래스란 엔티티[22]의 클래스를 말합니다. 엔티티는 RDB의 레코드로 저장되는(영속화) 경우가 많아서, Entity 클래스는 칼럼에 대응한 프로퍼티(필드와 액세스 메서드의 세트)를 가지는 클래스가 됩니다. 예를 들어 [그림 4-16]에서 PET 테이블과 OWNER 테이블에 해당하는 Entity 클래스는 각각 [리스트 4-13], [리스트 4-14]가 됩니다.

그림 4-16 예제에 사용할 테이블

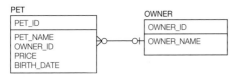

리스트 4-13 Entity 클래스의 내용(Pet)

```
@Entity ◀----------------------------------------------------------❶
public class Pet {
  @Id ◀-------------------------------------------------------------❷
  private Integer petId;
  private String petName;
  @ManyToOne ◀------------------------------------------------------❸
  @JoinColumn(name="owner_id")
  private Owner owner;
  private Integer price;
  private Date birthDate;

  .... (Getter, Setter는 생략)...
}
```

리스트 4-14 Entity 클래스의 내용(Owner)

```
@Entity ◀----------------------------------------------------------❶
public class Owner {
  @Id ◀-------------------------------------------------------------❷
  private Integer ownerId;
  private String ownerName;
```

---

22 지속성(영속화 : Persistence)을 가지는 오브젝트. 업무 애플리케이션의 경우에는 일반적으로 RDB의 레코드로 지속성을 가지게 됩니다.

```
    .... (Getter, Setter는 생략)...
  }
```

❶의 @Entity는 JPA에서 제공하는 어노테이션으로 클래스의 선언 부분에 부여해야 합니다. @Entity를 부여하는 것으로 영속화의 대상이 됩니다. ❷의 @Id는 엔티티를 고유하게 식별하는 프로퍼티의 필드(테이블의 프라이머리 키에 해당)를 부여합니다. ❸의 @ManyToOne은 N..1의 관계를 표현한 것입니다. 참조하는 Owner 클래스는 OWNER 테이블의 Entity 클래스고 @JoinColumn으로 지정한 owner_id가 외부 키로 지정됩니다.

클래스명과 테이블명의 대응과 프로퍼티명과 칼럼명의 대응은 ORM이 자동으로 연결해줍니다. 기본적으로 이름이 같은 것을 연결해주지만 설정에 따라서는 언더바를 사용한 테이블명이나 칼럼명을 카멜 케이스로 변환해서 대응할 수도 있습니다. 자동으로 대응되지 않을 경우에는 명시적으로 테이블명과 칼럼명을 지정할 수도 있습니다.

EntityManager 메서드 호출

EntityManager는 오브젝트의 세계와 RDB 세계를 연결해주는 역할을 합니다. Entity Manager를 통해서 엔티티를 취득하거나 갱신하면 내부에서 RDB에 액세스가 일어납니다. EntityManager 오브젝트의 생성 및 취득을 위해서는 여러 가지 설정이 필요하지만 여기서는 생략합니다. 지금은 EntityManager 오브젝트가 생성 및 취득된 것을 전제로 설명합니다. EntityManager 메서드의 호출 예제는 [리스트 4-15]와 같습니다.

리스트 4-15 EntityManager 호출 예제

```
EntityManager em = ... //취득 부분은 생략
EntityTransaction tx = em.getTransaction();
tx.begin();  ◀-------------------------------------------------------- ❶

Pet pet = new Pet();
pet.setPetId(1);
pet.setPetName("순돌이");
pet.setPrice(15000);
pet.setBirthDate(new SimpleDateFormat("yyyyMMdd").parse("20150101"));

em.persist(pet);  ◀------------------------------------------------ ❷
```

```
    Pet pet10 = em.find(Pet.class, 10);  ◀┄┄┄┄┄┄┄┄┄┄┄┄┄┄┄┄┄┄┄┄┄┄┄┄┄┄┄┄┄❸

    em.remove(pet10);  ◀┄┄┄┄┄┄┄┄┄┄┄┄┄┄┄┄┄┄┄┄┄┄┄┄┄┄┄┄┄┄┄┄┄┄┄┄┄┄┄┄┄┄┄❹

    Pet pet11 = em.find(Pet.class, 11);
    pet11.setPetName("복실이");  ◀┄┄┄┄┄┄┄┄┄┄┄┄┄┄┄┄┄┄┄┄┄┄┄┄┄┄┄┄┄┄┄┄┄┄┄❺

    tx.commit();  ◀┄┄┄┄┄┄┄┄┄┄┄┄┄┄┄┄┄┄┄┄┄┄┄┄┄┄┄┄┄┄┄┄┄┄┄┄┄┄┄┄┄┄┄┄┄┄┄❻

    List<Pet> petList = em.createQuery("select p from Pet p where p.price < ?1")  ◀┄┄┄┄❼
      .setParameter(1, 10000)
      .getResultList();

    for (Pet tmpPet : petList) {
      System.out.println(tmpPet.getPetName());
    }
```

❶은 트랜잭션을 개시하는 메서드를 호출하고 있습니다. ❷에서는 persist 메서드를 호출해서 새로운 엔티티를 추가하고 있습니다. ❸에서는 ID를 지정해서 엔티티를 취득한 후, 취득한 엔티티를 ❹에서 삭제하고 있습니다.

❺에서는 ID를 지정해서 취득한 엔티티의 프로퍼티값을 변경하고 있습니다(❻의 commit 메서드가 호출되면 갱신된 프로퍼티값이 데이터베이스와 동기화돼 해당하는 칼럼의 값이 갱신됩니다).

❼에서는 SQL과 비슷한 JPQL^Java Persistence Query Language을 이용해서 엔티티를 검색하고 있습니다. JPQL의 경우에는 테이블명과 칼럼명을 이용하지 않고 엔티티의 클래스명과 프로퍼티명을 이용합니다.

실제 애플리케이션에서는 DAO 구현 클래스의 각 메서드 안에서 적당한 EntityManager의 메서드를 호출합니다(그림 4-17).

그림 4-17 EntityManager를 이용한 DAO의 구현

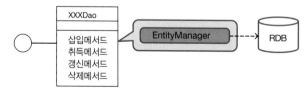

4.3.3 Spring Data JPA의 이용

JPA의 개요를 이해했으므로 이번에는 Spring Data JPA의 이용 방법을 살펴봅시다. Spring Data JPA를 이용하면 EntityManager의 메서드 호출 부분이 자동 생성됩니다. 즉, [그림 4-18]과 같이 DAO의 구현 클래스가 자동 생성됩니다.

그림 4-18 Spring Data JPA를 사용해서 DAO의 구현

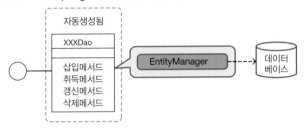

개발자는 EntityManager를 직접 이용하지 않지만 내부에서 이용되는 EntityManager의 설정은 필요합니다. 이제 EntityManager의 설정 방법을 알아봅시다.

4.3.4 EntityManager 설정

EntityManager의 설정은 EntityManager를 생성하는 EntityManagerFactory의 Factory Baen 설정에서 하는데, Bean 정의 파일에서 하는 방법과 JavaConfig에서 하는 방법이 있습니다. JPA의 구현으로 하이버네이트를 이용하기 때문에 설정 항목 중에는 Hibenate의 독자적인 설정도 포함됩니다. 우선 Bean 정의 파일부터 알아봅시다(리스트 4-16).

리스트 4-16 EntityManagerFactory 정의

```
<!-- EntityManagerFactory(EntityManager를 생성하는 팩토리)의 설정 -->
<bean id="entityManagerFactory"
  class="org.springframework.orm.jpa.LocalContainerEntityManagerFactoryBean">
<property name="dataSource" ref="dataSource" />
<property name="persistenceProviderClass"
  value="org.hibernate.jpa.HibernatePersistenceProvider" />
<property name="packagesToScan" value="sample.entity" />
<property name="jpaProperties">
  <props>
```
❶

```xml
            <prop key="hibernate.dialect">org.hibernate.dialect.HSQLDialect</prop>
            <prop key="hibernate.show_sql">true</prop>
            <prop key="hibernate.ejb.naming_strategy">
                org.hibernate.cfg.ImprovedNamingStrategy
            </prop>
        </props>
    </property>
</bean>

<!-- JPA Repository의 설정 -->
<jpa:repositories base-package="sample" />          ◀ ─────────────── ❷

<!-- TransactionManager의 설정 -->
<bean id="transactionManager"
    class="org.springframework.orm.jpa.JpaTransactionManager">     ❸
    <property name="entityManagerFactory" ref="entityManagerFactory" />
</bean>
```

위의 XML에서는 ❶과 ❸이 각각 Bean 정의를 하고 있습니다. ❸의 Bean 정의는 트랜잭션 제어를 위한 것입니다. 트랜잭션 제어는 다른 장에서 상세히 알아볼 것이므로 여기서는 설명을 생략합니다. ❶의 Bean 정의는 EntityManager를 생성하는 EntityManagerFactory의 FactoryBean을 정의하고 있습니다. Spring Data JPA는 내부에서 EntityManagerFactory 를 이용해서 EntityManager를 취득합니다. EntityManagerFactory의 FactoryBean 정의 에 관해서 상세히 살펴봅시다.

❶의 Bean 클래스는 LocalContainerEntityManagerFactoryBean입니다. 다른 클래스를 사용할 수 있지만 유연하게 설정할 수 있으므로 특별한 이유가 없다면 이 클래스를 이용하는 것이 좋습니다. LocalContainerEntityManagerFactoryBean의 설정 항목을 [표 4-2]와 [표 4-3]에 정리했습니다.

표 4-2 LocalContainerEntityManagerFactoryBean의 설정 항목

항목명	설명
dataSource	Bean으로 관리할 데이터 소스를 지정
persistenceProviderClass	JPA 구현 제품의 클래스를 지정. 제품별로 지정하는 클래스가 정해져 있음
packagesToScan	Entity 클래스가 포함된 패키지를 지정(서브 패키지도 포함됨)

표 4-3 LocalContainerEntityManagerFactoryBean의 설정 항목(하이버네이트 고유)

용어		정의
jpaProperties	hibernate.dialect	데이터베이스의 종류를 지정. [리스트 4-16]에서는 HSQLDB를 지정하고 있음
	hibernate.show_sql	하이버네이트가 내부에서 발행하는 SQL의 로그를 출력할 것인가에 대한 설정
	hibernate.ejb.naming_strategy	테이블명, 칼럼명과 클래스명, 프로퍼티명을 연결할 때의 규칙을 지정함. [리스트 4-16]에서는 밑줄을 사용한 테이블명과 칼럼명을 밑줄이 없는 클래스명과 프로퍼티명으로 대응할 수 있는 규칙을 지정하고 있음

[표 4-2]는 JPA 구현에 의존하지 않는 설정 항목이고, [표 4-3]은 JPA 구현에서 하이버네이트의 고유 설정입니다. 이 밖에도 여러 설정 항목이 있지만 이 책에는 기본 항목만 넣었습니다. 상세한 항목이 필요한 경우에는 레퍼런스 매뉴얼을 참고합니다.

❷는 Spring Data JPA에서 DAO 구현을 자동으로 생성하는 데 필요한 항목입니다. base-package 속성에 지정한 패키지 밑을 스프링이 스캔해서 Spring Data JPA에 대응한 인터페이스를 발견하면 구현 클래스를 자동 생성해줍니다.

다음은 JavaConfig를 사용한 예제입니다. [리스트 4-17]은 JavaConfig 클래스의 전체 리스트입니다.

리스트 4-17 EntityManagerFactory 정의(JavaConfig)

```
@Configuration
@EnableTransactionManagement
@EnableJpaRepositories(basePackages="sample.dao")  ◀---------------------❹
public class JpaConfig {
  @Bean
  public LocalContainerEntityManagerFactoryBean entityManagerFactory(DataSource
dataSource){

    HibernateJpaVendorAdapter adapter = new HibernateJpaVendorAdapter();  ◀--------❶
    adapter.setShowSql(true);
    adapter.setDatabase(Database.HSQL);

    Properties props = new Properties();
    props.setProperty("hibernate.ejb.naming_strategy", ----------------------┐
    "org.hibernate.cfg.ImprovedNamingStrategy");  ---------------------------┘--❷
```

```
    LocalContainerEntityManagerFactoryBean emfb = ◀┈┈┈┈┈┈┈┈┈┈┈┈┈┈┈┈┈┈┈┈┈┈❸
        new LocalContainerEntityManagerFactoryBean();
    emfb.setJpaVendorAdapter(adapter);
    emfb.setJpaProperties(props);
    emfb.setDataSource(dataSource);
    emfb.setPackagesToScan("sample.entity");
    return emfb;
}

@Bean
public PlatformTransactionManager transactionManager(EntityManagerFactory emf) {
    return new JpaTransactionManager(emf);
}
}
```

이 JavaConfig 클래스에서는 @Bean을 사용해 Bean을 정의했습니다. 두 번째의 Bean 정의는 트랜잭션 제어를 하기 위해서입니다(트랜잭션 제어는 다음 장에서 알아봅니다). 첫 번째 Bean 정의는 LocalContainerEntityManagerFactoryBean에서 했습니다. ❶은 JPA 구현을 설정하기 위해 오브젝트를 생성했고 이번에는 하이버네이트의 구현을 사용하도록 설정했습니다. 내부에서 발행하는 SQL의 로그를 출력하는 설정과 데이터베이스의 종류(리스트에서는 HSQLDB)를 지정했습니다.

❷는 하이버네이트에 특화된 설정으로 밑줄로 만든 테이블명과 칼럼명을 밑줄이 없는 클래스명과 프로퍼티명으로 대응해줍니다.

❸은 LocalContainerEntityManagerFactoryBean을 생성하고 ❶과 ❷에서 생성한 오브젝트와 데이터 소스를 설정한 것입니다. 또한 Entity 클래스가 포함된 패키지를 지정했습니다.

❹는 Spring Data JPA가 DAO 구현을 자동 생성해주기 위한 설정으로 base-package 속성의 값에 DAO의 인터페이스가 있는 패키지를 지정합니다.

DAO의 인터페이스는 개발자가 작성하지만 Spring Data JPA를 이용하기 위한 규칙에 따라 작성해야 합니다. 다음은 DAO 인터페이스를 작성하는 방법입니다.

4.3.5 DAO 인터페이스 작성

Spring Data JPA를 이용하기 위한 DAO 인터페이스 작성은 아주 간단합니다. [리스트 4-18]과 같이 임의의 인터페이스를 작성하고 JpaRepository 인터페이스를 상속하는 것뿐입니다. 또 데이터 액세스 예외로 변환할 경우에는 @Repository 어노테이션을 추가합니다.

리스트 4-18 Spring Data JPA를 이용한 DAO의 인터페이스

```
@Repository
public interface PetDao extends JpaRepository<Pet, Integer>{
}
```

JpaRepository 인터페이스는 Spring Data JPA가 제공하는 인터페이스입니다. JpaRepository 외에도 이용할 수 있는 인터페이스가 있지만, JpaRepository가 기능이 가장 많으므로 특별한 이유가 없다면 JpaRepository를 이용하는 것이 좋습니다. 또한, Spring Data JPA에서는 DAO에 해당하는 역할을 하는 클래스 및 오브젝트의 Repository를 부르고 있습니다. JpaRepository 인터페이스를 상속할 때 제너릭으로 2개의 형을 지정하고 있습니다. 첫 번째는 DAO가 취급하는 Entity 클래스형이고, 두 번째는 Entity 클래스의 ID 형입니다. [리스트 4-18]에서는 [리스트 4-13]의 Pet 클래스를 취급하는 경우를 기술하고 있습니다.

표 4-4 JpaRepository 인터페이스의 대표 메서드[23]

메서드	설명
Pet save(Pet entity)	지정한 엔티티를 저장
Pet findOne(Integer id)	ID를 지정해서 엔티티를 취득
List⟨Pet⟩ findAll( )	모든 엔티티를 취득
void delete(Pet entity)	지정한 엔티티를 삭제
long count( )	엔티티의 수를 취득

[표 4-4]의 메서드의 구현이 자동으로 이루어지고 CRUD 같은 간단한 데이터 액세스가 가능해집니다. 하지만 실제로는 애플리케이션에서 JpaRepository가 제공하는 메서드만으로는 충분하지 않고, 여러 조건의 검색 메서드가 필요합니다. 그러면 이제 개발자가 독자적으로 메서드를 정의(구현은 자동 생성)하기 위한 방법을 알아봅시다.

---

23 엄밀하게는 JpaRepository가 상속하는 다른 인터페이스의 메서드도 포함됩니다.

4.3.6 명명 규칙에 따른 메서드 정의

Spring Data JPA에서는 키워드라고 부르는 명명 규칙에 따른 메서드의 이름을 부여하면, 이름이 나타내는 내용에 따른 메서드의 구현을 자동 생성해주는 기능이 있습니다. 예를 들어 Pet 엔티티의 pet 이름을 검색하는 경우에는 [리스트 4-19]와 같이 메서드를 DAO의 인터페이스에 정의하면 됩니다.

리스트 4-19 키워드를 이용한 메서드 정의(1)

```
@Repository
public interface PetDao extends JpaRepository<Pet, Integer>{
  List<Pet> findByPetName(String petName);
}
```

findBy 다음에 연결돼 나오는 문자열을 프로퍼티명(선두는 대문자로)으로 하고, 프로퍼티와 같은 형을 인수로 정의하면 임의의 프로퍼티로 검색할 수 있습니다. 또한, 검색에서 사용할 파라미터를 복수로 지정하거나 파라미터의 값을 비교해서 검색할 수도 있습니다. 예를 들어 지정한 pet 명과 같고 지정한 가격 이하의 Pet을 검색하는 경우에는 [리스트 4-20]과 같은 메서드를 DAO 인터페이스에 추가합니다.

리스트 4-20 키워드를 이용한 메서드 정의(2)

```
  List<Pet> findByPetNameAndPriceLessThanEqual(String petName, int price);
```

And는 '또'를 표현하고 LessThanEqual은 '이하'를 표현합니다. And 및 LessThanEqual은 키워드라고 부르는데, 이 밖의 키워드로 Not, Between 등 여러 종류가 있습니다. 상세한 내용은 Spring Data JPA의 매뉴얼을 참고합니다[24].

4.3.7 JPQL 지정

지금까지 소개한 기능으로 여러 가지 데이터 액세스 처리를 알게 됐지만, 실제 애플리케이션 개발에서는 여기서 소개한 기능으로는 표현할 수 없는 데이터 액세스 처리가 많이 발생합니다.

----

24 http://docs.spring.io/spring-data/jpa/docs/current/reference/html/#jpa.query-methods

예를 들어 테이블 조인을 해야 하는 검색 등이 있습니다. 이러한 경우에는 @Query 어노테이션을 사용해서 JPQL을 명시적으로 지정하면 할 수 있습니다. 검색과 갱신의 예를 따로따로 살펴봅시다.

검색에서의 JPQL 지정

예를 들어 오너의 이름으로 Pet의 리스트를 검색하는 JPQL을 생각해봅시다. 검색 조건으로는 Pet의 owner 필드의 ownerName 필드의 값으로 비교할 필요가 있습니다. [리스트 4-21]은 JPQL을 지정한 예입니다.

리스트 4-21 JPQL 지정(검색)

```
@Query("select p from Pet p where p.owner.ownerName = ?1")
List<Pet> findByOwnerName(String ownerName);
```

where 조건을 보면 Pet 엔티티에서 Owner 엔티티의 필드인 ownerName을 연결하고 있습니다(내부에서는 테이블을 결합하고 있음). ?1은 파라미터를 표시하는 JPQL의 서식으로 ? 뒤의 번호는 파라미터의 순번을 나타냅니다(복수 지정이 가능하다는 의미). 파라미터의 순번은 대응하는 메서드의 인수 순번과 같습니다.

파라미터명을 붙여서 [리스트 4-22]처럼 정의할 수도 있습니다.

리스트 4-22 JPQL 지정(검색, 파라미터명을 지정)

```
@Query("select p from Pet p where p.owner.ownerName = :ownerName")
List<Pet> findByOwnerName(@Param("ownerName") String ownerName);
```

JPQL 안에서 :으로 시작하는 단어가 파라미터명이 되고, 파라미터값이 되는 인수에 @Param 어노테이션으로 파라미터명을 지정합니다.

갱신에서의 JPQL 지정

JPQL을 명시적으로 지정해서 갱신(변경과 삭제)을 할 수 있습니다. 변경할 경우에는 @Query와 @Modifying을 지정합니다(리스트 4-23).

```
@Modifying
@Query("update Pet p set p.price = ?1 where p.petName = ?2")
int updatePetPrice(Integer price, String petName);
```

갱신된 엔티티의 수가 반환되기 때문에 리턴형은 int을 사용합니다.

4.3.8 커스텀 구현을 하는 경우

Spring Data JPA에서는 필요한 경우 DAO 메서드를 자신이 구현할 수 있습니다. 그 경우에 는 [그림 4-19]와 같이 자동 생성된 DAO 오브젝트가 자신이 구현한 DAO 오브젝트를 호출 하는 형식이 됩니다.

그림 4-19 커스텀 구현을 하는 경우

우선은 자신이 구현할 DAO 인터페이스와 구현 클래스를 작성합니다. 인터페이스명과 구현 클래스명은 임의이지만, Bean의 ID는 레포지토리명(구현이 자동 생성된 인터페이스명. 첫 글 자는 소문자로) + Impl로 할 필요가 있습니다(리스트 4-24, 리스트 4-25)(설명을 단순하 게 하려고 구현 내용을 간단한 것으로 했습니다).

리스트 4-24 커스텀 구현의 DAO 인터페이스

```
public interface PetDaoCustom {
  void foo();
}
```

리스트 4-25 커스텀 구현의 DAO 구현 클래스

```
public class PetDaoImpl implements PetDaoCustom {
  @Override
```

```
  public void foo(){
    System.out.println("foo!");
  }
}
```

그다음 구현이 자동으로 생성된 인터페이스에 자신이 구현한 인터페이스를 상속합니다(리스트 4-26).

리스트 4-26 인터페이스 상속

```
@Repository
public interface PetDao extends JpaRepository<Pet, Integer>, PetDaoCustom {
  ...(생략)...
}
```

그림으로 표현하면 [그림 4-20]과 같습니다.

그림 4-20 커스텀 구현을 했을 때의 구조

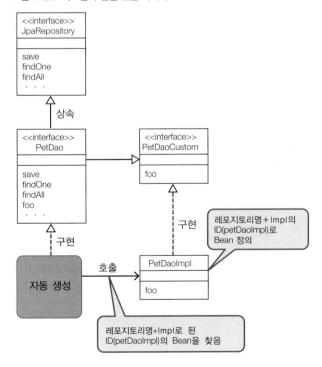

이 결과 구현이 자동 생성된 인터페이스를 통해서 자신이 구현한 DAO 메서드를 호출할 수 있게 됐습니다.

이상으로 Spring Data JPA에 대한 설명을 마칩니다. Spring Data JPA를 사용하면 인터페이스를 정의하는 것만으로 간단하게 데이터 액세스가 가능해짐을 알 수 있었습니다. 주요 기능에 관해서는 이 책에서 다뤘지만, 다루지 못한 JPA의 Criteria를 사용한 기능[25]과 스토어드 프로시저를 호출하는 기능도 있습니다. 흥미가 있다면 Spring Data JPA의 매뉴얼을 참고할 수 있습니다.

4.4 정리

이 장에서는 스프링을 이용한 데이터 액세스 층의 설계와 구현 방법을 알아보았습니다. 스프링을 이용하면 데이터 액세스 처리 프로그램이 간단해짐을 알 수 있었습니다. 데이터 액세스 처리에서 중요한 부분인 트랜잭션 처리는 다음 장에서 살펴봅니다.

----

25 Specifications라는 구조가 제공되고 있습니다.

CHAPTER 05

비즈니스 로직 층의 설계와 구현

비즈니스 로직 층의 주요한 역할은, 그것이 도메인 모델인지, 트랜잭션 스크립트인지 관계없이 업무 처리(비즈니스 로직)를 하는 것입니다. 오목형 레이어와 DI를 활용하면 데이터 액세스나 웹을 경유하는 기술 처리를 비즈니스 로직 층 이외의 층에 맡길 수 있습니다. 하지만 비즈니스 로직과 밀접한 관계가 있는 트랜잭션 처리는 비즈니스 로직 층에서 잘 대응해야 합니다. 이 장에서는 트랜잭션 처리를 강력하게 지원하는 스프링의 트랜잭션 기능을 알아봅니다. 앞의 '웹 애플리케이션 개요'와 중복되는 부분이 있지만, 복습도 할겸 우선은 트랜잭션이 어떠한 것인지를 학습합니다.

5.1 트랜잭션이란?

트랜잭션이란 관련된 여러 처리를 하나의 큰 처리로 취급할 경우의 단위입니다. ACID 속성(제1장 참고)의 원자성을 만족하기 위해서는 트랜잭션 내의 모든 처리가 성공했을 때 트랜잭션이 확정되고, 트랜잭션 내의 어딘가가 실패하면 트랜잭션이 시작하기 전의 상태로 돌아가야 합니다.

웹 애플리케이션에서 트랜잭션은 여러 단위가 존재하고, 스프링이 서포트할 수 있는 단위는 한정적입니다. 우선 트랜잭션을 3개의 단위로 나누어 큰 단위부터 살펴봅니다.

첫 번째 단위는 여러 업무에 걸쳐진 트랜잭션입니다. 예를 들어 고객이 주문한 상품을 공장에 발주하고 물건이 도착하면 고객에게 출하하기까지의 트랜잭션 단위입니다(그림 5-1).

그림 5-1 여러 업무에 걸쳐진 트랜잭션

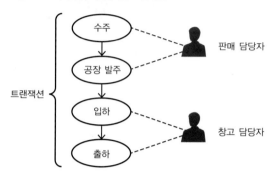

혹은 상품을 출하하기 전에 고객이 마음을 바꿔서 주문을 취소한 경우에는 트랜잭션의 원자성 및 일관성을 지키기 위해서 각 작업에서 확정한 내용(예를 들어 수주 등)을 없었던 것으로 해야 합니다(취소 오퍼레이션을 하는 경우에는 수작업으로 확정 데이터를 삭제할 필요가 있을 수 있습니다).

두 번째 단위로는 하나의 사례에서 사용자로부터의 여러 요청에 걸쳐서 발생하는 트랜잭션입니다. 예를 들어 상품의 재고를 화면에 표시하고, 출하할 상품 수를 입력한 후 확정 버튼을 누르기까지의 트랜잭션 단위입니다(그림 5-2). 혹시 여러 사용자가 동시에 같은 상품의 재고 수를 갱신할 수 없게(예를 들어 재고 수를 마이너스로 만들지 않기 위해서) 하고 싶은 경우에는 비관적 오프라인 락[1]이나 낙관적 오프라인 락[2] 구조가 필요합니다.

세 번째 단위는 하나의 요청 안에서 데이터 소스(보통 데이터베이스)의 트랜잭션입니다. 예를 들어 주문 확정의 요청을 받아서 발주 테이블과 고객 테이블, 재고 테이블을 갱신하기까지의 단위입니다(그림 5-3). 혹 재고 테이블 갱신에 실패한 경우에는 발주 테이블과 고객 테이블의 갱신도 취소해야 할 필요가 있습니다. 여기서, 하나의 데이터 소스에 대한 트랜잭션을 로컬 트랜잭션이라고 부릅니다. 다수의 데이터 소스에 대한 트랜잭션을 글로벌 트랜잭션이라고 부릅니다.

---

1 옮긴이_비관적 락(pessimistic lock)은 Lock을 점유하고 해제하는 정책이 비관적인 가정하에서 이루어지는 형태(내가 업데이트하려고 하는 레코드를 다른 사용자도 업데이트하려고 할 것이다)

2 옮긴이_낙관적 락(optimistic lock)은 비관적 락의 반대 개념(내가 업데이트하려고 하는 레코드에 다른 사용자는 접근하지 않을 것이다)

그림 5-2 여러 요청에 걸쳐서 발생하는 트랜잭션

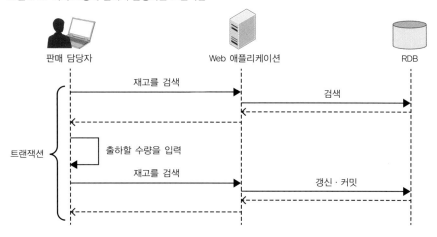

그림 5-3 하나의 요청 안에서 데이터 소스의 트랜잭션

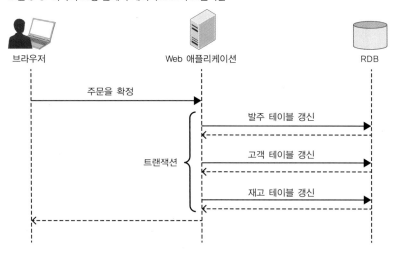

여기까지 세 가지 단위를 소개했지만, 기본적으로는 큰 단위의 트랜잭션 안에서 작은 단위의 트랜잭션이 발생합니다. 스프링은 메서드의 호출에 대응해서 데이터 소스의 트랜잭션 개시 및 종료를 제어하기 때문에 서포트 대상이 되는 것은 세 번째인 '하나의 요청 안에서 데이터 소스의 트랜잭션'입니다.

그럼 하나의 요청 안에서 데이터 소스의 트랜잭션을 처리하는 경우 구체적으로 어느 부분에서 트랜잭션이 개시하고 종료하는지 알아봅시다.

5.1.1 트랜잭션의 경계

제1장에서 설명한 대로 트랜잭션의 경계는 프레젠테이션 층과 비즈니스 로직 층 사이에 그어지는 것이 전통적인 방법입니다(그림 5-4).

그림 5-4 트랜잭션의 경계

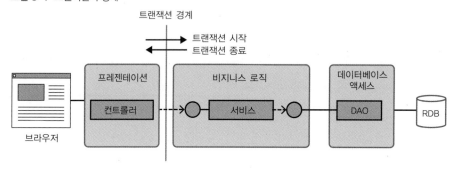

더 구체적으로 말하면 프레젠테이션 층에 공개된 서비스 클래스의 메서드가 트랜잭션의 시작과 종료입니다. 다시 말해, 컨트롤러에서 서비스 클래스의 메서드가 호출되면 트랜잭션 시작, 서비스 클래스의 메서드를 마치고 컨트롤러로 되돌아갈 때가 트랜잭션의 종료입니다.

그럼 트랜잭션의 시작이나 커밋/롤백/트랜잭션의 종료와 같은 처리를 어떻게 구현하면 좋을지 알아봅시다.

5.1.2 트랜잭션 처리를 구현하는 장소 문제

서비스 메서드의 시작과 종료에 맞춰 트랜잭션을 시작하고 종료한다는 것이 메서드의 시작과 끝부분에 트랜잭션의 시작과 종료를 기술한다는 의미일까요? 트랜잭션의 시작과 종료를 기술했을 때의 문제점을 [그림 5-5]를 보면서 생각해봅시다.

[그림 5-5]는 은행 계좌 간 이체를 가정한 비즈니스 로직의 시퀀스 다이어그램입니다. 이체 서비스의 transfer 메서드가 프레젠테이션 층에 공개된 서비스의 메서드인 트랜잭션의 경계입니다. 계좌 Dao는 계좌 테이블에 대응하는 DAO이고, 계좌의 잔고를 갱신하는 update Zandaka 메서드가 있습니다. transfer 메서드에서 출금 계좌와 입금 계좌 각각에 update Zandaka 메서드를 호출합니다.

그림 5-5 계좌 이체 시퀀스 다이어그램

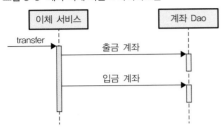

트랜잭션 처리의 API(커밋, 롤백 등)는 데이터 액세스 기술(JDBC, 하이버네이트)에 따라 달라지는데, 여기서 JDBC를 이용했을 때를 생각하면, 트랜잭션의 커밋이나 롤백 같은 메서드는 java.sql.Connection에 있습니다[3]. 이 때문에 비즈니스 로직에서 트랜잭션 처리를 하려면 비즈니스 로직 안에서 커넥션 취득이나 커밋/롤백을 호출할 필요가 있으므로, 원래는 은닉돼야 할 JDBC의 API에 비즈니스 로직 층이 의존하게 됩니다. 더욱이 SQL을 발행하는 계좌 Dao가 사용하는 커넥션은 비즈니스 로직에서 가져온 커넥션을 공유해야 하므로 updateZandaka 메서드의 인수로 커넥션을 건네주는 등의 대응이 필요합니다(그림 5-6).

그림 5-6 비즈니스 로직 안에서 트랜잭션 처리를 기술했을 때의 문제

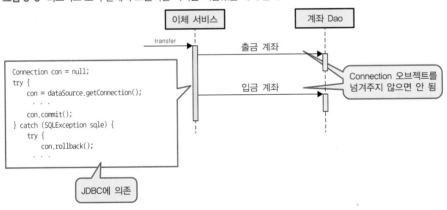

여기서 우리도 잠시 생각해봅시다. 어떤 메서드를 호출했을 때와 그 메서드의 처리가 끝났을 때 소스 코드에 손대지 않고 특정한 처리(여기서는 트랜잭션 처리)를 추가하고 싶다면 어떻게 대응할 수 있을까요?

----

3 글로벌 트랜잭션에서 2페이즈 커밋을 할 때는 JTA(Java Transcation API)의 javax.transaction.UserTransaction의 메서드를 사용합니다.

5.1.3 AOP를 이용한 트랜잭션 처리

AOP를 사용하면 쉽게 대응할 수 있습니다(그림 5-7).

그림 5-7 AOP를 이용한 트랜잭션 처리

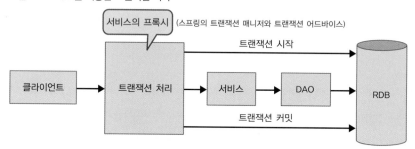

AOP로 서비스에 어드바이스를 적용함으로써 서비스 내부를 수정하지 않고 트랜잭션 처리를 구현할 수 있습니다. 그렇다고 트랜잭션 처리를 구현한 어드바이스를 개발자가 직접 만들어야 하는 것은 아닙니다. 스프링이 제공하는 트랜잭션 매니저와 트랜잭션 어드바이스를 이용할 수 있습니다.

5.2 트랜잭션 매니저

트랜잭션 매니저는 스프링이 제공하는 트랜잭션 처리를 위한 부품입니다. 트랜잭션의 시작과 종료, 롤백 처리를 비롯해 트랜잭션의 정의 정보(롤백의 조건이나 독립성 레벨 등)를 세밀하게 설정할 수 있습니다. 또한, 데이터 액세스 기술(JDBC, 하이버네이트, MyBatis)을 은닉해 주므로 데이터 액세스 기술이 바뀌어도 같은 방법으로 트랜잭션 매니저를 이용할 수 있습니다.

그럼 트랜잭션 매니저로 설정할 수 있는 트랜잭션 정의 정보를 자세히 살펴봅시다.

5.2.1 트랜잭션 정의 정보

트랜잭션 매니저로 설정할 수 있는 트랜잭션 정의 정보는 다음 여섯 가지가 있습니다.

- 전파(propagation) 속성

- 독립성(isolation) 수준
- 타임아웃(timeout)
- 읽기 전용(read-only status)
- 롤백(rollback) 대상 예외
- 커밋(commit) 대상 예외

그러면 순서대로 알아봅시다.

전파 속성

전파 속성은 트랜잭션의 전파 방법을 설정하는 속성입니다. 어떻게 전파하는 것인지는 [그림 5-8]을 참고합니다.

그림 5-8 트랜잭션의 전파

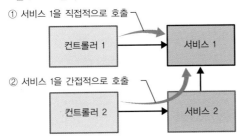

컨트롤러 1에서 서비스 1의 메서드를 호출(①)할 경우, 트랜잭션은 서비스 1의 메서드가 호출됐을 때 시작됩니다. 그럼 컨트롤러 2에서 서비스 2를 호출하고 서비스 2에서 서비스 1을 호출(②)할 때는 어떻게 될까요? 바로 서비스 2의 메서드가 호출됐을 때 트랜잭션이 시작되고, 그 트랜잭션 안에서 서비스 1이 호출됩니다.

이때 서비스 1의 메서드가 호출되면 동시에 트랜잭션을 새로 시작할지 아니면 원래 트랜잭션을 그대로 이어갈지를 선택해야 합니다. 이러한 트랜잭션의 전파를 설정하는 것이 전파 속성입니다. 전파 속성은 [표 5-1]과 같이 7종류를 설정할 수 있습니다. [그림 5-8]과 함께 확인해봅시다.

표 5-1 전파 속성의 종류

전파 속성	서비스 1에 대해서 설정했을 때의 동작	
	①의 경우	②의 경우
PROPAGATION_REQUIRED (기본 값)	트랜잭션을 시작	서비스 2의 트랜잭션에 참가
PROPAGATION_REQUIRES_NEW	트랜잭션을 시작	새 트랜잭션을 시작
PROPAGATION_SUPPORTS	트랜잭션을 하지 않음	서비스 2의 트랜잭션에 참가
PROPAGATION_MANDATORY	예외 발생	서비스 2의 트랜잭션에 참가
PROPAGATION_NESTED	트랜잭션을 시작	부분적인 트랜잭션을 시작
PROPAGATION_NEVER	트랜잭션을 하지 않음	예외 발생
PROPAGATION_NOT_SUPPORTED	트랜잭션을 하지 않음	트랜잭션을 하지 않음

전파 속성은 예를 들어 다음과 같은 설정을 생각해볼 수 있습니다(그림 5-9).

- 항상 최초로 호출되는 발주 서비스 오브젝트의 메서드는 모두 PROPAGATION_REQUIRED로 설정
- 단독으로 트랜잭션이 완결되고 다른 많은 트랜잭션이 병행해서 이용하는 번호 할당 서비스 오브젝트의 발주 번호 부여 메서드는 PROPAGATION_REQUIRES_NEW로 설정
- 트랜잭션에 포함되지 않고 이용되기도 하는 고객 서비스 오브젝트의 검색 메서드는 PROPAGATION_SUPPORTS로 설정
- 다른 서비스에서 이용되는 것이 전제고 트랜잭션이 시작되지 않으면 이용할 수 없는 재고 서비스 오브젝트의 재고 수량 감소 메서드는 PROPAGATION_MANDATORY로 설정

그림 5-9 전파 속성의 설정 예

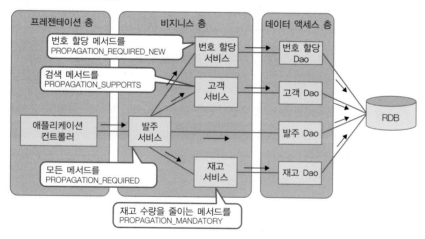

독립성 수준

독립성 수준은 트랜잭션 처리가 병행해서 실행될 때 각 트랜잭션의 독립성을 결정하는 것입니다. 독립성에 대해서 [그림 5-10]을 보면서 살펴봅시다.

그림 5-10 트랜잭션의 독립성

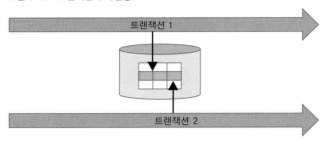

트랜잭션 1과 트랜잭션 2가 나란히 실행됐다는 전제로 설명합니다. 이때 트랜잭션 1이 무엇인가 데이터베이스의 레코드를 갱신했습니다. 단, 트랜잭션 도중이므로 아직 커밋은 하지 않았습니다. 오류가 발생하면 롤백해서 원래대로 돌아가는 불확정한 상태의 데이터입니다. 이어서 트랜잭션 2가 트랜잭션 1에서 갱신한 데이터를 읽어오려고 합니다. 읽어오려는 데이터는 커밋되지 않은 불확정한 상태의 것입니다. 이때 트랜잭션 2는 갱신된 데이터를 읽어와도 되는가 하는 문제가 발생합니다. 모순되지 않게 처리하려면 트랜잭션 1이 커밋해서 확정된 후 데이터를 읽어와야 합니다. 이처럼 트랜잭션 1과 트랜잭션 2가 나란히 실행됐을 때 모순되지 않게 처리하는 속성이 독립성입니다.

독립성에는 독립성 수준이 있고, 스프링에서 지정할 수 있는 독립성 수준은 다섯 종류가 있습니다(표 5-2). 맨 아랫줄의 ISOLATION_DEFAULT는 데이터베이스의 기본 설정이므로 실질적으로는 네 종류라고 생각해도 좋습니다.

독립성 수준을 더 정리해봅시다. 병행 실행되는 트랜잭션을 생각했을 때, 데이터가 모순되는 대표적인 상태는 세 가지입니다. Dirty Read, Unrepeatable Read, Phantom Read라고 하는 상태입니다. 각각에 대해서 자세히 알아봅니다.

• Dirty Read
다른 트랜잭션이 변경했지만, 아직 커밋하지 않은 데이터를 읽어내는 것입니다. Dirty는 흑백이 구분되지 않은 어중간한 데이터라는 느낌을 나타내는 것입니다.

• **Unrepeatable Read**

트랜잭션 내에서 같은 데이터를 여러 번 읽을 때, 다른 트랜잭션이 해당 데이터를 변경하면 이전에 읽은 데이터와 다른 데이터를 읽어내는 것입니다. 같은 값을 반복해서 읽을 수 없다는 의미에서 Unrepeatable이라고 표현했을 것입니다.

• **Phantom Read**

트랜잭션 내에서 같은 데이터를 여러 번 읽을 때, 다른 트랜잭션이 새로 레코드를 추가하면 새로이 추가된 레코드를 읽어내는 것입니다. Phantom은 유령이라는 뜻인데, 없던 것이 갑자기 나타났다는 느낌일 것입니다.

표 5-2 독립성 수준의 종류

독립성 수준	의미
ISOLATION_READ_COMMITTED	다른 트랜잭션이 변경했지만 아직 커밋하지 않은 데이터는 읽어낼 수 없음
ISOLATION_READ_UNCOMMITTED	다른 트랜잭션이 변경하고 아직 커밋하지 않은 데이터를 읽어낼 수 있음
ISOLATION_REPEATABLE_READ	트랜잭션 내에서 여러 번 데이터를 읽어올 때, 다른 트랜잭션이 도중에 데이터를 갱신해도 같은 값을 읽어냄
ISOLATION_SERIALIZABLE	트랜잭션을 하나씩 순서대로 처리해 독립시킴
ISOLATION_DEFAULT	데이터베이스가 제공하는 기본 독립성 수준을 이용

이 세 모순된 상태를 어디까지 허용할지 나타낸 것이 독립성의 수준입니다(표 5-3).

표 5-3 독립성 수준과 데이터가 모순된 상태(O : 허용, X : 불허)

독립성 수준	Dirty Read	Unrepeatable	Phantom Read
ISOLATION_READ_UNCOMMITTED	O	O	O
ISOLATION_READ_COMMITTED	X	O	O
SOLATION_REPEATABLE_READ	X	X	O
ISOLATION_SERIALIZABLE	X	X	X

아래로 내려올수록 모순된 상태를 허용하지 않고 독립성 수준이 높습니다. 그렇다면 항상 독립성이 가장 강한 ISOLATION_SERIALIZABLE을 사용하면 된다고 생각할 수 있지만 그렇지는 않습니다. 독립성이 강해지면 성능이 나빠지기 때문입니다. 데이터베이스 제품에 따라서 독립성 수준을 구현하는 수단이 다르지만, 기본적으로 처리 대상 레코드를 완전히 잠그고 다른

---

4 데이터베이스 제품에 따라서는 읽기에 대해 여러 트랜잭션이 병행해서 처리하는 것도 있습니다.

쪽 트랜잭션 처리를 기다리게 함으로써 독립성을 확보하는 경우가 많습니다.

이는 과자 가게 주인 모델로 설명할 수 있습니다. 과자 가게 주인이 한꺼번에 많은 아이에게 과자를 팔았더니 매출액이 계산보다 200원 모자랐습니다. 그래서 아이들을 한 줄로 세우고 순서대로 과자를 팔자 매출액이 모자라는 일은 없어졌습니다. 하지만 이제는 아이들 사이에 '저 가게는 과자를 사는 데 오래 걸린다'는 소문이 났고 더는 과자를 사러 오지 않게 됐습니다.

그러므로 처리 속도와 정확성의 균형을 고려해 독립성 수준을 선택할 필요가 있습니다. 그렇다고 하나하나 트랜잭션에 독립성 수준을 신중하게 결정하라는 것은 아닙니다. 대개는 ISOLATION_READ_COMMITED로 해도 문제가 없을 것입니다. 단, 데이터베이스에 따라 지원하는 독립성 수준이나 동작이 다르므로 주의할 필요가 있습니다.

그 밖의 트랜잭션의 정의 정보

그 밖의 트랜잭션 정의 정보도 알아봅시다.

- **만료 시간(timeout)**
  트랜잭션이 취소되는 만료 시간을 초 단위로 설정
- **읽기 전용 상태**
  트랜잭션 내의 처리가 읽기 전용으로 설정됩니다. 이 설정 때문에 DB나 ORM 프레임워크 쪽에서 최적화가 이루어집니다.
- **롤백 대상 예외**
  어느 예외가 던져졌을 때 롤백할지 설정할 수 있습니다. 기본적으로는 실행 시 예외(RuntimeException 및 그 서브 클래스의 예외)가 던져지면 롤백이 이루어지고, 검사 예외는 던져져도 롤백되지 않으니 주의해야 합니다.
- **커밋 대상 예외**
  어느 예외가 던져졌을 때 커밋할지 설정할 수 있습니다. 기본으로 검사 예외가 던져졌을 때 커밋이 이루어집니다.

5.2.2 트랜잭션 매니저의 구현 클래스

5.2절에서 트랜잭션 매니저의 이용 방법은 데이터 액세스 기술에 의존하지 않는다고 설명했습니다. 이는 데이터 액세스 기술별로 제공되는 트랜잭션 매니저의 구현 클래스가 공통 인터페이스를 구현함으로써 실현됩니다(그림 5-11).

그림 5-11 트랜잭션 매니저의 구현

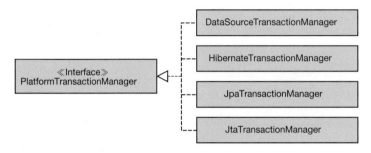

공통 인터페이스는 PlatformTransactionManager라는 인터페이스입니다. [그림 5-11]에
나타낸 구현 클래스는 트랜잭션 매니저의 주요 구현 클래스를 뽑은 것입니다. [표 5-4]에 간단
히 설명했습니다.

표 5-4 트랜잭션 매니저의 주요 구현 클래스

구현 클래스	설명
DataSourceTransactionManager	하나의 DataSource에 대해 트랜잭션 제어를 하는 트랜잭션 매니저
HibernateTransactionManager	하이버네이트의 Session에 대해 트랜잭션 제어를 하는 트랜잭션 매니저
JpaTransactionManager	JPA의 EntityManager에 대해 트랜잭션 제어를 하는 트랜잭션 매니저
JdoTransactionManager	JDO의 PersistenceManager에 대해 트랜잭션 제어를 하는 트랜잭션 매니저
JtaTransactionManager	JTA를 사용하는 트랜잭션 매니저

애플리케이션 개발자는 사용할 데이터 액세스 기술에 맞게 적절한 트랜잭션 매니저의 구현 클
래스를 선택하고 Bean 정의 파일에 등록합니다. [리스트 5-1]은 DataSourceTransaction
Manager를 사용할 때의 Bean 정의 파일 기술의 예입니다.

리스트 5-1 DataSourceTransactionManager 등록

```
<bean id="transactionManager"
    class = "org.springframework.jdbc.datasource.DataSourceTransactionManager">
    <property name="dataSource" ref="dataSource" />
</bean>
```

트랜잭션 매니저를 등록했다면 트랜잭션 기능을 사용할 준비가 끝났습니다.

5.3 트랜잭션 기능의 사용법

앞서 트랜잭션 관리에서도 설명했지만, 트랜잭션 기능의 사용법에는 선언적 트랜잭션과 명시적 트랜잭션의 두 종류가 있습니다.

선언적 트랜잭션은 트랜잭션 처리의 대상이 되는 메서드를 Bean 정의 파일 혹은 어노테이션으로 지정하는 방법입니다. 지정할 때 트랜잭션 정의 정보도 함께 설정합니다. 나머지는 스프링이 자동으로 프락시proxy를 생성해 트랜잭션 처리를 해줍니다. 어노테이션의 소스 코드에 트랜잭션 처리를 기술할 필요가 없으므로 아주 유용한 기능입니다.

명시적 트랜잭션은 트랜잭션 매니저의 API를 애플리케이션 프로그램에서 직접 호출해서 트랜잭션 처리를 하는 방법입니다. 애플리케이션의 소스 코드에 트랜잭션 처리를 기술하게 되므로 소스 코드가 복잡해져서 가능하면 피하고 싶은 사용법입니다. 다음은 선언적 트랜잭션의 구체적인 설정 방법입니다.

5.3.1 선언적 트랜잭션 설정

선언적 트랜잭션 설정은 Bean 정의 파일로 하는 방법과 어노테이션으로 하는 방법이 있습니다. 설정할 수 있는 트랜잭션 정의 정보와 기본값을 [표 5-5]에 정리했습니다.

표 5-5 설정 가능한 트랜잭션 정의 정보와 기본값

설정명	기본값	기본값의 비고
전파 속성	PROPAGATION_REQUIRED	–
독립성 수준	ISOLATION_DEFAULT	데이터베이스의 기본 독립성 수준을 적용
만료 시간	–1	만료 시간 없음
읽기 전용 상태	false	–
롤백 대상 예외	설정하지 않음	실행 시 예외가 롤백 대상
커밋 대상 예외	설정하지 않음	검사 예외가 커밋 대상

그럼 Bean 정의 파일로 설정하는 방법을 살펴봅시다.

Bean 정의 파일에 의한 선언적 트랜잭션

우선은 tx 스키마를 사용해 트랜잭션의 어드바이스를 설정합니다. 트랜잭션의 어드바이스 설정값으로 기본값을 사용할 때는 [리스트 5-2]처럼 쓰면 됩니다.

리스트 5-2 트랜잭션 정의 정보 설정(기본값)

```
<tx:advice id="transactionAdvice" transaction-manager="transactionManager">
    <tx:attributes>
        <tx:method name="*" />
    </tx:attributes>
</tx:advice>
```

transaction-manager 속성에 지정한 것은 앞에서 말한 트랜잭션 매니저입니다. 트랜잭션 정의 정보는 메서드 단위로 지정할 수 있습니다. [리스트 5-2]에서는 와일드카드(*)를 사용해서 모든 메서드에 대한 기본 트랜잭션 정의 정보로 트랜잭션 처리가 이루어집니다. 기술이 아주 간단하다는 것을 알 수 있을 것입니다. 단, 실제로는 메서드 처리에 맞게 트랜잭션 정의 정보를 변경할 것이므로 그럴 때는 [리스트 5-4]처럼 기술합니다.

리스트 5-3 트랜잭션 정의 정보 설정

```
<tx:advice id="transactionAdvice" transaction-manager="transactionManager">
    <tx:attributes>
        <tx:method name="get*" read-only="true" />  ◀----------------------------❶
        <tx:method name="update*" -----------------------------------
            propagation="REQUIRED"
            isolation="READ_COMMITTED"
            timeout="10"                                               ❷
            read-only="false"
            rollback-for = "BusinessException"/> -----------------------
    </tx:attributes>
</tx:advice>
```

[리스트 5-3]에서는 get으로 시작하는 메서드에 대한 설정(❶)과 update로 시작하는 메서드에 대한 설정(❷)의 두 가지가 있습니다. ❷의 트랜잭션 정의 정보는 다음과 같이 설정돼 있습니다.

- 전파 속성   PROPARGATION_REQUIRED
- 독립성 수준   READ_COMMITTED
- 만료 시간   10초
- 읽기 전용 상태   false
- 롤백 대상 예외   BusinessException

특히 롤백 대상 예외는 기본값으로 실행 시 예외의 경우만 롤백되는 설정이기 때문에 잊지 않고 설정해야 합니다. 갱신 메서드에는 java.lang.Exception을 지정해두는 것도 한 가지 방법입니다.

이제 트랜잭션 처리를 하는 클래스와 인터페이스를 지정하는 방법을 알아봅시다. 설정은 aop 스키마를 이용합니다(리스트 5-4).

리스트 5-4 트랜잭션 처리를 하는 클래스와 인터페이스를 지정

```
<aop:config>
<aop:advisor advice-ref="transactionAdvice"
    pointcut="execution(* *..*Service.*(..))" />
</aop:config>
```

중요한 부분은 pointcut 속성으로 설정하는 부분입니다. 특별한 이유가 없다면 execution을 이용합니다. 임의의 패키지, 클래스 및 인터페이스의 끝에 Service가 있는 모든 것을 지정합니다. 메서드 단위의 설정도 가능하지만 트랜잭션 정의 정보의 설정에서 메서드 단위의 설정을 하므로 여기서는 클래스 및 인터페이스 단위로 해두는 것이 좋습니다.

어노테이션에 의한 선언적 트랜잭션

다음은 어노테이션에서의 설정 방법입니다. @Transactional이라는 어노테이션을 사용합니다. 트랜잭션 처리를 하고 싶은 클래스와 메서드에 @Transactional을 지정합니다. 인터페이스에 지정할 수도 있지만, 제약[5]이 나오므로 이 장에서는 대상 외로 하겠습니다. 클래스 단위로 지정할 수도 있고 메서드 단위로 지정할 수도 있지만, 클래스에 지정하면 클래스의 모든 메서드(private 제외)는 트랜잭션 제어의 대상이 됩니다. @Transactional 어노테이션의 요

---

5 제약의 상세한 내용은 스프링 레퍼런스 메뉴얼의 Using @Transactional에서 Tips 부분을 참고합니다.

소는 트랜잭션 정의 정보를 지정하는 요소가 있어 값을 지정할 수 있습니다[6]. [리스트 5-5]는 @Transactional를 이용한 예제입니다.

리스트 5-5 @Transactional을 사용한 예제(기본값)

```
...(생략)...
@Transactional
public class PetServiceImpl {
    ...(생략)...
}
```

[리스트 5-5]처럼 클래스에 @Transactional을 지정하면 PetServiceImpl의 모든 public 메서드에 기본 트랜잭션 정의 정보로 트랜잭션 처리가 이루어집니다. 메서드마다 트랜잭션 정의 정보를 변경하고 싶을 때는 [리스트 5-6]처럼 기술합니다.

리스트 5-6 @Transactional을 사용한 예제

```
@Transactional(
    propagation=Propagation.REQUIRED,
    isolation=Isolation.READ_COMMITTED,
    timeout=10,
    readOnly=false,
    rollbackFor="BusinessException.Class" )
public void updatePet(Pet pet) throws BusinessException {
...(생략)...
```

Bean 정의 파일과 같은 요령으로 지정할 수 있음을 알 수 있습니다. 잊지 말아야 할 것은 Bean 정의 파일에서 @Transactional을 유효하게 하는 설정입니다. [리스트 5-7]의 내용을 Bean 정의 파일에 기재할 필요가 있습니다.

리스트 5-7 @Transactional을 유효하게 만드는 설정

```
<tx:annotation-driven transaction-manager="transactionManager"/>
```

transaction-manager 속성에 지정할 문자열은 트랜잭션 매니저를 등록했을 때의 id입니다.

---

6 클래스와 메서드 양쪽에 @Transactional로 트랜잭션의 정의 정보를 지정한 때는 메서드에 지정한 값이 우선됩니다.

여기까지 JavaConfig를 설명하지 않았지만 JavaConfig에서 트랜잭션을 설정할 경우, annotation-driven에 해당하는 것은 @EnableTransactionManagement입니다. 이것을 @Configuration과 같이 클래스명을 선언하기 전에 기술합니다. 다음은 @Bean 어노테이션을 붙여서 DataSource 및 TransactionManager를 인스턴스화하는 메서드인 dataSource()와 transactionManager()를 작성합니다.

선언적 트랜잭션은 소스 코드상에 트랜잭션 처리를 기술할 필요가 없으므로 아주 편리하지만, 어떤 사정으로 소스 코드상에 트랜잭션 처리를 기술하고 싶은 상황이 있을 수 있습니다. 그럴 때는 다음에 설명하는 명시적 트랜잭션을 사용합니다.

5.3.2 명시적 트랜잭션 사용법

명시적 트랜잭션을 사용하면 소스 코드에서 트랜잭션 처리 메서드를 호출합니다. 호출할 메서드는 트랜잭션 매니저 인터페이스의 PlatformTransactionManager에 있습니다. Bean 정의 파일에 트랜잭션이 등록됐을 것이므로 트랜잭션 매니저의 Bean을 트랜잭션 처리하는 Bean에 인젝션하면 됩니다. [리스트 5-8]은 명시적 트랜잭션의 예입니다.

리스트 5-8 명시적 트랜잭션의 예제

```
@Autowired                                                              ──❶
private PlatformTransactionManager txManager;

public void updatePet(Pet pet) {
    DefaultTransactionDefinition def = new DefaultTransactionDefinition();
    def.setPropagationBehavior(TransactionDefinition.PROPAGATION_REQUIRED);
    def.setIsolationLevel(TransactionDefinition.ISOLATION_READ_COMMITTED);
    def.setTimeout(10);
    def.setReadOnly(false);
    TransactionStatus status = txManager.getTransaction(def);
    try{                                                                ──❷
        // 비즈니스 로직...
    } catch (RuntimeException e){
        txManager.rollback(status);
        throw e;
    }
    txManager.commit(status);
}
```

❶은 트랜잭션 매니저를 @Autowired로 인젝션하는 부분입니다.

❷의 updatePet 메서드는 트랜잭션을 처리합니다. 트랜잭션 정의 정보를 DefaultTransactionDefinition에 설정[7]하고, PlatformTransactionManager의 getTransaction 메서드로 트랜잭션을 시작합니다. 전파 속성과 독립성 수준은 모두 TransactionDefinition의 static 변수로 정의됩니다. 롤백 시에는 PlatformTransactionManager의 rollback 메서드를 호출하고 커밋 시에는 commit 메서드를 호출합니다.

조금 다른 방법으로는 commit 메서드와 rollback 메서드의 호출을 은닉해주는 Transaction Template 클래스를 이용할 수도 있습니다(리스트 5-9).

리스트 5-9 TransactionTemplate을 이용한 예제

```
@Autowired ················································································· ❶
private PlatformTransactionManager txManager; ································

public void updatePet(final Pet pet) { ····································
    TransactionTemplate t = new TransactionTemplate(txManager);
    t.setPropagationBehavior(TransactionDefinition.PROPAGATION_REQUIRED);
    t.setIsolationLevel(TransactionDefinition.ISOLATION_READ_COMMITTED);
    t.setTimeout(10);
    t.setReadOnly(false);
                                                                         ❷
    t.execute(new TransactionCallbackWithoutResult() {
        @Override
        protected void doInTransactionWithoutResult(TransactionStatus status) {
            petDao.updatePet(pet);
        }
    }
}
```

❶은 트랜잭션 매니저를 인젝션하고 있습니다. ❷의 updatePet 안에서 Transaction Template에 대해서 트랜잭션 정의 정보를 설정하고, TransactionTemplate의 execute 메서드를 호출하고 있습니다. 트랜잭션 제어를 하고 싶은 처리는 TransactionCallback의 doInTransaction 메서드(반환값이 필요 없는 경우에는 TransactionCallbackWithout

---

7 DefaultTransactionDefinition의 설정을 소스 코드에 기술하고 싶지 않을 때는 Bean 정의 파일에서 DefaultTransaction Definition의 Bean을 정의하고 트랜잭션 처리를 하는 Bean에 인젝션해도 됩니다.

Result 클래스의 doInTransactionWithoutResult 메서드)를 오버라이드해서 구현(리스트 5-9에서는 익명 클래스에 구현)하고, execute 메서드에 인수로 오브젝트를 넘겨주면 됩니다. 구현한 처리 안에서 실행 시 예외가 발생했을 때 자동으로 롤백되고, 발생하지 않으면 커밋됩니다. 또 명시적으로 롤백을 설정하고 싶은 경우에는 인수로 넘어오는 TransactionStatus의 오브젝트에 대해서 setRollbackOnly 메서드(인수 없음)를 호출합니다[8].

명시적 트랜잭션의 용도

명시적 트랜잭션을 사용하면 소스 코드상에 트랜잭션 처리를 기재하기 때문에 코드가 길어져 가독성이 나빠집니다. 가능하면 사용하지 않았으면 하는 기능이지만 상황에 따라서는 효과적일 때도 있습니다. 예를 들어, 같은 클래스 안의 처리 일부에서 트랜잭션 처리를 하고 싶을 때가 있습니다. 선언적 트랜잭션은 Proxy를 매개해 트랜잭션 처리를 실행하기 때문에 @Transactional로 지정한 메서드를 자기 자신이 호출했을 때는 Proxy를 거치지 않으므로 트랜잭션 처리가 이루어지지 않습니다(그림 5-12).

그림 5-12 메서드 호출과 선언적 트랜잭션

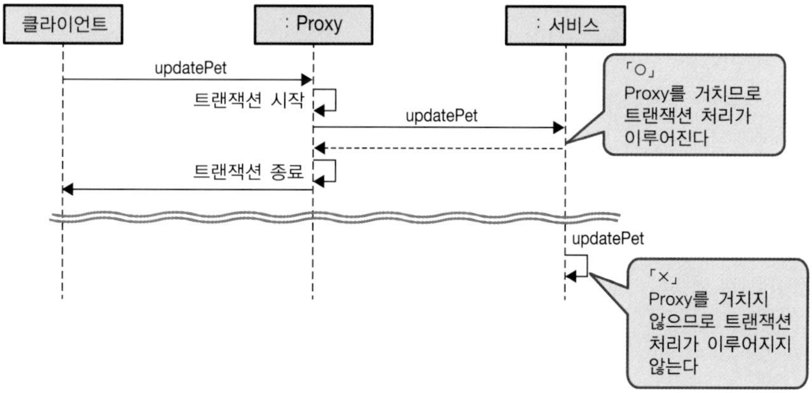

이럴 때는 명시적 트랜잭션으로 대응할 수 있습니다. 물론 트랜잭션 처리를 할 부분적인 처리를 다른 클래스로 뽑아내면 선언적 트랜잭션을 사용할 수 있습니다. 반드시 명시적 트랜잭션을 사용해야 하는지 설계를 다시 검토해서 신중하게 도입해야 합니다.

....

8 TransactionTemplate을 Bean 정의 파일에 정의하고, TransactionTemplate을 @Autowired로 인젝션해두면 전파 속성과 독립성 수준을 설정 파일에서 관리할 수 있습니다.

5.4 정리

이 장에서는 웹 애플리케이션의 트랜잭션 처리의 종류나 트랜잭션 경계를 알아봤습니다. 그리고 스프링의 트랜잭션 기능 사용법을 학습했습니다. 스프링의 트랜잭션 기능에는 선언적 트랜잭션과 명시적 트랜잭션이 있고, 특히 선언적 트랜잭션은 AOP를 사용해 간결하고 효과적으로 트랜잭션을 구현할 수 있습니다. 개발 현장에서 꼭 활용해보기를 추천합니다.

 Coffee break

후배와의 대화

후배 방금 전 상사에게 "아키텍트가 되고 싶으면 우리 회사 비즈니스를 생각해서 사용자보다 우리 회사의 수익을 최우선으로 생각해서 제안해. 우리는 스프링이 표준이니까 스프링과 맞지 않더라도 사용해."라고 혼났습니다.

나 음, 위험한 생각인데…. 나중에 내가 주의를 시킬게.

후배 왜 그러세요? 전 상사의 이야기가 회사원으로서는 당연하다고 생각했는데요.

나 나는 아키텍트, 아니 엔지니어라면 소속된 회사의 수익에 대해서는 별로 생각하지 않아도 된다고 생각하거든.

후배 왜 그렇죠?

나 원래 엔지니어라면 기술 과제에 대해서, 아키텍트라면 비즈니스 과제에 대해서도 사용자에게 최선의 답을 해주지 않으면 안 된다고 생각해.

후배 맞는 말씀입니다.

나 그렇지. 그 최선의 답은 사용자에게서 제약을 받는 경우는 있더라도 소속된 회사에서 제약을 받으면 안 되지. 즉 소속된 회사의 수익을 위해서 사용자에게 최선의 답을 하지 않는다면 그것은 엔지니어로서 최악이라고 할 수 있어. 엔지니어가 보수 업무의 추가 요금을 벌 수 있게, 엉성한 시스템을 만들어버리는 것은 사기야. 같은 맥락으로 스프링과 맞지 않으면 사용하지 않고 다른 선택 사항을 제안해야지.

후배 음…. 하지만 전 사원이고 상사의 지시를 최우선으로 받지 않으면….

나 근본적으로 엔지니어는 회사에 소속되더라도, 회사에서 독립해 사용자를 위해서 최선을 다해야 한다고 생각해.

후배 하지만 월급은 회사에서 나오잖아요.

나 그렇지. 만일 내가 큰 병원에 치료를 위해서 갔다고 치자. 그곳의 의사가 치료를 중시하는 것이 아니고 병원의 이익을 최우선으로 생각해서 잘못된 치료를 하는 것을 당연하다고 생각해야 할까? 이 치료법은 환자에게 맞지 않더라도 병원의 방침이니까 사용해야 할까? 의사는 병원에서 월급을 받고 있으니까 말이야. 하지만 난 그런 TV 드라마에서나 나오는 저질 의사에게 치료받는 것은 딱 질색이야.

후배 음….

나 월급을 받는다고 해서 회사에서 나온 잘못된 지시를 사원이 그대로 따른다는 것은 어리석은 짓이야. 뉴스 같은 데서 나오는, 팔아서는 안 되는 우유와 고기를 팔거나 위험을 숨기고 위험 시설을 운영하는 것과 같은 일들이 이러한 생각에서 시작된다고 생각해.

후배 그것으로 회사에서 잘린다면 받아들이겠습니다.

나 그렇지. 하지만 그렇게 되기 전에 엔지니어로서 올바로 판단할 수 있도록 실력을 키워야겠지. 이익만 우선하는 의사도 싫지만 오진을 하거나 수술에 실패만 하는 의사도 싫지?

후배 네.

프레젠테이션 층의 설계와 구현

이 장에서는 스프링을 이용해 프레젠테이션 층을 설계하고 구현합니다. 프레젠테이션 층을 구현할 때는 이른바 MVC 프레임워크를 도입하는 경우가 많습니다. 대표적인 MVC 프레임워크로는 스트럿츠Struts가 있습니다. 현재는 스트럿츠를 이용한 개발이 이루어지고 있지만, 스트럿츠 1.x의 개발이 종료돼, 스프링에 포함된 MVC 프레임워크인 스프링 웹 MVC 프레임워크(이하 스프링 MVC)가 주목받고 있습니다. 이 장에서는 간단한 예제 애플리케이션 개발을 통해 프레젠테이션 층의 설계와 구현에서 빈번하게 거론되는 몇 가지 문제점을 스프링 MVC로 해결해봅니다.

또한 상세한 내부 구조는 생략하고 스프링 MVC의 사용법에 중점을 두고 설명합니다. 상세한 내부 구조에 흥미가 있다면 스프링의 소스 코드를 내려받아서 확인해보기 바랍니다. 그리고 스프링 MVC는 기능이 아주 많으므로 여기서 모든 기능을 설명할 수는 없습니다. 흥미가 있는 독자는 스프링 레퍼런스 매뉴얼[1]을 참고하기 바랍니다.

6.1 스프링 MVC의 개요

우선 상세한 내용은 나중에 설명하기로 하고, 스프링 MVC의 개요를 설명합니다.

---

1 http://docs.spring.io/spring/docs/current/spring-framework-reference/html/mvc.html

6.1.1 스프링 MVC와 MVC2 패턴

스프링 MVC는 스프링이 등장할 때부터 스프링에 포함된 MVC 프레임워크입니다. 스트럿츠 등의 다른 MVC 프레임워크와 같이 J2EE 패턴[2]의 FrontController 패턴[3]을 기초로 한 MVC 프레임워크이지만, 클래스가 역할별로 명확하게 분리되고, 클래스 간 관련이 느슨하다는 특징이 있습니다. 예를 들어 MVC2 패턴의 Model-View-Controller의 역할을 하는 오브젝트에는 각각의 인터페이스가 정의되며, 상호 간 의존이 없습니다. 그 때문에 View 테크놀로지를 변경하더라도 Model, Controller 등에는 영향을 미치지 않습니다. Model-View-Controller뿐만 아니라 스프링 MVC가 제공하는 기능이 상호 간 독립된 느슨한 연결이기 때문에 다양하게 확장할 수 있습니다.

6.1.2 스프링 MVC와 어노테이션

앞서 설명한 것처럼 스프링 1부터 포함된 스프링 MVC지만, 스프링 2 이전에는 널리 보급되지 않았습니다. 그 이유로 크게 2가지를 들 수 있습니다.

첫 번째로, 개발자가 이해하지 않으면 안 되는 내용이 많았습니다. 예를 들어 스프링 2 이전의 스프링 MVC에서는 컨트롤러 클래스(스트럿츠에서는 Action 클래스)는 컨트롤러 인터페이스를 구현해서 작성합니다. 여러 가지 경우에 대응하기 위해서 컨트롤러 인터페이스를 구현한 많은 추상 클래스를 스프링 MVC에서 제공하고 있었지만, 각 추상 클래스의 사용법을 이해하기 전에는 개발할 수 없어서 학습 비용이 비쌌습니다.

두 번째로, 설정의 확장이 복잡했습니다. 모든 컨트롤러 클래스를 Bean 정의 파일에 정의해야 했습니다. 더욱이 앞에서 말한 추상 클래스별로 설정이 다르므로 설정 방법을 이해하지 않고서는 개발할 수 없었습니다. 그 결과 상세한 정보가 부족한 곳에서는 스프링 MVC가 그다지 보급되지 못했습니다.

스프링 MVC가 널리 보급된 것은 스프링 2.5에서 어노테이션을 채용했을 때부터입니다. 예를 들어, 컨트롤러 클래스는 컨트롤러 인터페이스를 구현할 필요가 없어지고, 클래스에 @Controller 어노테이션을 선언하는 것만으로 작성이 끝났습니다. 또한 요청을 받는 URL과

---

2 http://www.oracle.com/technetwork/java/index-138725.html

3 http://www.oracle.com/technetwork/java/frontcontroller-135648.html

실행 메서드의 매핑도 @RequestMapping 어노테이션의 메서드를 설정하는 것만으로 가능해졌습니다. [리스트 6-1]은 스프링 MVC로 작성한 컨트롤러 클래스의 예입니다.

리스트 6-1 컨트롤러 예제

```java
package sample.user.web.controller;

import static org.springframework.web.bind.annotation.RequestMethod.GET;

import java.util.List;

import org.springframework.beans.factory.annotation.Autowired;
import org.springframework.stereotype.Controller;
import org.springframework.ui.Model;
import org.springframework.web.bind.annotation.RequestMapping;
import org.springframework.web.bind.annotation.RequestParam;

import sample.user.biz.domain.User;
import sample.user.biz.service.UserService;

@Controller // 컨트롤러 클래스로 설정
public class UserListController {        // extends, implements는 필요 없음

    // 필요한 오브젝트를 인젝션
    @Autowired
    private UserService userService;

    // URL /user, HTTP 메서드 GET과 매핑
    // 요청 파라미터 "id"가 지정되지 않는 경우
    @RequestMapping(path = "/user", params = "!id", method = GET)
    public String showAllUsers(Model model) {
        List<User> users = userService.findAll();

        // View에 넘겨줄 오브젝트를 설정
        model.addAttribute("customers", users);

        // View 이름을 리턴
        return "user/list";
    }

    // URL /user, HTTP 메서드 GET과 매핑
    // 요청 파라미터 "id"가 지정된 경우
    @RequestMapping(path = "/user", method = GET)
```

```
public String showUser(@RequestParam int id, Model model) {
    User user = userService.findById(id);

    // View에 넘겨줄 오브젝트를 설정
    model.addAttribute("user", user);

    return "user/detail";
}
}
```

인터페이스의 구현이나 클래스의 상속이 필요한 프레임워크는 오버라이드하는 메서드가 고정
돼 제한이 많습니다. 예를 들어 하나의 컨트롤러 클래스에 하나의 메서드만 정의할 수밖에 없
다든지, 메서드 이름이 고정된다든지, 불필요한 인수(HttpServletRequest나 HttpServlet
Response 등)를 반드시 정의해야 하기도 합니다.

그에 비해 스프링 MVC의 컨트롤러 클래스는 자유롭습니다. 한 클래스에 요청을 처리하는 메
서드를 몇 개라도 구현할 수 있고, 메서드명도 어떤 이름이라도 괜찮습니다. 인수는 필요한 것
만 정의하면 되고 인수가 필요 없을 때는 인수를 비워놓아도 상관없으며 인수의 정의 순서에도
특별한 제한이 없습니다.

나중에 설명하겠지만, 스프링 MVC에서는 요청을 처리하는 메서드의 인수로서 많은 오브젝
트를 전달할 수 있습니다. 잘 알고 있는 HttpServletRequest와 HttpServletResponse는
물론이고, [리스트 6-1]의 첫 번째 인수 userID처럼 요청 파라미터를 직접 인수로 정의하거
나 심지어 URL 일부를 인수로 정의할 수도 있습니다. 이러한 유연성이 스프링 MVC의 큰 특
징입니다.

6.1.3 스프링 MVC와 REST

스프링 3 이후에 스프링 MVC에서 REST에 관한 기능이 많이 추가됐습니다. REST란
Representational State Transfer의 줄임말로, 웹 애플리케이션을 구현하는 방법 중 하나입
니다. REST에서는 웹상의 정보를 하나하나 리소스로 파악하고 그 식별자로서 URI[4]를 할당해

---

4 Uniform Resource Identifier. 웹상의 리소스를 고유하게 식별하는 식별자입니다. URL(Uniform Resource Locator)은 URI 일
부이며, 웹상의 리소스 중에서도 특히 장소(locator)를 고유하게 특정하는 식별자입니다. 이 장에서는 거의 URI = URL이라고 이해
해도 괜찮습니다.

고유하게 특정할 수 있게 합니다. 예를 들어 [그림 6-1]에서는 foo.bar.baz 도메인으로 복수의 사용자 정보를 관리합니다. 사용자 정보에 URI로 http://foo.bar.baz/user/{사용자 ID}를 할당해 각 사용자를 특정할 수 있게 하는 것입니다.

그림 6-1 REST의 사고방식

그리고 REST의 또 한 가지 특징은 리소스에 접근하는 방식입니다. REST로 리소스에 접근할 때는 HTTP 프로토콜로 정의된 HTTP 메서드를 충실하게 사용합니다. 예를 들어 사용자 ID가 1인 사용자 정보를 가져오고 싶을 때는 URL http://foo.bar.baz/user/1에 GET 메서드로 접근합니다(그림 6-2 ①). 사용자 ID가 2인 사용자 정보를 새로 등록하고 싶을 때는 URI http://foo.bar.baz/user/2에 POST 메서드로 사용자 정보를 보냅니다(그림 6-2 ②).

그림 6-2 REST에 의한 리소스 접근

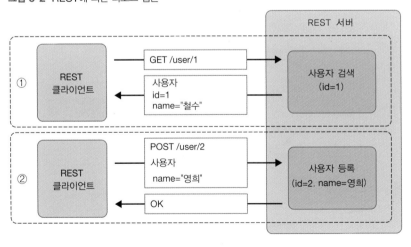

그런데 REST에 준거한 형태로 웹 애플리케이션을 구축하려면 MVC 프레임워크에는 다음과 같은 기능이 필요합니다.

- URL을 자유롭게 결정할 수 있다.
- HTTP 메서드에 따라 실행할 처리를 전환할 수 있다.
- URL의 일부를 쉽게 추출해 사용할 수 있다(예: http://foo.bar.baz/user/1에서 사용자 ID "1"을 쉽게 추출할 수 있다).

다시 [리스트 6-1]을 보면 처음 두 가지는 스프링 MVC가 만족한다는 것을 알 수 있습니다. 또한 세 번째도 스프링 MVC는 URI 템플릿이라는 방식으로 대응합니다. 다시 말해 스프링 MVC는 REST 기반 앱 애플리케이션 구축에 매우 적합한 프레임워크라고 할 수 있습니다. 오히려 스프링 MVC 자체가 REST의 사고방식에 강하게 영향을 받은 프레임워크이므로 REST와의 친화성이 매우 높다고 말하는 편이 맞을 것입니다.

6.1.4 스프링 MVC의 등장 인물과 동작 개요

스프링 MVC의 등장 인물과 함께 대략적인 동작을 확인해봅시다. [그림 6-3]은 스프링 MVC의 등장 인물 간 관계도입니다. 각 등장 인물의 역할은 [표 6-1]과 같습니다. 범례대로 그림에서 흰색 글씨는 애플리케이션 개발자가 개발하는 부분이고 나머지는 공통으로 설정합니다.

그림 6-3 스프링 MVC의 등장 인물과 동작 개요

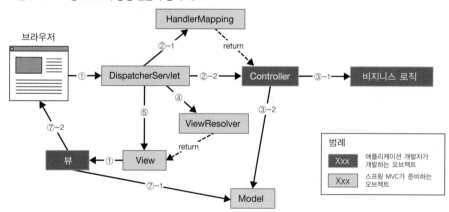

표 6-1 스프링 MVC의 등장 인물

등장 인물	역할
DispatcherServlet	• 프런트 컨트롤러를 담당 • 모든 HTTP 요청을 받아들여 그 밖의 오브젝트 사이의 흐름을 제어 • 기본적으로 스프링 MVC의 DispatcherServlet 클래스를 그대로 적용
HandlerMapping	• 클라이언트의 요청을 바탕으로 어느 컨트롤러를 실행할지 결정
Model	• 컨트롤러에서 뷰로 넘겨줄 오브젝트를 저장하기 위한 오브젝트, HttpServletRequest 와 HttpSession처럼 String 형 키와 오브젝트를 연결해서 오브젝트를 유지
ViewResolver	• View 이름을 바탕으로 View 오브젝트를 결정
View	• 뷰에 화면 표시 처리를 의뢰
비즈니스 로직	• 비즈니스 로직을 실행. 애플리케이션 개발자가 비즈니스 처리 사양에 맞게 작성
컨트롤러(Controller)	• 클라이언트 요청에 맞는 프레젠테이션 층의 애플리케이션 처리를 실행해야 함. 애플리 케이션 개발자가 애플리케이션 처리 사양에 맞게 작성
뷰 / JSP 등	• 클라이언트에 대해 화면 표시 처리. 자바에서는 JSP 등으로 작성하는 일이 많으며, 애 플리케이션 개발자가 화면의 사양에 맞게 작성

[그림 6-3]으로 스프링 MVC의 동작 개요를 확인합니다. 화면 표시를 담당하는 부분에서 스프링 MVC가 준비한 View 오브젝트와 애플리케이션 개발자가 작성하는 JSP 등의 View가 혼동되므로 개발자가 작성하는 View는 앞으로 뷰라고 한글로 표현합니다.

1. DispatcherServlet은 브라우저로부터 요청을 받아들입니다.

2. DispatcherServlet은 요청된 URL을 핸들러 매핑(HandlerMapping) 오브젝트에 넘기고 호출 대상의 컨트롤러 오브젝트를 얻어 URL에 해당하는 메서드를 실행합니다[5].

3. 컨트롤러 오브젝트는 비즈니스 로직으로 처리를 실행하고, 그 결과를 바탕으로 뷰에 전달할 오브젝트를 Model 오브젝트에 저장합니다. 끝으로 컨트롤러 오브젝트는 처리 결과에 맞는 View 이름을 반환합니다.

4. DispatcherServlet은 컨트롤러에서 반환된 View 이름을 뷰 리졸버(ViewResolver)에 전달해서 View 오브젝트를 얻습니다.

5. DispatcherServlet은 View 오브젝트에 화면 표시를 의뢰합니다.

6. View 오브젝트는 해당하는 뷰(이번 샘플 애플리케이션에서는 JSP)를 호출해서 화면 표시를 의뢰합니다.

7. 뷰는 Model 오브젝트에서 화면 표시에 필요한 오브젝트를 가져와 화면 표시 처리를 실행합니다.

----

5 정확하게는 DispatcherServlet이 컨트롤러를 직접 실행하는 것은 아닙니다. 핸들러 매핑은 DispatcherServlet으로부터 전달된 URL을 바탕으로 핸들러 어댑터 오브젝트를 내포한 HandlerExecutionChain 오브젝트를 생성합니다. 그리고 Dispatcher Servlet이 HandlerExecutionChain 오브젝트로부터 핸들러 어댑터 오브젝트를 가져와서 핸들러 어댑터 오브젝트의 메서드를 실행합니다. 그리고 핸들러 어댑터 오브젝트가 handle 메서드 안에서 컨트롤러 오브젝트의 메서드를 실행합니다.

대략적인 흐름은 위와 같습니다. 이 장에서 대상으로 하는 프레젠테이션 층 개발은 비즈니스 로직 층으로서 제공되는 서비스 클래스나 도메인 클래스를 이용해 컨트롤러와 뷰를 개발합니다. 이 컨트롤러와 뷰에 관해 더 살펴봅시다.

컨트롤러의 개요와 Model 오브젝트

컨트롤러는 클라이언트의 요청에 따라 프레젠테이션 층의 애플리케이션 처리를 구현합니다. 예를 들어 검색 화면이면 검색 조건을 요청으로부터 가져와 비즈니스 로직의 검색 메서드를 실행합니다. 신규 등록 처리면 입력된 정보를 요청으로부터 가져와 비즈니스 로직의 신규 등록 메서드를 실행합니다. 그리고 끝으로 View 이름을 반환하는 것도 컨트롤러의 중요한 역할입니다.

그럼, 컨트롤러의 기본 구현 방법을 알아봅시다. 자세한 것은 나중에 다시 설명할 테니 너무 어렵게 생각하지 말고 보기 바랍니다. [그림 6-4]가 기본적인 컨트롤러 클래스의 구조입니다.

그림 6-4 기본적인 컨트롤러의 구조

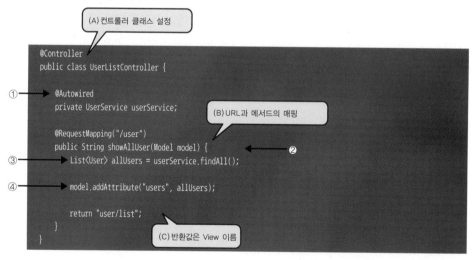

우선 [그림 6-4] (A), (B), (C)가 가장 기본적인 구조입니다. 여기서 확실하게 기억해둬야 합니다. [그림 6-4] (A)는 컨트롤러 클래스를 설정하는 부분입니다. 기본적으로 모든 컨트롤러 클래스에는 @Controller 어노테이션을 설정한다고 생각하면 됩니다[6]. 또한 이 지정으로

---

[6] 현재의 스프링 MVC에서는 어노테이션 기반 컨트롤러뿐 아니라 구 버전에서 채용한 인터페이스 기반 컨트롤러(컨트롤러 인터페이스를 구현한 컨트롤러)도 사용할 수 있으므로 엄밀하게는 여기에 적용되지 않습니다.

@Component와 @Service 어노테이션과 같이 컴포넌트 스캔의 대상으로 하는 것이 가능합니다.

다음으로 [그림 6-4] (B)는 URL과 메서드의 매핑을 설정하는 부분입니다. 메서드별로 @RequestMapping 어노테이션을 지정하고 @RequestMapping 어노테이션값으로 URL을 지정합니다. 이 설정에서 지정한 URL에 액세스하면 해당 메서드가 실행됩니다. 이 예에서는 URL http://서버:포트/{컨텍스트 경로}/user에 액세스하면 UserListController 클래스의 showAllUser 메서드가 실행됩니다. 마지막으로 반환값은 [그림 6-4] (C)처럼 View 이름을 반환합니다. 잠시 후 설명할 ViewResolver에서 뷰를 표시할 것인지를 결정합니다.

다음은 메서드 내부를 살펴봅니다. [그림 6-4] ①에서는 DI 컨테이너로 관리되는 User Service 오브젝트를 변수로 정의하고 있습니다. 스프링 MVC의 컨트롤러는 DI 컨테이너에서 관리되므로 이렇게 @Autowired 어노테이션을 설정하면 DI 컨테이너가 이 변수에 User Service 오브젝트를 자동으로 인젝션합니다.

[그림 6-4] ②의 인수는 스프링 MVC에서 준비한 Model 오브젝트입니다. Model 오브젝트는 모델-뷰-컨트롤러에서 모델에 해당하는 오브젝트고, 스프링 MVC에서는 컨트롤러에서 뷰로 넘길 오브젝트를 보관하는 역할을 합니다. request 스코프와 session 스코프를 추상화한 것으로, String 형의 키와 연결해 화면 표시 로직에 전달할 오브젝트를 저장합니다. [그림 6-4]에서는 UserService를 사용해 User 오브젝트의 List를 가져오고(그림 6-4 ③) user를 키로 해서 가져온 List를 저장합니다(그림 6-4 ④). 이 Model 오브젝트도 스프링 MVC에서는 중요한 역할을 하므로 꼭 기억해야 합니다.

덧붙여, 이 장에서 사용할 용어를 여기서 일단 정리합니다. 또한 Model 오브젝트에 추가한 오브젝트를 일일이 Model 오브젝트에 xxx라는 이름으로 저장한 오브젝트라고 설명하면 답답하므로 Model 오브젝트에 추가된 오브젝트를 가리켜 앞으로 ModelAttribute 오브젝트라고 부르기로 합니다. 예를 들어 foo라는 이름으로 Model 오브젝트에 저장한 오브젝트는 ModelAttribute("foo") 오브젝트라고 부르겠습니다.

View와 뷰 리졸버

컨트롤러 다음으로 View의 개요를 설명합니다. 스프링 MVC에서는 View 인터페이스를 구현한 View 오브젝트가 애플리케이션 개발자가 작성한 뷰를 호출해서 화면 표시를 처리합니다. 예를 들어 JTSL로 작성한 뷰라면 JstlView 클래스의 오브젝트가, Velocity의 템플릿으로서 작성한 뷰라면 VelocityView 클래스의 오브젝트가 View 오브젝트로서 동작합니다. [표 6-2]를 보면 알 수 있듯이 스프링 MVC에서는 여러 가지 뷰 기술에 대응하는 뷰 클래스를 준비하고 있습니다.

표 6-2 스프링 MVC에서 지원하는 뷰 기술

뷰 기술	클래스 이름	설명
JSP, 기타	nternalResourceView	JSP 등의 웹 컨테이너에서 관리되는 리소스에 forward해 표시하는 View 클래스
JSTL 기반 JSP	JstlView	InternalResourceView를 상속한 View 클래스. JSTL로 기술한 JSP를 표시할 때는 이 View 클래스를 사용
Velocity (http://velocity.apache.org/)	VelocityView	Velocity의 템플릿을 사용해 결과를 표시하는 View 클래스
FreeMarker (http://freemarker.org/)	FreeMarkerView	FreeMarker의 템플릿을 사용해 결과를 표시하는 View 클래스
Apache Tiles 버전 2.x, 버전 3.x (http://tiles.apache.org/)	TilesView	pache Tiles 템플릿을 사용해 결과를 표시하는 View 클래스
JSR 223 (https://www.jcp.org/en/jsr/detail?id=223)	ScriptTemplateView	JSR 223: Scripting for the JavaTM Platform에 대응한 View 클래스
Groovy (http://groovy-lang.org/templating.html#_the_markuptemplateengine)	GroovyMarkupView	Groovy Markup Template Engine의 템플릿을 사용해 결과를 표시하는 View 클래스
XSLT	XsltView	XSLT로 변환한 결과의 XML을 표시하는 View 클래스
JasperReport (http://community.jaspersoft.com/project/jasperreports-library)	JasperReportsHtmlView JasperReportsPdfView JasperReportsXlsView JasperReportsCsvView ConfigurableJasperReportsView	JasperReport의 결과를 표시하는 View 클래스
XML 형식	MarshallingView	스프링의 O/X 매핑 기능으로 변환한 결과인 XML을 표시하는 View 클래스
Jackson (JSON 형식) (http://jackson.codehaus.org/)	MappingJacksonJsonView	Jackson으로 변환한 결과인 JSON을 표시하는 View 클래스

뷰 기술	클래스 이름	설명
Apache POI (Excel 형식) (http://poi.apache.org/)	AbstractExcelView	Apache POI로 변환한 결과인 엑셀을 표시하는 View 클래스. 오브젝트로부터 엑셀로 변환하는 처리는 이 클래스를 상속한 클래스로 개별적으로 구현
iText (PDF 형식) (http://itextpdf.com/)	AbstractPdfView	iText로 변환한 결과인 PDF를 표시하는 View 클래스. 오브젝트로부터 PDF로 변환하는 처리는 이 클래스를 상속한 클래스로 개별적으로 구현
Rome (Atom, RSS 형식) (http://rometools.github.io/rome/)	AbstractAtomFeedView AbstractRssFeedView	Rome으로 변환한 결과인 Atom, RSS를 표시하는 View 클래스

그런데 View 오브젝트는 컨트롤러 클래스의 반환값으로 View 오브젝트를 반환할 수 있습니다. 예를 들어 앞의 [그림 6-4]의 예에서 해당하는 뷰가 /WEB-INF/views/user/users.jsp라고 하면, 다음처럼 기술할 수도 있습니다.

```
public View showAllPerson(Model model) {
    ......(생략)......
    return new JstlView("/WEB-INF/views/user/users.jsp");
```

하지만 이 방법으로는 컨트롤러와 뷰 기술이 밀접하게 결합해버려, MVC2 패턴에서 말하는 컨트롤러-뷰 사이의 독립성이 유지되지 않습니다(그림 6-5 위쪽). 컨트롤러는 뷰 기술에 의존해서는 안 됩니다.

그래서 중요한 역할을 하는 것이 뷰 리졸버ViewResolver 오브젝트입니다. 뷰 리졸버 오브젝트는 컨트롤러와 뷰 사이를 약한 결합으로 유지하는 역할을 하고, 컨트롤러가 반환한 View 이름으로 View 오브젝트를 생성합니다. 컨트롤러에서 직접 View 오브젝트를 반환하지 않고 View 이름만 반환하게 해서 View 오브젝트의 생성을 뷰 리졸버에 맡깁니다. 예를 들어 어느 화면은 JSP로 결과를 표시하고 어느 화면은 Velocity로 결과를 표시하는 애플리케이션을 구성했을 경우 컨트롤러와 JSP인지 Velocity인지 의식할 필요 없이 화면에 표시하는 오브젝트를 반환하는 것에 집중하면 됩니다. 뷰 리졸버의 설정을 바꾸는 것만으로 뷰 기술을 변경할 수 있는 것입니다.

[표 6-3]은 스프링 MVC에서 준비한 주요 뷰 리졸버 클래스입니다.

표 6-3 주요 뷰 리졸버 클래스

클래스 이름	설명
UrlBasedViewResolver	• 설정된 접두사와 접미사를 바탕으로 만든 URL의 View 오브젝트 반환 • 뷰 이름으로 'forward:xxx'나 'redirect:xxx'가 지정되면 xxx의 URL에 대해 각각 forward, redirect를 실행 • 설정 파일의 형식 : UrlBasedViewResolver의 프로퍼티로서 정의 • 설정 예 prefix = /WEB-INF/views/ suffix = .jsp
ResourceBundle ViewResolver	• 자바의 리소스 번들 형식(프로퍼티 파일 형식)의 설정을 바탕으로 View 오브젝트 결정 • 설정 파일의 형식 : 리소스 번들 파일(프로퍼티 파일)로서 정의 • 설정 예 # {뷰 이름}.{프로퍼티 이름}={프로퍼티값}의 형식으로 정의 # 클래스 이름은 {View 이름}.(class)={클래스 이름}의 형식이 됨 user/list.(class)=org.springframework.web.servlet.view.JstlView user/list.url=/WEB-INF/views/user/list.jsp user/detail.(class)=org.springframework.web.servlet.view.velocity.VelocityView user/detail.url=/WEB-INF/views/user/detail.vm
XmlViewResolver	• DI 컨테이너에서 Bean 이름이 뷰 이름인 View 오브젝트 반환 • View 오브젝트만 등록된 독립된 DI 컨테이너로 View 오브젝트 관리 • 설정 파일의 형식 : Bean 정의 파일로서 정의 • 설정 예 〈bean name="user/list" class="org.springframework.web.servlet.view.JstlView"〉 　〈property name="url" value="/WEB-INF/views/user/list.jsp"/〉 〈/bean〉 〈bean name="user/detail" class="org.springframework.web.servlet.view.velocity.VelocityView"〉 　〈property name="url" value="/WEB-INF/views/user/detail.vm"/〉 〈/bean〉
BeanNameViewResolver	• DI 컨테이너에서 Bean 이름이 뷰 이름인 View 오브젝트 반환 • 뷰 리졸버가 등록된 DI 컨테이너로부터 View 오브젝트 취득 • 설정 파일의 형식: Bean 정의 파일로서 정의

그림 6-5 뷰와 뷰 리졸버

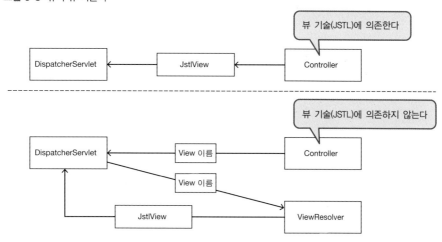

UrlBasedViewResolver와 뷰의 경로

[표 6-3]의 뷰 리졸버에서 가장 자주 사용하는 것은 UrlBasedViewResolver입니다. 이 뷰 리졸버에는 접두사와 접미사를 설정합니다. 그렇게 하면 뷰의 URL이 {접두사}{View 이름}{접미사}로 된 View 오브젝트가 생성됩니다. 예를 들어 다음처럼 설정했다고 가정하면,

- 접두사 /WEB-INF/views/
- 접미사 .jsp

이 상태에서 UrlBasedViewResolver에 user/list를 뷰 이름으로 전달하면 URL이 /WEB-INF/views/user/list.jsp인 View 오브젝트가 생성됩니다. 어느 뷰 클래스를 기반으로 오브젝트가 생성되는가는 UrlBasedViewResolver의 viewClass 프로퍼티에 설정해야 하지만, 뷰 클래스를 고정한 UrlBasedViewResolver를 상속한 뷰 리졸버가 여러 개 있으므로 대응하는 뷰 리졸버가 있으면 이를 사용하면 됩니다(표 6-4). 예를 들어 JSP를 사용할 때는 InternalResourceViewResolver를 뷰 리졸버로 설정합니다.

표 6-4 뷰 클래스에 대응하는 UrlBasedViewResolver 클래스의 서브 클래스

클래스 이름	대응하는 뷰 클래스
InternalResourceViewResolver	InternalResourceView(JSTL의 라이브러리가 존재하지 않을 때) JstlView(JSTL의 라이브러리가 존재할 때)
VelocityViewResolver	VelocityView
FreeMarkerViewResolver	FreeMarkerView
TilesViewResolver	TilesView
XsltViewResolver	XsltView

이번에는 JSP를 뷰 기술로 선택해 살펴봅니다. [리스트 6-2]는 [그림 6-4] 컨트롤러의 결과를 표시하는 JSP의 예입니다.

리스트 6-2 JSP의 예

```jsp
<%@ contentType="text/html; charset=UTF-8" pageEncoding="UTF-8"%>
<%@ taglib uri="http://java.sun.com/jsp/jstl/core" prefix="c" %>
<!DOCTYPE HTML PUBLIC "-//W3C//DTD HTML 4.01 Transitional//EN">
<html>
    <body>
        <table border="1">
            <tr>
                <th>ID</th>
                <th>이름</th>
                <th>주소</th>
                <th>전화번호</th>
                <td></td>
            </tr>
            <c:forEach items="${users}" var="user">   ◄-----------------------------❶
            <tr>
                <td><c:out value="${user.id}"/></td>
                <td><c:out value="${user.name}"/></td>
                <td><c:out value="${user.address}"/></td>
                <td><c:out value="${user.emailAddress}"/></td>
            </tr>
            </c:forEach>
        </table>
    </body>
</html>
```

JSTL의 기본을 알면 쉽게 이해할 수 있을 것입니다. 핵심은 [리스트 6-2 ❶]입니다. [그림 6-4 ④]에서 Model 오브젝트에 users라는 이름으로 User 오브젝트의 List를 저장했습니다. 리스트를 뷰로 추출할 때는 단순히 JSP의 EL로 ${users}라고 지정하면 됩니다. 이는 스프링 MVC가 ModelAttribute 오브젝트를 자동으로 HttpServletRequest에 추가해주기 때문입니다.

또한, [리스트 6-2]에서는 JSTL과 EL을 사용해서 JSP를 작성하지만, 스프링 MVC에는 독자적인 태그 라이브러리가 있습니다. 예를 들어, HTML의 ⟨select⟩ 태그를 표시하고 싶을 때 기본값을 설정하는 것은 아주 큰 일입니다. HttpServletRequest에 설정된 오브젝트의 프로퍼티 값을 추출해서 JSTL의 조건 분기 태그로 그 값을 비교하는 등 너저분한 처리를 기술해야 합니다. 스프링 MVC의 form:select 태그를 사용하면 다음과 같이 식으로 기술할 수 있습니다.

```
<form:select path="favorite" items="${favorites}" itemLabel="id" itemValue="name"/>
```

이 태그에 대한 설명은 잠시 후에 하겠습니다.

6.1.5 스프링 MVC와 관련된 스프링의 기능

이 절의 끝으로, 스프링 MVC와 관련된 스프링의 기능을 소개합니다. 군이 스프링의 기능이라고 말한 이유는 여기서 소개할 기능이 스프링 MVC의 기능이 아니라 스프링 본체가 갖춘 기능이기 때문입니다. 구체적으로는 다음과 같은 기능이 있습니다.

- 메시지 관리
- 데이터 바인딩
- 검증 처리

이 기능은 스프링 본체의 기능이지만 프레젠테이션 층과 관계가 매우 깊은 기능이므로 여기서 설명하기로 합니다.

스프링의 메시지 관리

스프링의 DI 컨테이너에는 메시지를 관리하는 기능이 있습니다. 메시지 관리의 주요 기능은 다음과 같습니다.

- 메시지를 코드와 연결해 관리
- 국제화 대응

메시지 관리의 중심은 MessageSource 오브젝트입니다. MessageSource 오브젝트에는 메시지 코드에서 메시지를 가져오는 getMessage 메서드가 정의돼, 이 메서드를 사용해 메시지를 가져올 수 있습니다. 스프링 MVC와 관련해 말하면 다음에 설명할 검증 처리의 오류 메시지로 MessageSource 오브젝트 관리 메시지를 사용하거나 JSTL의 message 태그로 MessageSource 오브젝트를 관리하는 메시지를 표시할 수도 있습니다.

MessageSource는 인터페이스며, 몇 가지 구현 클래스가 있습니다. 그중 하나가 Reloadable ResourceBundleMessageSource 클래스로, 이 클래스는 일정 시간마다 프로퍼티 파일의 변경 여부를 확인해 메시지 리소스 파일의 메시지를 읽어올 수 있습니다. 또한 메시지 리소스 파일을 언어별로 여러 개 준비해 해당 지역 언어로 된 메시지 리소스 파일에서 메시지를 가져와 국제화를 구현할 수 있습니다.

데이터 바인딩

여기서 데이터 바인딩은 사용자가 입력한 정보를 메모리의 오브젝트에 설정 처리하는 것입니다. 스프링 MVC에서의 데이터 바인딩은 HTTP 요청에 저장된 요청 파라미터 등의 문자 정보를 프로그램에서 사용한 형으로 변환하는 기능으로 생각할 수 있습니다. 예를 들어 Model Attribute 오브젝트의 Date 형 프로퍼티에 다음과 같은 어노테이션을 설정하면 사용자가 입력한 2015/11/01과 같은 문자열로 Date 오브젝트에 자동으로 변환해서 저장해줍니다.

```
@DateTimeFormat(pattern="yyyy/MM/dd")
private Date birthday;
```

또한, 데이터 바인딩은 다음에 설명할 검증 처리와 밀접한 관계를 맺고 있어서 오류 발생 시 처리 등의 검증과 같은 사양으로 처리할 수 있습니다.

스프링의 데이터 바인딩은 스프링 MVC의 독자적인 기능이 아닌 스프링의 다른 기능이나 애플리케이션 안의 프레젠테이션 층 외의 오브젝트에서도 사용할 수 있으므로 스프링 MVC에서 독립해서 존재하고 있습니다.

검증 처리

웹 애플리케이션에 반드시 등장하는 것이 검증 처리입니다. 예를 들어 수치로 입력해야 하는 항목에 문자열이 입력되지 않았는지, 이메일 주소를 입력하는 곳에 잘못된 형식의 문자열이 입력되지 않았는지 등을 검증하는 처리입니다. 그다지 좋지 않은 경향이지만 일반적으로 검증 처리는 프레젠테이션 층에서의 입력 검사와 거의 같은 뜻으로 통하고 있어 프레젠테이션 층에서 준비하는 기능으로 여기는 경우가 많습니다.

하지만 본질적인 검증 처리는 원래 비즈니스 로직으로서 돼야 하고 당연히 프레젠테이션 층에서 독립되는 것이 스프링의 사고방식입니다. 그러므로 스프링의 검증 처리 클래스는 org.springframework.validator 패키지에 포함되고 웹 관련 클래스가 포함된 org.springframework.web 패키지에는 독립됩니다.

그런데 스프링의 검증 처리는 사실 구현되지 않았습니다. 스프링이 준비한 것은 검증 처리 인터페이스와 검증 처리 결과를 저장하는 오브젝트뿐입니다. 실제로 애플리케이션에서 검증 처리를 하려면 검증 처리를 구현해야 하는데, 스프링의 최근 표준 스펙은 JSR-303[7]/JSR-349[8]로 Bean 검증과 연계하는 구조를 갖추고 있습니다.

Bean 검증이란 애플리케이션에서 오브젝트에 제약을 선언적으로 정의하고[9], 그 제약을 근거로 검증하는 구조입니다. 또한 Bean 검증은 사양이고, 구현은 하이버네이트 검증[Hibernate Validator][10]이 유명합니다. [리스트 6-3]은 Bean 검증 방식으로 정의한 클래스입니다.

리스트 6-3 Bean 검증으로 제약을 정의한 예

```
public class Person{

    @NotNull
    @Size(max = 20)
    private String name;

    @NotNull
```

---

7 https://jcp.org/en/jsr/detail?id=303

8 https://jcp.org/en/jsr/detail?id=349

9 Bean Validation에서는 XML로 제약을 정의할 수도 있습니다. 자세한 것은 Bean Validation의 사양서를 참고합니다.

10 http://hibernate.org/validator/

```
@Size(max = 100)
private String address;

@NotNull
@Pattern(regexp = ".+@.+", message = "{errors.emailAddress}")
private String emailAddress;

......(생략)......
```

이것만 봐도 느낌이 올 것입니다. Person 클래스에는 name, address, emailAddress라는 3개의 변수가 있고 모두 @NotNull 어노테이션이 설정됐습니다. 다시 말해, 이 3개의 변수가 필수라는 것을 정의합니다. 그리고 @Size가 정의된 name, address 변수는 최대 문자열을 정의하고, @Pattern 어노테이션이 정의된 emailAddress 변수는 regexp 변수에 Email 주소의 정규 표현으로 지정하는 것으로서 Email 주소가 바른 형식인 것을 정의합니다. 이처럼 @NotNull, @Size, @Pattern 등을 인스턴스 변수나 Getter 메서드에 설정해 검증 처리를 정의하는 것이 Bean 검증의 특징입니다.

스프링 MVC에서는 Bean 검증을 입력 검사에 이용할 수 있습니다. 게다가 화면에서 입력된 값이 저장되는 인수에 @Valid 어노테이션을 설정해두면 알아서 검증 처리를 실행해줍니다.

6.2 환경 만들기와 동작 확인

스프링 MVC의 개요를 학습했으니 스프링 MVC로 애플리케이션을 구축하는 데 필요한 설정을 알아봅시다. 이클립스 프로젝트를 구축하는 것으로 시작해서, Bean 설정 파일과 web.xml을 설정하기로 합니다. 여기서는 상세한 설정 단계를 설명하고 있으므로, 스프링 MVC의 개요를 알고 싶다면 6.2절을 넘기고 6.3절부터 보기를 권장합니다.

또한 개발/실행 환경으로서 Eclipse IDE for Java EE Developers(이후 이클립스)와 Tomcat 버전 8 이후를 전제로 내용을 진행합니다.

6.2.1 동작 환경 구축

우선은 프로젝트 작성부터 시작합니다. 이번에는 웹 애플리케이션을 구축할 예정이므로 이클립스의 기능을 이용해서 웹 애플리케이션용의 Maven 프로젝트를 작성합니다. 다음 순서로 프로젝트를 작성할 수 있습니다.

1. [File] → [New] → [Other..] → [Maven] → [Maven Project]를 선택
2. 위자드 설정 항목에서 다음 항목을 지정(다른 것은 임의)
   - create a simple project(skip archetype selection)를 체크
   - Packaging은 war를 지정

이 장의 샘플을 내려받은 후, 루트 폴더에 있는 pom.xml을 덮어 쓰면 프로젝트 작성이 끝납니다[11]. 이 소스는 자바 8에서 동작합니다.

- **Github** https://github.com/minsoo-jun/spring4-mvc-example

6.2.2 비즈니스 로직의 Bean 정의

우선은 비즈니스 로직을 설정해봅니다. 여기서는 예제 애플리케이션에서 사용할 비즈니스 로직을 설정하지만, 메시지 관리 설정과 Bean 검증 설정도 함께하므로 6.1.5절에서 설명한 검증 처리 내용도 떠올리면서 확인하기 바랍니다.

XML형식의 Bean 정의 파일을 이용한 설정을 보면서 설정이 필요한 오브젝트를 확인합니다. [리스트 6-4]의 beans-biz.xml이 서비스의 Bean 정의 파일입니다. Bean 정의 파일의 위치는 web.xml로 지정하므로 임의의 위치라도 상관없습니다. 이번 예제 애플리케이션에서는 모든 Bean 정의 파일을 클래스 경로상의 /META-INF/spring에 두기로 합니다. 그러므로 클래스 경로상에 배치할 리소스 파일용 소스 폴더인 src/main/resource 아래에 META-INF/spring 폴더를 만들고 그곳에 beans-biz.xml을 배치합니다.

리스트 6-4 비즈니스 로직의 Bean 정의 파일(beans-biz.xml)

```
<?xml version="1.0" encoding="UTF-8"?>
```

---

11 샘플은 이클립스의 프로젝트 형식으로 돼 있어서, 샘플을 실행하는 것뿐이라면 그대로 이클립스에 임포트하면 됩니다. 처음부터 샘플을 작성하면서 읽고 있다면 필요한 파일을 추가/덮어 쓰기를 하면서 확인해보기 바랍니다.

```
<beans xmlns="http://www.springframework.org/schema/beans"
    xmlns:xsi="http://www.w3.org/2001/XMLSchema-instance"
    xmlns:context="http://www.springframework.org/schema/context"
    xsi:schemaLocation="
        http://www.springframework.org/schema/beans
        http://www.springframework.org/schema/beans/spring-beans-3.1.xsd
        http://www.springframework.org/schema/context
        http://www.springframework.org/schema/context/spring-context-3.1.xsd">

    <context:component-scan base-package="sample.customer.biz.service"/>    ◀┈┈┈❶

    <bean id="messageSource"  ┈┈┈┈┈┈┈┈┈┈┈┈┈┈┈┈┈┈┈┈┈┈┈┈┈┈┈┈┈┈┈┈┈┈┈┈┈┈┈
        class="org.springframework.context.support.ReloadableResourceBundle
            MessageSource">                                                    ┊┈┈❷
        <property name="basename" value="classpath:/META-INF/messages"/>  ◀┈┈┈┈┈❸ ┊
    </bean>  ┈┈┈┈┈┈┈┈┈┈┈┈┈┈┈┈┈┈┈┈┈┈┈┈┈┈┈┈┈┈┈┈┈┈┈┈┈┈┈┈┈┈┈┈┈┈┈┈┈┈┈┈┈┈┈

    <bean id="globalValidator"  ┈┈┈┈┈┈┈┈┈┈┈┈┈┈┈┈┈┈┈┈┈┈┈┈┈┈┈┈┈┈┈┈┈┈┈┈┈┈
        class="org.springframework.validation.beanvalidation.
            LocalValidatorFactoryBean">                                        ┊┈┈❹
        <property name="validationMessageSource" ref="messageSource"/>  ◀┈┈┈┈┈❺ ┊
    </bean>  ┈┈┈┈┈┈┈┈┈┈┈┈┈┈┈┈┈┈┈┈┈┈┈┈┈┈┈┈┈┈┈┈┈┈┈┈┈┈┈┈┈┈┈┈┈┈┈┈┈┈┈┈┈┈

</beans>
```

그림 [리스트 6-4]를 봅시다. 우선 [리스트 6-4 ❶]은 예제 애플리케이션에서 사용할 서비스 클래스를 자동으로 DI 컨테이너에 등록하는 설정입니다. 이번 예제 프로그램에서는 서비스 클래스에 @Service 어노테이션을 설정하고 sample.customer.biz.service 패키지에 배치하기 위해 이 설정을 합니다.

[리스트 6-4 ❷]는 앞에서 설명한 메시지 관리 설정입니다. 여기서 지정한 Reloadable ResourceBundleMessageSource 클래스는 MessageSource 인터페이스의 구현 클래스를 메시지 리소스 파일({메시지 코드} = {메시지 내용}의 형식으로 메시지를 기술한 프로퍼티 파일)의 정기적인 리로드 메시지 캐시 등을 지원하는 클래스입니다. 이 설정으로 DI 컨테이너는 지정된 메시지 리소스 파일을 바탕으로 ReloadableResourceBundleMessageSource 오브젝트를 작성해줍니다.

[리스트 6-4 ❸]에서 지정한 basename 프로퍼티는 자바에서 리소스 번들 파일 이름을 지정하는 방식과 같은 식으로 지정합니다. 예를 들어 [리스트 6-4 ❸]에서는 classpath:/META-

INF/messages로 지정하고 있습니다. 이 설정에 따라서 클래스 패스상에 /META-INF/messages.properties 또는 /META-INF/messages_{언어 코드}.properties라는 파일명으로 배치한 메시지 리소스 파일을 읽어옵니다. 즉, messages_ kr.properties와 message_en.properties를 둘 다 배치해두면 한국어 환경에서는 한국어로, 영어 환경에서는 영어로 메시지를 표시하는 식으로 전환할 수도 있습니다.

그리고 [리스트 6-4 ❹]는 6.1.5절에서 설명한 Bean 검증 설정입니다. 이 설정 때문에 검증 처리를 실행하는 Validator 오브젝트가 DI 컨테이너에 등록됩니다. 이 Validator 오브젝트를 DI 컨테이너로부터 가져와서 직접 메서드를 실행해 검증 처리를 할 수도 있지만, 이번에는 스프링 MVC가 백그라운드에서 검증 처리를 자동으로 실행하므로 Validator 오브젝트를 특별히 의식할 필요는 없습니다.

또한, Bean 검증은 검증 처리에서 오류가 발생했을 때 오류 메시지를 관리하는 독자적인 구조입니다. 스프링에서는 스프링의 MessageSource 오브젝트와 연계시킬 수도 있습니다. 그 설정이 [리스트 6-4 ❺]입니다. 이것으로 Bean 검증에서 사용할 메시지도 스프링의 MessageSource 오브젝트로 한꺼번에 관리할 수 있습니다. Bean 검증의 오류 메시지의 출력 방법에 대해서는 6.5.2절을 참고합니다.

한 가지 주의할 점은 [리스트 6-4 ❹]에서 Bean의 ID로 globalValidator를 지정한 점입니다. 이것은 나중에 스프링 MVC를 설정할 때 사용됩니다. 그러면 [리스트 6-4]를 JavaConfig로 설정한 예제를 봅시다(리스트 6-5).

리스트 6-5 비즈니스 로직의 JavaConfig(BizConfig.java)

```
@Configuration
@ComponentScan("sample.customer.biz.service")    ◀-----------------------❶
public class BizConfig {

    @Bean ----------------------------------------------------------
    public MessageSource messageSource() {
        ReloadableResourceBundleMessageSource messageSource
                = new ReloadableResourceBundleMessageSource();
        messageSource.setBasename("classpath:/META-INF/messages");  ◀------❸    ❷
                                                                     │
        return messageSource;                                        │
    }                                                    -------------
```

```
// ❹, ❺는 6.2.3절에서 스프링 MVC의 JavaConfig로 이동
@Bean
public Validator globalValidator(MessageSource messageSource) {
    LocalValidatorFactoryBean validatorBean
            = new LocalValidatorFactoryBean();
    validatorBean.setValidationMessageSource(messageSource);  ◀------❺       ◀❹

    return validatorBean;
}
}
```

[리스트 6-5]의 각 번호는 [리스트 6-4]의 번호와 같습니다. [리스트 6-5 ❹]는 6.2.3절에서 스프링 MVC의 JavaConfig에 이동하는 것으로 주석을 달았습니다. 뒤쪽에서 설명할 @EnableWebMvc 어노테이션에서 스프링 MVC 설정을 유효화하면 Validator 오브젝트가 Bean으로 자동 등록되기 때문에 결국 [리스트 6-5 ❹] Validator는 이중 등록됩니다.

> **NOTE_ 웹 애플리케이션의 Bean 정의 파일과 JavaConfig는 어디에 두는가?**
>
> XML 형식의 Bean 정의 파일을 어디에 두는가는 아주 중요한 문제입니다. 웹 애플리케이션의 Bean 정의 파일은 웹 애플리케이션 실행 시에는 웹 컨테이너로부터 읽어오고 유닛 테스트의 실행 시에는 명령 또는 이클립스 같은 IDE에서 실행된 프로세스로부터 읽어옵니다.
>
> 스프링 예제에서 자주 보이는 것은 웹 애플리케이션의 WEB-INF 아래에 두는 방법입니다. 이때는 web.xml에 Bean 정의 파일의 경로를 /WEB-INF/xxx/beans.xml처럼 지정하면 됩니다. 하지만 이 방법은 유닛 테스트 시 Bean 정의 파일 지정이 곤란해집니다. 물리적인 경로를 전달해야만 하는데, 이번 예제 애플리케이션과 같은 구성에서는 {프로젝트 루트 경로}/src/webapp/xxx/beans.xml처럼 지정해야 하므로 환경에 따라 경로가 바뀌는 것입니다.
>
> 그래서 권장하는 것이 클래스 경로에 배치하는 방법입니다. 클래스 경로에 배치하면 유닛 테스트에서든 웹 애플리케이션에서든 같은 경로로 Bean 정의 파일을 지정할 수 있습니다. 구체적으로는 classpath:/xxx/beans.xml처럼 앞에 'classpath:'를 붙이면 됩니다.
>
> 또한, 이번 클래스 경로상에 META-INF 디렉터리를 만들고 그곳에 Bean 정의 파일을 둔 이유는 자바의 클래스와 설정 파일을 명확히 분류하기 위해서입니다. 이러한 방법은 성향에 따라 다를지 모르지만, 개인적으로 마음에 드는 방식입니다. 결국, 기껏해야 설정 파일을 배치하는 디렉터리에 불과하지만, 그 설계에 따라 프로젝트 개발 효율에 큰 영향을 미칩니다. 프로젝트의 특성에 맞게 확실히 검토해야 할 것입니다.

JavaConfig의 경우에는 자바의 클래스로 작성되기 때문에, 당연히 클래스 패스상에서 클래스 파일로 배치됩니다. 다른 고민거리는 '패키지를 어떻게 할 것인가'입니다. 일반적으로는 'config'라는 이름의 패키지를 작성하고 그곳에 배치합니다. 예를 들어 애플리케이션의 루트 패키지(com.company.appname 등)에 config 패키지를 만들고 거기에 JavaConfig를 모아서 배치하는 방법 등을 생각할 수 있습니다. 혹은 레이어별로 패키지에 config 패키지를 만들어서 레이어별로 JavaConfig를 배치하는 것도 좋을 것입니다.

6.2.3 스프링 MVC 설정

다음은 스프링 MVC의 Bean 정의 파일을 만들어봅니다. [리스트 6-6]은 스프링 MVC를 설정한 Bean 정의 파일입니다. beans-webmvc.xml도 beans-services.xml과 마찬가지로 src/main/resources/META-INF/spring 아래에 둡니다.

리스트 6-6 스프링 MVC의 Bean 정의 파일(beans-webmvc.xml)

```xml
<?xml version="1.0" encoding="UTF-8"?>
<beans xmlns="http://www.springframework.org/schema/beans"
    xmlns:xsi="http://www.w3.org/2001/XMLSchema-instance"
    xmlns:context="http://www.springframework.org/schema/context"
    xmlns:mvc="http://www.springframework.org/schema/mvc"    ◀------------------❶
    xsi:schemaLocation="
        http://www.springframework.org/schema/beans
        http://www.springframework.org/schema/beans/spring-beans.xsd
        http://www.springframework.org/schema/context
        http://www.springframework.org/schema/context/spring-context.xsd
        http://www.springframework.org/schema/mvc   ----------------------┐
        http://www.springframework.org/schema/mvc/spring-mvc.xsd">  ------┴❷

<context:component-scan base-package="sample.customer.web.controller"/>   ◀------❸

<!-- 스프링 MVC 어노테이션 이용 설정 -->
<mvc:annotation-driven validator="globalValidator"/>   ◀------------------------❹

<!-- Static Resource 설정 -->
<mvc:resources mapping="/resources/**" location="/WEB-INF/resources/" />   ◀-----❺

<!-- ViewResolver 설정 -->
```

```
<mvc:view-resolvers>
    <mvc:jsp prefix="/WEB-INF/views/" suffix=".jsp"/>  ◀------------------ ❼
</mvc:view-resolvers>                                                        ─❻

</beans>
```

beans-webmvc.xml이 기본적인 Bean 정의 파일과 달라진 것은 [리스트 6-6 ❶, ❷]에서
스프링 MVC의 커스텀 스키마를 도입한 점입니다. 커스텀 스키마를 이용한 부분은 태그명에
mvc: 접두사가 설정된 곳입니다. 다시 차례대로 살펴봅시다.

컨트롤러 등록과 어노테이션 설정

우선 [리스트 6-6 ❸]은 예제 애플리케이션에서 사용하는 컨트롤러 클래스를 자동으로 DI 컨
테이너에 등록하는 설정입니다. 어노테이션을 기반으로 하는 스프링 MVC에서는 컨트롤러 클
래스에 @Controller 어노테이션을 설정하는 것이 규칙이고, @Controller가 설정된 클래스
는 [리스트 6-6 ❸]처럼 component-scan으로 읽어올 수 있습니다.

그리고 이 @Controller 어노테이션이 설정된 클래스의 오브젝트가 컨트롤러라는 것을 판단하
고, 뒤에 설명할 다양한 스프링 MVC의 어노테이션을 사용하기 위한 설정이 [리스트 6-6 ❹]
입니다. 스프링 MVC에서 Bean 검증을 사용하려면 [리스트 6-4 ❹]에서 나온 Validator 오
브젝트의 id를 validator 속성에 설정할 필요가 있으므로 이 점도 주의해야 합니다.

정적 리소스 파일 설정

[리스트 6-6 ❺]를 봅시다. mvc:resources 태그는 DispatcherServlet을 경유해 정적 리소
스 파일(HTML, 이미지, CSS, JavaScript 파일 등)에 액세스하기 위한 설정입니다. 컨트롤러
에 액세스할 때는 URL 확장자에 do를 붙여줍니다(DispatcherServlet의 URL 패턴을 *.do
로 설정). 그 밖의 URL로 액세스할 때는 정적 리소스 파일에 액세스한다는 식으로 규칙을 설
정해주면 특별한 문제는 없을 것입니다. 하지만 스프링 MVC는 컨트롤러를 실행할 URL을 자
유롭게 설정할 수 있다는 장점이 있으므로 일반적으로는 스프링 MVC의 DispatcherServlet
을 컨텍스트 루트 자체에 설정하는 일이 많습니다. 그렇게 하면 정적 리소스 파일에 직접 액세
스할 수가 없습니다. 단, 그런 때라도 mvc:resources 태그를 설정하면 DispatcherServlet을
거쳐 정적 리소스 파일에 액세스할 수 있습니다. 구체적으로는 mapping 속성으로 URL 경로

를 설정하고 location 속성으로 웹 애플리케이션의 물리적인 경로를 설정합니다.

[리스트 6-6 **⑤**]의 예에서는 /WEB-INF/resources/ 디렉터리 아래에 둔 정적 파일에 URL {컨텍스트 경로}/resources를 매핑시키고 있습니다. 그러므로 예를 들어 /WEB-INF/ resources/image/foo.jpg를 표시하고 싶을 때는 URL에 {컨텍스트 경로}/resources/ image/foo.jpg를 지정하면 됩니다. 주의할 것은 location 속성의 설정값 끝에 '/'가 들어 있다는 점입니다. 이 기호가 없으면 정적 리소스 파일을 배치한 디렉터리가 디렉터리로 인식되지 않아 제대로 동작하지 않으므로 주의해야 합니다. 덧붙여 정적 리소스 파일은 클래스 경로에 배치할 수도 있습니다. 그럴 때는 다음처럼 classpath: 접두사를 붙여 경로를 설정합니다.

```
<mvc:resources mapping="/resources/**" location="classpath:/resources/" />
```

mvc:resources 태그에 관해 조금 더 알아봅시다. DispatcherServlet을 거쳐 액세스한 리소스 파일은 캐시를 유효하게 할 수 있습니다. 캐시를 유효하게 할 때 cache-period 속성에 캐시 시간을 초 단위로 설정합니다. 가령 1시간(3,600초) 캐시를 유효하게 할 때는 다음처럼 설정합니다.

```
<mvc:resources mapping="..." location="..." cache-period="3600"/>
```

또한 mvc:resources 태그는 여러 개 지정할 수 있습니다. 예를 들어 이미지 파일, CSS 파일, 자바스크립트 파일의 디렉터리를 개별적으로 매핑하고 싶을 때는 다음처럼 설정할 수 있습니다.

```
<mvc:resources mapping="/image/**" location="/WEB-INF/image/" />
<mvc:resources mapping="/css/**" location="/WEB-INF/css/" />
<mvc:resources mapping="/js/**" location="/WEB-INF/js/" />
```

뷰 리졸버 설정

끝으로 뷰 리졸버ViewResolver 설정을 살펴봅니다. [리스트 6-6 **⑥**]이 뷰 리졸버의 설정입니다. 이번에는 뷰 리졸버로 JSP를 사용하므로 JSP용 뷰 리졸버를 설정했습니다. 이 설정으로 InternalResourceViewResolver가 뷰 리졸버로 등록됩니다. 6.1.4절에서 설명했듯이 InternalResourceViewResolver는 접두사와 접미사를 이용해 뷰 오브젝트를 생성하는

UrlBasedViewResolver의 서브 클래스입니다. [리스트 6-6 **❼**]에서 접두사와 접미사를 지정하고 있고, 이 View 이름에서 /WEB-INF/views/{View 이름}.jsp가 뷰로 선택됩니다.

이제 DI 컨테이너에 뷰 리졸버 오브젝트를 등록할 수 있지만, 웹 애플리케이션 안에서 뷰 리졸버 오브젝트를 사용하는 것은 DispatcherServlet입니다. DispatcherServlet에 뷰 리졸버 오브젝트를 인젝션하려면 어떻게 해야 좋을까요? 사실 DispatcherServlet은 웹 애플리케이션 시작 시 뷰 리졸버 오브젝트를 인젝션할 필요가 없습니다. 또한 DispatcherServlet이 뷰 리졸버 오브젝트를 찾을 때, 뷰 리졸버 인터페이스와 일치하는 오브젝트를 찾아주므로 Bean 정의에서 id를 지정할 필요도 없습니다.

뷰 리졸버 오브젝트는 여러 개 등록할 수 있습니다. 이때 DispatcherServlet은 뷰 리졸버 오브젝트에 순서대로 View 오브젝트 취득을 의뢰하고 View 오브젝트를 가져온 시점에서 View 오브젝트에 화면 표시를 의뢰합니다. 여러 개를 등록하는 경우에는 mvc:view-resolvers 태그 안에 복수를 지정하면 됩니다. 또한, mvc:view-resolvers 태그 자체도 복수로 지정할 수 있습니다. mvc:view-resolvers 태그를 복수로 지정하는 경우에는 태그의 order 속성에 번호를 부여하는 것으로 우선 순위를 지정할 수 있습니다.

```
<mvc:view-resolvers order="0"> ... </mvc:view-resolvers>
<mvc:view-resolvers order="1"> ... </mvc:view-resolvers>
<mvc:view-resolvers order="2"> ... </mvc:view-resolvers>
```

이렇게 지정하는 것으로 order 속성의 값이 낮은 순으로 뷰 리졸버가 실행됩니다.

이상으로 Bean 정의 파일의 스프링 MVC 설정이 끝났습니다.

스프링 MVC의 JavaConfig

Bean 정의 파일로 작성해온 스프링 MVC 설정을 JavaConfig로 작성해봅니다(리스트 6-7).

리스트 6-7 스프링 MVC의 JavaConfig(WebConfig.java)

```
@Configuration
@EnableWebMvc                                              ◀┄┄┄┄┄┄┄┄┄┄┄┄┄┄┄┄┄┄┄┄❶
@ComponentScan("sample.customer.web.controller")
public class WebConfig extends WebMvcConfigurerAdapter {   ◀┄┄┄┄┄┄┄┄┄┄┄┄┄┄❷
```

```
    @Override
    public void addResourceHandlers(ResourceHandlerRegistry registry) {
        registry.addResourceHandler("/resources/**")
            .addResourceLocations("/WEB-INF/resource/");
    }

    @Override
    public void configureViewResolvers(ViewResolverRegistry registry) {
        registry.jsp("/WEB-INF/views/", ".jsp");
    }
    @Autowired
    private MessageSource messageSource;

    @Override
    public Validator getValidator() {
        LocalValidatorFactoryBean validatorBean
                    = new LocalValidatorFactoryBean();
        validatorBean.setValidationMessageSource(messageSource);

        return validatorBean
    }
}
```
❸

❹

❻

❺

❼

[리스트 6–6]의 mvc:annotation-config 태그에 해당하는 것이 [리스트 6–7 ❶]의 @
EnableWebMvc 어노테이션입니다. 이 어노테이션을 JavaConfig에 설정하는 것만으로 어
노테이션 베이스의 스프링 MVC가 유효화됩니다. 더 상세히 설정하기 위해서는 스프링 MVC
에 있는 WebMvcConfigurerAdapter 클래스를 상속해서(리스트 6–7 ❷) 필요한 메서드를
오버라이드합니다(리스트 6–7 ❸, ❹). [리스트 6–7 ❸]은 정적 리소스 설정(리스트 6–6 ❺),
[리스트 6–7 ❹]는 ViewResolver의 설정(리스트 6–6 ❻)입니다.

[리스트 6–7 ❺]는 Bean 검증 설정입니다. @EnableWebMvc 어노테이션을 설정하면
Validator 오브젝트가 DI 컨테이너에 자동 등록됩니다. 구체적으로는 WebMvcConfigure
Adapter 클래스의 getValidator 메서드(또는 getValidator 메서드를 오버라이드한 메서드)를
실행해서 받는 오브젝트를 mvcValidator라는 이름으로 DI 컨테이너에 등록하는 것입니다[12].
그 때문에 비즈니스 로직의 JavaConfig로 Validator 오브젝트를 Bean으로 정의하면 2개의
Validator 오브젝트가 DI 컨테이너에 등록됩니다.

----

12 getValidator 메서드의 반환값이 null인 경우에는 환경에 따라서 디폴트의 Validator 오브젝트가 등록됩니다.

그래서 이번에는 [리스트 6-7 ❷]와 같이 getValidator 메서드를 오버라이드해서 거기에서 Validator 오브젝트를 생성하는 것으로 했습니다. 그리고 비즈니스 로직의 JavaConfig에서는 Validator의 설정(리스트 6-5 ❹)을 삭제합니다. 이렇게 되면 DI 컨테이너에는 Validation 오브젝트가 하나만 등록됩니다.

또한, Validator 오브젝트에는 비즈니스 로직의 JavaConfig에서 정의한 MessageSource를 정의할 필요가 있기 때문에 @Autowired로 MessageSource 오브젝트를 인젝션해서(리스트 6-7 ❻) Validator 오브젝트에 설정하고 있습니다(리스트 6-7 ❼).

6.2.4 DispatcherServlet과 CharacterEncodingFilter 설정

Bean 정의 파일과 JavaConfig에서 정의한 스프링 MVC의 설정을 바탕으로 Dispatcher Servlet을 설정합니다. 먼저 예전부터 사용한 방법인 web.xml에 설정하는 방법을 알아봅시다. 그 후에 Servlet 3.0 이후의 환경에서 사용할 수 있도록 WebApplication Initializer를 사용한 방법도 알아봅니다. 또한, 한국어 환경에서는 필수인 CharacterEncodingFilter도 가볍게 살펴봅니다.

web.xml 설정

우선 Bean 정의 파일을 이용한 web.xml 정의를 [리스트 6-8]에 정리했습니다.

리스트 6-8 web.xml 정의(Bean 정의 파일 설정)

```
<?xml version="1.0" encoding="UTF-8"?>
<web-app xmlns="http://xmlns.jcp.org/xml/ns/javaee"
      xmlns:xsi="http://www.w3.org/2001/XMLSchema-instance"
      xsi:schemaLocation="
        http://xmlns.jcp.org/xml/ns/javaee
        http://xmlns.jcp.org/xml/ns/javaee/web-app_3_1.xsd"
      version="3.1">
    <display-name>mvc-sample</display-name>

    <context-param>                                            ❻
        <param-name>defaultHtmlEscape</param-name>
        <param-value>true</param-value>
    </context-param>
```

```
<context-param>
    <param-name>contextConfigLocation</param-name>
    <param-value>
        classpath:/META-INF/spring/beans-biz.xml
    </param-value>
</context-param>                                              ----①


<listener>
    <listener-class>
            org.springframework.web.context.ContextLoaderListener
    </listener-class>                                         ----②
</listener>


<filter>
    <filter-name>characterEncodingFilter</filter-name>
    <filter-class>
        org.springframework.web.filter.CharacterEncodingFilter
    </filter-class>
    <init-param>
        <param-name>encoding</param-name>
        <param-value>UTF-8</param-value>                     ----⑦
     </init-param>
</filter>


<filter-mapping>
    <filter-name>characterEncodingFilter</filter-name>
    <url-pattern>/*</url-pattern>
</filter-mapping>


<servlet>
    <servlet-name>dispatcherServlet</servlet-name>
    <servlet-class>
        org.springframework.web.servlet.DispatcherServlet
    </servlet-class>
    <init-param>
        <param-name>
            contextConfigLocation
        </param-name>                                         ----③
        <param-value>                                     ----⑤
            classpath:/META-INF/spring/beans-webmvc.xml
        </param-value>
    </init-param>
    <load-on-startup>1</load-on-startup>
</servlet>
```

```
<servlet-mapping>  --------------------------------------------------
    <servlet-name>dispatcherServlet</servlet-name>
    <url-pattern>/</url-pattern>                                    --- ❹
</servlet-mapping>  --------------------------------------------------

</web-app>
```

기본 설정부터 확인합시다. 우선은 Web 컨테이너상에 DI 컨테이너를 배치하는 설정이 [리스트 6-8 ❶, ❷]입니다. DI 컨테이너를 Web 컨테이너상에 작성하는 Listener가 [리스트 6-8 ❷] 이고, 어떤 Bean 정의 파일을 가지고 DI 컨테이너를 만들 것인가를 지정하는 파라미터가 [리스트 6-8 ❶]입니다. 이 설정은 스프링 MVC 외의 MVC 프레임워크를 사용할 경우 등에도 사용하는 방법입니다. 기억해두면 유용할 것입니다.

다음은 스프링 MVC의 중심이 되는 DispatcherServlet의 정의가 [리스트 6-8 ❸, ❹]입니다. [리스트 6-8 ❸]에서 DispatcherServlet을 서블릿으로 정의하고 [리스트 6-8 ❹]에서 DispatcherServlet에 대한 경로를 설정합니다. 스프링 MVC에서 웹 애플리케이션을 구축할 때는 정적 리소스 설정에서도 설명한 것처럼 기본적으로 컨텍스트 루트에 매핑시키는 경우가 대부분입니다.

[리스트 6-8 ❺]는 DispatcherServlet에서 작성하는 DI 컨테이너의 Bean 정의 파일을 지정하고 있습니다. 스프링 MVC의 베이스를 한 웹 애플리케이션에서는 ContextLoaderListener와 DispatcherServlet의 양쪽에서 DI 컨테이너를 작성할 수 있어서 후자가 전자를 참조하는 형태가 됩니다(그림 6-6).

그림 6-6 스프링 MVC에서 DI 컨테이너와의 관계

즉, ContextLoaderListener의 DI 컨테이너에서 관리되고 있는 Bean을 Dispatcher Servlet의 DI 컨테이너에서 관리되고 있는 Bean에 인젝션할 수는 있지만, 반대로는 되지 않

습니다. 이 관계를 반드시 기억해두어야 합니다. 일반적으로 ContextLoaderListener의 DI 컨테이너에서 비즈니스 층 이하의 Bean을 관리하고 DispatcherServlet의 DI 컨테이너에서 는 프레젠테이션 층 이상의 Bean을 관리합니다.

마지막으로 나머지 설정을 보겠습니다. [리스트 6-8 ❻]은 스프링 MVC의 뷰에서 HTML의 이 스케이프 실시에 대한 설정입니다. JSP로 말하면 defaultHtmlEscape를 true로 설정하고 스 프링 MVC가 준비한 태그를 사용해 데이터를 표시하면 <, > 등의 문자를 이스케이프 처리해 주는 것입니다. [리스트 6-8 ❼]은 CharacterEncodingFilter 설정입니다. 이 Filter를 설정 하면 자동으로 HttpServletRequest의 setCharacterEncoding 메서드를 실행해 적절한 문 자 코드를 지정해줍니다. 잊지 말고 반드시 지정해야 합니다.

이상으로 Bean 정의 파일을 사용한 web.xml 설정이 끝났습니다. 그럼 JavaConfig를 사용 한 web.xml을 살펴봅시다. 우선 [리스트 6-8 ❶] 지정이 [리스트 6-9]와 같이 달라집니다.

리스트 6-9 web.xml 정의(JavaConfig 지정) 그 외 1

```
...(생략)...
<context-param>
    <param-name>contextClass</param-name>
    <param-value>
        org.springframework.web.context.support.AnnotationConfigWebApplicationContext
    </param-value>
</context-param>
<context-param>
    <param-name>contextConfigLocation</param-name>
    <param-value>sample.customer.config.BizConfig</param-value>
</context-param>
...(생략)...
```

contextConfigLocation에 JavaConfig의 클래스명을 지정한 뒤, contextClass에 AnnotationConfigWebApplicationContext 클래스를 지정하는 것이 포인트입니다. 하나 더 DispatcherServlet 쪽 설정도 살펴보겠습니다. [리스트 6-8 ❺]의 지정이 [리스트 6-10] 과 같이 달라집니다. 변경 내용은 [리스트 6-9]와 같습니다.

```
...(생략)...
<init-param>
    <param-name>contextClass</param-name>
    <param-value>
      org.springframework.web.context.support.AnnotationConfigWebApplicationContext
    </param-value>
</init-param>
<init-param>
    <param-name>contextConfigLocation</param-name>
    <param-value>sample.customer.config.WebConfig</param-value>
</init-param>
...(생략)...
```

WebApplicationInitializer 설정

서블릿 3.0 이후의 환경에서는 Servlet, Filter 등을 web.xml을 사용하지 않고 프로그램 베이스로 등록할 수 있습니다. 스프링에서는 WebApplicationInitializer 인터페이스를 구현해서 onStartup 메서드를 오버라이드한 클래스를 배치하는 것으로 Servlet, Filter를 등록할 수 있습니다. DispatcherServlet을 등록하는 경우, Bean 정의 파일을 바탕으로 설정할 때는 AbstractDispatcherServletInitializer 클래스를 승계한 클래스를 작성해서 필요한 메서드를 오버라이드합니다(리스트 6-11). JavaConfig를 바탕으로 설정할 때는 Abstract AnnotationConfigDispatcherServletInitializer 클래스를 승계한 클래스를 작성합니다(리스트 6-12).

리스트 6-11 WebApplicationInitializer 정의(Bean 정의 파일 지정)

```
public class CustomerAppInitializerXml
    extends AbstractDispatcherServletInitializer {

    @Override
    protected WebApplicationContext createRootApplicationContext() {
        XmlWebApplicationContext ctx = new XmlWebApplicationContext();
        ctx.setConfigLocation("classpath:/META-INF/spring/beans-biz.xml");

        return ctx;
    }
```

```java
    @Override
    protected WebApplicationContext createServletApplicationContext() {
        XmlWebApplicationContext ctx = new XmlWebApplicationContext();
        ctx.setConfigLocation("classpath:/META-INF/spring/beans-webmvc.xml");

        return ctx;
    }

    @Override
    protected String[] getServletMappings() {
        return new String[]{"/"};
    }

    @Override
    protected Filter[] getServletFilters() {
        CharacterEncodingFilter characterEncodingFilter =
          new CharacterEncodingFilter();
        characterEncodingFilter.setEncoding("UTF-8");
        characterEncodingFilter.setForceEncoding(true);

        return new Filter[]{ characterEncodingFilter };
    }

    @Override
    public void onStartup(ServletContext servletContext) throws ServletException {
        super.onStartup(servletContext);
        servletContext.setInitParameter("defaultHtmlEscape", "true");
    }
}
```

리스트 6-12 WebApplicationInitializer 정의(JavaConfig 지정)

```java
public class CustomerAppInitializerJavaConfig
    extends AbstractAnnotationConfigDispatcherServletInitializer {

    @Override
    protected Class<?>[] getRootConfigClasses() {
        return new Class<?>[]{BizConfig.class};
    }

    @Override
```

```
    protected Class<?>[] getServletConfigClasses() {
        return new Class<?>[]{WebConfig.class};
    }

    @Override
    protected String[] getServletMappings() {
        return new String[]{"/"};
    }

    @Override
    protected Filter[] getServletFilters() {
        CharacterEncodingFilter characterEncodingFilter =
            new CharacterEncodingFilter();
        characterEncodingFilter.setEncoding("UTF-8");
        characterEncodingFilter.setForceEncoding(true);

        return new Filter[]{ characterEncodingFilter };
    }

    @Override
    public void onStartup(ServletContext servletContext) throws ServletException {
        super.onStartup(servletContext);
        servletContext.setInitParameter("defaultHtmlEscape", "true");
    }
}
```

web.xml로 초기화하는 경우와 비교해보기 바랍니다.

6.3 예제 애플리케이션 개요

그럼 일단 환경 설정도 마쳤으니 예제 애플리케이션을 만들면서 스프링 MVC의 기본을 학습해
봅시다. 이 절에서는 예제 애플리케이션 개요를 학습합니다.

6.3.1 레이어와 패키지 구조

예제 애플리케이션에서는 제1장에서 설명한 기본적인 3층 구조에 기초한 레이어 구조를 사용
합니다. 단, 이번 예제 애플리케이션은 어디까지나 프레젠테이션 층의 예제이므로 데이터 액세

스 계층을 생략하고 프레젠테이션 층과 비즈니스 로직 층만으로 구성했습니다. [표 6-5]에 레이어 구조와 패키지의 대응 관계, [그림 6-7]에 패키지 그림을 나타냈습니다.

표 6-5 레이어 구조와 패키지의 대응 관계

패키지	대응하는 레이어
sample.customer	–
|– biz	비즈니스 로직
	|– domain	도메인
	|– service	서비스
|– web	프레젠테이션
|– controller	컨트롤러

그림 6-7 예제 애플리케이션의 패키지 구조

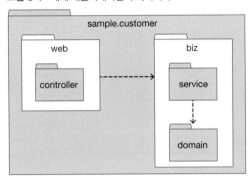

6.3.2 비즈니스 로직 층의 클래스

그럼 비즈니스 로직 층을 살펴봅시다. 비즈니스 로직 층의 클래스 다이어그램을 [그림 6-8]에 나타냈습니다.

비즈니스 로직 층은 크게 서비스와 도메인으로 분리됩니다. 도메인은 Customer 클래스만 있습니다. Customer 클래스의 소스 코드는 [리스트 6-13]과 같습니다. Customer 클래스는 ID(id), 이름(name), 이메일주소(emailAddress), 생일(birthday), 좋아하는 숫자(favoriteNumber)를 프로퍼티로 가지고 있습니다(리스트 6-13 ❶). 또 각 프로퍼티에 대응해서 Getter, Setter 메서드(그림 6-8, 리스트 6-13에서는 생략)와 isNgEmail 메서드가 정의됐습니다(리스트 6-13 ❷).

그림 6-8 고객 관리 예제 애플리케이션의 비즈니스 층

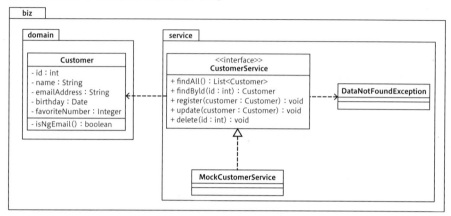

isNgEmail 메서드는 Customer 오브젝트가 저장하고 있는 Email 주소가 사용할 수 없는 주소인지를 확인하는 메서드입니다. 이번에는 어디까지나 샘플 애플리케이션이므로 사용할 수 없는 이메일 주소를 도메인 이름이 ng. foo.baz인 주소로 구현했습니다.

현재 Customer 클래스는 불완전한 상태입니다. 이후 데이터 바인딩과 검증을 설명하는 부분에서, 이 Customer 클래스에 데이터 바인딩과 Bean 검증의 어노테이션을 설정하겠습니다.

리스트 6-13 Customer 클래스의 불완전판(Customer.java)

```
public class Customer implements java.io.Serializable {

    private int id;

    private String name;

    private String emailAddress;                                    ----❶

    private Date birthday;

    private Integer favoriteNumber;

    public boolean isNgEmail() {
        if (emailAddress == null) {
            return false;
        }
                                                                    ----❷
        // 도메인이 "ng.foo.baz"이면 사용 불가 어드레스로 처리
```

```
        return emailAddress.matches(".*@ng.foo.baz$");
    }

    public Customer() {}

    public Customer(String name, String emailAddress,
                        Date birthday, Integer favoriteNumber) {
        this.name = name;
        this.emailAddress = emailAddress;
        this.birthday = birthday;
        this.favoriteNumber = favoriteNumber;
    }
    ...(Getter, Setter, toString() 등은 생략)...
}
```

다음은 서비스입니다. 서비스에는 CustomerService 인터페이스와 그 Mock을 구현한 Mock CustomerService 클래스, 그리고 DataNotFoundException이 있습니다. Customer Service 인터페이스 소스 코드는 [리스트 6-14]와 같습니다.

리스트 6-14 CustomerService 인터페이스(CustomerService.java)

```
package sample.customer.biz.service;

import sample.customer.biz.domain.Customer;

import java.util.List;

public interface CustomerService {
    public List<Customer> findAll();

    public Customer findById(int id) throws DataNotFoundException;  ◆·················❶

    public Customer register(Customer customer);

    public void update(Customer customer) throws DataNotFoundException;  ◆············❷

    public void delete(int id) throws DataNotFoundException;  ◆····················❸
}
```

확인해야 하는 것은 [리스트 6-14 ❶∼❸]의 throws입니다. ID 지정 검색, 갱신, 삭제에서는 해당하는 고객이 없으면 DataNotFoundException 예외가 발생합니다. 이 예외가 발생했을 때 스프링 MVC가 어떻게 처리하는지는 6.6.2절에서 설명합니다. 스프링 MVC에서는 아주 효과적인 방법으로 예외 처리에 대처하므로 확실하게 확인해둡니다.

MockCustomerService 클래스는 어디까지나 임시 구현이므로 여기에는 소스 코드를 싣지 않았습니다. CustomerService 인터페이스로 구현해 원하는 대로 만들어봅시다. 단, component-sacn 태그에 의해 자동으로 DI 컨테이너에 등록되도록 @Service 어노테이션을 잊지 말아야 합니다. 또한, DataNotFoundException도 Exception 클래스를 단순히 상속한 클래스이므로 소스 코드를 싣지 않았습니다. 구현 방식에 흥미가 있다면 예제를 내려받아 확인할 수 있습니다.

6.4 화면을 표시하는 컨트롤러

드디어 스프링 MVC를 학습할 차례입니다. 이 절에서는 화면을 표시하는 컨트롤러 작성을 목표로 해서 컨트롤러 메서드의 기본인 @RequestMapping 어노테이션, 메서드의 인수, 반환 값을 설명합니다. 그러고 나서 실제로 예제 어노테이션의 고객 목록, 고객 정보 보기 화면을 만들어가면서 구체적인 사용법을 살펴보기로 합니다.

6.4.1 @RequestMapping 어노테이션

우선, @RequestMapping 어노테이션을 살펴봅니다. @RequestMapping 어노테이션은 6.1.4절에서 설명한 것처럼 URL과 컨트롤러 메서드의 매핑을 설정하는 어노테이션입니다. URL 외에도 다양한 속성을 지정할 수 있고 URI 템플릿이라는 기능을 사용하면 URL 속 값을 쉽게 얻어올 수 있습니다. 이러한 기능을 알아봅시다.

URL 지정과 URI 템플릿, 그리고 매트릭스 URI

@RequestMapping 어노테이션에서는 매핑할 URL을 @RequestMapping 어노테이션의 값으로 설정합니다. 예를 들면 URL /customer에 매핑할 때는 다음처럼 설정합니다.

```
@RequestMapping("/customer")
```

이것은 다음 설정을 생략한 것입니다.

```
@RequestMapping(value = "/customer")
```

결국 @RequestMapping의 value 속성에 매핑할 URL을 지정하는 것입니다. 또한, 스프링 4.2 이후에는 path 속성을 사용해서 다음과 같이 설정할 수 있습니다.

```
@RequestMapping(path = "/customer")
```

하나의 메서드에 URL을 여러 개 지정하고 싶은 경우에는 다음과 같이 배열 형식으로 설정할 수 있습니다.

```
@RequestMapping({"/customer","/cust"})
@RequestMapping(value = {"/customer","/cust"})
@RequestMapping(path = {"/customer","/cust"})
```

URI 템플릿

@ReuqestMapping의 URL 지정을 더 유연하게 하는 URI 템플릿을 살펴봅니다. 6.1.3절에서 설명한 것과 같이 REST의 개념에는 URI에 따라서 Web상의 리소스를 특정합니다. 앞의 예에서 http://foo.bar.baz/user/1의 URI에 대해서 GET으로 액세스한 경우에는 사용자 ID가 1인 사용자, http://foo.bar.baz/user/20의 URI에 대해서 GET으로 액세스한 경우에는 사용자 ID가 20인 사용자의 정보를 취득할 수 있습니다.

서버 쪽에서 생각해보면 서버 쪽은 http://foo.bar.baz/user/1의 URI에 대해서 GET 액세스가 있으면 사용자 ID가 1인 사용자 정보를 취득해서 응답을 돌려줄 필요가 있습니다. 즉 URL의 일부인 '1'이라는 정보를 취득할 필요가 있다는 것입니다. 이것을 간단하게 실현하는 개념이 URI 템플릿이라는 URL의 지정 방법입니다.

URI 템플릿 형식으로 URL을 지정하는 경우에는 URL 안에서 변동하는 부분을 {변수명}의 형태로 지정합니다. 예를 들어 앞에서의 URL을 http://foo.bar.baz/user/{userId} 형태로 지정하는 것입니다. 이러면 URL http://foo.bar.baz/user/1의 요청에 대해서 userId=1이라는 값을 간단하게 취득할 수 있습니다.

스프링 MVC는 이러한 URI 템플릿에 대응하고 있어서 URL의 일부분에 포함된 값을 간단하게 취득할 수 있습니다. 예를 들어 사용자 정보를 취득하는 메서드를 생각해보면, /user/{사용자 ID} 형식의 URL 매핑 메서드를 정의하는 경우에는 다음과 같이 설정합니다.

```
@RequestMapping("/user/{userId}")
public String getUserById(@PathVariable int userId)
```

일단 URL에서 /user/{userId}를 지정하고 있어서 URL에 /user/{사용자 ID} 형식으로 요청한 경우에는 이 getUserById 메서드가 실행됩니다. 그리고 {userId} 부분에 넘어온 값을 인수로 넘겨줍니다. 인수명과 { } 안의 지정된 변수명을 맞춰주는 것이 중요합니다. '/user/312'의 요청은 userId 변수에 '312'라는 값이 들어갑니다. 덧붙여서 @PathVariable 어노테이션에 설정하는 변수명과 인수명을 다르게 하고 싶으면 @PathVariable의 value 속성에 지정합니다.

```
@PathVariable("userId") int id
```

또한, getUserById 메서드 예에서는 @PathVariable의 인수를 제1인수에 설정했지만, 이것을 제2, 제3의 인수에 설정해도 괜찮습니다. 컨트롤러 메서드의 인수는 나중에 여러 가지가 나오지만, 대부분은 인수의 순번을 신경 쓸 필요가 없다는 것을 기억해둡니다.

그럼 이 URI 템플릿의 기능에 대해서 조금 더 상세하게 살펴봅니다. URI 템플릿의 인수는 여러 개를 설정할 수 있습니다. 예를 들어 사용자를 취득하는 경우에는 회사 ID, 부서 ID, 사용자 ID의 3개를 지정해야 하므로 /company/{회사 ID}/dept/{부서 ID}/user/{사용자 ID}의 형태로 URL을 지정할 필요가 있습니다. 이러한 경우에는 다음과 같이 지정합니다.

```
@RequestMapping("/company/{companyId}/dept/{deptId}/user/{userId}")
public String getUserById(
        @PathVariable int companyId,
        @PathVariable int deptId,
        @PathVariable int userId) {
```

이것으로 /company/100/dept/21/user/1999001과 같이 URL을 설정하면 companyId 인수에 100, deptId 인수에 21, userId 인수에 1999001의 값이 설정됩니다.

userId 인수가 int 형으로 설정된 경우 /user/abc의 요청을 보내면 어떻게 될까요? 이 경우에는 /user/{userId}에는 일치하지만 userId 인수에 'abc'라는 값이 들어갈 수 없으므로, 매핑이 이루어지지 않고 오류 레스폰스가 돌아갑니다. 그럼 userId는 소문자의 알파벳만을 받아들이고 싶을 경우에는 어떻게 설정할까요? 인수 userId를 String 형으로 하는 것만으로는 알파벳도, 한글도, 한자도 들어오게 되므로 목적을 달성할 수 없습니다.

스프링 MVC의 URI 템플릿 기능의 정규 표현으로 변수를 제어하는 기능을 사용하면 제어가 가능해집니다. 변수의 지정을 {변수명}:{정규 표현}으로 하면 정규 표현에 일치하는 경우만 매핑이 됩니다. 구체적인 예를 봅시다.

```
@RequestMapping("/customer/{id:[a-z]+}")
public String getUserByStringId(@PathVariable("userId") String id)
```

이렇게 지정하는 것으로 사용자 ID가 a에서 z까지의 문자열(정규 표현 [a-z])이 하나 이상(정규 표현 +)인 경우만 getUserStringId 메서드가 실행됩니다.

마지막으로 URI 템플릿으로 URL을 지정하는 방법입니다. 변수는 / 사이에서는 하나만이라는 규칙이 없으므로 자유롭게 지정할 수 있습니다. 예를 들어 다음과 같은 지정도 할 수 있습니다 (URL 설계로서 좋다, 나쁘다는 판단은 하지 않겠습니다).

```
@RequestMapping("/user/{companyId}-{deptId}-{userId}")
```

이렇게 URI 템플릿을 사용하면 URL 설정의 자유도를 높일 수 있습니다. 여기에 정규 표현을 잘 사용하면 세세한 URL 설정도 할 수 있습니다.

매트릭스 URI

스프링 3.2 이후에 @MatrixVariable 어노테이션을 사용해서 매트릭스 URI 대응이 도입됐습니다. 매트릭스 URI는 URL 일부에 '변수명=값;변수명=값;..'과 같이 변수명=값의 쌍을 세미콜론으로 구별해서 매트릭스 형식의 구성을 포함한 URL을 말합니다. 이전의 템플릿에서도 /a={a};b={b}/와 같이 지정함으로써 a와 b의 값을 취득할 수 있었지만, 예를 들어 /search/name=Hong/, /search/address=Busan;maxAge=30/, /search/
name=Hong;address=Seoul/과 같이 지정하는 변수가 상황에 따라 달라질 때에는 대응되
지 않았습니다. 매트릭스 URI를 사용하면 이러한 경우에도 사용할 수 있습니다.

이 매트릭스 URI를 도입하기 위해서는 스프링 MVC 설정에 다음과 같이 추가를 해야 합니
다. 우선 XML 형식의 Bean 정의 파일(beans-webmvc.xml)에 설정하는 경우에는 다음
과 같이 mvc:annotation-config 태그의 enable-matrix-variables 속성에 true를 설정
합니다.

```
<mvc:annotation-driven validator="validator" enable-matrix-variables="true" />
```

JavaConfig(WebConfig.java)에서 스프링 MVC를 설정할 때는 조금 번거롭습니다. 일단은
클래스를 다음과 같이 수정해야 합니다.

```
@Configuration
@EnableWebMvc
@ComponentScan("sample.customer.web.controller")
public class WebConfig extends WebMvcConfigurerAdapter {
public class WebConfig extends DelegatingWebMvcConfiguration {
```

DelegatingWebMvcConfiguration은 @EnableWebMvc 어노테이션을 지정한 경우, 지정
한 JavaConfig 파일에 이 클래스를 직접 상속하도록 변경하고 다음 메서드를 추가합니다.

```
@Override
@Bean
public RequestMappingHandlerMapping requestMappingHandlerMapping() {
    RequestMappingHandlerMapping handlerMapping =
      super.requestMappingHandlerMapping();
    handlerMapping.setRemoveSemicolonContent(false);

    return handlerMapping;
}
```

이 설정으로 URL의 세미콜론 이후의 값을 삭제하는 기능이 무효가 되고 매트릭스 URI를 유효
화할 수 있습니다.

매트릭스 URI를 사용할 수 있으므로 매트릭스 URI를 알아봅시다. 매트릭스 URI 형식으로 URL에 대응하기 위해서는 우선 @RequestMapping의 URL을 URI 템플릿 형식으로 지정합니다. 다음은 URI 템플릿의 변수를 받을 인수를 Map 형으로 정의해서 @MatrixVariable 어노테이션을 지정하기만 하면 됩니다. 앞에서의 검색 조건을 받는 메서드라면 다음과 같은 예로 지정합니다.

```
@RequestMapping("/search/{searchCondition}/")
public String search(
    @MatrixVariable Map<string, string=""> searchCondition) {</string,>
```

이것으로 searchCondition 인수에는 변수명을 키로, 값을 밸류로 한 Map이 저장됩니다. 인수로 Map 형이 아닌, 직접 인수의 값을 하고 싶은 경우에는 다음과 같이 설정합니다.

```
@RequestMapping("/search/{searchCondition}/")
public String search(
    @MatrixVariable String name,
    @MatrixVariable(required = false) String address,
    @MatrixVariable(required = false) Integer maxAge) {
```

예를 들어 /search/name=Hong;maxAge=30으로 보내면, name에는 'Hong'이 maxAge에는 '30'이 들어가고 URL에 지정하지 않은 address에는 null이 들어갑니다. 또한, required 속성은 필수로 할 것인가를 지정하는 것으로, 디폴트는 true입니다. 이 예에서 name은 required가 true가 되기 때문에 /search/address=Tokyo/와 같이 보내면 오류가 돌아옵니다. 단, 다음과 같이 defaultValue 속성을 지정한 경우에는 URL에서 지정하지 않더라도 문제없이 실행되고 인수에는 defaultValue에서 지정한 값이 들어갑니다.

```
@RequestMapping("/search/{searchCondition}/")
public String search(
    @MatrixVariable(defaultValue = "Default Name") String name, ...) {
```

@RequestMapping 어노테이션 속성

@RequestMapping 어노테이션에서 URL을 설정하는 속성은 [표 6-6]과 같습니다.

표 6-6 @RequestMapping의 여러 설정

속성	설정 가능한 형 (배열 형식으로 복수 지정 가능)	내용	설정 예
value	String	URL	@RequestMapping("/foo") @RequestMapping(value = "/foo") @RequestMapping (value = {"/foo", "/bar"})
path	String	URL	@RequestMapping(path = "/foo") @RequestMapping (path = {"/foo", "/bar"})
method	HttpMethod	HTTP 메서드	@RequestMapping (method = HttpMethod.POST)
params	String	요청 파라미터	@RequestMapping (params = "action=new") @RequestMapping (params = "!forbidden") @RequestMapping (params = {"action=edit", "userId"})
headers	String	요청 헤더	@RequestMapping (headers = "myHeader=myValue")
consumes	String	요청이 포함되는 내용의 미디어 타입(요청 헤더의 Content -Type으로 판단)	@RequestMapping (consumes = "text/xml") @RequestMapping (consumes = "text/*")
produces	String	응답의 미디어 타입(요청 헤더의 Accept로 판단)	@RequestMapping (produces = "text/html") @RequestMapping (produces = "text/*")

이 설정 중에서 특히 중요한 HTTP 메서드와 요청 파라미터를 알아봅시다. 그리고 여기에 소개된 속성은 모두 배열 형태로 값을 여러 개 지정할 수 있습니다. 예를 들어 URL 설정에서는 다음과 같이 /foo와 /bar의 양쪽 URL에 대응하는 메서드를 정의할 수 있습니다.

```
@RequestMapping({"/foo","/bar"})
@RequestMapping(path = {"/foo", "/bar"})
```

HTTP 메서드

지금까지 설명한 형식으로 URL만 설정했을 때는 어떤 HTTP 메서드라도(GET이든 POST든) 받아들이게 됩니다. HTTP 메서드를 한정하고 싶을 때는 @RequestMapping 어노테이션을 다음과 같이 설정합니다.

```
// HTTP 메서드가 GET인 경우
@RequestMapping(path = "/foo", method = RequestMethod.GET)
public String executeGetOnly(...

// HTTP 메서드가 POST인 경우
@RequestMapping(path = "/foo", method = RequestMethod.POST)
public String executePostOnly(...
```

이렇게 설정해두면 같은 URL /foo에 접근하더라도 HTTP 메서드가 GET이면 execute OnlyGet 메서드가 실행되고, HTTP 메서드가 POST면 executeOnlyPost가 실행됩니다. 가령 executeGetOnly 메서드만 있고 executePostOnly 메서드가 없다면 HTTP 메서드 POST에 대응하는 메서드가 없다는 말이 됩니다. 그럴 때 POST로 액세스하면 HTTP 스테이터스 405(Method Not Allowed) 응답이 반환됩니다.

@RequestMapping 어노테이션의 method 속성에 설정하는 값은 RequestMethod enum 으로 정의된 값입니다. static import를 클래스의 처음에 정의해두면 더 깔끔하게 기술할 수 있습니다.

```
import static org.springframework.web.bind.annotation.RequestMethod.*;
...(생략)...
@RequestMapping(path = "/foo", method = GET)//"RequestMethod.XXX"를 생략
public String executeGetOnly(...

@RequestMapping(path = "/foo", method = POST)//"RequestMethod.XXX"를 생략
public String executePostOnly(...
```

이렇게 RequestMethod enum에서 정의된 값을 import하면 RequestMethod.XXX처럼 매번 기술할 필요가 없어지고, method = GET, method = POST라고 간단히 기술할 수 있습니다.

요청 파라미터

같은 URL이라도 요청 파라미터가 action=new일 때와 action=edit일 때로 구분해 메서드를 전환하고 싶다면 다음과 같이 설정합니다.

```
// 요청 파라미터가 action=new일 때
@RequestMapping(path = "/foo", params = "action=new")
public String actNew(...

// 요청 파라미터가 action=edit일 때
@RequestMapping(path = "/foo", params = "action=edit")
public String actEdit(...
```

이렇게 설정하면 action=new가 요청 파라미터로 설정됐을 때(http://~/컨텍스트 경로/foo?action=new로 액세스한 때 등)는 actNew 메서드가 실행되고, action=edit가 요청 파라미터로 설정됐을 때는 actEdit 메서드가 실행됩니다. 이 밖에 다음처럼 요청 파라미터의 키만 설정할 수도 있습니다.

```
@RequestMapping(params = "action_new")
```

이때는 요청 파라미터가 new=xxx이든 new=yyy든 new라는 키의 요청 파라미터가 설정됐으면 이 메서드가 실행됩니다. 반대로 이 요청 파라미터가 설정되지 않을 때를 지정할 수도 있습니다. 예를 들어 요청 파라미터 action의 값이 new가 아닐 때라고 지정하고 싶다면 다음처럼 지정합니다.

```
@ReuqestMapping(params = "action!=new")
```

요청 파라미터 action 자체가 설정되지 않을 때라고 지정하고 싶다면 앞에 !를 붙여서 다음처럼 설정합니다.

```
@RequestMapping(params = "!action")
```

만약 params 속성에 값을 여러 개 설정했다면 양쪽 요청 파라미터가 설정된 때만 메서드가 실행됩니다. 예를 들어 다음처럼 설정했다면 action=edit와 userId={임의의 값} 양쪽의 요청 파라미터가 설정된 경우에만 메서드가 실행됩니다.

```
RequestMapping(params = {"action=edit","userId"})
```

이상으로 요청 파라미터에 따라서 실행 메서드를 지정하는 방법을 살펴봤지만, 당연히 요청 파라미터에 지정된 값을 취득하고 싶을 경우도 있을 것입니다. 그 경우에는 메서드의 인수에 @ReuqestParam 어노테이션을 지정하면 취득할 수 있습니다.

```
@RequestMapping(...
public String foo(@ReuqestParam String action){
```

이 설정으로 foo 메서드의 action 인수에 요청 파라미터 action의 값이 저장됩니다. 요청 파라미터명은 인수의 변수명에서 자동으로 판단됩니다. @ReuqestParam은 디폴트로 필수이기 때문에 간혹 action 요청 파라미터로 보내지지 않았을 때는 메서드가 실행되지 않고 HTTP 스테이터스 400(Bad Request)이 반환됩니다.

또한, @ReuqestParam 어노테이션은 다음과 같은 속성을 지정할 수 있습니다.

```
public String foo(
    @RequestParam(
        name = "p_action", // 요청 파라미터명을 지정
        required = false, // 요청 파라미터를 임의로 지정
        defaultValue = "defaultVal") //요청 파라미터를 생략했을 때, 디폴트값을 지정
    String action) {
```

@RequestParam 어노테이션에 지정 가능한 속성에 대해서는 [표 6-7]에 정리했습니다.

표 6-7 @RequestParam의 속성

속성	지정 가능한 형	내용	설정 예
name/value	String	요청 파라미터명을 지정	@RequestParam(name="action") @RequestParam(value="action") @RequestParam("action")
required	boolean	필수인지 임의인지 지정 • true : 필수(디폴트) • false : 임의 필수일 때는 요청 파라미터에 포함되지 않으면 오류가 발생[13] (defaultValue를 지정했을 경우에는 오류가 발생하지 않음)	@RequestParam(required=false)
defaultValue	String	요청 파라미터가 지정되지 않은 경우의 디폴트값	@RequestParam (defaultValue="defaultVal")

클래스 레벨의 @RequestMapping 어노테이션

그럼 @ReuqestMapping 어노테이션에 대한 마지막 내용으로 클래스 레벨의 @Request Mapping 어노테이션을 알아봅니다. 이제까지는 @RequestMapping 어노테이션을 메서드에만 설정했지만, @RequestMapping 어노테이션은 클래스에도 설정할 수 있습니다. 클래스에 @RequestMapping 어노테이션을 설정하는 경우에는 메서드에 설정한 URL 이 모두 클래스에 설정한 URL의 서브 URL이 됩니다. [리스트 6-15]의 예에서는 클래스의 @RequestMapping 어노테이션이 /user로 설정돼(리스트 6-15 ❶) 이 클래스의 모든 메서드의 URL은 /user로 시작하는 URL이 됩니다.

리스트 6-15 클래스 레벨의 @ReuqestMapping 어노테이션

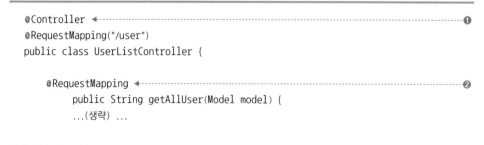

```
@Controller  ◄···································································❶
@RequestMapping("/user")
public class UserListController {

    @RequestMapping  ◄···························································❷
        public String getAllUser(Model model) {
        ...(생략) ...
```

---

13 MissingServletRequestParameterException이 발생

```
@RequestMapping("/{id:[0-9]{3}}")  ◀-------------------------------❸
    public String getUserById(@PathVariable("id") int id, ...
        ...(생략) ...
```

각 메서드를 보면, getAllUser 메서드에는 @RequestMapping 어노테이션이 설정됐지만, URL에는 아무 설정이 없습니다(리스트 6-15 ❷). 하지만 클래스의 URL로 /user가 설정됐으므로 /user의 URL의 요청이 있으면 getAllUser 메서드가 실행됩니다. getUserById 메서드에는 @ReuqestMapping 어노테이션에 /{id}가 URL로 설정됐습니다(리스트 6-15 ❸). 이 경우에도 URL /{id}는 클래스로 설정된 URL /user 밑으로 처리되기 때문에 /user/{id}의 액세스가 있으면 getUserById 메서드가 실행됩니다.

6.4.2 Controller 메서드 인수

@RequestMapping 어노테이션의 컨트롤러^{controller} 인수를 살펴봅시다. 지금까지 나온 인수는 다음과 같습니다(6.1.4절 참고).

- Model 오브젝트
- URI 템플릿 변수(@PathVariable 인수)
- 요청 파라미터(@RequestParam 인수)

이 밖에도 Controller 메서드는 다양한 인수를 지정할 수 있습니다. Controller 메서드의 인수로 정의할 수 있는 변수 중에서 주요한 것을 [표 6-8]에 정리했습니다. [표 6-8]처럼 Controller 메서드의 인수로 지정할 수 있는 것은 아주 많습니다. 예를 들면, 서블릿 API의 HttpServletRequest나 HttpSession 등은 그대로 인수로 받을 수 있습니다. HTTP 헤더와 쿠키값이 필요하면 각각 @RequestHeader 어노테이션, @CookieValue 어노테이션을 지정해서 간단히 값을 가져올 수 있습니다. 그리고 @RequestHeader 어노테이션과 @CookieValue 어노테이션은 @RequestParam 어노테이션과 같이 required 속성이나 defaultValue 속성도 지정할 수 있습니다.

표 6-8 Controller 메서드 인수로 지정 가능한 오브젝트(주요 내용)

설명	형	어노테이션	사용 예	설명한 절
URI 템플릿 형식으로 지정한 URL의 변수 값	임의	@PathVariable	foo (@PathVariable int userId)	6.4.1
매트릭스 URI 형식으로 지정한 URL의 변수 값	개별적으로 취득할 경우에는 임의 한꺼번에 받을 때는 Map	@MatrixVariable	foo(@MatrixVariable String userName) foo(@MatrixVariable Map⟨String, String⟩ searchCondition)	6.4.1
HTTP 요청 파라미터 값	임의	@RequestParam	foo(@RequestParam int userId) foo(@RequestParam(value = "userId", required=false) int id)	6.4.1
업로드 파일	org.springframe work.web.multi part.Multipart File	@RequestParam	foo(@RequestParam Multipart File uploaded)	6.6.3
HTTP 요청 헤더 값	개별적으로 취득할 경우에는 임의 한꺼번에 받을 때는 Map	@RequestHeader	foo(@RequestHeader ("User-Agent") String userAgent) foo(@RequestHeader Map⟨String, String⟩ headers) foo(@RequestHeader RequestHeaders headers)	–
쿠키 값	임의	@CookieValue	foo(@CookieValue("jsession id") String sessionId)	–
HTTP 요청의 메시지 보디	임의	@RequestBody	foo(@RequestBody User user)	6.6.5
HttpEntity 오브젝트	org.springframework.http.HttpEntity⟨T⟩	–	foo(HttpEntity⟨User⟩ user)	–
Model 오브젝트	org.springframework.ui.Model	–	foo(Model model)	6.1.4
ModelAttribute 오브젝트	임의	@ModelAttribute	foo(User user)foo(@ModelAttribute("editedUser") User user)	6.5.1

설명	형	어노테이션	사용 예	설명한 절
Session 관리 오브젝트	org.springframework. web.bind.support.Ses sionStatus	–	foo(SessionStatus session Status)	6.5.2
오류 오브젝트	org.springframework. validation.Errors	–	foo(Errors errors)	6.5.2
WebRequest 오브젝트	org.springframework. web.context.request. WebRequest	–	foo(WebRequest req)	6.4.2
Servlet API의 각종 오브젝트	javax.servlet.http. HttpServletRequest javax.servlet.http. HttpServletResponse javax.servlet.http. HttpSession 등	–	foo(HttpServletRequest req, HttpServletResponse res)	–
로케일	java.util.Locale	–	foo(Locale local)	–
요청, 응답에 액 세스하기 위한 스 트림 오브젝트	java.io.InputStream, java.io.Reader(요청) java.io.OutputStream, java.io.Writer(응답)	–	foo(Reader reader, Writer writer)	–
인증 오브젝트	java.security.Principal	–	foo(Principal principal)	–

> **NOTE_ String 형 이외의 인수의 매핑**
>
> @PathVariable 어노테이션과 @RequestParam 어노테이션, 그리고 여기서 소개한 @Request Header 어노테이션과 @CookieValue 어노테이션에 지정하는 인수의 형에는 String 형을 지정하는 것도 가능하지만 int 형, Integer 형 또는 Date 형 등을 지정할 수 있습니다. 이 경우에는 6.1.5절에서 가볍게 소개한 데이터 바인딩으로 String 형에서 인수형으로 자동 변환됩니다.
>
> 하나 더, WebRequest 오브젝트에 대해서 알아봅니다. WebRequest 오브젝트는 WebRequest 인터페이스를 구현한 오브젝트입니다. WebRequest 오브젝트는 Servlet API에서 말하는 HttpServlet Request를 추상화한 오브젝트로 request 스코프 및 session 스코프 오브젝트, 요청 파라미터값 등 HttpServletRequest에서 취득할 수 있는 오브젝트의 대부분을 여기서 취득할 수 있습니다. 또한 WebRequest 오브젝트의 메서드에 대해서는 WebRequest 인터페이스의 API 문서를 참고합니다.

6.4.3 Controller 메서드의 반환값

끝으로 Controller 메서드의 반환값을 살펴봅니다. 6.1.4절에서 설명한 것처럼 컨트롤러의 반환값은 기본적으로 View 이름입니다. 그리고 DispatcherServlet은 View 이름을 바탕으로 뷰 리졸버 오브젝트에 문의해 View 오브젝트를 가져오고 View 오브젝트의 render 메서드를 실행해 화면을 표시합니다.

뷰 리졸버에 관해서는 6.1.4절에서 설명했지만, 특히 자주 사용되는 것이 UrlBasedView Resolver 클래스와 그 서브 클래스입니다. 그리고 이들 클래스에는 공통된 편리한 기능이 있습니다. 바로 View 이름의 접두사를 지정하는 기능입니다. View 이름의 접두사에 [표 6-9]의 문자열을 지정하면 리다이렉트redirect와 포워드forward 처리를 실행해줍니다.

또한 Controller 메서드의 반환값으로 void를 지정할 수도 있습니다. 이때는 요청받은 URL이 View 이름이 됩니다[14]. 단, 컨텍스트 경로는 제거되고 마지막에 /가 있으면 그것도 제거됩니다. 예를 들어, 'http:// ~ /{컨텍스트 경로}/foo/bar/baz/'라는 URL에 대해 요청받았다고 한다면 이때의 View 이름은 foo/bar/baz가 됩니다.

표 6-9 View 이름의 접두사

접두사	내용	사용 예
redirect:	지정된 URL로 리다이렉트	redirect:/user redirect:http://www.springsource.org/
forward:	지정된 URL로 포워드	forward:/user

---

14 RequestToViewNameTranslator 인터페이스를 구현한 독자 클래스를 작성해서 이 설정을 변경할 수도 있습니다.

redirect 접두사의 URL은 다양하게 지정할 수 있습니다. http나 https로 시작되는 전체 경로로 URL을 지정했을 때(redirect:http://www.springsource.org/)는 외부 서버로 리다이렉트됩니다. 또한 '/'로 시작되는 URL을 지정했을 때는 '컨텍스트 루트'부터의 경로로 리다이렉트됩니다. 또한 '/'를 지정하지 않았을 때는 현재 경로에 대한 상대 경로로 리다이렉트 처리가 실행됩니다. 예를 들어 @RequestMapping("/foo/bar/baz")가 설정된 Controller 메서드에서 View 이름으로 redirect:nextPath를 지정했다면, 이때는 '{컨텍스트 경로}/foo/bar/nextPath'로 리다이렉트됩니다.

한 가지만 더 보충하자면, 스프링 3.1에서는 redirect나 forward 접두사를 지정한 View 이름으로 URI 템플릿 형식의 URL을 사용할 수 있게 됐습니다. 구체적으로는 @RequestMapping("/user/{userId}")가 설정된 Controller 메서드에서 View 이름으로 "redirect:/user/{userId}"처럼 지정할 수 있는 것입니다. View 이름의 {userId}에는 이 메서드의 URL로 지정된 userId가 자동으로 설정됩니다. 편리한 기능이므로 꼭 기억해두기를 바랍니다.

6.4.4 예제 애플리케이션 작성(1)

지금까지 설명한 내용을 바탕으로 예제 애플리케이션을 작성해보겠습니다. 이번에 작성할 것은 고객 목록 화면과 고객 상세 화면입니다. 이 화면을 하나의 컨트롤러로 작성할 것입니다.

그림 6-9 고객 목록 화면

그림 6-10 고객 상세 화면

고객 목록 화면의 상세 링크를 클릭하면 고객 정보 화면으로 이동하고, 고객 상세 화면의 목록 링크를 클릭하면 고객 목록 화면으로 이동합니다.

Controller 클래스 작성

그럼, Controller 클래스를 작성해보겠습니다(리스트 6-16).

리스트 6-16 CustomerService를 소유하는 CustomerListController(CustomerListController.java)

```
package sample.customer.web.controller;

import static org.springframework.web.bind.annotation.RequestMethod.*;   ◀·············· ❸

import org.springframework.beans.factory.annotation.Autowired;
import org.springframework.stereotype.Controller;

import sample.customer.biz.domain.Customer;

@Controller   ◀········································································ ❶
public class CustomerListController {

    @Autowired   ··································································┐
    private CustomerService customerService;   ···························┘··· ❷

}
```

Controller 클래스 이름은 CustomerListController로 하고, 패키지는 sample.customer.web.controller입니다. @Controller 어노테이션을 클래스에 설정하고(리스트 6-16 ❶), CustomerListController 클래스에서 사용할 CustomerService 오브젝트를 인젝션할 수 있게 설정했습니다(리스트 6-16 ❷). 또 @RequestMethod enum을 static import해서(리스트 6-16 ❸) @RequestMapping의 메서드 속성이 짧게 끝나게 했습니다.

고객 목록 화면 표시 처리 구현

다음으로 고객 목록 화면 표시 처리를 구현해봅니다. 먼저 컨트롤러의 메서드입니다(리스트 6-17).

리스트 6-17 showAllCustomers 메서드와 home 메서드(CustomerListController.java)

```
@RequestMapping(value = "/customer", method = GET)  ◀--------------------②
public String showAllCustomers(Model model) {                               ┐
    List customers = customerService.findAll();  ◀--------------③          ├─①
    model.addAttribute("customers", customers);  ◀-------------④
    return "customer/list";  ◀-----------------⑤
}
                                                                            

@RequestMapping(value = "/", method = GET)  ◀-------------------------⑦
public String home() {                                                      ┐
    return "forward:/customer";  ◀--------------------⑧                    ├─⑥
}
```

고객 목록 화면을 표시하기 위한 URL은 /customer로 하고 HTTP 메서드의 GET으로 액세스했을 때만 표시할 수 있게 합니다. 이 처리를 실행하는 메서드가 showAllCustomer 메서드입니다(리스트 6-17 ①). 기본적으로 앞에서 설명한 사용자 목록의 예와 거의 다르지 않습니다. 우선은 @RequestMapping 어노테이션으로 URL을 설정합니다(리스트 6-17 ②). 메서드 안에서는 Customer 오브젝트의 List를 CustomerService 오브젝트의 findAll 메서드를 실행해서 취득하고(리스트 6-17 ③), Model 오브젝트에 customers라는 이름으로 저장합니다(리스트 6-17 ④). 마지막으로 View 이름으로 customer/list를 반환합니다(리스트 6-17 ⑤). ViewResolver는 6.2.3절과 같이 설정하고 있으므로 /WEB-INF/views/customer/list.jsp가 표시됩니다.

한 가지 더 컨트롤러에 메서드를 추가합니다. 이번 예제 애플리케이션에서는 컨텍스트 루트인 /에 액세스했을 때 고객 목록 화면의 URL인 /customer에 포워딩하도록 구현했습니다. 이 메서드가 [리스트 6-17 ⑥]입니다. 우선은 /에 매핑시키기 위해 @RequestMapping 어노테이션을 [리스트 6-17 ⑧]처럼 설정합니다. 그리고 /customer에 포워딩하기 위해 [리스트 6-17 ⑧]처럼 forward:customer를 반환합니다. 이 설정은 다음의 showAllCustomers 메서드에 설정할 수 있습니다.

```
@RequestMapping(path = {"/", "/customer"}, ...
public String showAllCustomers(...
```

단, 이후에 컨텍스트 루트에 액세스할 경우 초기 표시 화면이 바뀌는 것으로 생각하고 메서드를 독립해뒀습니다. 원래대로라면 HomeController와 같은 Controller 클래스를 별도로 준비해서 거기에 home 메서드를 정의해야 합니다.

다음은 고객 목록 화면의 JSP입니다.

리스트 6-18 고객 목록 화면의 JSP(list.jsp)

```
<%@ page contentType="text/html; charset=UTF-8" pageEncoding="UTF-8"%>
<%@ taglib uri="http://java.sun.com/jsp/jstl/core" prefix="c" %>
<%@ taglib uri="http://java.sun.com/jsp/jstl/fmt" prefix="fmt" %>
<!DOCTYPE HTML PUBLIC "-//W3C//DTD HTML 4.01 Transitional//EN">
<html>
<head>
<meta http-equiv="Content-Type" content="text/html; charset=UTF-8">
<title>고객 목록 화면</title>
</head>
<body>
<h1>고객 목록 화면</h1>
<table border="1">
    <tr>
        <th>ID</th>
        <th>이름</th>
        <th>이메일 주소</th>
        <th></th>
    </tr>
    <c:forEach items="${customers}" var="customer">    ◀┄┄┄┄┄┄┄┄┄┄┄┄┄┄┄┄┄┄┄❶
    <tr>
        <td><c:out value="${customer.id}"/></td>
        <td><c:out value="${customer.name}"/></td>
        <td><c:out value="${customer.emailAddress}"/></td>
        <td>
            <c:url value="/customer/${customer.id}" var="url"/>    ◀┄┄┄┄┄┄┄┄┄┄❷
            <a href="${url}">상세</a>    ◀┄┄┄┄┄┄┄┄┄┄┄┄┄┄┄┄┄┄┄❸
            <c:url value="/customer/${customer.id}/edit" var="url"/>   ┄┄┄┄┄┄┄┐
            <a href="${url}">편집</a>   ┄┄┄┄┄┄┄┄┄┄┄┄┄┄┄┄┄┄┄┄┄┄┄┄┄┄┘┄❹
        </td>
    </tr>
    </c:forEach>
</table>
</body>
</html>
```

View와 뷰 리졸버의 설명처럼 Model 오브젝트로 설정한 오브젝트는 스프링 MVC가 자동으로 HttpServletRequest에 설정해두기 때문에 [리스트 6-18 ❶]과 같이 EL 식을 사용해서 오브젝트를 취득할 수 있습니다. 이 취득한 오브젝트로 JSTL을 사용해서 취득한 고객 정보를 표시하고 있습니다.

고객 목록 화면의 링크값인 고객 상세 화면은 URL로 /customer/{고객 ID}로 작성하고 c:url 태그를 사용해서 url 변수에 컨텍스트 패스를 포함한 고객 상세 정보의 링크를 대입하고(리스트 6-18 ❷), 링크 태그를 정의하고 있습니다(리스트 6-18 ❸). 같은 방법으로 고객 정보 편집 화면의 URL은 /customer/{고객 ID}/edit로 작성하고 있습니다(리스트 6-18 ❹).

고객 정보 화면 표시 처리 구현

마지막으로 고객 상세 화면 표시 처리를 구현해봅시다. Controller 메서드는 /customer/{고객 ID}에 HTTP 메서드 GET으로 액세스했을 때 표시하도록 설정하겠습니다. 또한, 메서드 이름은 showCustomerDetail로 합니다(리스트 6-19).

리스트 6-19 showCustomerDetail 메서드(CustomerListController.java)

```
@RequestMapping(value = "/customer/{customerId}", method = GET) ◀┄┄┄┄┄❶
public String showCustomerDetail(@PathVariable int customerId, Model model) ◀┄┄┄❷
    throws DataNotFoundException{
    Customer customer = customerService.findById(customerId); ◀┄┄┄┄┄❸
    model.addAttribute("customer", customer); ◀┄┄┄┄┄❹
    return "customer/detail"; ◀┄┄┄┄┄❺
}
```

우선 @RequestMapping 어노테이션의 매핑은 이번에는 URI 템플릿 기능을 사용해 정의합니다(리스트 6-19 ❶). URL 안의 변수명이 customerId므로 [리스트 6-19 ❷]의 @PathVariable 어노테이션을 설정하는 인수의 변수명도 customerId로 하고, 인수의 변수명도 customerId로 했습니다. 인수의 변수명이 다를 때는 @PathVariable 어노테이션에 @PathVariable("customerId")처럼 URL 안의 변수명을 설정합니다.

메서드에서 실행하는 처리는 그리 어렵지 않습니다. CustomerService 오브젝트의 findById 메서드로 Customer 오브젝트를 가져오고(리스트 6-19 ❸), 가져온 Customer 오브젝

트를 customer라는 이름으로 Model 오브젝트로 설정합니다(리스트 6-19 ❹). 그리고
View 이름으로 customer/detail을 반환합니다(리스트 6-19 ❺). 이제 고객 정보 화면으로
/WEB-INF/views/customer/detail.jsp가 표시됩니다. [리스트 6-20]은 고객 상세 화면의
JSP입니다.

리스트 6-20 고객 상세 화면 JSP

```jsp
<%@ page contentType="text/html; charset=UTF-8" pageEncoding="UTF-8"%>
<%@ taglib uri="http://java.sun.com/jsp/jstl/core" prefix="c" %>
<%@ taglib uri="http://java.sun.com/jsp/jstl/fmt" prefix="fmt" %>
<!DOCTYPE HTML PUBLIC "-//W3C//DTD HTML 4.01 Transitional//EN">
<html>
<head>
<meta http-equiv="Content-Type" content="text/html; charset=UTF-8">
<title>고객 상세 화면</title>
</head>
<body>
<h1>고객 상세 화면</h1>
    <dl>
        <dt>이름</dt>
        <dd><c:out value="${customer.name}"/></dd>
        <dt>이메일 주소</dt> -
        <dd><c:out value="${customer.emailAddress}"/></dd>
        <dt>생년월일</dt>
        <dd><fmt:formatDate pattern="yyyy/MM/dd" value="${customer.birthday}"/></dd>    ❷
        <dt>좋아하는 숫자</dt>
        <dd><c:out value="${customer.favoriteNumber}"/></dd>
    </dl>
<c:url value="/customer" var="url"/>
<a href="${url}">목록</a>
</body>
</html>
```
❶
❸

Model 오브젝트에 customer라는 이름으로 Customer 오브젝트가 저장되고 [리스트
6-20 ❶]과 같이 이름, 이메일 주소, 생년월일, 좋아하는 숫자 등을 취득할 수 있습니다. 생
년월일에 대해서는 Date 형이므로 JSTL의 fmt:formatDate 태그로 포맷을 지정하고 있
습니다(리스트 6-20 ❷). 그리고 [리스트 6-20 ❸]에서 목록 화면으로 이동하는 링크로서
/customer를 생성합니다.

6.5 입력값을 받는 컨트롤러

앞에서는 화면을 표시하는 컨트롤러의 기본을 알아봤습니다. 이번에는 입력값을 받아들이는 컨트롤러를 작성해봅니다. 화면에 입력된 값은 앞에서 설명한 @RequestParam 어노테이션을 이용해 가져올 수 있습니다. 하지만, 예를 들어 화면에서 많은 값을 가져오려고 할 때는 다음과 같이 인수가 너무 많아집니다.

```
// 인수가 너무 많다!
@RequestMapping("/receiveManyValue")
public String receiveManyValue( @RequestParam("id") int id,
    @RequestParam("name") String name,
    @RequestParam("address") String address,
    @RequestParam("emailAddress") String emailAddress, ....
```

그래서 스프링 MVC에는 여러 요청 파라미터를 바탕으로 하나의 오브젝트를 생성하는 기능이 있습니다. 사용 방법 또한 쉬워서 인수로서 요청 파라미터를 모으는 오브젝트를 정의하기만 하면 됩니다. 또한 인수로 지정한 오브젝트를 자동으로 Model 오브젝트로 설정하거나 자동으로 Session 스코프로 관리하기도 합니다. 이 절에서는 이러한 기능에 더해 검증 처리에 관해 알아봅니다.

6.5.1 입력값 다루기와 @ModelAttribute 어노테이션

우선은 화면에서 받아온 입력값을 오브젝트에 매핑하는 방법을 살펴봅시다. 여기서는 Customer 오브젝트의 name 프로퍼티, emailAddress 프로퍼티에 설정할 값을 가져와서 Customer 오브젝트를 생성하는 방법을 알아보겠습니다.

화면에서 이 세 값을 전송할 때는 각각 Customer 오브젝트의 프로퍼티 이름에 맞게[15], 요청 파라미터의 키를 name, emailAddress, birthday, favoriteNumber로 합니다. 이는 규칙이므로 확실하게 지켜야 합니다. 이 Customer 클래스는 단순한 클래스이므로 별다른 문제는 없지만, 때에 따라서는 User와 Address처럼 클래스 층이 중첩될 때가 있습니다.

---

15 정확하게는 Customer 클래스에 정의된 Setter 메서드명과 프로퍼티명을 같게 해야 합니다.

```
public class User {
    private int id;
    private Address address;
    ......(생략)......
}

public class Address {
    private String prefecture;
    private String city;
    ......(생략)......
}
```

이 예에서는 User 오브젝트의 address 프로퍼티의 prefecture 프로퍼티에 값을 설정하려면 address.prefecture를 키로 해서 요청 파라미터를 전송하면 됩니다.

이제 남은 것은 Controller 메서드의 정의입니다. Customer 오브젝트에 설정할 값을 받는 Controller 메서드는 다음과 같이 설정합니다.

```
@RequestMapping("/receiveCustomer")
public String receiveCustomer(Customer customer) {
```

요컨대 인수로서 Customer 타입의 변수를 정의하기만 하면 됩니다. 이것만으로 Customer 오브젝트가 자동으로 생성되고[16], 요청 파라미터로 전송된 값이 Customer 오브젝트에 설정됩니다. 또한 이 Customer 오브젝트는 자동으로 Model 오브젝트 안에 저장돼 Model Attribute 오브젝트가 됩니다. 이때 ModelAttribute 오브젝트의 이름은 클래스 이름 첫머리를 소문자로 한 것입니다. 그러므로 이 예에서는 ModelAttribute("customer") 오브젝트가 됩니다. 만약 다른 이름으로 하고 싶을 때는 @ModelAttribute 어노테이션을 설정해서 그 값에 이름을 지정합니다. 예를 들어 sampleCustomer라는 이름의 ModelAttribute 오브젝트로 하고 싶을 때는 Customer 오브젝트 타입의 인수를 다음처럼 정의합니다.

```
@ModelAttribute("sampleCustomer") Customer customer
```

---

16 인수가 없는 생성자를 구현해둘 필요가 있습니다(기본 생성자도 가능)

6.5.2 데이터 바인딩/검증과 입력 오류 처리

화면에서 입력된 값을 ModelAttribute 오브젝트의 프로퍼티에 설정하려고 할 때, 프로퍼티 가 String 형이면 문제가 없지만, int 형 혹은 Date 형일 경우에는 어떻게 처리해야 할까요? 또 String 형이라면 일단 입력값을 설정하면 되지만 예를 들어 10자리 이내로 해야 한다든지, 알파벳만 입력받는다든지 등의 업무 규칙을 적용할 때는 어떻게 해야 할까요? 이 경우에는 앞 에서 설명한 데이터 바인딩과 검증을 적용하면 해결할 수 있습니다. 여기서는 데이터 바인딩과 검증 기능을 간단하게 소개한 후 이 처리에서 오류가 발생했을 경우 Controller에서 어떤 처리 를 할 것인지를 알아봅니다. 오류 화면 등을 어떻게 표시하는지는 6.5.4절에서 설명합니다.

데이터 바인딩

스프링에서는 강력한 데이터 바인딩 기능이 디폴트로 설정돼 있어서, 여러 곳에서 이용할 수 있습니다. 스프링 MVC에서도 특별히 설정할 필요 없이 데이터 바인딩 기능을 사용할 수 있습니다. 예를 들어 이번 예제 애플리케이션의 Customer 클래스는 Integer 형의 favorite Number 프로퍼티가 있습니다. 여기에 지정하는 값을 보내는 경우는 단순하게 요청 파라미터 명을 favoriteNumber로 해서 파라미터를 보내는 것뿐입니다.

스프링은 디폴트로 데이터 바인딩 기능이 작동하고 있고, 자동으로 문자열을 Integer 형으로 변환해서 값을 저장합니다. 이와 같은 문자형에서 숫자형으로의 변환 처리에 대해서는 Integer 형 외에도 Long 형과 BigDecimal 형도 스프링의 디폴트 바인딩이 됩니다. 스프링 MVC의 데이터 바인딩은 ModelAttribute 오브젝트에 제한된 것이 아닙니다. 예를 들어 @ RequestParam 어노테이션을 설정한 인수나 @PathVariable 어노테이션을 설정한 인수에도 적용됩니다.

날짜나 시간은 입력값으로 자주 사용됩니다. 자바에서는 java.util.Date 형에 매핑하는 것이 보통이지만, 이 경우에는 어떻게 해야 할까요? 스프링에서는 Date 형의 데이터 바인딩을 실현하는 방법으로 어노테이션을 기본으로 하고 있습니다. 예를 들어 예제 애플리케이션의 Customer 클래스는 Date 형의 birthday 프로퍼티를 가지고 있습니다. 여기에 yyyy/MM/dd 형식으로 입력된 문자열을 Date 형으로 변환해서 저장하고 싶다면 다음과 같이 설정합니다[17].

```
@DateTimeFormat(pattern = "yyyy/MM/dd")
private Date birthday;
```

@DateTimeFormat 어노테이션은 java.util.Date 형 외에도 java.util.Calendar 형이나 Long 형, Joda-Time[18]에서 정의한 형, 자바 8에서 도입된 java.time 패키지형도 지정할 수 있습니다.

또한 문자열을 숫자로 변환하기 위한 어노테이션으로 @NumberFormat 어노테이션도 있으며, 다음과 같이 지정합니다.

---

17 pattern 속성 이외에 style 속성이나 iso 속성도 가능합니다. 상세한 내용은 DateTimeFormat 어노테이션의 JavaDoc을 참조합니다.

18 다양한 날짜 관련 클래스를 제공하는 라이브러리 http://www.joda.org/joda-time/

```
@NumberFormat(pattern = "#,###")
private Long price;
```

이것으로 10,800과 같은 문자열을 입력받더라도 Long 형으로 변환해서 저장하게 했습니다. NumberFormat 어노테이션은 java.util.Number 클래스(혹은 그 서브 클래스)에 적용할 수 있습니다.

지금까지 설명한 암묵적 변환이나 어노테이션을 사용한 변환에 대해 스프링이 디폴트로 설정한 데이터 바인딩을 설명했지만, 독자적으로 데이터 바인딩을 설정할 수도 있습니다. 스프링 4.2 이후라면 Formatter 인터페이스를 구현한 클래스를 작성해서 구현할 수 있습니다. [리스트 6-21]은 String 형을 독자적으로 MyType 형으로 변환하는 Formatter의 예입니다.

리스트 6-21 독자 Formatter 작성(MyType.java, MyTypeFormatter.java)

```
// MyType.java
public class MyType {
    private String value;
    // Getter/Setter 생략
}

// MyTypeFormatter.java
import java.text.ParseException;
import java.util.Locale;

import org.springframework.format.Formatter;
public class MyTypeFormatter implements Formatter {
    @Override
    public String print(MyType myType, Locale locale) {
      // MyType 형을 String 형으로 변환
      return myType.getValue();
    }
    @Override
    public MyType parse(String text, Locale locale) throws ParseException {
        // String 형을 MyType 형으로 변환
        MyType myType = new MyType();
        myType.setValue(text);
        return myType;
    }
}
```

Controller에 이 Formatter를 적용하기 위해서는 다음과 같이 Controller 클래스에 @InitBinder 어노테이션을 설정한 메서드를 준비해서 WebDataBinder 오브젝트에 설정합니다[19].

```
@InitBinder
public void initBinder(WebDataBinder binder) {
    binder.addCustomFormatter(new MyTypeFormatter());
}
```

WebDataBinder 오브젝트는 스프링을 베이스로 한 웹 애플리케이션에서 데이터 바인딩을 구현한 오브젝트입니다. 여기서는 Formatter 오브젝트 이외의 다양한 데이터 바인딩에 관한 오브젝트를 설정할 수 있습니다. 그중 한 가지인 JavaBeans 사양의 PropertyEditor 오브젝트를 지정할 수도 있습니다. 여기서는 StringTrimmerEditor 클래스를 소개합니다.

자바의 웹 애플리케이션에서 입력란에 아무것도 입력하지 않고 보낸 요청 파라미터를 취득하려고 하면 null이 아닌 공백 문자가 돌아옵니다. 스프링 MVC의 데이터 바인딩에서도 입력란에 아무것도 입력하지 않고 보내면 ModelAttribute 오브젝트의 프로퍼티에 공백 문자가 설정돼버립니다. 이를 방지하기 위해 다음과 같이 StringTrimmerEditor를 지정합니다.

```
@InitBinder
public void initBinder(WebDataBinder binder) {
    ...(생략)...
    binder.registerCustomEditor(String.class, new StringTrimmerEditor(true));
}
```

StringTrimmerEditor 오브젝트는 String 오브젝트의 trim 메서드의 결과로 변환해주는 PropertyEditor지만, 생성자에 true를 지정함으로써 공백 문자를 null로 변환해줍니다. 매우 편리한 기능이므로 기억해두면 좋습니다.

---

19 Formatter를 적용하는 방법으로는 @initBinder 어노테이션을 적용하는 방법 외에도 독자적으로 WebBindingInitializer를 작성하는 방법이나 ConversionService를 설정하는 방법이 있습니다.

검증과 Bean Validation

스프링 MVC에서는 Bean Validation을 사용해서 검증을 설정할 수 있습니다[20]. Bean Validation에서 준비된 디폴트 어노테이션은 [표 6-10]에 정리했습니다. 또한 여기서는 Bean Validation에서 정의된 어노테이션 외에 Bean Validation의 구현인 Hibernate Validator에 독자 정의된 어노테이션도 추가했습니다.

표 6-10 Bean Validation에서 정의된 어노테이션

소속	어노테이션	의미	사용 예	보충 설명
Bean Validation	@NotNull	null이 아님을 검증	@NotNull String name	공백 문자는 OK로 판단됨
	@Max	수치가 지정한 수 이하인 지 검증	@Max(100) int point	–
	@Min	수치가 지정한 수 이상인 지 검증	@Min(20) int age	–
	@Size	문자열이나 Collection 이 지정한 범위의 크기인 지 검증	@Size(min = 0, max = 10) List〈User〉 selected	
	@AssertTrue	true인지 검증	@AssertTrue public boolean isNextTime( ){...	–
	@AssertFalse	false인지 검증	@AssertFalse public boolean isNgWord( ) {....	–
	@Pattern	정규 표현과 일치하는지 검증	@Pattern("[1–9][0–9]+") int userNumber	–
Hibernate Validator	@NotEmpty	문자열이나 Collection 이 null 또는 비어 있지 않은지 검증	@NotEmpty List〈User〉 user	공백 문자는 NG로 판단됨. 문자열 전후 의 공백은 무시되지 않음
	@NotBlank	문자열이 null 또는 비어 있지 않은지 검증	@NotBlank String name	공백 문자는 NG로 판단됨. 문자열 전후 의 공백은 무시됨
	@Length	문자열이 지정한 범위의 길이인지 검증	@Length(min = 0, max = 40) String address	

---

20 이 책에서는 스프링과 Bean Validation을 조합해서 사용하는 방법을 설명합니다. Bean Validation만으로 사용하는 경우에는 약간 움직임이 다른 때도 있습니다. Bean Validation만 사용하는 경우에는 JSR-303/JSR-349의 사양서를 참조합니다.

소속	어노테이션	의미	사용 예	보충 설명
Hibernate Validator	@Range	수치가 지정한 범위인지 검증	@Range(min = 80, max = 100) int point	
	@Email	문자열이 이메일 형식인지 검증	@Email String emailAddress	
	@CreditCard Number	문자열이 신용 카드 번호 형식인지 검증	@CreditCardNumber String cardNumber	
	@URL	문자열이 URL 형식인지 검증	@URL String serverAddress	

[표 6-10]을 참고로 예제 애플리케이션의 Customer 클래스에 Bean Validation을 설정해봅시다(리스트 6-22).

리스트 6-22 Customer 클래스에 Bean Validation 정의(Customer.java)

```
public class Customer implements java.io.Serializable {

    private int id;

    @NotNull                                              ┄┄①
    @Size(max = 20)
    private String name;

    @NotNull                                              ┄┄②
    // 간단하게 @가 포함되는지를 정규 표현으로 검증
    @Pattern(regexp = ".+@.+")
    private String emailAddress;

    @NotNull                                              ◄┄③
    @DateTimeFormat(pattern = "yyyy/MM/dd")               ◄┄⑥
    private Date birthday;

    @Max(9)                                               ┄┄④
    @Min(0)
    private Integer favoriteNumber;

    @AssertFalse(message = "{errors.emailAddress.ng}")    ◄┄⑤
    public boolean isNgEmail() {
        if (emailAddress == null) {
```

```
            return false;
        }
        // 도메인이 "ng.foo.baz"면 사용 불가 어드레스로 처리
        return emailAddress.matches(".*@ng.foo.baz$");
    }

    ...(생략)...
}
```

Bean Validation의 어노테이션은 [리스트 6-22 ❶~❹]와 같이 변수에 설정할 수도 있고 [리스트 6-22 ❺]와 같이 메서드에 설정할 수도 있습니다. 메서드에 설정했을 때는 그 메서드를 실행한 결과에 대해 어노테이션으로 정의한 검증 처리가 실행됩니다.

[리스트 6-22 ❻]은 데이터 바인딩의 설정입니다. 또 [리스트 6-22 ❺]의 message 속성은 **오류 메시지 표시**에서 설명합니다.

앞에서 나온 User와 Address의 예와 같이 클래스 층이 중첩됐을 때는 어떻게 하면 좋을까요? 이때는 다음과 같이 오브젝트 타입의 변수 쪽에 @Vaild 어노테이션을 설정합니다.

```
public class User {
    @Valid
    private Address address;
}
```

@Valid 어노테이션을 설정하는 것으로 그 프로퍼티에도 검증이 실행됩니다. 즉, User 오브젝트에 대해서 검증을 실행하면 Address 오브젝트에 대해서도 검증이 실행됩니다.

그럼 스프링 MVC 검증을 유효화하는 방법을 알아봅시다. 데이터 바인딩은 요청 파라미터를 적절한 형으로 변환하기 때문에, 자동적으로 실행되는 처리입니다. 하지만 검증에 대해서는 명확하게 '이 ModelAttribute 오브젝트에 대해서 검증을 실시한다'라고 선언할 필요가 있습니다. 그렇기 때문에 ModelAttribute 오브젝트의 인수에 다음과 같이 @Valid 어노테이션을 설정해두어야 합니다.

```
@RequestMapping("...
public String foo(@Valid Customer customer) {
```

이로써 데이터 바인딩하는 것으로 Customer 오브젝트 값을 설정한 상태에서 검증 처리가 자동 실행됩니다.

다음으로 하나의 클래스 안에서 검증을 여러 번으로 나눌 때에 관해서 살펴봅시다. 예를 들어 userId(사용자 ID), password(패스워드), address(주소), telNo(전화번호)의 프로퍼티 4개를 가진 User 클래스가 있고, 이 4개의 프로퍼티에 저장하는 값을 두 화면에 걸쳐 입력할 경우입니다(그림 6-11).

그림 6-11 검증 처리가 여러 화면에 걸칠 때

화면 1에서는 사용자 ID와 이름, 화면 2에서는 주소와 전화번호를 입력합니다. 이때, 화면 1에서 요청된 때는 userId와 password만 검증 처리를 하고, 화면 2에서 요청된 때는 address와 telNo만 검증 처리를 할 필요가 있습니다.

이처럼 한 오브젝트 안에서 검증 처리를 실행하는 시점이 다를 때는 [리스트 6-23]처럼 검증 처리를 그룹화해둡니다.

리스트 6-23 검증 처리의 그룹화

```
public interface Group1 {}  ┄┄┄┄┄┄┄┄┄┄┄┄┄┄┄┄┄┄┄┄┄┄┄┄┄┄┄┄┄┄┄┐
                                                            ┊┄❶
public interface Group2 {}  ┄┄┄┄┄┄┄┄┄┄┄┄┄┄┄┄┄┄┄┄┄┄┄┄┄┄┄┄┄┄┄┘
```

```
public class User {

    @NotNull(groups = Group1.class)  ◀--------------------------------------❷
    private String userId;

    @NotNull(groups = Group1.class)  ◀--------------------------------------❸
    private String password;

    @NotNull(groups = Group2.class)  ◀--------------------------------------❹
    private String address;

    @NotNull(groups = Group2.class)  ◀--------------------------------------❺
    private String telNo;
}
```

우선, 검증 처리 정의를 그룹화하기 위한 인터페이스를 작성합니다(리스트 6-23 ❶). 이 클래스에서는 검증 처리를 두 번으로 나누기 위해 각각 Group1, Group2라는 인터페이스를 작성했습니다. 인터페이스를 작성하고 나면 각 어노테이션의 groups 속성에 작성한 그룹을 나타내는 인터페이스의 클래스를 지정합니다. 이것으로 검증 처리 정의를 그룹화할 수 있습니다. groups 속성은 여러 인터페이스를 지정할 수도 있습니다. Group1과 Group2 양쪽에서 모두 실행할 @NotNull 어노테이션은 다음과 같이 설정합니다.

```
@NotNull (groups = {Group1.class, Group2.class})
```

이 경우에는 Group1의 검증과 Group2의 검증 어느 쪽이라도 NotNull 체크가 실행됩니다.

이제 Controller의 메서드에 그룹을 지정합니다. 이때는 @Valid 어노테이션 대신 @Validated 어노테이션을 사용합니다. 예를 들어 validate1 메서드에서는 Group1 검증을, validate2에서는 Group2 검증을 실행하고 싶은 경우에는 다음과 같이 설정합니다.

```
@RequestMapping("/validate1")
public String validate1(@Validated(Group1.class) User user) { ... }

@RequestMapping("/validate2")
public String validate2(@Validated(Group2.class) User user) { ... }
```

validate1 메서드가 실행될 때는 @Validated 어노테이션으로 Group1을 지정하고 있어서 [리스트 6-23 ❷, ❸]이 실행되고, validate2 메서드가 실행될 때는 @Validated 어노테이션으로 Group2를 지정하고 있어서 [리스트 6-23 ❹, ❺]가 실행됩니다. 또한, @Validated 어노테이션에 그룹을 여러 개 지정하고 싶을 때는 다음과 같이 지정합니다.

```
@Validated({Group1.class, Group2.class, Group3.class, ...})
```

컨트롤러에서의 오류 처리와 Errors 오브젝트

지금까지 데이터 바인딩과 검증의 실행 방법을 확인했습니다. 데이터 바인딩에서 변환에 실패했을 경우 혹은 검증에서 오류가 발생했을 경우, 지금까지 설명한 것과 같이 컨트롤러 메서드의 인수에 ModelAttribute 오브젝트를 설정하는 것만으로 단순하게 예외가 발생했을 때는 오류 화면으로 이동하는 것뿐 메서드가 실행되지 않습니다. 하지만 데이터 바인딩과 검증 오류 처리로서는 다음과 같이 컨트롤러 메서드를 실행해야 하는 일도 있을 것입니다.

- 오류가 발생했는지 확인하고 싶을 경우
- 오류가 발생했을 때 입력 화면으로 이동시킬 경우
- 오류가 발생하지 않았을 때 메인 처리를 실행하고자 할 경우

이렇게 구현하기 위해서는 ModelAttribute 오브젝트의 인수 뒤에 다음과 같이 Errors 오브젝트를 지정합니다.

```
@RequestMapping("...
public String foo(@Valid Customer customer, Errors errors) {
```

이렇게 하는 것으로 오류가 발생했을 경우 그 정보가 Errors 오브젝트에 저장된 상태에서 메서드가 실행됩니다. Errors 오브젝트에는 hasErrors 메서드가 있어서 이 메서드를 실행하면 오류가 발생했는지 확인할 수 있으므로 다음과 같이 이 메서드의 결과에 따라서 정상 처리와 이상 처리를 분리해서 실행할 수 있습니다.

```
if(errors.hasErrors()){
    //오류가 발생했을 때 처리
```

```
        return "validateErrorPage";
    }
    //메인 처리
```

대부분의 컨트롤러 인수는 순서와 무관하지만, Errors 오브젝트는 반드시 대상으로 하는 ModelAttribute 오브젝트의 뒤에 위치시킵니다. 이 점을 반드시 기억해야 합니다.

오류 메시지의 정의

여기서부터는 오류 메시지에 관해서 알아봅니다. 데이터 바인딩과 검증에서 오류가 발생했을 경우, Errors 오브젝트에는 오류 코드가 저장됩니다. 이 오류 코드를 **6.2.2 비즈니스 로직의 Bean 정의**에서 정의한 메시지 리소스 파일의 메시지 키와 맞춰두는 것으로 오류가 발생했을 때 해당 메시지를 화면에 표시할 수 있습니다.

Errors 오브젝트에 저장된 오류 코드는 다음 형식으로 저장되므로 이 형식으로 메시지 리소스 파일에 메시지를 설정합니다. 메시지 형식은 먼저 읽어 들이는 순번으로 기술하고 있습니다. 이 우선 순위를 잘 이해하고 사용해야 합니다.

- **데이터 바인딩 오류**
  - −typeMismatch.[ModelAttribute 명].[프로퍼티명]
  - −typeMismatch.[프로퍼티명]
  - −typeMismatch.[프로퍼티형(패키지명을 포함)]

예를 들어 ModelAttribute("user")의 Date 형인 birthday 프로퍼티에 관한 오류 메시지를 다음과 같이 정의할 수 있습니다.

```
typeMismatch.user.birthday = 사용자의 생년월일은 날짜 형식으로 입력해주세요.
typeMismatch.birthday = 생년월일은 날짜 형식으로 입력해주세요.
typeMismatch.java.util.Date = 날짜 형식으로 입력해주세요.
```

이 중에서 하나라도 메시지로 설정하면 해당하는 메시지가 오류 메시지로 화면에 표시됩니다.

- **검증 오류**
  - −[어노테이션명(패키지명은 포함하지 않음)].[ModelAttribute 명].[프로퍼티명]
  - −[어노테이션명(패키지명은 포함하지 않음)].[프로퍼티명]

-[어노테이션명(패키지명은 포함하지 않음)].[프로퍼티형(패키지명을 포함)]

-[어노테이션명(패키지명은 포함하지 않음)]

예를 들어 ModelAttribute("user")의 String 형인 name 프로퍼티에 @NotNull 어노테이션을 설정했다면 오류 메시지는 다음과 같이 정의할 수 있습니다.

```
NotNull.user.name = 사용자명은 필수입니다.
NotNull.name = 이름은 필수입니다.
NotNull.java.lang.String = 필수입니다.
NotNull = 필수입니다.
```

검증 오류에 대해서는 Bean Validation의 사양에 정의된 다음의 형식도 대응하고 있습니다 (우선 순위는 최하위).

```
[어노테이션명(패키지명을 포함)].message
```

이제 메시지 형식에 관해서 상세히 알아봅니다. 데이터 바인딩/검증 오류의 각 메시지는 이하의 {0}과 같은 플레이스홀더를 지정할 수 있습니다.

```
typeMismatch.java.lang.Integer = {0}은 숫자로 입력해주세요.
```

이 {0} 부분에는 데이터 바인딩/검증 대상의 프로퍼티명에 해당하는 키의 메시지가 저장됐습니다. 구체적으로는 다음과 같습니다.

① message.properties 파일에 {ModelAttribute 명}.{프로퍼티명}을 키로 한 메시지가 있으면 그 값이 설정됩니다.

② ①이 없는 경우 {프로퍼티명}을 키로 한 메시지가 설정됩니다.

예를 들어 메시지 파일에 앞에서의 설정을 더해서 다음과 같이 설정했다고 합시다.

```
user.age = 사용자의 나이
number = 번호
```

이 경우에 ModelAttribute("user")의 age 프로퍼티(형은 Integer 형으로 함)의 데이터 바인

딩에 실패했을 경우 '사용자의 나이는 숫자로 입력해주세요.'가 되고, 임의의 ModelAttribute 오브젝트의 number 프로퍼티의 데이터 바인딩을 실패한 경우에는 '번호는 숫자로 입력해주세요.'가 됩니다.

플레이스홀더에 검증 속성을 지정하는 방법을 확인해봅시다. 예를 들어 @Size 어노테이션에는 min 속성과 max 속성을 다음과 같이 지정할 수 있습니다.

```
@Size(min = 10, max = 200)
String comment;
```

이 min 속성과 max 속성에 오류 메시지를 지정하고 싶다면 다음과 같이 지정합니다[21].

```
Size = {0}은 {min} 문자 이상 , {max} 문자 이하로 입력해주세요.
```

이제 검증 오류 메시지의 어노테이션 지정 방법을 확인합시다. 모든 Bean Validation의 어노테이션에는 message 프로퍼티가 있고, 이곳에 오류 메시지를 지정할 수 있습니다. 예를 들어 다음과 같이 설정하면, 메시지 리소스 파일이 아닌 어노테이션에 설정한 '이름은 반드시 입력해주세요.'가 오류 메시지로 화면에 표시됩니다.

```
@NotBlank(message = "이름은 반드시 입력해주세요.")
String name;
```

혹은 다음과 같이 메시지 키를 지정할 수도 있습니다.

```
@NotBlank(message = "{errors.required}")
String name;
```

이렇게 설정해두면 메시지 리소스 파일의 errors.required라는 메시지 키의 메시지가 오류 메시지로 표시됩니다.

....

21 스프링 4.1.2에서는 value 속성에 값을 지정하려고 하면 오류가 발생합니다. 예를 들어 @Max 어노테이션에서 value 속성에 최대치를 지정하지만, {value}라는 플레이스홀더를 지정할 수 없는 것입니다. 이를 피하는 방법으로는 {value} 대신 {1}을 지정하는 방법이 있습니다. {1}을 지정하면 value 속성의 값이 여기에 지정됩니다. 혹은 Bean Validation 형식의 메시지를 지정하면 오류는 발생하지 않습니다.

마지막으로 이번 예제 애플리케이션의 메시지 리소스 파일을 [리스트 6-24]에 정리했습니다.

리스트 6-24 예제 애플리케이션의 메시지 리소스 파일

```
errors.datanotfound.customer = 지정한 ID의 고객은 존재하지 않습니다.
errors.emailAddress.ng = 이 이메일은 사용할 수 없습니다.

typeMismatch.java.util.Date = {0}은 yyyy/MM/dd 형식으로 입력해주세요.
typeMismatch.java.lang.Integer = {0}은 숫자로 입력해주세요.

NotNull = {0}은 필수입니다.
Size = {0}은 {max} 문자 이내로 입력해주세요.
Pattern = {0}을 바른 형식으로 입력해주세요.
Max = {0}은 {1} 이내의 숫자로 입력해주세요.
Min = {0}은 {1} 이상의 숫자로 입력해주세요.

name = 이름
address = 주소
emailAddress = 이메일 주소
birthday = 생년월일
favoriteNumber = 좋아하는 숫자
```

NOTE_ Errors 오브젝트에 직접 에러를 추가하는 방법

Errors 오브젝트에는 자동으로 실행되는 데이터 바인딩과 검증에서 발생하는 오류뿐만 아니라, Controller의 메서드에서 오류를 추가할 수 있습니다. 자동으로 실행되는 데이터 바인딩과 검증 이외에 예를 들어 비즈니스 로직에 필요한 검증 등은 Controller 메서드에 구현합니다. 오류가 발생했을 때는 다음과 같이 Errors 오브젝트에 오류를 추가합니다.

```
if (오류로 판단된 경우){
    errors.reject("errors.foo");
}
```

이렇게 Errors 오브젝트의 reject 메서드를 실행하는 것으로 오류를 추가할 수 있습니다. reject 메서드의 인수로 넘겨지는 errors.foo는 오류 코드입니다. 이 오류 코드는 오류 메시지의 키로 사용되고 있는 것으로 오류 메시지의 프로퍼티 파일의 키를 설정하는 것으로 생각하면 됩니다. Errors 오브젝트의 주요 reject 메서드를 [표 6-11]에 정리했습니다.

표 6-11 Errors 오브젝트의 reject 메서드

대상	메서드
오브젝트 전체 오류	reject({오류 코드})
	reject({오류 코드}, {디폴트 메시지})
	reject({오류 코드}, {메시지 파라미터 배열}, {디폴트 메시지})
프로퍼티별 오류	rejectValue({프로퍼티명}, {오류 코드})
	rejectValue({프로퍼티명}, {오류 코드}, {디폴트 메시지})
	rejectValue({프로퍼티명}, {오류 코드}, {메시지 파라미터 배열}, {디폴트 메시지})

[표 6-11]에서 디폴트 메시지는 오류 코드에 해당하는 메시지를 찾을 수 없을 때 표시되는 메시지입니다. 또한 메시지 파라미터 배열에는 오류 메시지의 {0}이나 {1}에 들어갈 값을 배열로 설정합니다. 문자열로 지정하면 그 문자열이 직접 {0}이나 {1}에 설정됩니다. 문자열을 직접 지정하지 않고 프로퍼티 파일로 파라미터값을 설정하고 싶을 때는 DefaultMessageSourceResolvable의 오브젝트를 생성해서 전달하면 됩니다. 예를 들어 메시지 키가 errors.foo인 메시지 {0}에 메시지 키가 name인 메시지를 설정하고 싶을 때는 다음처럼 지정합니다.

```
reject("errors.foo",
  new Object[]{new DefaultMessageSourceResolvable("name")}, null)
```

6.5.3 Model 오브젝트와 Session 스코프

ModelAttribute 오브젝트는 자동으로 request 스코프에 저장되므로 JSP에서 EL을 사용해 가져올 수 있다는 것은 이미 설명했습니다. 그럼 예를 들어 입력 화면, 확인 화면, 완료 화면 같은 형태로 여러 화면에 걸쳐 하나의 오브젝트를 유지할 필요가 있을 때는 어떻게 할까요? request 스코프에 저장한 오브젝트는 일단 클라이언트에 응답을 보내면 사라지므로 request 스코프로는 관리할 수 없습니다. 여러 화면에 걸쳐 사용하는 오브젝트는 session 스코프에 저장해야 합니다. 서블릿을 구현할 때는 HttpServletRequest에서 HttpSession 오브젝트를 가져오고 HttpSession 오브젝트에 저장하는 처리를 기술해야 하지만, 스프링 MVC의 컨트롤러에서는 어노테이션을 사용해 간결하게 session 스코프에 저장할 오브젝트를 지정할 수 있습니다. 그것이 @SessionAttribute 어노테이션입니다. @SessionAttribute 어노테이션은 다음과 같이 컨트롤러 클래스에서 지정합니다.

```
@SessionAttributes("customer")
@Controller
public class CustomerEditController {
```

@SessionAttribute 어노테이션에는 session 스코프에서 관리할 ModelAttribute 오브젝트의 이름을 지정합니다. 앞의 예에서는 ModelAttribute("customer") 오브젝트를 session 스코프에서 관리하는 것을 나타내고 있습니다. 이렇게만 해도 Model 오브젝트에 저장한 ModelAttribute 오브젝트는 모두 session 스코프에 저장됩니다. 그리고 이 session 스코프에서 관리되고 있는 ModelAttribute 오브젝트는 컨트롤러 메서드의 Customer 형 인수로 자동 설정됩니다. 왜냐하면 Customer 형 인수의 오브젝트는 customer라는 이름의 Model Attribute 오브젝트로 인식되기 때문입니다. 만약 ModelAttribute("sampleCustomer") 오브젝트가 session 스코프에 설정됐다면 Customer 형 인수에 @ModelAttribute("sample Customer") 어노테이션을 설정하기만 하면 됩니다.

이와 관련해 @ModelAttribute 어노테이션이 설정된 인수가 있는 메서드가 실행됐을 때, 그 오브젝트가 session 스코프에 없으면 HttpSessionRequiredException 예외가 발생합니다. 그러므로 @SessionAttribute 어노테이션으로 지정된 ModelAttribute 오브젝트를 추가해야 함을 반드시 기억해야 합니다.

지금까지 session 스코프에 오브젝트를 저장하는 방법을 살펴봤습니다. 다음으로 session 스코프에서 오브젝트를 삭제하는 방법을 알아봅시다. 이 방법에 대해서도 스프링 MVC는 아주 편리한 방법을 제공하고 있습니다. 다음과 같이 컨트롤러 메서드의 인수에 SessionStatus 오브젝트를 지정하고 session 스코프에서 오브젝트를 삭제하는 타이밍에 SessionStatus 오브젝트의 setComplete 메서드를 실행하기만 하면 됩니다.

```
@RequestMapping("/sessionInvalidate")
public String sessionInvalidate(SessionStatus sessionStatus) {
    ...(생략)...
    sessionStatus.setComplete();
}
```

이것으로 session 스코프에서 ModelAttribute 오브젝트는 삭제됩니다. 하지만 setComplete 메서드 실행으로 삭제되는 오브젝트는 이 메서드가 정의된 클래스의 @SessionAttribute 어노테이션에서 이름이 지정된 ModelAttribute 오브젝트만입니다. 즉, 다른 컨트롤러 클래스에서 session 스코프에 저장한 ModelAttribute 오브젝트에는 영향을 주지 않습니다[22].

SessionStatus 오브젝트의 setComplete 메서드를 실행함으로써 ModelAttribute 오브젝트는 session 스코프에서는 삭제되지만 request 스코프에서 삭제되지는 않습니다. 즉, forward 하고 있는 한 ModelAttribute 오브젝트는 유효합니다. 그러므로 setComplete 메서드를 실행한 다음이라도 forward로 화면 이동을 해두면 이동한 곳에서 ModelAttribute 오브젝트를 표시할 수 있습니다.

6.5.4 JSP와 스프링 태그 라이브러리 이용

다음은 JSP에 관한 스프링 태그 라이브러리를 알아봅니다. 스프링 MVC에는 다음 두 태그 라이브러리가 있습니다.

- https://docs.spring.io/spring/docs/current/spring-framework-reference/html/spring-tld.html (스프링 태그 라이브러리)
- https://docs.spring.io/spring/docs/current/spring-framework-reference/html/spring-form-tld.html (폼 태그 라이브러리)

이 태그 라이브러리 가운데 특히 유용한 것들을 알아봅시다.

spring:bind 태그와 BindStatus 오브젝트

스프링 태그 라이브러리는 스프링 MVC의 초기 버전부터 있던 태그 라이브러리입니다. 스프링 MVC의 뷰를 JSP로 작성하는 데 편리한 태그가 모여 있습니다. 스프링 태그 라이브러리 중 특히 중요한 것은 spring:bind 태그입니다. spring:bind 태그의 역할은 데이터 바인딩과 검증 정보(사용자가 입력한 값과 오류 메시지 등)를 취득하기 위해 BindStatus 오브젝트를 생성하는 것입니다. 스프링 태그 라이브러리를 사용하려면 우선 JSP에 다음처럼 태그 라이브러리를 설정해야 합니다.

```
<%@ taglib prefix="spring" uri="http://www.springframework.org/tags" %>
```

---

22 단, ModelAttribute 오브젝트의 이름이 같은 경우에는 삭제됩니다.

spring:bind 태그는 다음과 같이 사용할 수 있습니다.

```
<spring:bind path="customer.name">
    프로퍼티의 요청 파라미터 이름:${status.expression}<br>
    프로퍼티의 값:${status.value}<br>
    오류 메시지<br>
    <c:forEach items="${status.errorMessages}" var="message">
        ${message}<br>
    </c:forEach>
</spring:bind>
```

spring:bind 태그를 설정하면 spring:bind 태그의 시작 태그와 종료 태그 사이에 status라는 이름의 BindStatus 오브젝트를 사용할 수 있습니다. 여기서 중요한 것은 spring:bind 태그의 path 속성입니다. path 속성에는 오브젝트의 프로퍼티명을 기본적으로 ModelAttribute 오브 젝트.프로퍼티명 형식으로 지정합니다. 앞의 예에서는 ModelAttribute("customer") 오브젝 트의 name 프로퍼티에 관한 BindStatus 오브젝트를 가져오는 것입니다.

BindStatus 오브젝트는 지정된 프로퍼티에 관한 다양한 정보를 보관하는 오브젝트로, [표 6-12]의 프로퍼티를 가지고 있습니다.

표 6-12 BindStatus 오브젝트의 프로퍼티

프로퍼티명	형	설명
path	java.lang.String	• 오브젝트 이름을 포함한 프로퍼티명(customer.name 등)
expression	java.lang.String	• 오브젝트 이름을 포함하지 않는 프로퍼티명 • input 태그 등의 name 속성(요청 파라미터의 파라미터명)이 설정됨
value	java.lang.Object	• 프로퍼티값 • 데이터 바인딩에 실패했을 경우에는 입력한 값이 표시됨 • web.xml에서 defaultHtmlEscape=true로 지정되면 기본 값으로 HTML 이스케이프됨 • spring:bind 태그의 htmlEscape 속성으로 개별적으로 HTML 이스케이프를 지정할 수도 있음
errors	org.springframework. validation.Errors	• Errors 오브젝트(지정된 프로퍼티에 관한 오류만)
errorMessages	java.util.List ⟨java.lang.String⟩	• 오류 메시지가 저장된 List 오브젝트(지정된 프로퍼티에 관한 오류만)

BindStatus 오브젝트의 value 속성에는 ModelAttribute 오브젝트의 프로퍼티값이 설정됩니다. 데이터 바인딩에서 실패했을 경우에는 데이터 바인딩 전의 값이 설정되기 때문에 입력값을 그대로 표시하는 경우에는 유효합니다. value 속성은 **web.xml 설정**에서 설명한 것과 같이 defaultHtmlEscape가 true로 설정되면 자동으로 HTML 이스케이프가 실행됩니다. 또한 spring:bind 태그의 htmlEscape 속성을 true나 false로 설정해서 개별적으로 HTML 이스케이프의 유무를 지정할 수도 있습니다.

또 한 가지 주목할 것은 오류에 관한 프로퍼티입니다. BindStatus 오브젝트의 errors 프로퍼티, errorMessages 프로퍼티에는 지정한 프로퍼티에 관한 오류 정보만 저장됩니다. 그러므로 〈spring:bind path="customer.name"〉~〈/spring:bind〉의 사이에 ${status.errorMessages}와 같이 지정한 경우에는 ModelAttribute("customer") 오브젝트의 name 프로퍼티에 관한 오류만 표시됩니다. 모든 프로퍼티에 대한 오류 메시지를 얻고 싶을 때는 path 속성을 다음처럼 설정합니다.

```
<spring:bind path="customer.*">
```

이렇게 ModelAttribute 오브젝트.*로 지정하면 지정한 오브젝트의 모든 프로퍼티에 관한 오류 정보가 errors 프로퍼티와 errorMessages 프로퍼티에 설정됩니다.

또 한 가지 spring:nestedPath 태그도 알아둡시다. spring:nestedPath 태그는 spring:bind 태그를 효율적으로 기술하기 위한 태그입니다. 예를 들어 customer 오브젝트의 name 프로퍼티, address 프로퍼티, emailAddress 프로퍼티에 전부 액세스하려면 다음과 같은 기술이 필요합니다.

```
<spring:bind path="customer.name">
  ${status.value}
</spring:bind>
<spring:bind path="customer.address">
  ${status.value}
</spring:bind>
<spring:bind path="customer.emailAddress">
  ${status.value}
</spring:bind>
```

같은 ModelAttribute 오브젝트의 프로퍼티를 반복해서 표시하는 경우에는 ModelAttribute 오브젝트명을 반복해서 기술해야 합니다. 이러한 경우에 spring:nestedPath 태그를 사용하면 다음과 같이 기술할 수 있습니다.

```
<spring:nestedPath path="customer">
  <spring:bind path="name">
    ${status.value}
  </spring:bind>
  <spring:bind path="address">
    ${status.value}
  </spring:bind>
  <spring:bind path="emailAddress">
    ${status.value}
  </spring:bind>
</spring:nestedPath>
```

이처럼 같은 프로퍼티명이 반복해서 나올 때는 spring:nestedPath 태그를 사용하면 아주 효과적입니다.

form 태그 라이브러리의 사용

form 태그 라이브러리란 input 태그나 select 태그 등 입력과 관련된 HTML 태그를 더 편리하게 기술하기 위한 태그 라이브러리입니다. form 태그 라이브러리에 정의된 태그를 사용하면 ModelAttribute 오브젝트의 프로퍼티를 기본값으로 설정할 수 있습니다. form 태그 라이브러리를 사용하려면 우선 JSP에 다음처럼 태그 라이브러리를 설정해야 합니다.

```
<%@ taglib prefix="form" uri="http://www.springframework.org/tags/form" %>
```

그럼 form 태그 라이브러리를 사용한 예제를 살펴봅시다(리스트 6-25).

리스트 6-25 form 태그 라이브러리의 사용

```
<form:form modelAttribute="customer"> ◀------------------------------------❶
    <dl>
        <dt>이름</dt>
        <dd>
            <form:input path="name"/> ◀-------------------------------❷
```

```
        </dd>
        <dt>프로필</dt>
        <dd>
            <form:textarea path="profile"/>  ◄-------------------------------------❸
        </dd>
        <dt>취미</dt>
        <dd>
            <%-- ${favorites}에 List가 설정됐다는 전제 --%>
            <form:select path="favorite" items="${favorites}" itemLabel="id"
                itemValue="name"/>  ◄-------------------------------------❹
        </dd>
        <dt>흡연</dt>
        <dd>
            <%-- ${smokingTypes}로 Map이 설정됐다 --%>
            <form:checkboxes path="smoking" items="${smokingTypes}"/>  ◄-------------❺
        </dd>
    </dl>
</form:form>
```

form 태그 라이브러리에서 중심적인 역할을 하는 것은 form:form 태그입니다. 이 태그는 이름 그대로 HTML의 form 태그에 해당합니다. form:form 태그는 물론 HTML의 form을 표시하지만 한 가지 더 중요한 역할이 있습니다. 바로 Model 오브젝트에 저장된 오브젝트를 지정하는 역할입니다. [리스트 6-25 ❶]처럼 지정하면 form:form 태그로 에워싼 범위 안에서는 customer라는 이름의 오브젝트에 프로퍼티명으로 액세스할 수 있습니다.

그럼, form:form 태그 내부를 봅시다. [리스트 6-25 ❷, ❸]은 각각 HTML의 input[type="text"] 태그, textarea 태그에 해당합니다. 여기서 각 태그의 path 속성에 주목하면, spring:bind 태그처럼 path 속성에는 오브젝트의 프로퍼티명을 지정합니다. form:form 태그에 modelAttribute="person"이 설정됐으므로 path 속성에는 name, note와 같은 형태로 프로퍼티명만 지정하면 됩니다.

form 태그 라이브러리를 사용하면 오브젝트의 프로퍼티값을 디폴트값으로 설정해줍니다. form:input 태그를 예로 들면 person 오브젝트의 name 프로퍼티에 '길동'이라고 설정했을 때, 혹은 '길동'이라고 입력하고 보냈을 때 input 태그의 value 속성에 '길동'이 설정됩니다.

다음은 [리스트 6-25 ❹, ❺]를 살펴봅시다. 각각 HTML의 select와 checkbox에 해당하는 태그입니다. form:select와 form:checkboxes 태그에도 path 속성이 있어 여기에 오브젝트의 프로퍼티명을 지정합니다. form:select와 form:checkboxes 태그는 오브젝트의 기본 값을 설정할 뿐만 아니라 선택 후보를 지정할 수 있습니다. 선택 후보가 될 오브젝트는 Model 오브젝트 또는 HttpServletRequest에 컬렉션형이나 Map 형의 오브젝트로 저장해 둡니다. 우선 컬렉션형으로 저장했을 때의 이미지를 [그림 6-12]에 나타냈습니다.

그림 6-12 form:select, form:checkboxes 태그로 컬렉션을 지정[23]

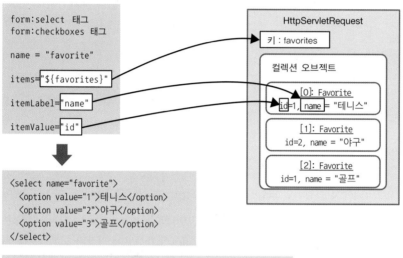

form:select와 form:checkboxes 태그에는 items라는 속성이 있습니다. 우선 여기에 ModelAttribute 오브젝트에 저장한 오브젝트를 EL로 설정합니다. 그리고 화면에 표시 할 값(form:select 태그는 HTML의 〈option〉과 〈/option〉 사이에 설정되는 값, form:

---

23 실제로 출력되는 태그에는 id 속성이나 for 속성 등이 설정되지만, 이 그림에서는 이해하기 쉽게 표현하기 위해 최소한의 속성 이외 에는 생략했습니다.

checkboxes 태그는 체크 박스 오른쪽에 표시되는 값)의 프로퍼티명을 태그의 itemLabel 속성으로 설정합니다. [그림 6-12]처럼 컬렉션 오브젝트 안에 Favorite 오브젝트의 name 프로퍼티값을 화면에 표시하고 싶을 때는 itemLabel="name"으로 지정합니다. 그리고 서버로 전송되는 값(form:select 태그는 HTML의 option 태그의 value 속성값, form:checkboxes 태그는 HTML의 input[type=checkbox] 태그의 value 속성값)의 프로퍼티명으로 태그의 itemValue 속성에 설정합니다. Favorite 오브젝트의 id 프로퍼티값을 서버로 전송하고 싶을 때는 itemValue = "id"라고 지정합니다. [리스트 6-25 ❹]는 form:select 태그로 컬렉션 오브젝트를 지정하는 예입니다. [그림 6-12]의 이미지와 비교하면서 꼭 확인해봅니다.

다음은 Map 오브젝트에서 태그를 생성하는 방법입니다(그림 6-13). Map 오브젝트의 지정은 컬렉션 오브젝트일 때와 마찬가지로 태그의 items 속성에 EL로 설정합니다. 단, Map 오브젝트를 지정할 때는 itemLabel 속성이나 itemValue 속성을 지정할 필요가 없습니다. 자동으로 Map 오브젝트의 키는 서버로 전송되는 값, Map 오브젝트의 값은 화면에 표시되는 값으로 지정됩니다. [리스트 6-25 ❺]가 form:checkboxes 태그로 Map 오브젝트를 지정하는 예입니다. 이쪽도 [그림 6-13]의 이미지와 비교해서 확인합니다.

그림 6-13 form:select, form:checkboxes 태그로 Map 지정

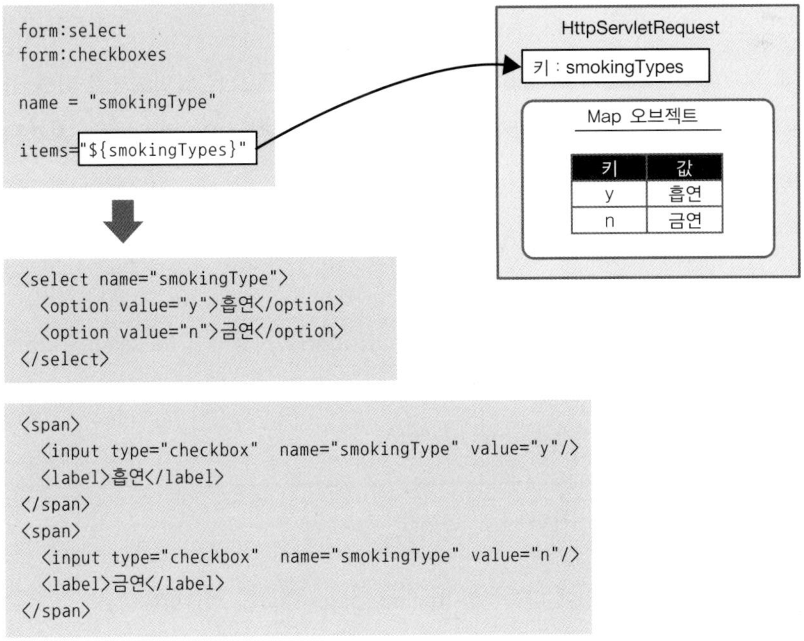

CHAPTER 06 프레젠테이션 층의 설계와 구현 **313**

form:select 태그와 form:checkboxes 태그는 path 속성으로 지정된 프로퍼티와 일치하는
항목이 기본으로 선택됩니다. 예전의 스프링 MVC에는 form 태그 라이브러리가 없었으므로
이 처리를 JSTL의 c:if 태그 등을 사용해 어렵게 구현해야 했습니다. form 태그 라이브러리는
이러한 문제에 대처하기 위해 만든 라이브러리라고 해도 과언이 아닙니다.

오류 메시지 표시

이제 오류를 표시하기 위한 태그를 알아봅시다. 이미 spring:bind 태그와 BindStatus 오브젝
트에서 spring:bind 태그를 이용해서 Errors 오브젝트와 오류 메시지를 가져오는 방법을 설
명했지만 form:errors 태그를 사용하면 오류 메시지를 더 간단하게 가져올 수 있습니다. 예를
들어 customer 오브젝트의 오류 메시지를 표시하려면 다음과 같이 지정할 수 있습니다.

```
<form:errors path="customer.name">
```

이렇게 지정하면 span 태그와 br 태그를 사용해서 오류 메시지를 표시합니다. 또한 customer
오브젝트의 모든 프로퍼티의 에러 메시지를 표시하고 싶을 때는 다음과 같이 지정합니다.

```
<form:errors path="customer.*">
```

form:errors 태그는 매우 편리하지만, span 태그나 br 태그가 자동으로 삽입되므로 화면 사
양에 따라서는 사용할 수 없는 상황도 생각해볼 수 있습니다. 그럴 때는 BindStatus 오브젝트
에서 오류 메시지를 가져옵니다.

메시지 표시

마지막으로 메시지 표시 방법을 알아봅시다. 뷰로서 JstlView를 사용하면 MessageSource
오브젝트에 저장된 메시지를 JSTL의 fmt:message 태그로 표시할 수 있습니다. 예를 들어, 다
음처럼 메시지 리소스 파일에 메시지가 등록됐다고 하면,

```
message.foo.bar = Foo Bar의 메시지입니다.
```

이 메시지를 표시하고 싶을 때는 JSP에 다음처럼 fmt:message 태그를 기술합니다.

```
<fmt:message key="message.foo.bar"/>
```

6.5.5 예제 애플리케이션 작성(2)

지금까지 설명한 내용을 바탕으로 예제 애플리케이션을 작성해봅시다. 이번에 작성할 것은 고객 정보 변경 기능입니다. 작성할 화면은 고객 정보 변경의 입력 화면과 확인 화면, 그리고 완료 화면입니다. 우선은 간단히 완성된 화면 이미지를 봅시다(그림 6-14, 그림 6-15, 그림 6-16).

그림 6-14 고객 정보 변경 입력 화면

그림 6-15 고객 정보 변경 확인 화면

그림 6-16 고객 정보 변경 완료 화면

다음은 고객 정보 변경 기능의 URL 설계를 생각해봅시다. 스프링 MVC는 URL 설정의 자유도가 매우 높습니다. REST 방식으로 리소스에 URL을 설정할 수도 있고, 아니면 이벤트 드리븐 event driven 방식으로 각 화면의 이벤트를 요청 파라미터로 나눌 수도 있습니다. 이번에는 이벤트 드리븐 방식으로 URL을 설정하기로 합니다. 구체적인 방침은 다음과 같습니다.

- 화면을 표시할 URL과 그 화면에서 발행할 이벤트를 받는 URL을 동일하게 한다.
- 화면을 표시할 때는 그 화면의 URL에 HTTP 메서드를 GET으로 요청한다.
- 화면에서 이벤트를 발행할 때는 그 화면의 URL에 HTTP 메서드를 POST로 요청한다. 어느 이벤트인지 판단할 수 있게 _event_{이벤트 이름}을 이름으로 하는 요청 파라미터를 전송한다.
- Post/Redirect/Get 패턴에 따라 이벤트를 실행할 메서드 실행 후에는 반드시 화면을 표시하는 URL로 리다이렉트해 이동한다.

요청 파라미터로 이벤트를 전환하는 방식을 취하면 form 태그에서 서브밋 버튼을 여러 개 사용해 데이터를 전송할 때 대응하기 쉽기 때문에 이 방식을 선택했습니다. 단, 이 방식은 어디까지나 이번 예제 애플리케이션에 특화된 하나의 방식에 불과합니다. 반드시 구축할 애플리케이션별로 최적의 URL 설계를 고려해야 합니다.

이상의 생각을 토대로 이번 예제 애플리케이션의 화면 이동을 확인해봅니다. [그림 6-17]이 고객 등록 기능의 화면 이동입니다. 그림 차례대로 살펴봅시다.

그림 6-17 고객 정보 변경 기능의 화면 이동

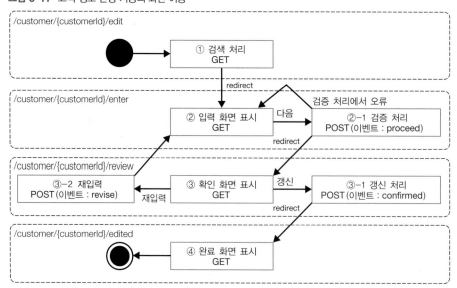

Controller 클래스 작성

이제 컨트롤러 클래스를 작성합니다. 컨트롤러 클래스명은 CustomerEditController로 합니다(리스트 6-26).

리스트 6-26 CustomerEditController 클래스(CustomerEditController.java)

```
package sample.customer.web.controller;


import static org.springframework.web.bind.annotation.RequestMethod.GET;
import static org.springframework.web.bind.annotation.RequestMethod.POST;

...(생략)...

@Controller
@RequestMapping("/customer/{customerId}")  ◀------------------------- ❶
@SessionAttributes(value = "editCustomer")  ◀---------------------- ❷
public class CustomerEditController {

    @InitBinder
    public void initBinder(WebDataBinder binder){
        binder.registerCustomEditor(String.class, new StringTrimmerEditor(true));  ----❹
    }

    @Autowired
    private CustomerService customerService;  ◀--------------------- ❸

    ...(생략)....
}
```

[그림 6-17]의 URL을 보면 알 수 있듯이 이번에는 모든 URL이 /customer/{customerId}로 시작됩니다. 그래서 클래스 자체에 @RequestMapping 어노테이션을 설정하고 "/customer/{customerId}"를 설정했습니다(리스트 6-26 ❶).

[리스트 6-26 ❷]에서는 Session 스코프에서 관리할 오브젝트를 설정합니다. CustomerEdit Controller에서는 [그림 6-17 ①]에서 취득한 Customer 오브젝트에 [그림 6-17 ②]에서 입력된 정보를 설정하고, 마지막으로 [그림 6-17 ②-1]에서 갱신합니다. 다시 말해, 여러 화면에 걸쳐서 Customer 오브젝트를 유지할 필요가 있으므로 Session 스코프에서 edit Customer라는 이름으로 관리하는 것입니다.

[리스트 6-26 ❸]에서는 CustomerEditController가 사용하는 CustomerService 오브젝트를 인젝션하고 있습니다. [리스트 6-26 ❹]는 데이터 바인딩에서 설명한 String TrimmerEditor 설정입니다. 이 설정으로 미입력의 경우에 공백 문자가 아닌 null 값이 설정됩니다.

입력 화면 표시 구현

그럼 입력 화면(그림 6-14)을 작성해봅시다. 입력 화면은 화면 이동 그림(그림 6-17)에서 ①, ②에 해당합니다. 입력 화면에 처음 접속할 때는 [그림 6-14]와 같이 편집 대상의 고객 정보를 기본값으로 표시해둘 필요가 있습니다. 그렇게 하려면 우선 지정된 고객의 정보를 가져와야 하는데, 그 처리를 하는 것이 [그림 6-17 ①]입니다. 그리고 View 이름을 지정해서 뷰의 표시를 의뢰하는 것이 [그림 6-17 ②]입니다. 우선 이 처리를 컨트롤러의 메서드로서 정의합니다(리스트 6-27).

리스트 6-27 입력 화면의 메서드(CustomerEditController.java)

```
@RequestMapping(value = "/edit", method = GET)
public String redirectToEntryForm(
    @PathVariable int customerId, Model model)  ◀--------------❸
        throws DataNotFoundException {                                ❶
    Customer customer = customerService.findById(customerId);  ◀------❹
    model.addAttribute("editCustomer", customer);  ◀----------------❺

    return "redirect:enter";  ◀-------------------------------------❻
}


@RequestMapping(value = "/enter", method = GET)
public String showEntryForm() {
    return "customer/edit/enter";                                    ❷
}
```

[리스트 6-27 ❶]이 [그림 6-17 ①], [리스트 6-27 ❷]가 [그림 6-17 ②]에 해당하는 컨트롤러 메서드입니다. 핵심은 @RequestMapping 어노테이션입니다. 클래스의 @RequestMapping 어노테이션에 /customer/{customerId}/edit지만, 클래스의 @RequestMapping 어노테이션에 /customer/{customerId}를 지정했으므로 달라진 부

분인 /edit만 URL로 지정합니다. 그리고 {customerId} 부분에 지정된 고객 ID를 @Path Variable 어노테이션을 지정해서 customerId에 설정되게 합니다. 나머지는 이 customerId 의 값을 사용해 Customer 오브젝트를 가져오고(리스트 6-27 ❹), 가져온 Customer 오브 젝트를 editCustomer라는 이름으로 Model 오브젝트에 추가하는 것뿐입니다(리스트 6-27 ❺). [리스트 6-26 ❸]의 설정으로 ModelAttribute("editCustomer") 오브젝트는 자동으로 session 스코프에서 관리되므로 [리스트 6-27 ❺]에서 설정한 오브젝트는 다음 화면 이후로 도 공유됩니다.

마지막으로 [리스트 6-27 ❻]에서 View 이름을 지정합니다. redirect: 접두사를 지정해 enter로 리다이렉트하지만 redirect: 접두사 뒤에 /를 지정하지 않아, enter로의 리다이렉트 는 상대 경로로 이루어집니다. 현재 URL은 /customer/{customerId}/edit므로 /customer/ {customerId}/enter로 리다이렉트됩니다. 덧붙여, 컨텍스트 루트부터 경로를 지정하고 싶을 때는 다음처럼 지정합니다.

```
return "redirect:/customer/{customerId}/enter";
```

View 이름에도 URI 템플릿 형식의 URL을 사용할 수 있으므로 customerId를 사용할 수 있 습니다. showEntryForm 메서드(리스트 6-27 ❷)를 보면 알 수 있습니다. 이미 Model 오브젝트로는 Customer 오브젝트가 설정됐으므로 showEntryForm 메서드에서는 단 순히 View 이름인 customer/edit/enter를 반환합니다. 이것으로 /WEB-INF/views/ customer/edit/enter.jsp가 표시됩니다.

여기서 한 가지 생각해봅시다. 입력 화면 표시에 필요한 처리는 결국 지정된 ID의 Customer 오브젝트를 가져오는 것뿐입니다. 그렇다면 이번처럼 두 메서드로 나누지 않아도 한 메서드에 서 Customer 오브젝트를 가져오고 View 이름 customer/edit/enter를 반환하면 될 것입니 다. 여기서 둘로 나눈 이유는 초기 표시에서는 Customer 오브젝트를 취득해야 하지만, 다시 입력 화면으로 되돌아왔을 때(그림 6-17 ❸-2의 이벤트가 실행된 경우)는 취득할 필요가 없 기 때문입니다. 그 때문에 이 예제 애플리케이션에서는 둘로 나누었습니다. session 스코프에 Customer 오브젝트가 저장됐을 때 하나의 메서드에 모아서 Customer 오브젝트를 취득하게 하면, 매번 검사해야 하고 무엇보다도 소스 코드가 복잡해져 가독성이 떨어집니다.

이것으로 컨트롤러 메서드가 구현됐으므로 JSP를 작성해봅시다(리스트 6-28).

```
<%@ page contentType="text/html; charset=UTF-8" pageEncoding="UTF-8"%>
<%@ taglib prefix="form" uri="http://www.springframework.org/tags/form" %>  ◄············❶
<!DOCTYPE HTML PUBLIC "-//W3C//DTD HTML 4.01 Transitional//EN">
<html>
<head>
<meta http-equiv="Content-Type" content="text/html; charset=UTF-8">
<title>입력 화면</title>
</head>
<body>
<h1>입력 화면</h1>
<form:form modelAttribute="editCustomer">  ┄┄┄┄┄┄┄┄┄┄┄┄┄┄┄┄┄┄┄┄┄┄
<dl>
  <dt>이름</dt>
  <dd>
    <form:input path="name"/>          ◄························❸
    <form:errors path="name"/>         ◄························❽
  </dd>
  <dt>이메일 주소</dt>
  <dd>
    <form:input path="emailAddress"/>  ◄························❹
    <form:errors path="emailAddress"/> ◄························❾
    <form:errors path="ngEmail"/>      ◄························❿
  </dd>
  <dt>생년월일</dt>
  <dd>                                                              ┄┄❷
    <form:input path="birthday"/>      ◄························❺
    <form:errors path="birthday"/>     ◄························⓫
  </dd>
  <dt>좋아하는 숫자</dt>
  <dd>
    <form:input path="favoriteNumber"/>  ◄······················❻
    <form:errors path="favoriteNumber"/> ◄······················⓬
  </dd>
</dl>
<button type="submit" name="_event_proceed" value="proceed">  ◄···········❼
  다음으로
</button>
</form:form>
</body>
</html>
```

enter.jsp에서는 스프링의 form 태그 라이브러리를 사용하므로 [리스트 6-28 ❶]처럼 태그 라이브러리를 정의합니다. 그리고 입력 폼 전체를 form:form 태그로 에워쌉니다(리스트 6-28 ❷). 중요한 것은 form:form 태그의 modelAttribute 속성입니다. editCustomer라고 지정한 이유는 ModelAttribute("editCustomer") 오브젝트인 Customer 오브젝트의 각 프로퍼티를 이곳에서 표시하기 때문입니다. 실제로 표시하는 것은 [리스트 6-28 ❸~❻]입니다. 이제 input[type="text"] 태그가 표시되고, 각 태그의 기본값으로 Customer 오브젝트의 프로퍼티값이 표시됩니다.

또한, form:form 태그 안의 폼 데이터는 /customer/{customerId}/entry에 POST로 전송할 필요가 있습니다. 또한, 요청 파라미터로서 _event_proceed를 설정해야 합니다. 우선 URL 설정부터 살펴봅시다. form:form 태그에는 action 속성을 설정할 수 있고, 여기에 폼 데이터를 전송할 URL을 지정할 수 있습니다. 단, 이번에는 폼 데이터를 전송할 주소가 현재 입력 화면을 표시하는 URL인 /customer/{customerId}/entry와 같으므로 생략했습니다. 또한, form:form 태그에는 method 속성을 지정할 수도 있지만, form:form 태그는 기본값으로 method="post"가 설정되므로 따로 지정하지 않아도 됩니다. 끝으로 요청 파라미터인 _event_proceed를 [리스트 6-28 ❼]의 button 태그에 지정하고, 이 지정으로 버튼이 눌리면 _event_proceed가 요청 파라미터로서 전송됩니다.

오류 표시도 살펴봅시다. [리스트 6-28 ❽~⓬]가 form:errors 태그 설정입니다. 이 설정으로 form:errors 태그의 path 속성에 지정한 프로퍼티의 데이터 바인딩과 검증 처리에서 오류가 발생하면 그 오류 메시지가 이곳에 표시됩니다. 한 가지 주목할 곳은 [리스트 6-28 ❿]입니다. 이 부분은 [리스트 6-22 ❺]에 대응하는 오류 메시지 표시 설정입니다. [리스트 6-22]의 ❺는 메서드에 대한 설정이지만, 프로퍼티명이 ngEmail인 프로퍼티의 검증 처리로 판단되므로 [리스트 6-28 ❿]처럼 path 속성에 ngEmail로 지정한 것입니다.

데이터 바인딩/검증 이벤트 구현

다음은 데이터 바인딩과 검증 이벤트에 대응하는 처리를 구현하겠습니다. [리스트 6-29]가 데이터 바인딩과 검증 이벤트를 처리하는 verify 메서드입니다.

```java
@RequestMapping(value = "/enter", params = "_event_proceed", method = POST)  ←┄┄┄❶
public String verify(
        @Valid @ModelAttribute("editCustomer") Customer customer, ←┄┄┄┄┄┄┄┄┄┄❷
        Errors errors) {  ←┄┄┄┄┄┄┄┄┄┄┄┄┄┄┄┄┄┄┄┄┄┄┄┄┄┄┄┄┄┄┄┄┄┄┄❸
    if (errors.hasErrors()) {  ←┄┄┄┄┄┄┄┄┄┄┄┄┄┄┄┄┄┄┄┄┄┄┄┄┄┄┄┄┄┄┄❹
        return "customer/edit/enter";  ←┄┄┄┄┄┄┄┄┄┄┄┄┄┄┄┄┄┄┄┄┄┄┄❺
    }
    return "redirect:review";  ←┄┄┄┄┄┄┄┄┄┄┄┄┄┄┄┄┄┄┄┄┄┄┄┄┄┄┄┄┄┄❻
}
```

verify 메서드에서는 proceed 이벤트에 대응하고자 @RequestMapping 어노테이션의
params 속성에 _event_proceed를 지정합니다(리스트 6-29 ❶).

verify 메서드에서 중요한 것은 [리스트 6-29 ❷, ❸]입니다. [리스트 6-29 ❷]에 의해 Model
Attribute("editCustomer") 오브젝트의 Customer 오브젝트가 인수로 설정되지만, 우선은
데이터 바인딩 처리가 실행됩니다. 데이터 바인딩 처리가 종료되면 검증 처리가 실행됩니다.
@Valid 어노테이션 설정에 의해 자동으로 검증 처리가 실행되고 그 결과인 Errors 오브젝트
가 [리스트 6-29 ❸]의 errors 인수에 설정됩니다. 나머지는 메서드 안에서 Errors 오브젝트
의 hasErrors 메서드로 오류가 발생했는지 확인하고(리스트 6-29 ❹), 오류가 있을 때는 입
력 화면의 뷰(customer/edit/enter)를 표시하고(리스트 6-29 ❹), 오류가 없을 때는 다음
화면의 뷰(/customer/edit/review)로 리다이렉트합니다(리스트 6-29 ❻).

확인 화면 표시 처리 구현

확인 화면 표시 처리를 구현해봅시다. [리스트 6-30]은 확인 화면을 표시하는 showReview
메서드고, [리스트 6-31]은 확인 화면 JSP입니다.

리스트 6-30 showReview 메서드(CustomerEditController.java)

```java
@RequestMapping(value = "/review", method = GET)
    public String showReview() {
        return "customer/edit/review";
}
```

```
<%@ page contentType="text/html; charset=UTF-8" pageEncoding="UTF-8"%>
<%@ taglib uri="http://java.sun.com/jsp/jstl/core" prefix="c" %>
<%@ taglib uri="http://java.sun.com/jsp/jstl/fmt" prefix="fmt" %>
<!DOCTYPE HTML PUBLIC "-//W3C//DTD HTML 4.01 Transitional//EN">
<html>
<head>
<meta http-equiv="Content-Type" content="text/html; charset=UTF-8">
<title>확인 화면</title>
</head>
<body>
<h1>확인 화면</h1>
<form method="post">
<dl>
  <dt>이름</dt>
  <dd><c:out value="${editCustomer.name}"/></dd>
  <dt>이메일 주소</dt>
  <dd><c:out value="${editCustomer.emailAddress}"/></dd>
  <dt>생년월일</dt>
  <dd><fmt:formatDate pattern="yyyy/MM/dd" value="${editCustomer.birthday}"/></dd>
  <dt>좋아하는 숫자</dt>
  <dd><c:out value="${editCustomer.favoriteNumber}"/></dd>
</dl>
<button type="submit" name="_event_confirmed">갱신</button>          ◀------------ ❶
<button type="submit" name="_event_revise">재입력</button>          ◀------------ ❷
</form>
</body>
</html>
```

[리스트 6-30]은 View 이름을 돌려줄 뿐이므로 특별히 설명할 것이 없지만 [리스트 6-31]에는 한 가지 살펴볼 곳이 있습니다. [리스트 6-31 ❶, ❷]는 HTML의 button 태그 정의입니다. 이곳에서는 [리스트 6-29 ❾]처럼 name 속성에 이벤트의 요청 파라미터명을 설정합니다. 이 설정을 통해 어느 버튼을 눌렀는지에 따라 이벤트를 전환할 수 있습니다.

갱신 처리 구현

마지막으로 갱신 처리 구현을 확인합니다. [리스트 6-32]는 갱신 처리를 실행하는 edit 메서드(리스트 6-32 ❶)와 완료 화면을 표시하는 showEdited 메서드(리스트 6-32 ❷)입니다.

리스트 6-32 edit 메서드와 showEdited 메서드(CustomerEditController.java)

```java
@RequestMapping(value = "/review", params = "_event_confirmed", method = POST)
public String edit(
    @ModelAttribute("editCustomer") Customer customer)
        throws DataNotFoundException {
    customerService.update(customer);

    return "redirect:edited";
}


@RequestMapping(value = "/edited", method = GET)
public String showEdited(
    SessionStatus sessionStatus) {
    sessionStatus.setComplete();

    return "customer/edit/edited";
}
```

①

③
④ ②

edit 메서드의 역할은 ModelAttribute("editCustomer") 오브젝트를 인수로 해 Customer
Service 오브젝트의 update 메서드에 전달해 갱신 처리를 하는 것뿐입니다. 그리고 완료 화
면으로 리다이렉트합니다.

다음으로 showEdited 메서드에서는 완료 화면을 표시하는데, 완료 화면을 표시하고 나면
session 스코프에서 관리되는 Model Attribute("editCustomer") 오브젝트는 필요 없어
집니다. 그래서 SessionStatus 오브젝트를 인수로 받아(리스트 6-32 ③) SessionStatus
오브젝트의 setComplete 메서드를 실행해서(리스트 6-32 ④) session 스코프에서
ModelAttribute("editCustomer") 오브젝트를 삭제합니다.

ModelAttribute("editCustomer") 오브젝트는 클라이언트에 응답이 반환될 때까지
는 유효하므로 완료 화면을 표시하는 JSP에서는 특별한 문제 없이 ModelAttribute
("editCustomer") 오브젝트를 사용할 수 있습니다. [리스트 6-33]이 완료 화면의 JSP입니다.

리스트 6-33 완료 화면의 JSP(edited.jsp)

```jsp
<%@ page contentType="text/html; charset=UTF-8" pageEncoding="UTF-8"%>
<%@ taglib uri="http://java.sun.com/jsp/jstl/core" prefix="c" %>
<%@ taglib uri="http://java.sun.com/jsp/jstl/fmt" prefix="fmt" %>
<!DOCTYPE HTML PUBLIC "-//W3C//DTD HTML 4.01 Transitional//EN">
```

```html
<html>
<head>
<meta http-equiv="Content-Type" content="text/html; charset=UTF-8">
<title>갱신 완료</title>
</head>
<body>
<h1>갱신 완료</h1>
<dl>
    <dt>이름</dt>
    <dd><c:out value="${editCustomer.name}"/></dd>  ◀------------------------------ ❶
    <dt>이메일 주소</dt>
    <dd><c:out value="${editCustomer.emailAddress}"/></dd>  ◀-------------------- ❷
    <dt>생년월일</dt>
    <dd><fmt:formatDate pattern="yyyy/MM/dd" value="${editCustomer.birthday}"/></dd> ❸
    <dt>좋아하는 숫자</dt>
    <dd><c:out value="${editCustomer.favoriteNumber}"/></dd>  ◀------------------ ❹
</dl>
<c:url var="url" value="/customer"/>
<a href="${url}">돌아가기</a>
</body>
</html>
```

[리스트 6-33 ❶~❹]처럼 특별한 문제 없이 ModelAttribute("editCustomer") 오브젝트의
프로퍼티에 액세스해 표시 처리를 합니다.

고객 정보 갱신 기능의 문제

이상으로 고객 정보 갱신 처리는 끝났습니다. 다만, 현시점에서 고객 정보 갱신 기능에는 결함
이 있습니다. 예를 들어, 완료 화면에서 브라우저의 새로 고침 버튼을 누르면 어떻게 될까요?
session 스코프에서 Customer 오브젝트가 삭제됐으므로 화면에는 값이 표시되지 않습니다
(그림 6-18). 또한 브라우저의 이전 페이지 보기(뒤로 가기) 버튼을 눌러보면, HttpSession
RequiredException이 발생해서 오류 화면이 표시됩니다(그림 6-19).

이 문제는 나중에 스프링 MVC의 예외 처리를 학습하고 나서 해결 방법을 생각해보겠습니다.

그림 6-18 값이 표시되지 않는 완료 화면

그림 6-19 확인 화면에서 갱신 버튼을 누르면 오류가 발생

6.6 그 밖의 기능

여기서는 이 장에서 아직 다루지 않은 스프링 MVC의 그 밖의 기능을 학습합니다.

6.6.1 flash 스코프

서블릿 기반 웹 애플리케이션에서 특정 서블릿이 다른 서블릿을 실행하려면 포워드나 리다이렉트를 합니다. 포워드는 웹 컨테이너 내에서 다른 서블릿을 실행하는 처리입니다. 그리고 리다이렉트는 클라이언트에 리다이렉트하도록 응답을 반환해 클라이언트에서 다른 서블릿을 실행하는 처리입니다.

다시 말해 포워드와 리다이렉트의 차이는 웹 컨테이너가 클라이언트로 응답을 반환하는지입니다. 포워드일 때는 웹 컨테이너에서 클라이언트로 응답을 반환하지 않으므로 포워드하는 서블릿에서 포워드되는 서블릿으로 요청^{request} 스코프를 매개해 오브젝트를 전달할 수 있습니다.

하지만 리다이렉트일 때는 일단 웹 컨테이너에서 클라이언트로 응답을 반환해버리므로 리다이렉트하는 서블릿에서 리다이렉트되는 서블릿으로, request 스코프를 매개로 오브젝트를 전달할 수 없습니다. 그러므로 리다이렉트되는 서블릿에 오브젝트를 전달하고 싶을 때는 session 스코프를 매개로 전달할 수밖에 없습니다. 다만, 그때는 리다이렉트 대상인 서블릿에서 session 스코프의 오브젝트를 명시적으로 삭제하지 않으면 session 스코프에 쓸모없는 오브젝트가 남게 됩니다.

스프링 MVC에서는 스프링 MVC 3.1부터 도입된 flash 스코프를 사용해서 문제를 해결할 수 있습니다. flash 스코프는 request 스코프와 거의 같지만 리다이렉트일 때 상태가 유지되는 스코프입니다(그림 6-20).

[그림 6-20]처럼 request 스코프가 리다이렉트해 상태가 초기화되면, flash 스코프는 리다이렉트해도 상태가 유지됩니다. 그러므로 리다이렉트하는 곳에서 flash 스코프에 저장한 오브젝트를 가져올 수 있습니다. 게다가 flash 스코프는 리다이렉트되는 곳의 화면이 표시되면 초기화되므로 session 스코프처럼 명시적으로 오브젝트를 삭제할 필요도 없습니다. 이것이 flash 스코프의 장점입니다.

그러면 flash 스코프의 사용법을 알아보기 위해 예제 애플리케이션의 고객 정보 갱신 기능을 개선해봅시다. 현재 예제 애플리케이션에서는 갱신을 완료하면 완료 화면을 표시하지만, 이것을 갱신 완료 후에 고객 목록을 표시하고 고객 목록 화면에서 갱신하고 싶은 고객 정보도 표시하게 개선해봅니다(그림 6-21).

그림 6-20 flash 스코프와 request 스코프

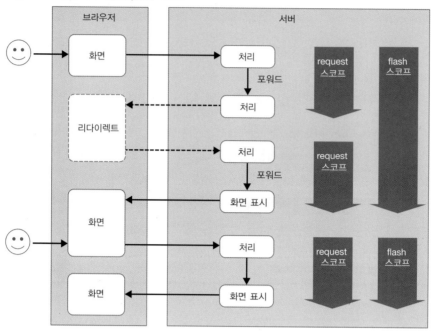

그림 6-21 고객 정보 갱신 결과를 표시한 고객 목록 화면

[리스트 6-32]에서는 edit 메서드로 등록하고 showEdited 메서드로 session 스코프를 초기화했습니다. 하지만 이번에는 edit 메서드에서 /customer로 리다이렉트하기 때문에 session 스코프를 초기화할 수 없습니다. 그렇다고 고객 정보 목록을 표시하는 컨트롤러 메서드에서 session 스코프의 ModelAttribute("editCustomer") 오브젝트를 삭제하기는 조금 애매합니다. 그래서 edit 메서드로 session 스코프를 초기화하기로 합니다. 그리고 flash 스코프에 정보 갱신 후의 Customer 오브젝트를 설정해두고 고객 목록 화면에 표시합니다. 그렇게 하면 고객 목록 화면 표시 후 flash 스코프가 초기화되므로 Customer 오브젝트를 명시적으로 초기화할 필요가 없어집니다.

그럼 edit 메서드를 수정합니다. [리스트 6-34]가 수정 후의 edit 메서드입니다.

리스트 6-34 flash 스코프를 도입한 edit 메서드(CustomerEditController.java)

```
@RequestMapping(
    value = "/review", params = "_event_confirmed", method = POST)
public String edit(
    @ModelAttribute("editCustomer") Customer customer,
    SessionStatus sessionStatus,
    RedirectAttributes redirectAttributes)  ◀┈┈┈┈┈┈┈┈┈┈┈┈┈┈┈┈┈❶
        throws DataNotFoundException {
    customerService.update(customer);
    sessionStatus.setComplete();

    redirectAttributes.addFlashAttribute("editedCustomer", customer);  ◀┈┈┈┈❷

    return "redirect:/customer";
}
```

여기서는 [리스트 6-34 ❶]의 RedirectAttribute 오브젝트가 주역입니다. RedirectAttribute 는 인터페이스고, RedirectAttribute 인터페이스는 Model 인터페이스를 상속합니다. 결국 RedirectAttribute 오브젝트는 Model 오브젝트로서 사용할 수 있다는 말입니다. 그리고 RedirectAttribute 인터페이스에는 flash 스코프에 오브젝트를 저장하는 메서드가 정의됐습니다. 그 메서드를 실행하는 것이 [리스트 6-34 ❷]며, editedCustomer라는 이름으로 flash 스코프에 Customer 오브젝트를 저장합니다. RedirectAttribute 오브젝트의 addFlashAttribute 메서드로 추가한 오브젝트는 flash 스코프에 저장되므로 리다이렉트된 곳에서도 가져올 수 있습니다. 리다이렉트되는 쪽의 구현이 [리스트 6-35]입니다.

리스트 6-35 등록 결과를 표시하는 고객 목록 화면(list.jsp)

```
...(생략)...
<c:if test="${editedCustomer != null}">
다음의 고객님이 갱신됐습니다.
<dl>
    <dt>이름</dt>
    <dd><c:out value="${editedCustomer.name}"/></dd>
    <dt>이메일 주소</dt>
    <dd><c:out value="${editedCustomer.emailAddress}"/></dd>
    <dt>생년월일</dt>
    <dd><fmt:formatDate pattern="yyyy/MM/dd" value="${editedCustomer.birthday}"/></dd>
    <dt>좋아하는 숫자</dt>
    <dd><c:out value="${editedCustomer.favoriteNumber}"/></dd>
</dl>
</c:if>
...(생략)....
```

[리스트 6-35]처럼 flash 스코프에 저장한 editedCustomer라는 이름으로 Customer 오브 젝트를 가져온다는 것을 알 수 있습니다.

flash 스코프는 정말 사소한 메커니즘이지만 이 스코프를 사용함으로써 리다이렉트를 동반하는 화면 이동을 매우 간결하게 구현할 수 있습니다. 능숙하게 활용할 수 있도록 반드시 숙지하는 것이 좋습니다.

6.6.2 스프링 MVC의 예외 처리

이번에는 스프링 MVC에서의 예외 처리 방법을 다음 두 가지로 설명합니다.

- 컨트롤러별로 예외 처리를 정의
- 하나의 웹 애플리케이션 안에서 공통된 예외 처리를 정의

컨트롤러별로 예외 처리를 정의

컨트롤러의 메서드에 @ExceptionHandler 어노테이션을 설정해 컨트롤러의 메서드에서 예외가 발생했을 때의 처리를 정의할 수 있습니다. 이번에는 우선 UserListController 클래스의 showCustomerDetail 메서드(리스트 6-19)에서 DataNotFoundException이 발생했을

때의 처리를 구현해보겠습니다.

showCustomerDetail 메서드에서 예외가 발생하면 화면에 예외 정보가 그대로 표시됩니다. 예외가 발생하는 처리(이번에는 CustomerService 오브젝트의 findById 메서드를 실행하는 행)를 try~catch로 에워싸서 이 문제를 해결할 수 있지만, 스프링 MVC에서는 [리스트 6-36] 처럼 예외 처리 메서드를 추가하기만 하면 됩니다.

리스트 6-36 DataNotFoundException에 대처하는 메서드(CustomerListController.java)

```
@ExceptionHandler(DataNotFoundException.class) ◀┄┄┄┄┄┄┄┄┄┄┄┄┄┄┄┄┄┄┄┄┄┄➊
public String handleException() {
    return "customer/notfound"; ◀┄┄┄┄┄┄┄┄┄┄┄┄┄┄┄┄┄┄┄┄┄┄➋
}
```

우선, 예외 처리 메서드를 정의하고 그 메서드에 @ExceptionHandler 어노테이션을 설정 합니다. @ExceptionHandler 어노테이션의 값으로는 예외의 클래스 오브젝트를 정의합니 다(리스트 6-36 ➊). 그렇게 하면 showCustomerDetail 메서드는 물론 이 컨트롤러 클 래스 안의 @RequestMapping 어노테이션이 설정된 어느 메서드에서 DataNotFound Exception이 발생하더라도 [리스트 6-36]의 메서드가 실행될 것입니다. 그리고 이 예외 처리 메서드의 반환값은 @RequestMapping 어노테이션을 설정한 메서드와 마찬가지로 View 이 름을 반환합니다(리스트 6-36 ➋). 이것으로 View 이름 customer/notfound에 해당하는 뷰가 표시됩니다.

또한 @ExceptionHandler 어노테이션을 설정한 메서드에는 @RequestMapping 어노테이 션을 설정한 메서드처럼 다양한 인수를 설정할 수 있습니다[24]. 게다가 발생한 예외 오브젝트를 인수로 할 수도 있습니다. 다음처럼 예외 타입의 인수를 설정하면 발생한 예외 오브젝트가 이 인수로 자동 설정됩니다.

```
@ExceptionHandler
public String handleException(DataNotFoundException e) {
```

---

24 서블릿 API의 오브젝트와 WebRequest 오브젝트 등을 설정할 수 있습니다. 반면 Model 오브젝트나 요청 파라미터 등은 설정할 수 없습니다. 자세한 것은 @ExceptionHandler 어노테이션의 API 문서를 참고합니다.

예외 오브젝트를 인수로 설정하면 어느 예외가 발생했을 때의 메서드인지 스프링 MVC가 알수 있습니다. 그래서 @ExceptionHandler 어노테이션의 예외 클래스 지정은 생략할 수 있는 것입니다.

@ExceptionHandler 어노테이션에 관한 설명을 조금 더 추가하자면 @ExceptionHandler 어노테이션에는 다음처럼 여러 예외 클래스를 지정할 수 있습니다.

```
@ExceptionHandler({FooException.class, BarException.class})
```

또한 하나의 컨트롤러 클래스에 @ExceptionHandler 어노테이션을 지정한 메서드를 여러 개 정의할 수 있습니다. 그 예가 [리스트 6-37]입니다.

리스트 6-37 복수의 예외 처리 메서드를 정의

```
@ExceptionHandler(DataNotFoundException.class)
public String handleException() {
    return "customer/notfound";
}                                                              ❶


@ExceptionHandler
public String handleException(Exception e) {
    LOG.warn("Exception is threw", e);
}                                                              ❷
```

[리스트 6-37]에서는 DataNotFoundException에 대응하는 메서드(리스트 6-37 ❶)와 Exception에 대응하는 메서드(리스트 6-37 ❷)를 동시에 정의하고 있습니다. DataNot FoundException 클래스는 Exception 클래스를 상속하므로 DataNotFoundException 오브젝트는 Exception 클래스와도 호환성이 있습니다. 이러한 케이스에서는 자식 클래스에 대응하는 메서드가 우선됩니다. 다시 말해, 이때는 DataNotFoundException에 대응하는 [리스트 6-37 ❶]이 실행됩니다.

하나의 웹 애플리케이션 안에서 공통된 예외 처리를 정의

여기서는 하나의 웹 애플리케이션 안에서 공통된 예외 처리를 정의해보겠습니다. 공통된 예외 처리는 HandlerExceptionResolver 인터페이스를 구현한 클래스를 Bean 정의 파일에 등록해 정의할 수 있습니다. 이번에는 스프링 MVC의 SimpleMappingHandlerExceptionResolver를 소개합니다. 이 클래스는 HandlerExceptionResolver를 구현한 클래스로 Exception 형과 View 이름을 대응시킬 수 있습니다. [리스트 6-38]은 설정 예입니다.

리스트 6-38 SimpleMappingHandlerExceptionResolver의 Bean 정의 파일 설정(beans-webmvc.xml)

```
<bean class="org.springframework.web.servlet.handler.SimpleMappingExceptionResolver">
<property name="exceptionMappings">
    <props>
        <prop key="sample.exception.FooException">error/foo</prop>
        <prop key="sample.exception.BarException">error/bar</prop>
        <prop key="sample.exception.BazException">error/baz</prop>
```

❶

```
        <prop key="sample.exception.SystemException">error/system</prop>
        <prop key="java.lang.Exception">error/exception</prop>
      </props>
    </property>
  </bean>
```

우선은 SimpleMappingHandlerExceptionResolver를 Bean으로 정의합니다. 그리고 SimpleMappingHandlerExceptionResolver의 exceptionMappings 프로퍼티에 키가 Exception의 클래스 이름, 값이 View 이름이 되는 Properties 오브젝트를 설정합니다(리스트 6-38 ❶). [리스트 6-38 ❶]처럼 설정해두면 BazException이 발생했을 때 View 이름이 error/baz인 뷰가 표시되고 SystemException이 발생했을 때 View 이름이 error/sysem인 뷰가 표시됩니다. 같은 설정을 JavaConfig로 한 것이 [리스트 6-39]입니다.

리스트 6-39 SimpleMappingHandlerExceptionResolver의 JavaConfig 설정(WebConfig.java)

```
...(생략)...
public class WebConfig extends WebMvcConfigurerAdapter {

    ...(생략)...
    @Bean
    public SimpleMappingExceptionResolver exceptionResolver() {
        Properties prop = new Properties();
        prop.setProperty(FooException.class.getName(), "error/foo");
        prop.setProperty(BarException.class.getName(), "error/bar");
        prop.setProperty(BazException.class.getName(), "error/baz");
        prop.setProperty(SystemException.class.getName(), "error/system");
        prop.setProperty(Exception.class.getName(), "error/exception");

        SimpleMappingExceptionResolver resolver =
            new SimpleMappingExceptionResolver();
        resolver.setExceptionMappings(prop);
        return resolver;
    }
}
```

발생한 예외는 HttpServletRequest에 exception이라는 이름으로 설정되기 때문에[25], 뷰에

---

25 exception 이름은 디폴트값입니다. 변경할 때는 스프링 설정 파일에서 SimpleMappingExceptionResolver 오브젝트의 exceptionAttribute 프로퍼티에 이름을 설정하면 됩니다.

서 exception이라는 이름으로 취득해서 로그를 출력합니다. 화면 표시 등의 처리도 할 수 있습니다. 예를 들어 다음은 화면에 발생한 예외 정보를 표시하는 JSP입니다.

```
<dl>
  <dt>예외 클래스</dt>
  <dd>${exception.class.name}</dd>
  <dt>메시지</dt>
  <dd>${exception.message}</dd>
</dl>
```

6.6.3 ControllerAdvice

6.6.2 스프링 MVC의 예외 처리에서는 @ExceptionHandler를 사용해서 컨트롤러별로 예외 처리를 정의하는 방법을 설명했지만, 이 방법으로는 복수의 컨트롤러에 적용할 수 없습니다. @InitBinder 메서드와 @ModelAttribute 메서드도 같습니다. 이 세 가지 어노테이션을 설정한 메서드를 복수의 컨트롤러에 적용하는 방법으로 ControllerAdvice가 있습니다. ControllerAdvice는 복수의 컨트롤러에 공통 기능을 한 곳에 정의하고, 복수의 컨트롤러에 적용할 수 있는 기능입니다. ControllerAdvice에는 @ExceptionHandler 메서드와 @InitBinder 메서드, @ModelAttribute를 정의할 수 있습니다. [리스트 6-40]은 ControllerAdvice의 예입니다.

리스트 6-40 ControllerAdvice의 예(CustomerControllerAdvice.java)

```
package sample.customer.web.controller;

import org.springframework.beans.propertyeditors.StringTrimmerEditor;
import org.springframework.stereotype.Component;
import org.springframework.stereotype.Controller;
import org.springframework.web.bind.WebDataBinder;
import org.springframework.web.bind.annotation.ControllerAdvice;
import org.springframework.web.bind.annotation.ExceptionHandler;
import org.springframework.web.bind.annotation.InitBinder;

import sample.customer.biz.service.DataNotFoundException;

@Component  ◀----------------------------------------------------❷
```

```
@ControllerAdvice("sample.customer.web.controller")  ·····································─①
public class CustomerControllerAdvice {

    @InitBinder
    public void initBinder(WebDataBinder binder) {
        binder.registerCustomEditor(String.class,
                new StringTrimmerEditor(true));
    }

    @ExceptionHandler(DataNotFoundException.class)
    public String handleException() {
        return "customer/notfound";
    }

    @ExceptionHandler(Exception.class)
    public String handleException(Exception e) {
        ...(예외 처리 생략)....
        return "customer/notfound";
    }
}
```

ControllerAdvice 클래스는 @ControllerAdvice 어노테이션을 설정하고 작성합니다(리스트 6-40 ①). [리스트 6-40 ②]는 component-scan으로 읽어 들이게 설정하고 있지만, bean 태그나 @Bean 메서드로 지정해도 문제는 없습니다. 클래스를 정의했다면, 컨트롤러의 공통 메서드를 정의합니다. 정의 방법은 지금까지의 방법과 같습니다. [리스트 6-40]에서는 @InitBinder 메서드와 @ExceptionHandler 메서드를 정의하고 있습니다. 이것으로 [리스트 6-40 ①]의 value 속성인 sample.customer.web.controller 패키지에 포함된 모든 컨트롤러에 이 방법을 적용할 수 있습니다.

또한 @ControllerAdvice 어노테이션의 속성에는 다음과 같이 여러 패키지를 지정할 수 있습니다.

```
@ControllerAdvice({"foo.bar", "foo.baz"})
```

이 밖에도 다음과 같이 설정할 수 있습니다.

```
// 지정한 클래스에 적용
// 혹은 지정한 클래스를 상속한 클래스
```

```
// 지정한 인터페이스를 구현한 클래스에도 적용 가능
@ControllerAdvice(assignableTypes = {
    CustomerEditController.class, BaseController.class, IController.class})

// 지정한 어노테이션이 설정된 클래스에 적용
@ControllerAdvice( annotations = {
    Annotation1.class, Annotation2.class, Annotation3.class})
```

6.6.4 파일 업로드

웹 애플리케이션에서는 파일 업로드 기능이 필요한 경우도 있습니다. 스프링 MVC는 파일 업로드 기능을 지원하며, 업로드된 파일 내용에 쉽게 액세스할 수 있는 클래스를 준비하고 있습니다. 여기서는 스프링 MVC의 파일 업로드 방법을 알아봅니다. 덧붙여 파일 다운로드에 대해서는 **NOTES_ 파일 다운로드 기능의 구현**에서 설명합니다.

우선, 스프링 MVC의 파일 업로드 기능을 적용하려면 MultipartResolver 인터페이스를 구현한 클래스를 Bean으로 정의해야 합니다. 스프링 MVC에는 Servlet 3.0에서 도입된 다중 데이터 기능에 대응하고 있는 StandardServletMultipartResolver 클래스와 Commons File Upload[26]를 사용해서 MultipartResolver를 구현한 CommonsMultipartResolver 클래스가 있습니다. 이 클래스를 다음과 같이 Bean 정의 파일에 정의합니다.

```
<bean id="multipartResolver"
  class="org.springframework.web.multipart.commons.CommonsMultipartResolver"/>
```

JavaConfig에서는 다음처럼 설정합니다.

```
@Bean
public MultipartResolver multipartResolver() {
    return new CommonsMultipartResolver();
}
```

중요한 것은 Bean의 id에 multipartResolver를 설정하는 것입니다. 이 이름이 다르면

---

26 http://commons.apache.org/proper/commons-fileupload/

MultipartResolver 오브젝트를 사용할 수 없으므로 주의해야 합니다. 또한 Commons MultipartResolver에는 파일의 최대 크기 등 다양한 프로퍼티가 있어 세밀한 설정을 할 수 있습니다. 자세한 것은 CommonsMultipartResolver 클래스의 API 문서를 참고합니다.

MultipartResolver를 적용했다면 나머지는 웹 애플리케이션에 파일 업로드 기능을 집어넣기만 하면 됩니다. 업로드할 파일을 선택하는 JSP는 다음과 같습니다.

```
<form method="post" enctype="multipart/form-data">
<input type="file" name="uploadFile">
    <button type="submit">업로드</button>
</form>
```

파일을 업로드할 때는 form 태그의 enctype에 multipart/form-data를 지정합니다. 그리고 업로드할 파일을 입력하는 항목으로 input[type="file"] 태그를 정의하고 name 속성에 요청 파라미터명을 정의하면 JSP는 완성입니다.

다음은 컨트롤러입니다. 지금까지 본 컨트롤러와 마찬가지로 @RequestMapping 어노테이션을 설정한 메서드를 작성합니다(리스트 6-41).

리스트 6-41 파일 업로드 메서드

```
@RequestMapping(value = "/upload", method = RequestMethod.POST)
public String uploadFile(
    @RequestParam("uploadFile") MultipartFile multipartFile) ◄---------------------❶
        throws IOException{

    // 파일명
    String fileName = multipartFile.getOriginalFilename();
    // 파일 크기(단위는 byte)
    long size = multipartFile.getSize();
    // 콘텐츠 타입
    String contentType = multipartFile.getContentType();
    // 배열(byte 배열)
    byte[] fileContents = multipartFile.getBytes();
    // 파일로 저장
    multipartFile.transferTo(new File("/path/to/save/"));

    try {
        InputStream is = multipartFile.getInputStream();
```

```
    // 파일을 읽어 들이기 위한 처리
  }
  …(생략)…
```

[리스트 6-41 ❶]의 MultipartFile 오브젝트는 업로드된 파일 정보를 저장하는 오브젝트입니다. 이 오브젝트를 인수로 정의하고 @RequestParam 어노테이션을 설정해 input[type="file"] 태그에서 지정한 요청 파라미터명을 지정합니다. 이로써 업로드된 파일 정보를 바탕으로 MultipartFile 오브젝트가 생성돼 인수로 설정됩니다. 나머지는 Multipart File 오브젝트에서 필요한 정보를 가져옵니다. MultipartFile 오브젝트를 사용해 가져올 수 있는 내용은 [리스트 6-41]에서 확인할 수 있습니다.

이번에는 요청 파라미터로 받는 방법을 알아봤지만 ModelAttribute 오브젝트의 프로퍼티로 지정할 수도 있습니다.

6.6.5 REST API의 구현 - XML, JSON의 송수신

마지막으로 스프링 MVC를 사용한 REST API의 구현을 살펴봅니다. 지금까지 설명한 내용은 기본적으로 화면 표시를 동반하는 웹 애플리케이션을 전제로 했습니다. 이제부터 설명할 REST API는 HTTP 통신을 이용해 XML과 JSON 형식의 정보를 주고받는 웹 애플리케이션입니다(그림 6-22). 구체적으로는 HTTP 요청과 HTTP 응답의 보디 부분에 XML과 JSON 형식의 정보를 설정해서 통신합니다.

그림 6-22 REST API의 예

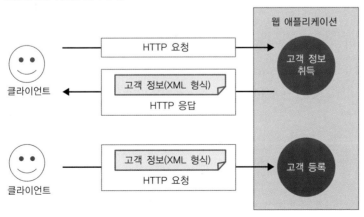

스프링 MVC에서는 어떻게 구현하는지 살펴봅니다. 이미지로는 HTTP 요청의 보디 정보를 컨트롤러 메서드의 인수로 받아, HTTP 응답의 보디에 설정할 정보를 직접 반환하는 이미지입니다(그림 6-23).

그림 6-23 스프링 MVC에서 REST API를 구현하는 이미지

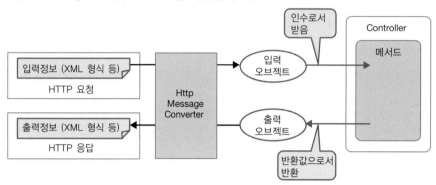

그때는 당연히 HTTP 요청/응답의 보디와 자바 오브젝트를 서로 변환해줄 필요가 있습니다. 이렇게 변환해주는 것이 HttpMessageConverter 오브젝트입니다. HttpMessageConverter 오브젝트는 그 이름대로 HTTP 메시지(HTTP 요청/응답의 보디)와 자바 오브젝트를 서로 변환해주는 오브젝트입니다. HttpMessageConverter는 인터페이스며 HttpMessageConverter 인터페이스를 구현한 클래스로는 MarshallingHttpMessageConverter 클래스(XML 형식의 HTTP 메시지를 스프링의 O/X 매핑[27]을 사용해 변환)와 Jaxb2RootElementHttpMessageConverter(XML 형식의 HTTP 메시지를 JAXB[28]로 변환), MappingJacksonHttpMessageConverter 클래스(JSON 형식의 HTTP 메시지를 Jackson[29]으로 변환) 등이 있습니다.

그럼, 이제부터 실제로 REST API를 구현해봅시다. 이번에는 고객 정보를 신규 등록하는 기능과 ID를 지정해 고객 정보를 가져오는 기능을 구현합니다. 또한 HTTP 메시지의 형식은 XML 형식으로서 JAXB를 사용해 XML 문서와 Customer 오브젝트를 변환합니다.

----

27 오브젝트와 XML을 매핑하는 기능으로 스프링의 여러 곳에서 사용되고 있습니다.

28 XML 문서와 Java 오브젝트 간의 상호 교환하는 자바의 표준 사양으로, JSR222에서 표준화돼 있습니다.

29 JSON 문서와 Java 오브젝트 간의 상호 교환을 해주는 오픈 소스(https://github.com/FasterXML/jackson)

HttpMessageConverter 설정

우선 HttpMessageConverter를 설정합니다. HttpMessageConverter는 Bean 정의 파일의 mvc:annotation-driven 태그에 설정합니다.

```
<mvc:annotation-driven validator="validator">
    <mvc:message-converters>
        <bean class="org.springframework.http.converter.xml.
        Jaxb2RootElementHttpMessageConverter"/>
    </mvc:message-converters>
</mvc:annotation-driven>
```

mvc:annotation-driven 태그 안에 mvc:message-converters 태그를 정의하고 Http MessageConverter 오브젝트를 Bean으로 정의합니다. 이번에는 JAXB를 사용해 XML 문서와 Customer 오브젝트를 변환하므로 Jaxb2RootElementHttpMessageConverter를 설정합니다. 덧붙여, mvc:message-converters 태그 안에는 MessageConverter를 여러 개 등록할 수 있습니다.

JavaConfig의 경우에는 WebMvcConfigurerAdapter 클래스의 configureMessage Converters 메서드를 오버라이드해서 추가합니다.

```
@Override
public void configureMessageConverters(List<httpmessageconverter<?>> converters) {
    converters.add(new Jaxb2RootElementHttpMessageConverter());
}
```

여기서는 명시적으로 Jaxb2RootElementHttpMessageConverter를 등록했지만, 실은 몇 몇 HttpMessageConverters는 기본적으로 자동 등록됩니다. 예를 들면, 문자열(String 형의 오브젝트)과 HTTP 메시지를 서로 변환하는 StringHttpMessageConverter나 byte 배열과 HTTP 메시지를 변환하는 ByteArrayHttpMessageConverter 등입니다. 또한 Jaxb2Root ElementHttpMessageConverter도 기본으로 자동 등록되는 HttpMessageConverters므로 실은 이렇게 설정하지 않아도 동작합니다.

XML과 클래스의 매핑

컨트롤러 메서드를 구현하기 전에 XML의 형식을 정해야 합니다. 이번에는 Customer 오브젝트를 XML 형식으로 표현해야 합니다. 그리고 XML의 형식과 Customer 클래스의 매핑은 JAXB로 정의한 어노테이션으로 정의하는 것입니다. 이번에는 매핑이 가능하도록 가장 단순하게 XML의 형식을 [리스트 6-42]처럼 정의합니다.

리스트 6-42 고객 정보의 XML 표현

```xml
<customer>
    <id>1</id>
    <name>길동</name>
    <address>서울시 강남구</address>
    <emailAddress>kindong@aa.bb.cc</emailAddress>
</customer>
```

이 형식이라면 JAXB의 어노테이션으로 다음과 같이 설정하면 매핑 설정이 끝납니다.

```java
@XmlRootElement
public class Customer {
    ……(생략)……
```

즉, Customer 클래스에 @XmlRootElement 어노테이션을 설정해두면 나머지는 JAXB가 클래스명과 프로퍼티명을 바탕으로 자동으로 XML과 매핑해줍니다.

HTTP 메시지 수신의 구현

이번에는 HTTP 메시지를 수신하는 컨트롤러 메서드를 구현해봅니다. [리스트 6-43]은 고객 정보 XML을 받아서 그 내용을 바탕으로 고객 정보를 신규 등록하는 REST API의 구현입니다.

리스트 6-43 고객 신규 등록의 REST API 구현(CustomerRestController.java)

```java
@RestController
@RequestMapping("/api/customer") ◀·················································①
public class CustomerRestController {

    @Autowired
```

```
        private CustomerService customerService;

        @RequestMapping(method = POST)  ◄─────────────────────────── ❷
        @ResponseStatus(HttpStatus.OK)  ◄─────────────────────────── ❺
        @RequestBody  ◄───────────────────────────────────────────── ❼
        public String register(@RequestBody Customer customer) {  ◄─ ❸
            customerService.register(customer);  ◄───────────────── ❹
            return "OK";  ◄───────────────────────────────────────── ❻
        }
    }
```

우선은 지금까지처럼 컨트롤러 메서드를 작성합니다. [리스트 6-43 ❶, ❷]를 통해 이 메서드에 액세스하는 URL은 /api/customer고, HTTP 메서드 POST를 요청한다는 것을 알수 있습니다. 그리고 [리스트 6-43 ❸]이 HTTP 요청의 보디를 인수로 받기 위한 설정입니다. @RequestBody 어노테이션을 설정한 인수에는 HTTP 요청의 보디를 HttpMessage Converter로 변환한 결과가 설정됩니다. 이번에는 수신한 XML 문서를 JAXB로 Customer 오브젝트로 변환해 설정하고 있습니다. 그 Customer 오브젝트를 CustomerService의 register 메서드를 사용해 등록합니다(리스트 6-43 ❹).

이것으로 등록 처리는 마쳤습니다. 다음은 HTTP 응답을 어떻게 반환하는가입니다. REST API에서 신경 써야 할 것은 HTTP 응답에 포함되는 스테이터스 코드입니다. REST에서는 원칙적으로 클라이언트는 HTTP 응답의 스테이터스 코드를 바탕으로 처리의 성공 여부를 판단합니다. 반대로 말하면, 서버는 올바르게 스테이터스 코드를 반환해야 합니다.

컨트롤러 메서드가 정상 종료했을 때 어느 스테이터스 코드를 반환할지 정의한 것이 [리스트 6-43 ❺]의 @ResponseStatus 어노테이션입니다. @ResponseStatus 어노테이션에는 HttpStatus enum의 값을 지정합니다. HttpStatus에는 HTTP 프로토콜에서 지정된 스테이터스 코드가 정의됐으므로 적절한 값을 설정할 수 있습니다.

덧붙여 @ResponseStatus 어노테이션을 지정하지 않아도 컨트롤러 메서드가 정상 종료하면 기본적으로 스테이터스 코드는 OK(200)가 변환되므로 이번에는 @ResponseStatus 어노테이션을 설정하지 않아도 됩니다. 여기서는 REST에서 이 @ResponseStatus가 중요한 의미가 있다는 것만 확실히 기억해둡니다.

끝으로 이 메서드는 OK라는 문자열을 리턴하고 있습니다. 이 문자열이 HTTP 응답의 보디에 삽입되는 값입니다. 그리고 HTTP 응답의 보디에 삽입할 값을 반환한다는 것을 설정하고

자 컨트롤러 메서드에 @ResponseBody 어노테이션을 설정했습니다(리스트 6-43 ❼). 만약 Customer 오브젝트를 반환하면 JAXB에 대응하는 HttpMessageConverter에 의해 고객 정보 XML로 변환되겠지만 여기서는 문자열 OK를 리턴합니다. 이때는 StringHttpMessageConverter가 실행되고 HTTP 응답의 보디에 OK라는 문자열이 들어갑니다.

NOTE_ @RestController 어노테이션

컨트롤러를 REST API 전용으로 작성하는 경우에는 @Controller 대신 @RestController를 사용할 수 있습니다.

```
@RestController
public class FooController{
```

이 어노테이션을 설정하면 컨트롤러 메서드의 @ResponseBody 어노테이션을 생략할 수 있습니다.

HTTP 메시지 전송 구현과 예외 처리

그럼, HTTP 메시지를 전송하는 컨트롤러 메서드를 구현해봅시다. [리스트 6-44]는 URL에서 지정한 고객 정보 XML을 반환하는 REST API의 구현입니다.

리스트 6-44 고객 정보를 가져오는 REST API 구현(CustomerRestService.java)

```
@RequestMapping(value = "/{customerId}", method = GET) ·············
@ResponseStatus(HttpStatus.OK)
@ResponseBody ◀····································································· ❷
public Customer findById(@PathVariable int customerId)      ·····❶
    throws DataNotFoundException {
    return customerService.findById(customerId);
}


@ExceptionHandler ···············································
@ResponseStatus(HttpStatus.NOT_FOUND) ◀··········································· ❹
@ResponseBody
public String handleException(DataNotFoundException e) {    ·····❸
    return "customer is not found";
}
```

[리스트 6-44 ❶]은 고객 정보를 반환하는 컨트롤러 메서드입니다. 메서드 안에서는 Customer 오브젝트를 가져와 리턴할 뿐입니다. 그리고 메서드에 @RequestBody 어노테이션을 설정함으로써(리스트 6-44 ❷) 리턴한 Customer 오브젝트를 바탕으로 XML이 생성되고 HTTP 응답이 클라이언트에 반환됩니다.

또 하나의 예외 처리 메서드입니다(리스트 6-44 ❸). 이 handleException 메서드에 @ResponseStatus 어노테이션을 설정했으므로(리스트 6-44 ❹) findById 메서드에서 DataNotFoundException이 발생했을 때 handleException 메서드가 실행되고 HTTP 응답의 스테이터스 코드는 NOT FOUND(404)가 됩니다[30].

NOTE_ @RequestBody 어노테이션 인수와 오류 처리

컨트롤러 메서드의 ModelAttribute 오브젝트 인수에 @Valid 어노테이션을 설정하면 검증이 자동으로 실행됩니다. 같은 방법으로 @RequestBody 어노테이션을 설정한 인수에도 @Valid 어노테이션을 설정해서 검증을 적용할 수 있습니다.

```
public void foo(@Valid @RequestBody Customer customer)
```

컨트롤러에서의 오류 처리와 Errors 오브젝트에서 설명한 것과 같이 customer 인수 뒤에 Errors를 인수로 지정함으로써 오류 정보를 취득할 수는 있지만, Errors를 인수로 지정할 수 없는 경우는 검증 오류가 발생하면 MethodArgumentNotFoundException 예외가 발생합니다. REST API를 구현하는 경우에는 일부러 MethodArgumentNotFoundException 예외가 발생하도록 예외 처리 메서드에서 오류 처리를 구현하면 됩니다. 다음은 예외 처리 메서드의 구현 예입니다.

```
@ExceptionHandler
@ResponseStatus(HttpStatus.BAD_REQUEST)
@ResponseBody
public ErrorDto handleException(MethodArgumentNotFoundException ex) {
    // BindingResult 클래스는 Errors 클래스의 서브 클래스로 오류 정보를 가지고 있음.
    BindingResult errors = ex.getBindingResult();

    // BindingResult 오브젝트에서 오류 정보를 취득해서
    // 응답으로 돌려주는 오브젝트를 생성함
```

---

30 @ResponseStatus 어노테이션은 예외 클래스에 설정할 수도 있습니다. 이 경우에는 예외를 @ExceptionHandler 메서드에서 처리하지 않고 throw하는 것으로, 예외 클래스에서 지정한 @ResponseStatus의 스테이터스 코드로 응답합니다.

```
    // (ErrorInfo 클래스는 응답 형식을 의식해서 구현)
    ErrorDto errorDto = new ErrorDto( ...
    ...(생략)...

    return errorDto;
}
```

이렇게 구현하면 검증 오류 발생 시의 HTTP 응답 스테이터스 코드에 적절하게 지정할 수 있습니다. 검증 오류 발생 시의 응답을 통일하고 싶은 경우에는 **6.6.3 ControllerAdvice**에서 설명한 ControllerAvice을 적용해서 오류 처리를 공통화할 수 있습니다.

ResponseEntity 오브젝트

그럼 ResponseEntity 오브젝트를 알아봅시다. Response Entity 오브젝트는 HTTP 응답을 나타내는 오브젝트로 헤더와 보디를 프로퍼티로 가지고 있습니다(표 6-13). Response Entity 오브젝트를 반환값으로 돌려줌으로써 보디 오브젝트에 추가해 스테이터스 코드와 HTTP 응답 헤더를 컨트롤러 메서드에 지정할 수 있습니다.

표 6-13 ResponseEntity의 프로퍼티

프로퍼티명	타입	설명
statusCode	org.springframework.http.HttpStatus	스테이터스 코드
headers	org.springframework.http.HttpHeaders	HTTP 응답 헤더
body	T(ResponseEntity 오브젝트 생성 시 형변수로 지정)	보디에 삽입할 정보를 유지하는 오브젝트

[리스트 6-44 ❶] 메서드를 ResponseEntity 오브젝트를 사용해 구현했습니다.

리스트 6-45 ResponseEntity의 사용 예

```
@RequestMapping(path = "/{customerId}", method = GET)
public ResponseEntity findById(@PathVariable int customerId)  ◀┈┈┈┈┈┈┈┈┈┈┈┈❶
    throws DataNotFoundException {
    Customer customer = customerService.findById(customerId);

    return ResponseEntity.ok()  ◀┈┈┈┈┈┈┈┈┈┈┈┈┈┈┈┈┈┈┈┈┈┈┈┈┈┈┈┈┈┈┈┈┈┈┈┈┈┈┈┈┈❷
```

```
                 .header("My-Header", "MyHeaderValue")  ◀------------------------------③
                 .contentType(new MediaType("text", "xml", Charset.forName("UTF-8")))  ◀-④
                 .body(customer);  ◀--------------------------------------------------⑤
}
```

[리스트 6-45 ❶]에서 반환값이 ResponseEntity 클래스가 된 것을 확인합니다. Response Entity 클래스가 반환값이면 그 내용을 HTTP 응답에 삽입하는 것은 명확하므로 @Response Body 어노테이션은 설정할 필요가 없습니다. 또한, 스테이터스 코드도 ResponseEntity 오브젝트에 설정하므로 @ResponseStatus 어노테이션도 필요 없습니다. [리스트 6-45 ❷~❺]에서 ResponseEntity 오브젝트를 생성해서 각 프로퍼티를 설정하고 있습니다.

스프링 4.1 이후에는 Builder 패턴의 형식으로 ResponseEntity 오브젝트를 생성할 수 있습니다. 스테이터스 코드로는 200 OK (리스트 6-45 ❷), 응답 헤더로 My-Header= MyHeaderValue (리스트 6-45 ❸), 콘텐츠 타입으로 text/xml;charset=UTF-8 (리스트 6-45 ❹), 응답 보디로서 Customer 오브젝트 (리스트 6-45 ❺)로 설정됐습니다.

ResponseEntity를 쓰면 코드 자체는 좀 복잡해지지만, HTTP 응답을 세밀하게 설정할 수 있습니다. 어노테이션에 의한 설정과 ResponseEntity에 의한 구현을 사례별로 구분해 사용해야 합니다.

NOTE_ 파일 다운로드 기능 구현

파일 다운로드 기능을 구현하려면 @ResponseBody 어노테이션을 컨트롤러 메서드에 설정하고 메서드로부터 다운로드 파일 내용을 직접 리턴하면 됩니다. 다운로드 파일 내용이 CSV 등의 문자열이면 String 형을 반환값으로 하고 ZIP이나 이미지 등의 바이너리 형식일 때는 byte 배열형을 반환값으로 합니다. 다만, 파일 다운로드 기능의 어려운 부분은 HTTP 응답의 헤더 정보를 세밀하게 설정해야 한다는 점입니다. 이는 마지막에 설명한 ResponseEntity 오브젝트를 사용하면 해결할 수 있습니다. HttpHeaders 오브젝트에 헤더 정보를 적절히 설정하면 세밀한 요구에도 대응할 수 있을 것입니다.

6.7 정리

내용이 길어졌지만 스프링 MVC에 대한 이해는 깊어졌을 것이라고 생각합니다. 필자는 과거에 프레젠테이션 층의 프레임워크로서 주로 스트럿츠를 사용했습니다. 완벽하지 않은 프레임워크라는 것을 알면서도 좀처럼 대신할 만한 프레임워크가 없었기 때문입니다. 스프링 1.0이 등장하고 스프링 MVC를 봤을 때, 인터페이스를 기반으로 한 깔끔한 설계 구조는 마음에 들었지만, 이해하기도 어렵고 프로젝트에 적용하기에도 험난하다고 느꼈습니다.

하지만 몇 년 후 스프링 MVC는 어노테이션 기반으로 바뀌었고 간결하고 강력한 프레임워크가 됐습니다. 지금은 스트럿츠 1.0계의 서포트가 종료되고 많은 기업이 스트럿츠의 다음 프레임워크로 스프링 MVC를 선택하고 전환하고 있습니다. 앞으로도 자바 웹 애플리케이션 개발자는 앞으로의 스프링 동향에 관심을 가지기를 바랍니다.

CHAPTER 07

인증 · 인가

이 장에서는 웹 애플리케이션뿐만 아니라, 여러 방면에서 사용하고 있는 인증 · 인가 기능을 살펴봅니다. 먼저 인증 · 인가 기능의 기본 개념을 알아보고, 웹 애플리케이션에 스프링 시큐리티를 사용해서 인증 · 인가를 구현하는 방법을 학습합니다.

7.1 인증 · 인가와 프레임워크

일반적으로 웹 애플리케이션에는 인증과 인가 기능이 반드시 필요합니다. 특히 최근에는 사내 자원에 대한 접근을 엄격하게 제한하는 경향이 강해져서 더욱 강력하고 유연하게 대응할 수 있는 인증 · 인가 기능이 필요해졌습니다.

보통 인증 · 인가 기능은 애플리케이션에서 개별적으로 구현하는 경우가 많습니다. 왜냐하면 인증 · 인가 기능의 구현이 애플리케이션에 의존하는 부분이 많으므로 애플리케이션과 관계 없이 공통화하기가 어렵다고 알려져 있기 때문입니다. 예를 들어 인증 · 인가를 구현하기 위한 정보를 어디에서 취득할 것인지를 생각해보면, 애플리케이션의 일부인 데이터베이스에서 취득하는 경우도 있고, 전사적으로 공통화된 인증 · 인가 정보 시스템에서 독자적인 API를 경유해서 가져오는 경우도 있을 것입니다.

이러한 인식으로 인해 인증 · 인가에 대한 공통 기능을 떼어내보려는 시도조차 없었기 때문에 결과적으로 쓸만한 인증 · 인가 프레임워크가 전무했던 것이 현실이었습니다. 개발자 중에서도 웹 애플리케이션을 개발할 때마다 매번 똑같은 인증·인가 기능을 구현해온 경우도 있지 않을까 생각해봅니다.

이 장에서는 이러한 배경에 입각해 스프링의 서브 프로젝트로 개발되고 있는 스프링 시큐리티를 사용한 인증·인가 기능의 구현 방법을 알아봅니다. 그 안에서 이제까지 어렵게 느껴졌던 인증·인가 기능의 프레임워크화, 즉 스프링 시큐리티가 어떻게 구현됐는지를 느껴보기 바랍니다.

7.2 인증·인가의 기본

인증·인가는 말 그대로 '인증 기능'과 '인가 기능'을 합쳐놓은 것입니다. 먼저 인증과 인가의 차이점을 확실하게 알아두기 위해 기본 내용을 살펴봅니다.

7.2.1 인증 기능이란?

인증 기능은 한마디로 표현하면 애플리케이션에 액세스하는 사용자를 특정하는 기능입니다. 예를 들어, 웹 애플리케이션의 경우, URL만 알고 있다면 누구라도 브라우저를 사용해 간단히 액세스할 수 있기 때문에 보안의 관점에서 애플리케이션에 액세스할 수 있는 사용자를 제한할 필요가 있습니다.

또한, 액세스 중인 사용자가 누구인지 특정함으로써 누가, 언제, 어떤 동작을 애플리케이션에서 수행했는지 추적할 수 있습니다. 이것이 인증 기능의 목적이라고 할 수 있습니다(그림 7-1).

일반적으로 많이 사용되는 인증 방식은 웹 애플리케이션에서 사용자명과 패스워드를 관리하면서 그 정보로 인증을 수행하는 방식입니다. 이 방식은 로그인에 필요한 사용자명과 패스워드를 각 애플리케이션이 가진 데이터베이스에 등록해둡니다. 그리고 사용자가 애플리케이션에 액세스할 때 사용자가 사용자명과 패스워드를 직접 입력하게 함으로써 해당 사용자를 특정합니다.

웹 애플리케이션 단위로 데이터베이스에서 사용자명과 패스워드를 관리하는 방식 외에는

LDAP나 Active Directory 등과 같이 사내 공통의 인증 정보 시스템을 구축해놓고, 각 API를 통해 액세스하는 방식이 일반적입니다.

그림 7-1 인증 기능의 개요

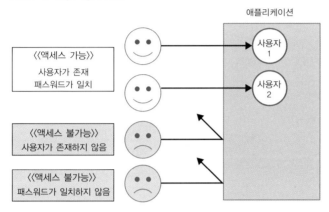

7.2.2 인가 기능이란?

인가 기능이란 특정한 사용자에 대해서 조회 가능한 정보와 실행 가능한 동작을 제한하는 기능입니다. 먼저 사용자를 특정하는 것을 전제하기 때문에 인증 기능은 인가 기능의 전제 조건이 됩니다. 인증 기능을 통해 사용자는 애플리케이션에 액세스하는 것이 인정되지만, 모든 사용자에게 동일한 권한이 주어진다고는 볼 수 없습니다.

모든 사내 정보를 관리하고 있는 기반 시스템이라면 사내의 극비 정보에 액세스할 수 있는 사용자를 한정해야 할 필요가 있으며, 같은 시스템에 모든 사원이 액세스할 수 있다면 고용 형태에 따라 사용할 수 있는 기능을 제한해야 할 필요도 있을 수 있습니다.

또한, 경비 정산 시스템과 같은 워크 플로를 도입하는 경우라면 승인 작업을 실행할 수 있는 사용자는 상위 직급으로 한정해야 하는 경우가 많습니다. 이러한 요건에 대해서, 인증된 사용자가 어떤 정보를 참조하게 할지, 어떤 동작을 할 수 있게 할지를 정의해 액세스를 제한해주는 것이 바로 인가 기능입니다(그림 7-2).

그림 7-2 인가 기능의 개요

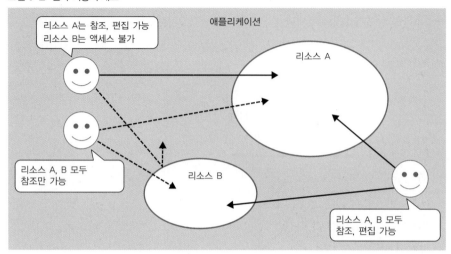

인가 기능을 적용할 경우에는 인가 정보, 다시 말해 어떤 사용자에 어떤 권한을 부여할 것인 지에 대한 정의를 작성해놓을 필요가 있습니다. 일반적으로 리소스에 대한 참조 및 조작에 대 한 권한을 ROLE이라고 정의하며, ROLE에 대해 사용자를 할당하는 것이 일반적입니다(그림 7-3).

그림 7-3 인가와 ROLE

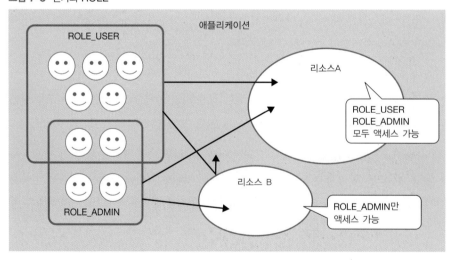

인증 처리를 실행할 때 그 인증 정보에 기반한 인가 정보를 취득해놓고, 리소스에 액세스할 때 그 인가 정보에 기반한 액세스 제어를 하는 것이 인가 기능입니다. 리소스의 액세스 제어에는 화면 표시 항목의 제한이나 실행할 수 있는 기능의 제한 등이 있습니다.

7.3 스프링 시큐리티

그러면 지금부터 스프링 시큐리티에 대해 알아봅시다. 먼저 스프링 시큐리티의 개요를 알아보고, 간단한 웹 애플리케이션에 실제로 도입해봅니다. 여기서는 자세한 부분은 일단 넘어가면서, 주로 스프링 시큐리티로 어떤 것이 가능한지를 가볍게 확인해봅니다.

앞에서도 설명했지만, 인증·인가 기능은 지금껏 웹 애플리케이션 단위로 별도 구축되는 경우가 많았습니다. 그때 등장한 것이 스프링 시큐리티입니다. 처음에 스프링 시큐리티는 Acegi Security라는 스프링 관련 제품으로 등장했습니다. Acegi Security는 스프링을 기반으로 하는 프레임워크로서 인증·인가와 관련된 공통 기능을 제공하고, 애플리케이션마다 다르게 처리해야 하는 부분은 추가적으로 개별 구현할 수 있었습니다.

하지만 Acegi Security 시절에는 당시 스프링 2.0에서 도입된 XML 스키마를 지원하지 않았기 때문에 설정 파일이 매우 복잡했고 이해하기 어려운 문제가 있었습니다. 그 후, Acegi Security는 버전 2.0부터 스프링 시큐리티로 명칭이 바뀌었으며, 이때부터 XML 스키마를 지원해 설정 파일도 간단하게 작성할 수 있게 됐습니다. 스프링 시큐리티 3.2부터는 JavaConfig 형식으로도 설정할 수 있습니다.

스프링 시큐리티는 2015년 12월 시점에는 메이저 버전이 4까지 올라갔으며, 더욱더 많은 기능을 구현하고 있습니다. 스프링 시큐리티의 주요 특징은 다음과 같습니다.

- 인증·인가 기능의 공통 기반을 제공
- 웹 애플리케이션에서 인증·인가를 구현하기 위한 각종 필터 클래스를 제공
- Bean 정의 파일이나 프로퍼티 파일, 데이터베이스, LDAP 등, 여러 리소스로부터 인증·인가 정보 취득 가능
- HTTP BASIC 인증이나 화면에서의 폼 인증 등, 웹 애플리케이션에서 일반적으로 채용되는 인증 지원
- 인가 정보에 기반한 화면 표시 제어를 위한 JSP 태그 라이브러리를 제공

- 메서드 호출에 대한 액세스 제어에 AOP 사용 가능
- 시큐리티 공격에 대한 방어 기능을 제공(CSRF 대책, Session Fixation 대책 등)

이 밖에도 많은 기능이 있지만 전부 다 설명하기에는 지면이 부족하기 때문에 이 장에서는 주로 스프링 시큐리티를 웹 애플리케이션에 적용하는 기본적인 방법만을 다룰 것입니다. 다른 기능에도 흥미가 있다면 스프링 시큐리티의 레퍼런스 매뉴얼을 참고합니다.

이번에는 스프링 시큐리티의 도입 방법을 알아봅시다. 여기서는 [그림 7-4]와 같이 간단한 페이지 이동 기능만 있는 웹 애플리케이션을 준비한 다음, 스프링 시큐리티를 도입해 인증 · 인가 기능을 추가해보겠습니다.

top.jsp(리스트 7-1), user.jsp(리스트 7-2), admin.jsp(리스트 7-3)의 소스 코드도 같이 확인하기 바랍니다.

그림 7-4 간단한 웹 애플리케이션(화면 흐름도)

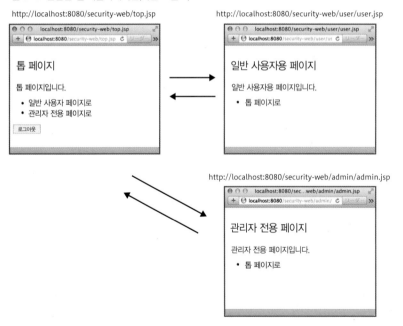

리스트 7-1 top 페이지(top.jsp)

```jsp
<%@ page contentType="text/html; charset=UTF-8" %>
<!DOCTYPE html>
<html>
<head>
  <meta charset="UTF-8">
</head>
<body>
<h1>톱 페이지</h1>
톱 페이지입니다.
<ul>
  <li><a href="user/user.jsp">일반 사용자용 페이지로</a></li>
  <li><a href="admin/admin.jsp">관리자 전용 페이지로</a></li>
</ul>
<form action="logout" method="post">
  <button>로그아웃</button>
</form>
</body>
</html>
```

리스트 7-2 일반 사용자용 페이지(user/user.jsp)

```jsp
<%@ page contentType="text/html; charset=UTF-8" %>
<!DOCTYPE html>
<html>
<head>
  <meta charset="UTF-8">
</head>
<body>
<h1>일반 사용자용 페이지</h1>
일반 사용자용 페이지입니다.<br>
<ul>
  <li><a href="../top.jsp">톱 페이지로</a></li>
</ul>
</body>
</html>
```

```jsp
<%@ page contentType="text/html; charset=UTF-8" %>
<!DOCTYPE html>
<html>
<head>
  <meta charset="UTF-8">
</head>
<body>
<h1>관리자 전용 페이지</h1>
관리자 전용 페이지입니다.<br>
<ul>
  <li><a href="../top.jsp">톱 페이지로</a></li>
</ul>
</body>
</html>
```

이 웹 애플리케이션은 오로지 jsp만으로 구축된, 화면 이동 기능만 있는 웹 애플리케이션입니다. 이렇게 스프링에 대한 의존이 없는 웹 애플리케이션에도 스프링 시큐리티를 도입할 수 있다는 점을 염두에 두고 적용 방법을 확인하기 바랍니다.

7.3.1 스프링 시큐리티의 설정 파일

먼저 DI 컨테이너를 설정합니다. 스프링 시큐리티의 핵심 오브젝트는 스프링의 다른 기능과 똑같이 DI 컨테이너에 설정해줍니다. Bean 정의 파일을 살펴봅시다.

리스트 7-4 스프링 시큐리티의 Bean 정의 파일(beans-security.xml)

```xml
<?xml version="1.0" encoding="UTF-8"?>
<beans:beans xmlns="http://www.springframework.org/schema/security"
    xmlns:xsi="http://www.w3.org/2001/XMLSchema-instance"
    xmlns:beans="http://www.springframework.org/schema/beans"
    xsi:schemaLocation="
        http://www.springframework.org/schema/beans
        http://www.springframework.org/schema/beans/spring-beans.xsd
        http://www.springframework.org/schema/security
        http://www.springframework.org/schema/security/spring-security.xsd">

    <http>
```

```
      <intercept-url pattern="/top.jsp" access="permitAll()"/>  ◀┈┈┈┈┈┈┈┈┈┈┈┈┈┈┈┈┈❶
      <intercept-url pattern="/admin/**" access="hasAuthority('ROLE_ADMIN')"/>  ◀┈┈┈❷
      <intercept-url pattern="/**" access="isAuthenticated()"/>  ◀┈┈┈┈┈┈┈┈┈┈┈┈┈┈❸
      <form-login default-target-url="/top.jsp"/>  ◀┈┈┈┈┈┈┈┈┈┈┈┈┈┈┈┈┈┈┈┈┈┈┈┈┈┈❹
      <logout logout-url="/logout" logout-success-url="/top.jsp"/>  ◀┈┈┈┈┈┈┈┈┈┈┈❺
      <csrf disabled="true"/>  ◀┈┈┈┈┈┈┈┈┈┈┈┈┈┈┈┈┈┈┈┈┈┈┈┈┈┈┈┈┈┈┈┈┈┈┈┈┈┈┈┈┈┈┈❻
   </http>

   <authentication-manager>
     <authentication-provider>
       <user-service>
         <user name="user" password="userpassword" authorities="ROLE_USER"/>
         <user name="admin" password="adminpassword" authorities="ROLE_ADMIN"/>  ┈┈❼
       </user-service>
     </authentication-provider>
   </authentication-manager>
</beans:beans>
```

태그에 대한 상세한 설명은 나중으로 미루고, 이 설정 파일에서 정의하는 내용을 간단하게 설명하면 다음과 같습니다.

- /top.jsp는 로그인하지 않는 사용자도 액세스 가능(리스트 7-4 ❶)
- /admin 이하는 ROLE_ADMIN에 설정된 사용자로 로그인한 경우만 액세스 가능(리스트 7-4 ❷)
- 상기 이외의 경로는 인증된 사용자인 경우만 액세스 가능(리스트 7-4 ❸)
- 인증 방식에는 폼 로그인 방식(화면상에 사용자명, 패스워드를 입력하는 방식) 채용(리스트 7-4 ❹)
- 로그아웃 기능이 있으며 로그아웃 URL은 /logout이라고 하고, 로그아웃 후에는 /top.jsp로 이동(리스트 7-4 ❺)
- CSRF 대책 기능(7.8.1절 참고)은 사용하지 않음(리스트 7-4 ❻).
- 다음 사용자를 만들어, 메모리상에서 관리함(리스트 7-4 ❼).
    - 사용자명: user, 패스워드: userpassword, ROLE: ROLE_USER
    - 사용자명: admin, 패스워드: adminpassword, ROLE: ROLE_ADMIN

반드시 앞에 첨부한 샘플 애플리케이션의 화면 흐름도를 확인하면서 어떻게 설정됐는지 확인해야 합니다. 그리고 한 가지 더, JavaConfig를 사용한 설정 방법도 알아봅시다(리스트 7-5).

```java
package sample.security.config;

import org.springframework.context.annotation.Bean;
import org.springframework.security.authentication.AuthenticationManager;
import org.springframework.security.config.annotation.authentication.builders.
AuthenticationManagerBuilder;
import org.springframework.security.config.annotation.web.builders.HttpSecurity;
import org.springframework.security.config.annotation.web.configuration.
EnableWebSecurity;
import org.springframework.security.config.annotation.web.configuration.
WebSecurityConfigurerAdapter;

@EnableWebSecurity
public class SecurityConfig extends WebSecurityConfigurerAdapter {

    @Override
    protected void configure(HttpSecurity http) throws Exception {
        http
            .authorizeRequests()
                .antMatchers("/top.jsp").permitAll()          ◄------------------❶
                .antMatchers("/admin/**").hasAuthority("ROLE_ADMIN")  ◄----------❷
                .anyRequest().authenticated()                 ◄------------------❸
                .and()
            .formLogin()                                      --------------┐
                .defaultSuccessUrl("/top.jsp")                --------------┼--❹
                .and()
            .logout()                                         --------------┐
                .logoutUrl("/logout")                                       ┼--❺
                .logoutSuccessUrl("/top.jsp")                 --------------┘
                .and()
            .csrf()                                           --------------┐
                .disable();                                   --------------┴--❻
    }

    @Override                                                 ----------------┐
    protected void configure(AuthenticationManagerBuilder auth)              │
        throws Exception {                                                   │
        auth.inMemoryAuthentication()                         ----------------┼--❼
            .withUser("user").password("userpassword").authorities("ROLE_USER").and()
            .withUser("admin").password("adminpassword").authorities("ROLE_ADMIN");
    }                                                         ----------------┘
}
```

[리스트 7-4]의 설정을 JavaConfig로 바꾼 것이므로, 이 내용도 확인해두기 바랍니다. ❶~❼의 설정도 [리스트 7-4]와 완전히 동일합니다.

7.3.2 웹 애플리케이션에의 적용

이제, 스프링 시큐리티를 웹 애플리케이션에 적용해봅시다. 스프링 시큐리티는 다음 두 가지 방법으로 적용할 수 있습니다.

- web.xml에서 설정
- SecurityWebApplicationInitializer 클래스로 설정

web.xml에서 적용하는 방법

web.xml에서 적용할 때 필요한 설정은 크게 두 가지입니다.

- DI 컨테이너를 웹 애플리케이션에 배치하는 설정
- 스프링 시큐리티용 필터의 설정

일단, Bean 설정 파일(리스트 7-4)을 이용한 web.xml의 설정을 [리스트 7-6]에서 확인할 수 있습니다.

리스트 7-6 Bean 정의 파일을 사용한 web.xml의 정의(web.xml)

```
<web-app xmlns="http://xmlns.jcp.org/xml/ns/javaee"
         xmlns:xsi="http://www.w3.org/2001/XMLSchema-instance"
         xsi:schemaLocation="
            http://xmlns.jcp.org/xml/ns/javaee
            http://xmlns.jcp.org/xml/ns/javaee/web-app_3_1.xsd"
         version="3.1">
  <context-param>
    <param-name>contextConfigLocation</param-name>
    <param-value>classpath:/META-INF/spring/beans-security.xml</param-value>
  </context-param>
  <listener>
    <listener-class>
      org.springframework.web.context.ContextLoaderListener
    </listener-class>
  </listener>                                                              ❶
```

```
    <filter>
        <filter-name>springSecurityFilterChain</filter-name>
        <filter-class>org.springframework.web.filter.DelegatingFilterProxy
        </filter-class>
    </filter>                                                                      ❷
    <filter-mapping>
        <filter-name>springSecurityFilterChain</filter-name>
        <url-pattern>/*</url-pattern>
    </filter-mapping>
</web-app>
```

[리스트 7-6 ❶]의 설정은 [리스트 7-4]의 Bean 정의 파일을 사용해 DI 컨테이너를 작성하기 위한 설정입니다. 제3장에서 한 번 설명했던 내용이므로 확실하게 복습합니다. 만약 스프링 기반의 웹 애플리케이션을 개발하는 중이라서 Bean 설정 파일이 더 있을 경우에는 기존의 contextConfigLocation 설정에 beans-security.xml의 경로를 추가합니다.

다음으로 [리스트 7-6 ❷]는 스프링 시큐리티용의 Filter 설정입니다. Bean 설정 파일에 http 태그를 정의해주면 내부적으로는 자동으로 스프링 시큐리티용의 Filter(Servlet API에 준거한 Filter)가 DI 컨테이너 안에 springSecurityFilterChain이라는 이름으로 작성됩니다. [리스트 7-6 ❷]의 설정은 DI 컨테이너 내에 작성된 Filter를 웹 애플리케이션에 적용하기 위한 설정입니다. 첫 번째 포인트는 Filter의 이름을 springSecurityFilterChain이라고 하는 것입니다. 이름은 DI 컨테이너에 작성되는 Filter와 동일해야 하므로 정확히 설정해야 합니다.

두 번째 포인트는 filter-mapping의 정의를 웹 애플리케이션 전체에 설정하는 것입니다. 이렇게 함으로써 웹 애플리케이션에서 관리하고 있는 콘텐츠 전체에 스프링 시큐리티를 적용할 수 있습니다. 참고 목적으로 JavaConfig 형식의 정의 파일을 사용한 web.xml의 정의 방법도 게재해두었으므로 [리스트 7-6]과 비교해보기 바랍니다(리스트 7-7).

리스트 7-7 JavaConfig를 사용한 web.xml의 정의(web.xml)

```
<web-app xmlns="http://xmlns.jcp.org/xml/ns/javaee"
        xmlns:xsi="http://www.w3.org/2001/XMLSchema-instance"
        xsi:schemaLocation="
            http://xmlns.jcp.org/xml/ns/javaee
            http://xmlns.jcp.org/xml/ns/javaee/web-app_3_1.xsd"
        version="3.1">
    <context-param>
```

```
      <param-name>contextClass</param-name>
      <param-value>org.springframework.web.context.support.AnnotationConfigWebApplicat
  ionContext</param-value>
    </context-param>
    <context-param>
      <param-name>contextConfigLocation</param-name>
      <param-value>sample.security.config.SecurityConfig</param-value>
    </context-param>
    <listener>
      <listener-class>
        org.springframework.web.context.ContextLoaderListener
      </listener-class>
    </listener>
    <filter>
      <filter-name>springSecurityFilterChain</filter-name>
      <filter-class>org.springframework.web.filter.DelegatingFilterProxy</filter-class>
    </filter>
    <filter-mapping>
      <filter-name>springSecurityFilterChain</filter-name>
      <url-pattern>/*</url-pattern>
    </filter-mapping>
  </web-app>
```

SecurityWebApplicationInitializer로 설정하는 방법

다음으로 SecurityWebApplicationInitializer로 설정하는 방법도 살펴봅시다. 간단히 말해, 애플리케이션 자체의 SecurityWebApplicationInitializer 클래스를 작성해서 클래스 패스에 배치하는 것만으로도 web.xml을 사용하지 않고 스프링 시큐리티용 Filter를 설정할 수 있습니다.

이번에는 JavaConfig를 지정하는 방법을 먼저 알아봅니다(리스트 7-8).

리스트 7-8 JavaConfig를 사용한 SecurityWebApplicationInitializer의 정의
(SecurityWebApplicationInitializer.java)

```
package sample.security.config;

import org.springframework.security.web.context.AbstractSecurityWebApplicationIniti
alizer;
```

```
public class SecurityWebApplicationInitializer
  extends AbstractSecurityWebApplicationInitializer {  ◀┈┈┈┈┈┈┈┈┈┈┈┈┈┈┈┈┈┈❶

  public SecurityWebApplicationInitializer() {
    super(SecurityConfig.class);  ◀┈┈┈┈┈┈┈┈┈┈┈┈┈┈┈┈┈┈┈┈┈┈┈┈┈┈┈┈┈❷
  }
}
```

AbstractSecurityWebApplicationInitializer 클래스를 상속한 클래스를 작성한 다음(리스트 7-8 ❶), Constructor에서 부모 클래스의 Constructor를 실행해 JavaConfig 클래스를 지정해줍니다(리스트 7-8 ❷). 물론 다음과 같이 JavaConfig 클래스를 여러 개 지정할 수도 있습니다.

```
super(SecurityConfig1.class, SecurityConfig2.class, ...);
```

다음은 Bean 정의 파일로 지정하는 방법입니다(리스트 7-9).

리스트 7-9 Bean 정의 파일을 사용한 SecurityWebApplicationInitializer의 정의
　　　　　　(SecurityWebApplicationInitializer.java)

```
package sample.security.config;

import org.springframework.context.annotation.Configuration;
import org.springframework.context.annotation.ImportResource;
import org.springframework.security.web.context.AbstractSecurityWebApplicationIniti
alizer;

public class SecurityWebApplicationInitializer
  extends AbstractSecurityWebApplicationInitializer {

  public SecurityWebApplicationInitializer() {
    super(ImportResourceConfig.class);  ◀┈┈┈┈┈┈┈┈┈┈┈┈┈┈┈┈┈┈┈┈┈┈┈❷
  }

  @Configuration ┈┈┈┈┈┈┈┈┈┈┈┈┈┈┈┈┈┈┈┈┈┈┈┈┈┈┈┈┈┈┈┈┈┈┈┈┈┈┈┈┈┈┈┈┈┈┐
  @ImportResource("classpath:/META-INF/spring/beans-security.xml")  ┊
  public static class ImportResourceConfig {                        ┊┈❶
  } ┈┈┈┈┈┈┈┈┈┈┈┈┈┈┈┈┈┈┈┈┈┈┈┈┈┈┈┈┈┈┈┈┈┈┈┈┈┈┈┈┈┈┈┈┈┈┈┈┈┈┈┈┈┈┈┈┈┘
}
```

유감스럽지만, AbstractSecurityWebApplicationInitializer는 JavaConfig 외에는 지원하지 않으므로 Bean 설정 파일을 읽어 들이는 JavaConfig를 작성한 다음(리스트 7-9 ❶), Constructor에서 지정합니다(리스트 7-9 ❷).

7.3.3 동작 확인

대강 스프링 시큐리티의 적용이 끝났으므로 실제로 샘플 웹 애플리케이션을 작동해봅니다. 먼저 top 페이지(/top.jsp)는 로그인하지 않아도 실행할 수 있습니다. 다음으로 일반 사용자용 페이지(/user/user.jsp)에 접속해봅시다.

일반 사용자용 페이지는 인증이 필요한 페이지(isAuthenticated()가 설정됨)기 때문에, [그림 7-5]와 같은 로그인 화면이 표시됩니다[1].

그림 7-5 로그인 화면

이제 [리스트 7-4 ❼], [리스트 7-5 ❼]에서 설정했던 사용자로 동작을 확인봅니다. 먼저 admin 사용자(관리자)로 로그인한 경우 3개의 화면이 모두 표시될 것입니다. top 페이지에서 로그아웃을 실행한 후 user 사용자로 로그인하면 top 페이지와 일반 사용자용 페이지는 표시되지만, 관리자 전용 페이지를 표시하려고 하면 [그림 7-6]과 같은 에러 페이지가 나타납니다.

---

1 이 페이지는 스프링 시큐리티가 자동 생성해주는 페이지 화면입니다.

그림 7-6 액세스 거부의 에러 화면

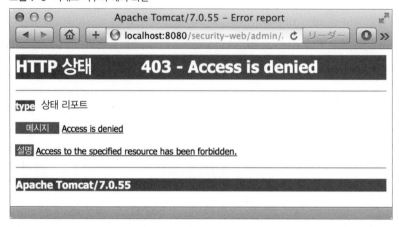

이로써 스프링 시큐리티의 도입이 완료됐습니다. 이제부터는 스프링 시큐리티가 가진 기능을 순서대로 살펴봅니다.

7.4 스프링 시큐리티의 기본 구조

우선 스프링 시큐리티를 사용한 인증 · 인가 처리의 중심이 되는 코어 컴포넌트를 알아봅시다. [그림 7-7]은 인증 · 인가의 중심이 되는 컴포넌트를 나타낸 것입니다.

7.4.1 SecurityContext, Authentication, GrantedAuthority

SecurityContext는 인증 · 인가 정보를 관리하는 오브젝트입니다. 스프링 시큐리티를 도입한 웹 애플리케이션에서의 SecurityContext 오브젝트는 ThreadLocal에 저장됩니다[2]. 그러므로 일단 인증 처리가 끝났다면 인증 처리를 실행한 Thread는 자유롭게 SecurityContext 오브젝트를 취득할 수 있습니다[3]. 또한, SecurityContext 오브젝트는 Authentication 오브젝트를 보유하고 있습니다.

---

2 정확하게는 SecurityContext 오브젝트를 관리하는 것은 SecurityContextHolder입니다. SecurityContextHolder 클래스는 디폴트로 SecurityContext 오브젝트를 ThreadLocal에서 관리합니다.

3 스프링 시큐리티는 스레드 사이에서 인증 정보를 공유하는 방식도 제공합니다. 상세한 내용은 스프링 시큐리티의 레퍼런스 매뉴얼을 참고합니다.

그림 7-7 스프링 시큐리티의 코어

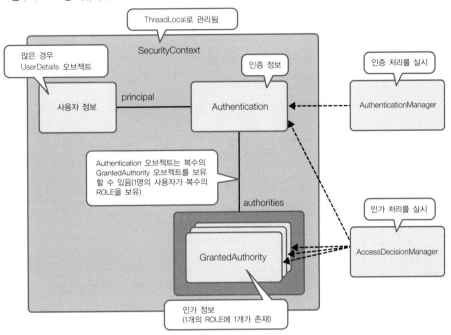

Authentication 오브젝트는 인증 정보를 나타내는 오브젝트로서 인증된 사용자의 정보를 소유합니다. 사용자명(name: String 형)과 패스워드(credentials: Object 형)를 프로퍼티로 가지며, 이는 자바 표준인 JAAS의 Principal에 해당합니다[4]. GrantedAuthority 오브젝트는 인가 정보를 나타내는 오브젝트로서 하나의 ROLE은 하나의 GrantedAuthority 오브젝트에 해당합니다.

예를 들어 chulsu 사용자가 admin 롤과 sales 롤을 보유하고 있는 경우, chulsu 사용자를 나타내는 Authentication 오브젝트는 admin 롤을 나타내는 GrantedAuthority 오브젝트와 sales 롤을 나타내는 GrantedAuthority 오브젝트, 이렇게 2개를 보유합니다(그림 7-8).

또한, Authentication 오브젝트에 getPrincipal 메서드를 정의했으며, getPrincipal 메서드를 실행하면 인증된 사용자에 관한 상세 정보를 취득할 수 있습니다.

---

4 사실, Authentication 인터페이스는 Principal 인터페이스를 상속하고 있습니다.

그림 7-8 Authentication 오브젝트와 GrantedAuthority 오브젝트

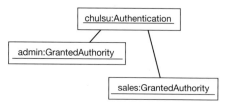

예외도 있지만, 대부분의 경우 getPrincipal 메서드의 리턴값은 UserDetails 오브젝트인데, 사용자명(username: String 형)과 패스워드(password: String 형), 그리고 해당 사용자가 유효한지 아닌지(enabled: boolean 형)를 취득할 수 있습니다. 또한, 앞으로 설명할 User DetailsService를 확장함으로써 독자적인 UserDetails 오브젝트를 사용할 수도 있습니다.

7.4.2 AuthenticationManager와 AccessDecisionManager

AuthenticationManager 오브젝트는 인증 처리를 실시하는 오브젝트로서, [리스트 7-4 ❼], [리스트 7-5 ❼]에서 정의했던 오브젝트에 해당합니다. AuthenticationManager 인터페이스에는 authenticate 메서드만 정의됐는데, 이 메서드에 인증에 필요한 정보를 제출함으로써 인증 처리가 실행됩니다. 인증에 실패한 경우에는 AuthenticationException이 발생합니다.

AccessDecisionManager는 인가 처리를 실시하는 오브젝트인데, [리스트 7-4]의 http 태그와 [리스트 7-5]의 HttpSecurity를 인수로 사용하는 configure 메서드에서 설정해줌으로써 생성됩니다.

인증된 사용자를 대상으로 정의된 인가 정보를 바탕으로 액세스 제어를 수행하는 것이 AccessDecisionManager의 역할입니다. 하지만 애플리케이션 개발자는 AccessDecision Manager를 직접 사용할 기회가 거의 없습니다. 내부적으로 이러한 오브젝트가 존재한다는 것 정도만 알아두면 괜찮다고 생각합니다.

7.5 웹 애플리케이션과 인증

스프링 시큐리티의 기본 구조는 파악했으므로, 웹 애플리케이션에 대한 인증 설정을 살펴봅니다. 앞서 설명한 것과 같이, 인증 처리를 실행하는 것은 AuthenticationManager 오브젝트이므로, 주된 인증의 설정은 [리스트 7-4 ❻]과 같이 authentication-manager 태그에서 행한다는 점을 유의해야 합니다.

7.5.1 AuthenticationManager의 기본 구조

AuthenticationManager를 구성하는 주된 클래스 및 인터페이스를 [그림 7-9]에서 확인할 수 있습니다.

그림 7-9 AuthenticationManager를 구성하는 주된 클래스 및 인터페이스

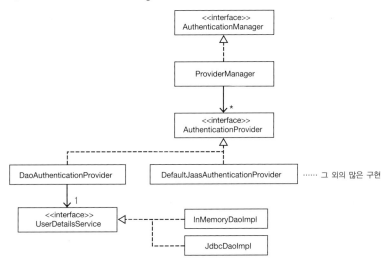

AuthenticationManager의 구현 클래스는 ProviderManager며 ProviderManager가 보유하는 AuthenticationProvider는 실제로 설정 파일이나 데이터베이스, LDAP 등에 보관된 정보를 이용해 인증을 실시하는 오브젝트입니다. ProviderManager는 다수의 AuthenticationProvider 오브젝트를 가질 수 있는데, 이 경우 ProviderManager는 첫 번째 AuthenticationProvider로부터 순서대로 인증 처리를 의뢰하고, 인증 처리가 성공한 경우는

인증 성공으로 간주합니다. 마지막까지 인증이 성공하지 않은 경우는 인증 실패로 간주합니다. 예를 들어 복수의 로케이션에 인증 정보를 분산시켜 보관하고 있는 경우, 각각의 로케이션에 액세스하는 AuthenticationProvider 오브젝트를 만들어두면 처리가 가능합니다.

AuthenticationProvider 인터페이스의 구현 클래스에는 UserDetailsService를 사용해서 인증 처리를 하는 DaoAuthenticationProvider와 JAAS를 사용한 인증 처리를 하는 DefaultJaasAuthenticationProvider 등 많은 클래스가 존재합니다. 이 중에서 Dao AuthenticationProvider는 UserDetailsService(사용자명을 인수로 UserDetails 오브젝트를 취득하는 메서드를 가진 인터페이스)를 사용해 인증 처리를 하는 클래스입니다.

UserDetailsService 인터페이스의 구현 클래스에는 메모리상에서 인증 정보를 관리하는 InMemoryDaoImpl 클래스와 데이터베이스 인증 정보에 액세스하는 JdbcDaoImpl 클래스 등이 있습니다. 여기서는 DaoAuthenticationProvider의 주된 사용법을 순서대로 살펴봅니다.

7.5.2 메모리에서 인증 정보를 관리

먼저 메모리에서 인증 정보를 관리하는 방법을 알아봅니다. 이 방법은 스프링의 설정 파일에 인증 정보를 정의한 다음, 웹 애플리케이션을 기동할 때마다 메모리로 읽어 들입니다. 우선 Bean 설정 파일 방식부터 살펴봅시다.

리스트 7-10 메모리에서 인증 정보를 관리하는 설정(Bean 정의 파일)

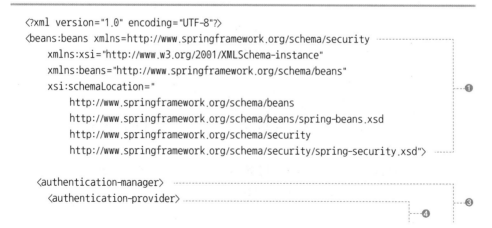

```
<?xml version="1.0" encoding="UTF-8"?>
<beans:beans xmlns=http://www.springframework.org/schema/security
    xmlns:xsi="http://www.w3.org/2001/XMLSchema-instance"
    xmlns:beans="http://www.springframework.org/schema/beans"
    xsi:schemaLocation="                                             ❶
        http://www.springframework.org/schema/beans
        http://www.springframework.org/schema/beans/spring-beans.xsd
        http://www.springframework.org/schema/security
        http://www.springframework.org/schema/security/spring-security.xsd">

    <authentication-manager>                                         ❸
        <authentication-provider>                                    ❹
```

```
    <user-service>
      <user name="user" password="userpassword" authorities="ROLE_USER"/>      ⑤
      <user name="admin" password="adminpassword" authorities="ROLE_ADMIN"/>
    </user-service>
  </authentication-provider>
  </authentication-manager>

</beans:beans>    ◀                                                              ❷
```

[리스트 7-10]은 [리스트 7-4]에서 AuthenticationManager의 설정을 발췌한 것입니다. 먼저 루트 태그를 봅시다(리스트 7-10 ❶, ❷).

보통은 beans로 시작하지만, 여기에서는 beans:beans로 시작하고 있습니다. 이것은 [리스트 7-10 ❶]의 첫머리에 default namespace를 Spring Bean의 XML 스키마가 아닌, 스프링 시큐리티의 XML 스키마로 지정하고 있기 때문입니다. 스프링 시큐리티의 Bean 설정 파일에서는 스프링 시큐리티의 XML 스키마를 많이 사용하기 때문에, 스프링 시큐리티의 XML 스키마를 디폴트로 지정해놓으면 편하게 설정할 수 있습니다.

[리스트 7-10 ❸]은 AuthenticationManager의 설정입니다. authentication-manager 태그로 AuthenticationManager 오브젝트가 생성되며, 이 안에 authentication-provider 태그를 정의해주면(리스트 7-10 ❹), DaoAuthenticationProvider 오브젝트가 생성됩니다.

[리스트 7-10 ❺]의 user-service 태그는 InMemoryDaoImpl을 생성하는 설정입니다.

InMemoryDaoImpl은 이름 그대로 메모리에 사용자 정보를 보관하는 UserDetailsService입니다. user 태그에서 정의한 사용자 정보는 인증 정보로서 저장됩니다. 또한, authorities 속성은 여러 개의 ROLE을 콤마로 구분해서 정의해줄 수 있습니다.

```
<user name="multi-role-user" password="xxx"
   authorities="ROLE_A, ROLE_B, ROLE_C, ROLE_D" />
```

이렇게 정의해주면 로그인한 사용자는 multi-role-user로서 ROLE_A~ROLE_D까지 4개의 ROLE이 설정됩니다.

이어서 JavaConfig로 동일하게 설정해봅니다.

```
package sample.security.config;

import org.springframework.security.config.annotation.authentication.builders.
AuthenticationManagerBuilder;
import org.springframework.security.config.annotation.web.configuration.
EnableWebSecurity;
import org.springframework.security.config.annotation.web.configuration.
WebSecurityConfigurerAdapter;

@EnableWebSecurity  ◄-------------------------------------------------❶
public class SecurityConfig extends WebSecurityConfigurerAdapter {  ◄----------❷

  @Override
  protected void configure(AuthenticationManagerBuilder auth)
    throws Exception {
    auth.inMemoryAuthentication()  ◄----------------------------❹----❸
      .withUser("user").password("userpassword").authorities("ROLE_USER").and()
      .withUser("admin").password("adminpassword").authorities("ROLE_ADMIN");  ❺
  }
}
```

스프링 시큐리티의 JavaConfig는 WebSecurityConfigurerAdapter 클래스를 상속해 작성
하는데, 동시에 @EnableWebSecurity 어노테이션도 같이 설정해줍니다. 이름에서 알 수 있
듯이, 이것들은 웹 애플리케이션에 인증·인가를 설정하기 위한 어노테이션과 추상 클래스입
니다.

[리스트 7-11 ❸]은 AuthenticationManager를 설정하는 부분입니다. Configure 메서드를
오버라이드해, 인수인 AuthenticationManagerBuilder에 각종 설정을 해줍니다. 예제는 메
모리상에서 인증 정보를 관리하는 방식이므로 inMemoryAuthentication 메서드를 실행한
후(리스트 7-11 ❹), 사용자명, 패스워드, ROLE을 설정합니다(리스트 7-11 ❺). 각 사용자
의 설정마다 and 메서드를 호출해 구분하는 점에 주의해야 합니다.

포인트는 ROLE의 설정 방법이라고 할 수 있는데, ROLE은 authorities 메서드를 사용해 설
정할 수 있습니다. 가변 인수도 사용할 수 있으므로 다음과 같이 복수 지정도 가능합니다.

```
withUser("xxx").password("xxxpassword")
  .authorities("ROLE_A", "ROLE_B", "ROLE_C", ...)
```

또한, ROLE의 설정은 다음과 같이 roles 메서드로 지정할 수도 있습니다.

```
.withUser("xxx").password("xxxpassword")
  .roles("A", "B", "C", ...)
```

roles 메서드와 authorites 메서드의 차이점은 roles 메서드가 ROLE 명에 자동으로 ROLE_를 추가해준다는 점입니다. 그러므로 웹 애플리케이션에서 ROLE 명의 prefix에 ROLE_를 지정하고 있다면 roles 메서드를 사용하면 좋습니다.

7.5.3 데이터베이스에서 인증 정보를 관리

다음은 데이터베이스에 등록된 인증 정보를 사용하는 방법을 알아봅시다. 항상 고정된 사용자로 액세스하는 웹 애플리케이션이라면 **7.5.2 메모리에서 인증 정보를 관리**와 같이 스프링 설정 파일에 사용자를 등록하면 문제가 없지만, 보통 업무 시스템에서는 사용자 정보를 데이터베이스에 보관합니다. 스프링 시큐리티에서는 어떤 구조의 테이블이라도 대처할 수 있도록 인증 정보와 인가 정보를 취득하기 위한 SQL을 정의하는 형태로 설정할 수 있습니다.

샘플 인증·인가 테이블

설명을 위해 [그림 7-10]의 테이블 구조를 전제로 설정할 것입니다. 데이터는 [그림 7-11]을 참고합니다.

그림 7-10 인증 · 인가 테이블

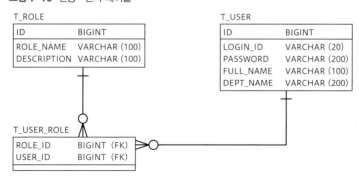

그림 7-11 인증 · 인가 테이블 데이터

T_USER

ID	LOGIN_ID	PASSWORD	FULL_NAME	DEPT_NAME
1	user	userpassword	이철수	개발부
2	admin	adminpassword	김영희	관리부

T_ROLE

ID	ROLE_NAME	DESCRIPTION
1	ROLE_USER	일반 사용자
2	ROLE_ADMIN	관리자

T_USER_ROLE

USER_ID	ROLE_ID
1	1
2	2

T_USER 테이블의 FULL_NAME(사용자명)과 DEPT_NAME(부서명)은 인증 · 인가 처리
와는 관계 없는 칼럼이지만, 나중에 확장된 UserDetails 오브젝트를 사용해서 추가적인 개인
정보로 보관하는 방법을 설명하기 위해 추가했습니다.

스프링 설정 파일의 정의

그러면 데이터베이스로부터 인증 · 인가 정보를 취득하도록 스프링 설정 파일을 설정해봅시다.
다음의 Bean 정의 파일을 확인합니다(리스트 7-12).

리스트 7-12 데이터베이스에서 인증 정보를 관리하는 설정(Bean 정의 파일)

```xml
<?xml version="1.0" encoding="UTF-8"?>
<beans:beans xmlns="http://www.springframework.org/schema/security"
    xmlns:xsi="http://www.w3.org/2001/XMLSchema-instance"
    xmlns:beans="http://www.springframework.org/schema/beans"
    xsi:schemaLocation="
        http://www.springframework.org/schema/beans
        http://www.springframework.org/schema/beans/spring-beans.xsd
        http://www.springframework.org/schema/security
        http://www.springframework.org/schema/security/spring-security.xsd">

    <authentication-manager>
      <authentication-provider>
        <jdbc-user-service
            data-source-ref="authDataSource"                          ❷
            users-by-username-query                                    ❶
              ="select LOGIN_ID, PASSWORD, true
```

```
                from T_USER
                where LOGIN_ID = ?"   ◄ ─────────────────────────────── ❸
          authorities-by-username-query ┄┄┄┄┄┄┄┄┄┄┄┄┄┄┄┄┄┄┄┄┄┐
            ="select LOGIN_ID, ROLE_NAME                      ┆
                from T_ROLE                                   ┆  ❹
                   inner join T_USER_ROLE on T_ROLE.ID = T_USER_ROLE.ROLE_ID  ┆
                   inner join T_USER on T_USER_ROLE.USER_ID = T_USER.ID       ┆
                where LOGIN_ID = ?" />  ┄┄┄┄┄┄┄┄┄┄┄┄┄┄┄┄┄┄┄┄┄┘
      </authentication-provider>
    </authentication-manager>

  </beans:beans>
```

먼저 authentication-provider 태그 안에 jdbc-user-service 태그를 정의합니다(리스트 7-12 ❶). 이 설정으로 데이터베이스에서 인증 정보를 읽어 들이는 JdbcDaoImpl 클래스 오브젝트가 생성됩니다. jdbc-user-service 태그의 data-source-ref 속성에는 인증·인가 정보를 저장하는 테이블에 연결하기 위한 DataSource 오브젝트의 Bean ID를 정의합니다(리스트 7-12 ❷). 그 후에는 인증·인가 정보를 취득하기 위한 SQL을 정의해주기만 하면 됩니다.

각각의 스프링 시큐리티 사양에 따라 다음과 같이 지정합니다.

- **인증 정보 취득 SQL(user-by-username-query 속성)(리스트 7-12 ❸)**
  - 지정된 사용자의 인증 정보를 취득하는 SQL을 정의
  - SELECE 구에는 다음 내용을 지정
    - 로그인 ID
    - 패스워드
    - 사용자가 유효인가, 무효인가[5]
  - 로그인 ID가 설정된 입력 파라미터를 1개 설정

- **인가 정보 취득 SQL(authorities-by-username-query 속성)(리스트 7-12 ❹)**
  - 지정한 사용자의 인가 정보를 취득하는 SQL을 정의
  - SELECT 구에는 다음 내용을 지정
    - 로그인 ID

---

5 ResultSet의 getBoolean 메서드를 사용해 값을 취득하므로, Boolean 형을 지원하는 데이터베이스라면 true나 false, 지원하지 않는다면 문자열이나 숫자 '1'을 돌려주면 됩니다.

- ROLE명

– 로그인 ID가 설정된 입력 파라미터를 1개 설정

이렇게 설정을 추가한다면 스프링 시큐리티는 적절한 타이밍에 SQL을 실행해 Authentication 오브젝트를 작성해줍니다.

그럼 이제 JavaConfig로 설정할 경우도 확인해봅시다(리스트 7–13).

리스트 7-13 데이터베이스에서 인증 정보를 관리하는 설정(JavaConfig.java)

```java
package sample.security.config;

import javax.sql.DataSource;

import org.springframework.beans.factory.annotation.Autowired;
import org.springframework.beans.factory.annotation.Qualifier;
import org.springframework.security.config.annotation.authentication.builders.
AuthenticationManagerBuilder;
import org.springframework.security.config.annotation.web.configuration.
EnableWebSecurity;
import org.springframework.security.config.annotation.web.configuration.
WebSecurityConfigurerAdapter;

@EnableWebSecurity
public class SecurityConfig extends WebSecurityConfigurerAdapter {

    @Autowired
    @Qualifier("authDataSource")                                          ──❶
    private DataSource dataSource;

    private static final String USER_QUERY
      = "select LOGIN_ID, PASSWORD, true "
      + "from T_USER "
      + "where LOGIN_ID = ?";

    private static final String ROLES_QUERY
      = "select LOGIN_ID, ROLE_NAME "
 + "from T_ROLE "
      + "inner join T_USER_ROLE on T_ROLE.ID = T_USER_ROLE.ROLE_ID "
      + "inner join T_USER on T_USER_ROLE.USER_ID = T_USER.ID "
      + "where LOGIN_ID = ?";
```

```
    @Override
    protected void configure(AuthenticationManagerBuilder auth)
      throws Exception {
      auth.jdbcAuthentication()  ◄┈┈┈┈┈┈┈┈┈┈┈┈┈┈┈┈┈┈┈┈┈┈┈┈┈┈┈┈┈┈┈┈ ❷
          .dataSource(dataSource)  ◄┈┈┈┈┈┈┈┈┈┈┈┈┈┈┈┈┈┈┈┈┈┈┈┈┈┈┈┈┈ ❸
          .usersByUsernameQuery(USER_QUERY)  ◄┈┈┈┈┈┈┈┈┈┈┈┈┈┈┈┈┈┈┈ ❹
          .authoritiesByUsernameQuery(ROLES_QUERY);  ◄┈┈┈┈┈┈┈┈┈┈┈ ❺
    }
  }
```

먼저, 인증·인가 정보가 있는 테이블에 연결하기 위해 DataSource 오브젝트를 @Autowired 로 인젝션하도록 설정해야 합니다(리스트 7-13 ❶). 다음으로 AuthenticationManager Builder의 jdbcAuthentication 메서드를 실행해(리스트 7-13 ❶) 데이터베이스에서 정보 를 취득하기 위한 설정을 해줍니다. [리스트 7-13 ❸]이 DataSource의 설정, [리스트 7-13 ❹]가 인증 정보 취득 SQL의 설정, [리스트 7-13 ❺]가 인가 정보 취득 SQL의 설정입니다. [리 스트 7-12]와 비교해봅니다.

> **NOTE_ ROLE Prefix의 지정**
>
> **7.5.2 메모리에서 인증 정보를 관리**에서 JavaConfig로 ROLE 설정을 해줄 경우에는, roles 메서드를 사용 하면 자동으로 ROLE_를 추가해줄 수 있다고 설명했습니다.
>
> 데이터베이스에서 인증을 관리하는 방식도 동일하게 설정할 수 있습니다. 데이터베이스의 ROLE 명은 ROLE_를 제외한 형태로 정의해놓고, 스프링 설정 파일에서 prefix를 지정해줄 수 있습니다. Bean 설정 파일의 경우, 다음과 같이 jdbc-user-service 태그의 role-prefix 속성에 지정합니다.
>
> ```
> <jdbc-user-service role-prefix="ROLE_" ...
> ```
>
> JavaConfig인 경우는 jdbcAuthentication 메서드 호출 후, rolePrefix 메서드를 실행합니다.
>
> ```
> auth.jdbcAuthentication().rolePrefix("ROLE_"). ...
> ```

(응용편) Custom UserDetails 정의 및 JdbcDaoImpl 확장

7.4.1 SecurityContext, Authentication, GrantedAuthority에서 기술한 바와 같이 스프링 시큐리티를 사용해 인증 처리를 하면 그 사용자 정보는 Authentication 오브젝트를 통해 취득할 수 있습니다. 사용자의 상세 정보는 UserDetails 오브젝트에 저장되며, Authentication 오브젝트의 getPrincipal 메서드로 UserDetails 오브젝트를 취득해 필요한 정보를 가져옵니다.

UserDetails는 최소한의 인증 정보밖에 가지고 있지 않지만, 애플리케이션에 따라서는 User Details에 고유 정보(사용자명, 소속 부서 코드 등)를 담고 싶은 경우도 있을 것입니다. 그런 경우에는 UserDetails를 사용해서 확장 클래스를 만듭니다. 예를 들면, 샘플의 T_USER 테이블에는 사용자명(FULL_NAME)과 부서명(DEPT_NAME)이 있으므로, 이 정보를 갖는 UserDetails 오브젝트를 작성할 수 있습니다(리스트 7-14).

리스트 7-14 UserDetails 오브젝트의 확장(SampleUser.java)

```java
package sample.security.authentication;

import java.util.Collection;

import org.springframework.security.core.GrantedAuthority;
import org.springframework.security.core.userdetails.User;

public class SampleUser extends User {

  private String fullName;

  private String deptName;

  public SampleUser(String username, String password,
    Collection<? extends GrantedAuthority> authorities) {
      super(username, password, authorities);
  }

    ...(Getter, Setter는 생략)...
  }
```

스프링 시큐리티에는 UserDetails 인터페이스의 구현인 User 클래스가 이미 있으므로,

User 클래스를 상속해 작성해주면 편리합니다. 물론, 직접 UserDetails 인터페이스를 구현해서 작성해도 괜찮습니다. 클래스를 작성했으면 추가하고 싶은 속성과 Getter/Setter를 정의해줍니다.

이제, 작성한 UserDetails에 대한 UserDetailsService를 작성합니다. JdbcDaoImpl 클래스를 상속한 클래스를 작성하고 데이터베이스에서 필요한 정보를 취득해, 그 정보로 Sample User 오브젝트를 생성하도록 작성합니다(리스트 7-15).

리스트 7-15 JdbcDaoImpl 클래스의 확장(SampleJdbcDaoImpl.java)

```java
package sample.security.authentication;

import java.sql.ResultSet;
import java.sql.SQLException;
import java.util.List;

import org.springframework.jdbc.core.RowMapper;
import org.springframework.security.core.GrantedAuthority;
import org.springframework.security.core.authority.AuthorityUtils;
import org.springframework.security.core.userdetails.UserDetails;
import org.springframework.security.core.userdetails.jdbc.JdbcDaoImpl;

public class SampleJdbcDaoImpl extends JdbcDaoImpl {

  @Override
  protected List<UserDetails> loadUsersByUsername(String username) {
    return getJdbcTemplate().query(getUsersByUsernameQuery(), new String[] {
      username },
      new RowMapper<UserDetails>() {
        public UserDetails mapRow(ResultSet rs, int rowNum)
          throws SQLException {
          String loginId = rs.getString("LOGIN_ID");
          String password = rs.getString("PASSWORD");
          String fullName = rs.getString("FULL_NAME");
          String deptName = rs.getString("DEPT_NAME");

          SampleUser user = new SampleUser(loginId, password,
          AuthorityUtils.NO_AUTHORITIES);

          user.setFullName(fullName);
          user.setDeptName(deptName);
```

```
        return user;
      }
    });
  }

  @Override
  protected UserDetails createUserDetails(
    String username, UserDetails userFromUserQuery,
    List<GrantedAuthority> combinedAuthorities) {
    SampleUser origin = (SampleUser) userFromUserQuery;
    String loginId = origin.getUsername();
    String password = origin.getPassword();
    String fullName = origin.getFullName();
    String deptName = origin.getDeptName();

    SampleUser user = new SampleUser(loginId, password, combinedAuthorities);
    user.setFullName(fullName);
    user.setDeptName(deptName);

    return user;
  }
}
```
⑤

데이터베이스에서 애플리케이션 고유의 정보를 취득할 수 있도록 loadUsersByUsername 메서드를 오버라이드합니다(리스트 7-15 ❶). 부모 클래스인 JdbcDaoImpl의 loadUsers ByUsername 메서드를 참고해서 작성하면 좋습니다. JdbcTemplate의 query 메서드에 사용할 첫 번째 인수로는 인증 정보 취득 SQL을 지정해줍니다(리스트 7-15 ❷). 이 SQL의 SELECT 구에 FULL_NAME과 DEPT_NAME을 지정해두면, [리스트 7-15 ❸]과 같이 취득할 수 있으므로, [리스트 7-14]에서 작성한 SampleUser 오브젝트를 생성해서 돌려주면 됩니다(리스트 7-15 ❹).

이렇게 애플리케이션 고유 정보를 가진 UserDetails 오브젝트가 생성됐지만, 아직 이것만으로는 충분하지 않습니다. 스프링 시큐리티는 loadUsersByUsername 메서드로 취득한 UserDetails 오브젝트와 인가 정보 취득 SQL의 실행 결과로 작성된 GrantedAuthority의 리스트를 createUserDetails 메서드에 제출해 최종적으로 UserDetails 오브젝트를 생성합니다.

createUserDetails에서는 UserDetails 오브젝트를 새롭게 생성하기 때문에 이 메서드까지 빠짐없이 오버라이드해서 SampleUser 오브젝트를 생성하고 돌려주도록 구현해야 합니다(리스트 7-15 ❺). 또한, 예시에서는 인증 정보 취득 SQL의 실행과 동시에 추가 정보를 취득해야 했기 때문에 loadUsersByUsername 메서드를 오버라이드했습니다.

만약 별도의 SQL로 추가 정보를 취득하는 경우나 데이터베이스 이외에 따로 관리하는 정보를 추가하고 싶다면, createUserDetails만 오버라이드해서 추가 정보의 취득 처리를 추가하면 됩니다.

이제 작성된 SampleJdbcDaoImpl을 UserDetailsService로서 스프링 설정 파일에 등록합니다(리스트 7-16).

리스트 7-16 SampleJdbcDaoImpl의 설정(Bean 정의 파일)

```
<beans:bean id="userService"
    class="sample.security.authentication.SampleJdbcDaoImpl">
  <beans:property name="dataSource" ref="authDataSource"/>  ◀------------ ❷
  <beans:property name="usersByUsernameQuery">
    <beans:value>
      select LOGIN_ID, PASSWORD, FULL_NAME, DEPT_NAME
      from T_USER
      where LOGIN_ID = ?
    </beans:value>
  </beans:property>
  <beans:property name="authoritiesByUsernameQuery">
    <beans:value>
      select LOGIN_ID, ROLE_NAME
      from T_ROLE
      inner join T_USER_ROLE on T_ROLE.ID = T_USER_ROLE.ROLE_ID
      inner join T_USER on T_USER_ROLE.USER_ID = T_USER.ID
      where LOGIN_ID = ?
    </beans:value>
  </beans:property>
</beans:bean>

<authentication-manager>
  <authentication-provider user-service-ref="userService">  ◀------------ ❺
  </authentication-provider>
</authentication-manager>
```

먼저, SampleJdbcDaoImpl 클래스를 Bean으로서 정의해줍니다(리스트 7-16 ❶). 프로퍼티는 jdbc-user-service 태그에서 정의했던 것과 같이, DataSource(리스트 7-16 ❷), 인증 정보 취득 SQL(리스트 7-16 ❸), 인가 정보 취득 SQL(리스트 7-16 ❹)을 설정합니다.

포인트는 [리스트 7-16 ❸]입니다. [리스트 7-16 ❸]에서 지정한 SQL은 [리스트 7-15 ❷]에서 사용되기 때문에 이 점에 주의해 SQL을 설정해야 합니다.

Bean 정의를 끝마쳤다면 이제 authentication-provider 태그의 user-service-ref 속성에 Bean ID를 지정합니다. 이것으로 설정이 완료됐습니다.

다음으로 JavaConfig의 설정 예입니다(리스트 7-17). 각 번호는 [리스트 7-16]의 설정과 동일하므로 각각 확인합니다.

리스트 7-17 SampleJdbcDaoImpl의 설정(JavaConfig)

```java
@Autowired
@Qualifier("authDataSource")
private DataSource dataSource;

private static final String USER_QUERY
  = "select LOGIN_ID, PASSWORD, ADDRESS, EXTENSION_NUMBER "
  + "from T_USER "
  + "where LOGIN_ID = ?";

private static final String ROLES_QUERY
  = "select LOGIN_ID, ROLE_NAME "
  + "from T_ROLE "
  + "inner join T_USER_ROLE on T_ROLE.ID = T_USER_ROLE.ROLE_ID "
  + "inner join T_USER on T_USER_ROLE.USER_ID = T_USER.ID "
  + "where LOGIN_ID = ?";

@Override
protected void configure(AuthenticationManagerBuilder auth)
  throws Exception {
  SampleJdbcDaoImpl userService = new SampleJdbcDaoImpl();        ◀········ ❶
  userService.setDataSource(dataSource);                         ◀········ ❷
  userService.setUsersByUsernameQuery(USER_QUERY);              ◀········ ❸
  userService.setAuthoritiesByUsernameQuery(ROLES_QUERY);       ◀········ ❹
```

```
      auth.userDetailsService(userService);   ◀----------------------------------❺
  }
```

7.5.4 (응용편) 독자 인증 방식의 적용

스프링 시큐리티는 지금까지 설명했던 방법 외에도 LDAP를 사용한 인증 방식과 Single Sign
On을 사용한 인식 방식도 제공하고 있습니다. 그럼 스프링 시큐리티에서 지원하지 않는 방식,
예를 들면 독자적으로 REST API를 사용해 인증하는 방식 등을 사용해야 하는 경우에는 어떻
게 할까요? 그러한 경우에는 UserDetailsService 인터페이스를 구현한 클래스를 작성해서 설
정해주면 됩니다(리스트 7–18).

리스트 7-18 독자적인 UserDetailsService의 예

```
package sample.security.authentication;

import java.util.HashSet;
import java.util.Set;

import org.springframework.security.core.GrantedAuthority;
import org.springframework.security.core.authority.SimpleGrantedAuthority;

import org.springframework.security.core.userdetails.User;
import org.springframework.security.core.userdetails.UserDetails;
import org.springframework.security.core.userdetails.UserDetailsService;
import org.springframework.security.core.userdetails.UsernameNotFoundException;

public class SampleUserDetailsService implements UserDetailsService {

  @Override
  public UserDetails loadUserByUsername(String username)
    throws UsernameNotFoundException {

    // 독자 인증 API에 액세스
    ...(생략)...

    if (사용자가 존재하지 않는 경우) {
      throw new UsernameNotFoundException( ... );   ◀----------------------------------❶
    }
```

```
        // 사용자명으로 패스워드를 취득
        String password = ...

        // 사용자명으로부터 ROLE 명을 취득
        String roleName1 = ...
        String roleName2 = ...
        ...

        // GrantedAuthority의 Collection을 작성
        Set<GrantedAuthority> authorities = new HashSet<>();
        authorities.add(new SimpleGrantedAuthority(roleName1));
        authorities.add(new SimpleGrantedAuthority(roleName2));
        ...

        // User 오브젝트를 return
        return new User(username, password, authorities);
    }
}
```

UserDetailsService에는 loadUserByUsername이라는 메서드만 하나 정의되며, 그 이름대로 로그인 사용자명으로 UserDetails 오브젝트를 취득합니다. 만약 지정된 사용자가 존재하지 않는 경우에는 UsernameNotFoundException이 throw됩니다(리스트 7-18 ❶). 사용자가 존재하는 경우는 해당 사용자의 사용자명, 패스워드, 그리고 인가 정보를 사용해 스프링 시큐리티에 포함된 User 클래스(UserDetails 인터페이스의 구현 클래스)의 오브젝트를 생성해 반환합니다(리스트 7-18 ❶). 또한 인가 정보에 대해서는 GrantedAuthority의 Collection을 User 클래스의 Constructor에 제공할 필요가 있습니다. GrantedAuthority는 인터페이스기 때문에, 심플한 구현 클래스인 SimpleGrantedAuthority 클래스의 오브젝트를 생성해서 Collection 오브젝트에 추가해도 괜찮습니다(리스트 7-18 ❸).

독자적인 UserDetailsService를 작성했다면, 스프링 설정 파일에 정의해야 하는데, JdbcDaoImpl의 확장과 동일하게 설정해줍니다. Bean 설정 파일인 경우는 다음과 같이 작성한 UserDetailsService 클래스를 Bean으로 정의하고, authentication-provider 태그의 user-service-ref 속성에 Bean ID를 지정해줍니다.

```
<beans:bean id="userService"
    class="sample.security.authentication.SampleUserDetailsService"/>
```

```
<authentication-manager>
  <authentication-provider user-service-ref="userService">
  </authentication-provider>
</authentication-manager>
```

JavaConfig의 경우는 configure 메서드에서 해당 UserDetailsService의 오브젝트를 설정합니다.

```
@Override
protected void configure(AuthenticationManagerBuilder auth) throws Exception {
  auth.userDetailsService(new SampleUserDetailsService());
}
```

7.5.5 패스워드의 암호화

이제까지 패스워드는 평문으로 설정 파일이나 데이터베이스에 저장하는 것을 전제로 살펴봤습니다. 하지만 일반적으로 웹 애플리케이션은 부정 액세스에 대비하기 위해 패스워드를 암호화해 관리해야 합니다. 스프링 시큐리티에는 암호화된 패스워드를 사용해 인증을 수행할 수 있는 기능이 있습니다.

스프링 시큐리티는 패스워드 암호화 방식으로 BCrypt를 채용하고 있으므로, 먼저 BCrypt로 암호화된 패스워드에 액세스하는 방법을 살펴봅시다. Bean 정의 파일에 설정할 경우에는 authentication-provider 태그 내에 password-encoder 태그를 추가한 다음, hash 속성에 bcrypt라고 지정해줍니다.

```
<authentication-provider>
  <password-encoder hash="bcrypt"/>
```

스프링 설정 파일로 패스워드를 관리할 경우에도, 데이터베이스로 패스워드를 관리할 경우에도 모두 같은 설정을 사용합니다. JavaConfig의 경우에는 configure 메서드 내에서 xxxAuthentication 메서드나 userDetailsService 메서드가 실행된 후 password Encoder 메서드를 호출해서 BCryptPasswordEncoder 오브젝트를 인수로 입력합니다.

```
auth.xxxAuthentication() // 또는, userDetailsService 메서드의 호출
    ...(생략)...
    .passwordEncoder(new BCryptPasswordEncoder());
```

독자적인 암호화 방식을 적용하고 싶다면 PasswordEncoder 인터페이스를 구현한 클래스를 작성한 다음, Bean 정의 파일인 경우에는 password-encoder 태그의 ref 속성에 해당 Bean ID를 지정하고, JavaConfig인 경우에는 passwordEncoder 메서드에 해당 PasswordEncoder 클래스의 오브젝트를 인수로 입력합니다.

7.5.6 로그인/로그아웃 기능의 적용

이상으로 대체적인 AuthenticationManager의 설정은 마쳤습니다. 이제 이 설정을 웹 애플리케이션에 적용해서 로그인 기능과 로그아웃 기능을 활성화해봅시다. **7.3.1 스프링 시큐리티의 설정 파일**에서 소개한 Bean 정의 파일과 JavaConfig에서 로그인/로그아웃과 관련이 있는 부분만을 추려낸 정의 파일이 [리스트 7-19]와 [리스트 7-20]입니다.

리스트 7-19 로그인/로그아웃의 설정(Bean 정의 파일)

```
<?xml version="1.0" encoding="UTF-8"?>
<beans:beans xmlns="http://www.springframework.org/schema/security" ㅍ
    xmlns:xsi="http://www.w3.org/2001/XMLSchema-instance"
    xmlns:beans="http://www.springframework.org/schema/beans"
    xsi:schemaLocation="
        http://www.springframework.org/schema/beans
        http://www.springframework.org/schema/beans/spring-beans.xsd
        http://www.springframework.org/schema/security
        http://www.springframework.org/schema/security/spring-security.xsd">
    <http>
        ...(생략)...
        <form-login default-target-url="/top.jsp"/>  ◀-------------------❷  ┐
        <logout logout-url="/logout" logout-success-url="/top.jsp"/>  ◀-------❸  ├─❶
        <csrf disabled="true"/>  ◀---------------------------------❷  ┘
    </http>

        ...(생략)...

</beans:beans>
```

리스트 7-20 로그인/로그아웃의 설정(JavaConfig)

```java
package sample.security.config;

import javax.sql.DataSource;

import org.springframework.beans.factory.annotation.Autowired;
import org.springframework.beans.factory.annotation.Qualifier;
import org.springframework.security.config.annotation.authentication.builders.
AuthenticationManagerBuilder;
import org.springframework.security.config.annotation.web.builders.HttpSecurity;
import org.springframework.security.config.annotation.web.configuration.
EnableWebSecurity;
import org.springframework.security.config.annotation.web.configuration.
WebSecurityConfigurerAdapter;
import org.springframework.security.crypto.bcrypt.BCryptPasswordEncoder;

@EnableWebSecurity
public class SecurityConfig extends WebSecurityConfigurerAdapter {

    @Override
    protected void configure(HttpSecurity http) throws Exception {
      http
        ...( 생략 )...
        .formLogin()                                              --❷
          .defaultSuccessUrl("/top.jsp")
          .and()                                                  --❶
        .logout()
          .logoutUrl("/logout")
          .logoutSuccessUrl("/top.jsp")                           --❸
          .and()
        .csrf().disable();    ◄───────────────                   --❹
    }

    ...( 생략 )...
}
```

Bean 정의 파일의 경우는 http 태그로(리스트 7-19 ❶), JavaConfig인 경우는 Http
Security 오브젝트를 인수로 받는 configure 메서드로(리스트 7-20 ❶) 설정하고 있는 것을
확인합니다.

또한 [리스트 7-19 ❹], [리스트 7-20 ❹]의 CSRF 대책 기능에 대해서는 **7.8 시큐리티 공격 대책**

에서 설명합니다.

여기부터는 http 태그와 configure 메서드의 설정 방법을 더 자세히 살펴봅니다.

폼 로그인 기능의 설정

[리스트 7-19 ❷]의 form-login 태그, [리스트 7-20 ❷]의 formLogin 메서드에 의해 폼 로그인 기능이 활성화됩니다. 폼 로그인 기능이란 웹 애플리케이션의 사용자가 브라우저에서 직접 사용자명/패스워드를 입력하게 하고, 그 정보를 사용해 로그인 처리를 수행하는 기능을 말합니다.

7.3.3 동작 확인에서 확인한 것과 같이 이 설정으로 인해 스프링 시큐리티는 사용자명/패스워드를 입력하기 위한 화면을 표시해줍니다. 하지만 이 화면을 그대로 사용하는 경우는 거의 없으며, 기본적으로 별도의 로그인 정보 입력 화면을 만듭니다.

이번 예제에서는 [리스트 7-21]의 로그인 화면을 사용합니다. 또한, [그림 7-12]와 같이 화면이 이동하게 합니다.

리스트 7-21 로그인 화면(login.jsp)

```jsp
<%@ page contentType="text/html; charset=UTF-8" %>
<!DOCTYPE html>
<html>
<head>
  <meta charset="UTF-8">
</head>
<body>
<h1>로그인 페이지</h1>
<form action="processLogin">
  <dl>
    <dt>
      로그인 ID
    </dt>
    <dd>
      <input type="text" name="paramLoginId">
    </dd>
    <dt>
      패스워드
    </dt>
```

```
  <dd>
    <input type="password" name="paramPassword">
  </dd>
 </dl>
 <button>로그인</button>
</form>
</body>
</html>
```

그림 7-12 로그인 화면의 흐름

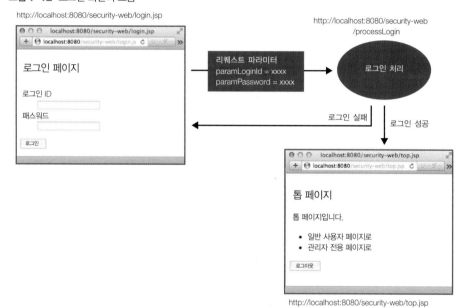

각 처리의 포인트는 다음과 같습니다.

❶ 로그인 화면의 URL은 /login.jsp

❷ 로그인 처리를 실행하는 URL은 /processLogin

❸ 로그인 성공 후의 이동 화면은 /top.jsp

❹ 로그인 실패 시의 이동 화면은 /login.jsp

❺ 리퀘스트 파라미터명은 다음과 같음

　ⅰ. 로그인 ID: paramLoginId

　ⅱ. 패스워드: paramPassword

그럼 이 내용들을 Bean 정의 파일에 설정해봅시다(리스트 7-22).

리스트 7-22 로그인의 설정(Bean 정의 파일)

```
<http>
  <form-login
    login-page="/login.jsp"                          ◀ ─────── ❶
    login-processing-url="/processLogin"             ◀ ─────── ❷
    default-target-url="/top.jsp"                    ◀ ─────── ❸
    authentication-failure-url="/login.jsp"          ◀ ─────── ❹
    username-parameter="paramLoginId"                ◀ ─────── ❺
    password-parameter="paramPassword"/>             ◀ ─────── ❺
  ...(생략)...
```

각 번호는 앞에서 기술한 처리 포인트의 번호와 일치하므로 확실하게 확인해야 합니다. 또한, [리스트 7-22 ❶]을 보충해서 설명하자면, 이렇게 설정하면 액세스 제어가 설정된 페이지로 이동하려고 할 때, 로그인 화면이 자동으로 표시돼 로그인을 해야 합니다. 이 기능은 매우 유용하므로, **7.6.4 AccessDeniedException 발생 시의 흐름과 에러 핸들링**에서 따로 자세하게 살펴보겠습니다.

다음으로 JavaConfig의 설정을 살펴봅니다(리스트 7-23). 처리 포인트의 번호에 맞춰 각각의 설정을 확인합니다.

리스트 7-23 로그인의 설정(JavaConfig)

```
@Override
protected void configure(HttpSecurity http) throws Exception {
  http
    .formLogin()
    .loginPage("/login.jsp")                    ◀ ─────── ❶
    .loginProcessingUrl("/processLogin")        ◀ ─────── ❷
    .defaultSuccessUrl("/top.jsp")              ◀ ─────── ❸
    .failureUrl("/login.jsp")                   ◀ ─────── ❹
    .usernameParameter("paramLoginId")          ◀ ─────── ❺
    .passwordParameter("paramPassword")         ◀ ─────── ❺
    .and()
  ...(생략)...
```

또한, 로그인에 실패했을 때는 설정했던 로그인 실패 화면으로 이동하기 전에, 스프링 시큐리티가 HttpSession에서 발생한 예외 오브젝트를 SPRING_SECURITY_LAST_EXCEPTION이라는 이름[6]으로 저장해줍니다. 그러므로 HttpSession의 내부를 확인해서 에러 메시지를 표시하는 등의 제어도 할 수 있습니다(리스트 7-24).

리스트 7-24 로그인 실패의 에러 표시(login.jsp)

```jsp
<%@ page contentType="text/html; charset=UTF-8" %>
<%@ taglib prefix="c" uri="http://java.sun.com/jsp/jstl/core" %>
<!DOCTYPE html>
<html>
<head>
<meta charset="UTF-8">
</head>
<body>

<h1>로그인 페이지</h1>

<%-- 에러 메시지의 표시 --%>
<c:if test="${not empty SPRING_SECURITY_LAST_EXCEPTION}">
  로그인 에러입니다<br>
  예외 타입 : ${SPRING_SECURITY_LAST_EXCEPTION.getClass().name}<br>        ❶
  메시지 : ${SPRING_SECURITY_LAST_EXCEPTION.message}<br>
  <c:remove var="SPRING_SECURITY_LAST_EXCEPTION" scope="session"/>     ❷
</c:if>

<form action="processLogin" method="post">
... ( 생략 ) ...
```

[리스트 7-24 ❶]이 예외 정보를 표시해주는 부분입니다. 예외를 표시했다면 HttpSession에서 예외를 반드시 삭제해야 합니다(리스트 7-24 ❷).

로그인 처리와 인증 오브젝트의 취득

이상으로 로그인 성공, 실패 시의 화면 이동에 대한 설정을 마쳤습니다. 로그인이 성공한 경우 스프링 시큐리티는 [그림 7-13]의 처리를 수행해줍니다.

---

6 스프링 시큐리티에 포함돼 있는 WebAttributes 클래스의 AUTHENTICATION_EXCEPTION 정수(String 형)로 정의돼 있습니다.

먼저 [그림 7-13]의 처리에 관해서 설명하자면, 스프링 시큐리티는 SecurityContext 오브젝트를 SecurityContextHolder 클래스를 이용해서 취득합니다(SecurityContext에 대해서는 그림 7-7 참고). SecurityContextHolder는 그 명칭대로 SecurityContext 오브젝트를 보유하는 클래스로, 디폴트로는 ThreadLocal에 SecurityContext 오브젝트를 보관합니다. 이 SecurityContext 오브젝트에 Authentication 오브젝트를 보관하는 것으로 처리를 수행하는 Thread의 어디에서도(Service에서도, DAO에서도) Authentication 오브젝트를 취득할 수 있습니다. 게다가 [그림 7-13 ②]의 처리에 의해 SecurityContext 오브젝트가 HttpSession으로 관리되기 때문에 클라이언트에 리스폰스를 돌려준 후에도 인증 정보는 서버에서 유지됩니다. 일단 로그인에 성공한 사용자가 이후 웹 애플리케이션에 액세스할 경우에는 [그림 7-14]의 처리가 수행됩니다.

그림 7-13 로그인 성공 시의 처리

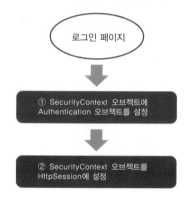

그림 7-14 로그인 성공 후에 또 다시 액세스할 때의 처리

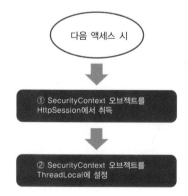

[그림 7-14 ①]의 처리에 의해 HttpSession에서 SecurityContext 오브젝트(Authentication 오브젝트가 보관됨)를 취득한 다음, 연이어 호출되는 [그림 7-14 ②]의 처리로 인해 ThreadLocal에서 SecurityContext 오브젝트가 관리되므로, 앞에서와 똑같이 Thread의 어디에서라도 Authentication 오브젝트를 취득할 수 있습니다. Authentication 오브젝트의 취득 방법은 다음과 같습니다.

```
SecurityContext securityContext = SecurityContextHolder.getContext();
Authentication authentication = securityContext.getAuthentication();
// UserDetails 오브젝트의 취득
UserDetails userDetails = (UserDetails) authentication.getPrincipal();
// 사용자명, 패스워드의 취득
String username = userDetails.getUsername();
String password = userDetails.getPassword();
```

물론, **(응용편) Custom UserDetails 정의 및 JdbcDaoImpl 확장**이나 **7.5.4 (응용편) 독자 인증 방식의 적용**과 같이 UserDetails 오브젝트를 확장한 경우에는 해당 UserDetails 오브젝트를 취득할 수 있습니다.

```
// UserDetails 오브젝트의 취득
SampleUser userDetails = (SampleUser) authentication.getPrincipal();
```

또한, Servlet이나 스프링 MVC의 컨트롤러에서 UserDetails 오브젝트를 취득하는 방법에 대해서는 **7.7 스프링 시큐리티의 연계 기능**에서 살펴봅니다.

> **NOTE_ 스프링 시큐리티와 단위 테스트**
>
> Service나 DAO에서 SecurityContextHolder를 사용한 경우, 웹 애플리케이션에서 실행될 때는 문제가 없지만, 단위 테스트는 어떻게 구현하면 좋을까요? 이러한 경우에 대처하기 위해 스프링 시큐리티에서는 단위 테스트 연계 기능을 제공합니다.
>
> 먼저, 전제로서 단위 테스트 클래스에서는 이하와 같이 스프링의 테스트 서포트 기능을 활성화시킬 필요가 있습니다.
>
> ```
> @RunWith(SpringJUnit4ClassRunner.class)
> @ContextConfiguration(...)
> public class XxxServiceTest {
> ```

그런 다음, 테스트 메서드에 다음과 같이 @WithMockUser 어노테이션을 설정한다면, 자동으로 SecurityContext 오브젝트 및 Authentication 오브젝트가 생성돼 @WithMockUser 어노테이션의 속성에서 지정한 대로 UserDetails 오브젝트가 설정됩니다.

```
@Test
@WithMockUser(
  username = "admin", password = "adminpassword",
  authorities = {"ROLE_A", "ROLE_B", "ROLE_C"})
public void testXxx() { ...
```

또한, 독자 UserDetailsService를 사용할 경우는 다음처럼 @WithUserDetails 어노테이션을 사용합니다.

```
@Test
@WithUserDetails("admin")
public void testXxx() { ...
```

이렇게 하면, DI 컨테이너로부터 UserDetailsService를 취득해, 그 UserDetailsService로부터 value 속성에 지정한 사용자명으로 UserDetails 오브젝트를 취득할 수 있고, 이 UserDetails 오브젝트에 근거해 SecurityContext 및 Authentication 오브젝트를 생성해줍니다.

이 밖에도 SecurityContext를 생성하는 Factory를 작성한 다음, 이 Factory를 지정해 Security Context를 초기화하는 @WithSecurityContext 어노테이션도 존재합니다. 흥미가 생겼다면 꼭 찾아보기 바랍니다.

로그아웃 기능의 설정

로그인 기능에 이어서 로그아웃 기능에 대해서 알아봅시다. [리스트 7-19 ❸]의 logout 태그, [리스트 7-20 ❸]의 logout 메서드를 사용해서 로그아웃 기능을 활성화합니다.

로그아웃을 실행하기 위한 URL을 생성합니다. 이 URL에 액세스하면 로그아웃 처리로 SecurityContext 오브젝트가 파기되며, HttpSession 오브젝트에서도 삭제됩니다. 그럼 세밀한 설정을 살펴봅시다. 먼저 Bean 정의 파일부터 알아봅니다(리스트 7-25).

리스트 7-25 로그아웃의 설정(Bean 정의 파일)

```
<http>
  <form-login ...
  <logout
    logout-url="/logout"                                              ❶
    logout-success-url="/top.jsp"                                     ❷
    invalidate-session="true"                                         ❸
    delete-cookies="JSESSIONID,OTHER1,OTHER2"/>                       ❹
  ...( 생략 )...
</http>
```

[리스트 7–25 ❶]은 로그아웃을 실행할 URL의 설정입니다. 예제에서는 /logout이라고 설정했기 때문에 Context root/logout에 액세스할 때 로그아웃이 실행됩니다. 또한, 후에 기술할 CSRF 기능을 활성화한 경우에는 HTTP 메서드의 GET은 지원하지 않으므로 주의해야 합니다.

다음으로 [리스트 7–25 ❷]는 로그아웃 처리 실행 후 이동할 URL을 설정하는 것입니다. [리스트 7–25 ❸]은 로그아웃 시 HttpSession을 무효화할 것인지 아닌지를 지정하는 설정입니다. 이 설정값을 true로 해두면, 로그아웃 실행 시 자동으로 HttpSession을 무효화해줍니다.

마지막으로 [리스트 7–25 ❹]는 로그아웃 시 삭제하고 싶은 쿠키를 지정할 수 있습니다. 콤마로 구분해 여러 개를 지정할 수 있으며, 이 쿠키들은 로그아웃할 때 삭제됩니다.

이어서, JavaConfig의 설정도 살펴봅시다(리스트 7–26). [리스트 7–25]의 번호와 일치하므로 하나씩 확인해보기 바랍니다.

리스트 7-26 로그아웃의 설정(JavaConfig)

```
@Override
protected void configure(HttpSecurity http) throws Exception {
  http
    .formLogin()
      ...( 생략 )...
    .logout()
      .logoutUrl("/logout")                                           ❶
      .logoutSuccessUrl("/top.jsp")                                   ❷
      .invalidateHttpSession(true)                                    ❸
      .deleteCookies("JSESSIONID", "OTHER1", "OTHER2")                ❹
```

```
        .and()
    ... ( 생략 ) ...
}
```

7.6 웹 애플리케이션과 인가(액세스 제어)

이제부터는 스프링 시큐리티의 인가 기능, 다시 말해 액세스 제어의 설정 방법을 알아봅니다.
스프링 시큐리티가 제공하는 액세스 제어의 특징은 Spring Expression Language(이하
SpEL)를 사용해 제어의 설정을 유연하게 기술할 수 있다는 것입니다. 또한 URL 단위, 메서드
단위, 더 나아가 태그 라이브러리를 사용한 액세스 제어도 가능한데, 이 모두가 SpEL을 사용
한 설정을 할 수 있기 때문에, 통일성 있는 액세스 제어를 할 수 있다는 점도 특징입니다.

그럼 일단 SpEL을 사용한 액세스 제어의 지정 방법을 살펴보고, 다음으로 URL 단위, 메서드
단위의 액세스 제어를 알아봅니다. 태그 라이브러리를 사용한 액세스 제어는 **7.7.1 JSP와의 연
계 – 스프링 시큐리티 태그 라이브러리**에서 설명합니다.

7.6.1 SpEL을 사용한 액세스 제어 정의

스프링 시큐리티가 제공하는 액세스 제어의 열쇠는 SpEL입니다. Expression Language
(EL)란 처리를 문자열로 기술하기 위한 구문을 말하는데, JSP의 EL이나 OGNL 등이 유명하
지만, 스프링에서는 독자 EL로서 SpEL을 제공하고 있습니다.

스프링 시큐리티 3.0 이후부터는 액세스 제어의 설정을 SpEL을 사용해 정의할 수 있습니다.
예를 들어, ROLE_관리자를 보유하고, ROLE_인사, 내지는 ROLE_개발, 어느 쪽인가를 보유
한 사용자만 액세스를 허가하고 싶은 경우 다음과 같이 기술할 수 있습니다[7].

```
hasRole("관리자") and hasAnyRole("인사", "개발")
```

---

7 hasRole과 hasAnyRole은 입력된 ROLE 명에 'ROLE_'를 추가해줍니다.

hasRole과 hasAnyRole은 스프링 시큐리티에서 제공하는 메서드입니다. 스프링 시큐리티의 액세스 제어에서는 스프링 시큐리티가 제공하는 이러한 메서드를 사용해 SpEL 구문으로 액세스 제어를 기술할 수 있기 때문에 유연한 설정을 할 수 있습니다. 게다가 이 구문은 이 절에서 소개하는 URL 단위/메서드 단위의 액세스 제어, 그리고 다음 절에서 설명할 태그 라이브러리의 액세스 제어에도 사용할 수 있으므로 통일성 있는 액세스 제어를 할 수 있습니다. 반드시 알아두는 것이 좋습니다.

NOTE_ 스프링 시큐리티에서 SpEL을 사용하는 포인트

SpEL에서는 거의 자바 구문과 같이 처리를 기술할 수 있지만, 더욱 유연성을 가진 언어라고 할 수 있습니다. 스프링 시큐리티의 액세스 제어를 기술할 때 알아두어야 할 포인트를 살펴봅시다.

문자열의 정의

SpEL에서는 문자열을 "Hello World"와 같이 " "를 사용해서 표현할 수 있는데, 'Hello World'와 같이 ' '로 표현할 수도 있습니다. 스프링 시큐리티에서 액세스 제어 설정은 다음 예와 같이 " " 내에 설정하는 것이 되므로, 문자열은 ' '로 지정하면 깔끔하게 기술할 수 있습니다.

```
<intercept-url pattern="/xxx" access="hasRole('ADMIN')" />
```

논리 연산자

SpEL에서는 [표 7-1]의 세 가지 논리 연산자를 사용할 수 있습니다.

표 7-1 SpEL에서 사용할 수 있는 논리 연산자

연산자	내용	사용 예
and	논리곱	hasRole('MANAGER') and hasRole('DEVELOP')
or	논리합	hasRole('GUEST') or isAnonymous( )
!	부정	!hasRole('ADMIN')

스프링 시큐리티의 액세스 제어는 boolean 형으로 지정하므로, 사용할 경우가 비교적 많습니다. 그러므로 반드시 알아둬야 합니다.

프로퍼티 액세스

SpEL에서는 오브젝트의 프로퍼티를 참조할 수 있습니다. 예를 들어 스프링 시큐리티의 액세스 제어에서는 authentication이라는 변수명으로 Authentication 오브젝트를 참조할 수 있는데, 만약 이 authentication 오브젝트의 getCredentials 메서드의 실행 결과를 참조하고 싶다면 다음과 같이 정의할 수 있습니다.

```
authentication.credentials
```

이것만으로도 Getter 메서드인 getCredentials 메서드가 자동으로 실행됩니다.

[표 7-2], [표 7-3]은 스프링 시큐리티에서 제공하고 있는 SpEL 구문으로 액세스할 수 있는 주요 메서드와 변수입니다.

표 7-2 SpEL에서 이용할 수 있는 스프링 시큐리티의 주요 메서드

메서드	설명	사용 예
hasAuthority (ROLE 명)	지정된 ROLE을 사용자가 보유하고 있는 경우, true	[ROLE_ADMIN을 보유하고 있는 경우, true] hasAuthority('ROLE_ADMIN') [ROLE_MANAGER와 ROLE_DEVELOP를 같이 보유하는 경우, true] hasAuthority('ROLE_MANAGER') and has Authority('ROLE_DEVELOP')
hasAnyAuthority (ROLE 명, ROLE 명, …)	지정된 ROLE 중에서 사용자가 보유 중인 것이 있는 경우, true	[ROLE_A, 또는 ROLE_B를 보유하고 있는 경우, true] hasAnyAuthority('ROLE_A', 'ROLE_B') [ROLE_MANAGER를 보유하고 또한, ROLE_SALES, 또는 ROLE_DEVELOP을 보유하고 있는 경우, true] hasAuthority('ROLE_MANAGER') and hasAny Authority('ROLE_SALES','ROLE_DEVELOP')
hasRole (ROLE 명)	지정된 ROLE을 사용자가 보유하고 있는 경우, true	[ROLE_ADMIN을 보유하고 있는 경우, true] hasRole('ADMIN') [ROLE_MANAGER를 보유하고 있고, 또한 ROLE_DEVELOP을 갖고 있는 경우, true] hasRole('MANAGER') and hasRole('DEVELOP')
hasAnyRole (ROLE 명, ROLE 명, …)	지정된 ROLE 중에서 사용자가 보유 중인 것이 있는 경우, true ROLE_로 시작하는 ROLE 명이 아닌 경우, ROLE_를 Prefix로 설정한 상태로 확인	[ROLE_A, 또는 ROLE_B를 보유하고 있는 경우, true] hasAnyRole('A','B') [ROLE_MANAGER를 보유하고 있고 또한, ROLE_SALES 또는, ROLE_DEVELOP을 보유하고 있는 경우, true] hasRole('MANAGER') and hasAnyRole('SALES', 'DEVELOP')
isAuthenticated( )	사용자가 인증된 사용자(로그인한 사용자)인 경우, true(익명 사용자가 아닌 경우에 true)	isAuthenticated( )

메서드	설명	사용 예
isAnonymous( )	사용자가 익명 사용자인 경우에는 true	isAnonymous( )
premitAll( )	항상, true	premitAll( )
denyAll( )	항상, false	denyAll( )

표 7-3 SpEL에서 이용할 수 있는 스프링 시큐리티의 주요 변수

변수	설명	사용 예
Principal	Authentication 오브젝트의 getPrincipal 메서드 실행 결과	principal.username principal.enabled
Authentication	Authentication 오브젝트	authentication.credentials authentication.authenticated
permitAll	항상, true	permitAll
denyAll	항상, false	denyAll

이 메서드들과 프로퍼티를 잘 사용하는 것이 스프링 시큐리티 액세스 제어의 포인트입니다. 또한 소개한 메서드와 프로퍼티는 SecurityExpressionRoot 클래스와 그 서브 클래스에 정의됩니다. 흥미가 있다면 API 도큐먼트를 참고합니다.

> **NOTE_ Role의 Prefix**
>
> hasRole, hasAnyRole 메서드는 지정된 Role 명에 ROLE_라는 prefix를 지정한 형태로 검증하는 메서드입니다. 구체적으로 hasRole('ADMIN')이라고 지정된 경우, 그 사용자가 ROLE_ADMIN을 보유하고 있다면 true가 됩니다. Prefix의 기본값은 ROLE_지만, 변경할 수도 있습니다. 구체적으로 설명하면 SecurityExpressionHandler 인터페이스의 구현 클래스인 DefaultWebSecurityExpressionHandler(URL 단위의 액세스 제어/태그 라이브러리를 사용한 액세스 제어용)와 DefaultMethodSecurityExpressionHandler(메서드 단위의 액세스 제어용)의 defaultRolePrefix 프로퍼티값에 Prefix의 값을 지정합니다.
>
> 하지만 딱히 문제가 없다면 디폴트의 ROLE_에 맞추거나, hasAuthority, hasAnyAuthority 메서드를 사용하는 것이 무난합니다.

NOTE_ 익명 사용자

익명 사용자란 애플리케이션에 액세스 중인 로그인하지 않은 사용자(로그아웃한 사용자를 포함해서)를 말합니다. 스프링 시큐리티의 디폴트 설정으로는 익명 사용자라도 자동적으로 익명 사용자의 Authentication 오브젝트가 작성됩니다(디폴트 사용자명은 anonymousUser).

또한, 익명 사용자의 Authentication은 getPrincipal의 실행 결과가 UserDetails가 아닌, 사용자명의 문자열이기 때문에 이 점에 주의해야 합니다.

[표 7-2]의 isAnonymous 메서드는 익명 사용자인 경우에 true를 돌려주는 메서드입니다. 반면, isAuthenticated 메서드는 익명 사용자가 아닌 경우에 true를 돌려주는 메서드입니다. 다시 말해, 인증이 완료된 사용자인 경우에 true를 돌려주는 메서드입니다. 특히, isAuthenticated 메서드는 자주 사용하게 되므로 알아둬야 합니다.

또한, 익명 사용자를 무효화하는 것도 가능합니다. Bean 정의 파일인 경우는 http 태그 안에 다음과 같이 설정해줍니다.

```
<http>
  <anonymous enable="false" />
```

JavaConfig라면 http 오브젝트에 대해 다음과 같은 메서드를 실행합니다.

```
http
  anonymous().disable().and()
```

7.6.2 URL 단위의 액세스 제어

여기서는 액세스 제어를 URL 단위로 설정하는 방법을 알아봅니다. URL 단위의 액세스 제어에서는 Ant 형식[8], 또는 정규 표현으로 URL을 지정하고, 그 URL마다 SpEL로 액세스 제어를 설정해야 합니다. 먼저 Bean 정의 파일부터 살펴봅니다(리스트 7-27).

---

8 http://ant.apache.org/manual/dirtasks.html#patterns

리스트 7-27 URL 단위의 액세스 제어(Bean 정의 파일)

```
<http>
  <intercept-url method="GET" pattern="/top.jsp" access="permitAll()" />
  <intercept-url method="GET" pattern="/login.jsp" access="permitAll()" />
  <intercept-url method="POST" pattern="/processLogin" access="permitAll()" />    ←—❶
  <intercept-url method="POST" pattern="/logout" access="isAuthenticated()"/>

  <intercept-url pattern="/admin/**" access="hasRole('ADMIN')" />    ←————————————❸
  <intercept-url pattern="/user/**" access="isAuthenticated()" />
  <intercept-url pattern="/**" access="denyAll()" />    ←————————————————❷
  ... ( 생략 ) ...
```

Bean 정의 파일에서는 URL 단위의 액세스 제어를 http 태그 내에 intercept-url로 정의합니다. intercept-url의 주된 속성은 다음과 같습니다.

- **pattern**
  - URL을 지정
  - 디폴트로 Ant 형식의 와일드카드[9]를 사용한 지정이 가능
  - 정규 표현 형식으로 지정하고 싶은 경우, http 태그의 request-matcher 속성에 regex를 지정
- **method**
  - HTTP 메서드(GET, POST, etc)를 지정
  - 생략한 경우에는 모든 HTTP 메서드를 의미
- **access**
  - **7.6.1 SpEL을 사용한 액세스 제어 정의**에서 소개했던 SpEL 형식으로 액세스 제어를 지정

그럼 예제를 보면서 중요 내용을 짚어봅시다. [리스트 7-27]과 같이 intercept-url 태그는 다중 정의가 가능하며 위에서부터 순서대로 평가됩니다. 예를 들어 /processLogin에 POST 메서드로 액세스했다면, 위에서부터 순서대로 method 속성과 pattern 속성을 바탕으로 URL이 일치하는지 평가하는데, 그 경우 [리스트 7-27 ❶]에서 일치하므로 access 속성에 지정돼 있는 permitAll이 실행됩니다. 결과값은 true이므로, 어떤 사용자라도 액세스 가능으로 판정됩니다. /processLogin에 GET 메서드로 액세스한 경우는 [리스트 7-27 ❶]에서 일치하지 않아서 그대로 다음 태그로 평가가 진행되고, 최종적으로 [리스트 7-27 ❷]에서 일치하므로,

---

9 '?'는 임의의 1문자와 일치합니다. '*'는 0문자 이상의 임의의 문자열과 일치합니다. '**'는 폴더 계층의 임의의 문자열과 일치합니다.

access 속성의 denyAll( )이 실행되며, 결과값이 false가 돼 어떤 사용자라도 액세스 불가로 판정됩니다.

여기서 위에서부터 순서대로 평가된다는 점에 주의해야 합니다. 예를 들어 /admin/admin.jsp라는 페이지에 액세스했다고 가정합시다. 그 경우 위에서부터 method 속성과 pattern 속성이 일치하는지 확인하며, [리스트 7-27 ❸]에서 일치합니다.

access 속성과 hasRole('ADMIN')이 설정되므로 ROLE_ADMIN을 ROLE로서 가지고 있는 사용자의 경우는 true가 돼 이 페이지에 액세스할 수 있습니다[10]. 만약 다음과 같이 설정됐다고 가정해봅시다.

```
<http>
  <intercept-url pattern="/**" access="denyAll()"/>
  <intercept-url pattern="/admin/**" access="hasRole('ADMIN')" />
  ...(생략)...
```

/admin/admin.jsp가 일치하는지를 위에서부터 확인해갈 때, 2행의 /**에서 일치하기 때문에 denyAll( )이 실행돼 액세스 불가가 됩니다. 다시 말해, 3행 이후에 어떤 설정이 있다고 할지라도 무시됩니다. 이러한 일이 생기지 않도록, 반드시 상세 URL부터 순서대로 기술하고, 충분히 테스트해 동작에 문제가 없는지를 확인해야 합니다.

그러면 JavaConfig에 대해서도 설정을 확인해봅니다. JavaConfig의 경우는 HttpSecurity를 인수로 받는 configure 메서드로 설정합니다(리스트 7-28).

리스트 7-28 URL 단위의 액세스 제어(JavaConfig)

```
package sample.security.config;

import static org.springframework.http.HttpMethod.*;  ◀---------------------❶

...(생략)...

@Override
protected void configure(HttpSecurity http) throws Exception {
```

---

10 hasRole 메서드이므로 'ROLE_'가 자동적으로 붙습니다. hasAuthority('ADMIN')인 경우는 'ADMIN' ROLE을 가진 사용자가 액세스할 수 있다는 의미입니다.

```
http
  .authorizeRequests()
    .antMatchers(GET, "/top.jsp").permitAll()
    .antMatchers(GET, "/login.jsp").permitAll()
    .antMatchers(POST, "/processLogin").permitAll()
    .antMatchers(POST, "/logout").authenticated()
    .antMatchers("/admin/**").hasRole("ADMIN")
    .antMatchers("/user/**").authenticated()
    .anyRequest().denyAll()  ◀---------------------------------❷
    .and()
... (생략) ...
```

JavaConfig인 경우에도 Bean 정의 파일과 동일하게 평가가 위에서부터 순서대로 진행된다는 점에 주의해야 합니다. JavaConfig인 경우는 URL을 antMatchers 메서드에 지정하고, 계속해서 액세스 제어 정의 메서드(permitAll 메서드, hasRole 메서드 등)를 실행하는 형태로 설정합니다. 액세스 제어 정의 메서드와 [표 7-2]에서 설명했던 SecurityExpressionRoot 클래스의 메서드/프로퍼티와의 관계는 [표 7-4]를 참고합니다.

표 7-4 액세스 제어 정의 메서드와 SecurityExpressionRoot 메서드의 관계[11]

액세스 제어 정의 메서드	동일한 SecurityExpressionRoot의 메서드/프로퍼티
hasAuthority(ROLE 명)	hasAuthority(ROLE 명)
hasAnyAuthority(ROLE 명, ROLE 명, …)	hasAnyAuthority(ROLE 명, ROLE 명, …)
hasRole(ROLE 명)	hasRole(ROLE 명)
hasAnyRole(ROLE 명, ROLE 명, …)	hasAnyRole(ROLE 명, ROLE 명, …)
isAuthenticated( )	authenticated( )
isAnonymous( )	anonymous( )
permitAll( )	permitAll( ), permitAll
denyAll( )	denyAll( ), denyAll
Access("액세스 제어식")	액세스 제어식*

* 액세스 제어식을 직접 문자열로 지정하는 것이 가능

---

11 스프링 시큐리티 4.1.2의 시점에서는 액세스 제어 정의 메서드인 hasRole, hasAnyRole 메서드의 소스 코드에는 ROLE Prefix로서 ROLE_가 하드 코딩돼 있습니다. 즉, 앞서의 **Note_Role Prefix**에서 기재했던 SecurityExpression Handler의 defaultRolePrefix의 설정이 활성화되지 않습니다. 아마도 이 액세스 제어 정의 메서드의 역할이 액세스 제어 설정을 돕는 보조적인 메서드라서 가볍게 취급되기 때문이 아닌가 싶습니다. ROLE의 Prefix를 변경할 때는 hasAuthority, hasAnyAuthority 메서드를 사용하든지, 혹은 access 메서드로 hasRole, hasAnyRole 메서드를 정의합니다.

URL 설정의 설명을 보충한다면, antMatchers 메서드는 ant 형식의 와일드카드를 사용해서 URL을 설정하는 메서드입니다. 정규 표현을 사용할 경우는 다음과 같이 regexMatchers 메서드를 사용합니다. antMatchers 메서드와 같이 병행해서 사용할 수도 있습니다.

```
http.authorizeRequests()
  .regexMatchers(GET, "/user/.*")
  ...（생략）...
```

또한, antMatchers 및 regexMatchers 메서드에 HTTP 메서드를 설정해줄 때는 Http MethodEnum에 정의된 값들을 사용해야 하는데, 이를 위해 [리스트 7-28 ❶]과 같이 static import를 해두면 편리합니다. 마지막으로 [리스트 7-28 ❶]은 JavaConfig라서 할 수 있는 설정입니다. 모든 URL에 대해서 매치하는 것을 의미하는 anyRequest 메서드가 있으므로 액세스 제어 설정의 마지막은 이 메서드의 실행 처리를 넣어두는 것이 좋습니다.

액세스 제어 정의 메서드에 대해서도 보충하면, 액세스 제어 정의 메서드 중에는 access 메서드가 있는데, 다음과 같이 어떤 액세스 제어에도 사용할 수 있습니다.

```
.antMatchers("/xxxx").access("hasRole('A') and hasRole('B') or hasAuthority('XXX')")
```

복잡한 액세스 제어라고 하더라도 access 메서드를 사용하면 설정할 수 있다는 점을 염두에 둬야 합니다. 또한 URL 단위의 액세스 제어에서 액세스가 거부된 경우에는 AccessDenied Exception이 발생합니다. AccessDeniedException이 발생한 경우의 처리에 대해서는 나중에 살펴봅니다.

NOTE_ 스프링 시큐리티에서 액세스 제어를 하지 않는 URL의 설정

지금까지 URL 단위의 액세스 제어에 대해 살펴보았는데, CSS 파일이나 JavaScript 파일 등, 페이지에 따라서는 스프링 시큐리티에 의한 액세스 제한을 하고 싶지 않은 경우도 있을 것입니다. 그러한 경우에는 URL 단위로 스프링 시큐리티에 의한 제어에서 제외하게 설정할 수 있습니다.

Bean 정의 파일의 경우에는 http 태그를 다음과 같이 security="none"이라고 설정해주면 제어 대상에서 제외할 수 있습니다.

```
<http pattern="/css/**" security="none"/>
<http pattern="/js/**" security="none"/>
<http>
  <intercept-url…
```

이 설정으로 css/js 아래에 배치된 파일은 스프링 시큐리티에 의한 액세스 제어 대상에서 제외시킬 수 있습니다. 또한, http 태그를 정의하는 순서에 주의해야 합니다. 스프링 시큐리티의 URL 매핑은 위에서부터 순서대로 처리하기 때문에, 예를 들어, /css/**라고 설정한 http 태그를 메인 http 태그의 아래로 가져가면 정상적으로 동작하지 않습니다.

또한, JavaConfig인 경우는 WebSecurityConfigurerAdapter 클래스의 인수로 WebSecurity 오브젝트를 받는 configure 메서드를 오버라이드해 설정할 수 있습니다.

```
@Override
public void configure(WebSecurity web) throws Exception {
  web.ignoring()
    .antMatchers("/css/**")
    .antMatchers("/js/**");
    // .antMatchers("/css/**","/js/**")와 같이 기술하는 것도 가능
}
```

7.6.3 메서드 단위의 액세스 제어

URL 단위의 액세스 제어에 이어서, 메서드 단위의 액세스 제어를 알아봅시다. 메서드 단위의 액세스 제어란 어노테이션이 설정된 메서드에 대해서는 AOP를 사용해 액세스 제어를 실행하는 방식을 말합니다. 그런 이유로, 액세스 제어를 설정하고자 하는 대상의 오브젝트는 모두 스프링의 DI 컨테이너에서 관리해야 합니다.

먼저, 스프링 설정 파일에서 메서드 단위의 액세스 제어에 사용할 어노테이션을 활성화해줄 필요가 있습니다. Bean 정의 파일에서 global-method-security 태그를 다음과 같이 정의합니다.

```
<beans:beans ...>
  <global-method-security pre-post-annotations="enabled"/>
JavaConfig에서는 @EnableGlobalMethodSecurity 어노테이션을 설정합니다.
@EnableWebSecurity
@EnableGlobalMethodSecurity(prePostEnabled = true)
public class SecurityConfig extends WebSecurityConfigurerAdapter {

  @Override
  @Bean
  public AuthenticationManager authenticationManagerBean()
    throws Exception {
    return super.authenticationManagerBean();
  }
}
```

@EnableGlobalMethodSecurity를 설정할 경우에는 AuthenticationManager를 DI 컨테이너에서 Bean으로 관리해야 하기 때문에, authenticationManagerBean 메서드를 오버라이드해서 @Bean 어노테이션을 설정해놓을 필요가 있습니다.

그러면 메서드에 액세스 제어를 설정합니다. 다음과 같이 액세스 제어가 필요한 메서드에 @PreAuthorize 어노테이션을 설정해주기만 하면 됩니다.

```
@PreAuthorize("hasRole('ADMIN')")
public String executeForAdmin() {...
```

@PreAuthorize 어노테이션의 값에는 액세스 제어를 SpEL로 설정합니다. 이로써 ROLE_ADMIN을 갖고 있지 않은 사용자가 이 메서드를 실행하려고 하면, AccessDeniedException이 발생합니다.

또한, @PreAuthorize 어노테이션에는 메서드의 인수를 사용한 처리도 할 수 있습니다. 메서드의 인수는 #인수명으로 액세스할 수 있으므로, 예를 들면 다음과 같이 기술할 수 있습니다.

```
@PreAuthorize("hasRole('ADMIN') and #customer.name == principal.username")
public String executeWithCustomer(Customer customer) {...
```

#customer는 인수의 Customer 오브젝트를 의미합니다.

\#customer.name을 사용해 Customer 오브젝트의 name 프로퍼티값을 취득할 수 있는데, 그 값이 principal 오브젝트(UserDetails 오브젝트)의 username 프로퍼티와 일치하는지 비교하고 있습니다.

만약 일치하지 않는다면, 앞의 예와 같이 AccessDeniedException이 발생합니다. 덧붙여 인수명이 너무 길거나 그 밖의 다른 이유로 인수에 따로 별명을 붙여서 사용하고 싶다면, 다음 예문과 같이 스프링 시큐리티에서 제공하는 @P 어노테이션으로 별명을 붙일 수 있습니다.

```
@PreAuthorize("hasRole('ADMIN') and #cst.name == principal.username")
public String executeWithCustomer(@P("cst") Customer customer) {...
```

@PreAuthorize 어노테이션을 알아봤으니 다음으로 @PostAuthorize 어노테이션을 소개합니다. @PostAuthorize 어노테이션은 이름에서 알 수 있듯이, 메서드를 실행한 다음 액세스 권한을 확인하는 메서드입니다. '메서드 실행이 끝난 후 액세스 권한을 확인해서 무슨 소용이지?'라고 생각할 수도 있지만, 예를 들면 다음과 같은 경우에 사용할 수 있습니다.

- 메서드 내에서 인증 정보의 변경을 수행하고, 그 결과에 대해 액세스 권한을 확인하고 싶을 경우
- 메서드 실행 후의 리턴값을 사용해서 액세스 제어를 실행하고 싶은 경우

@PostAuthorize 어노테이션에서는 액세스 제어의 SpEL로 returnObject라는 프로퍼티명으로 메서드의 리턴값을 참조할 수 있습니다.

```
@PostAuthorize("hasRole('ADMIN') and returnObject.name == principal.username")
public Customer findMe() {...
```

이렇게 설정하면, 메서드를 실행한 다음 @PostAuthorize 어노테이션에 지정된 액세스 제어식을 확인해서, 그 결과가 false라면 AccessDeniedException이 발생합니다. 또한, 제어식 안에서의 returnObject.name은 리턴값인 Customer 오브젝트의 name 프로퍼티를 나타냅니다.

7.6.4 AccessDeniedException 발생 시의 흐름과 에러 핸들링

URL 단위 또는 메서드 단위로 액세스 제어를 설정해 놓은 경우, 액세스 권한이 없을 때 Access DeniedException이 발생합니다. 이러한 경우의 처리를 알아봅시다(그림 7-15).

그림 7-15 AccessDeniedException 발생 시의 처리 흐름

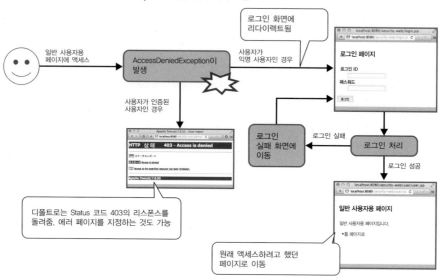

예를 들어 일반 사용자용 페이지(/user/user.jsp)에 액세스했다고 가정합시다. 아직 로그인 하지 않았다면, 다시 말해서 익명 사용자인 경우 로그인 화면으로 리다이렉트될 것입니다. 이 로그인 화면은 **폼 로그인 기능의 설정**의 [리스트 7-22 ❶]과 [리스트 7-23 ❶]에서 설정했던 화면 입니다.

그리고 로그인이 성공한 경우에는 원래 액세스하려고 했던 페이지, 즉 일반 사용자용 페이지로 이동합니다. 이 점이 스프링 시큐리티의 중요한 포인트입니다. 스프링 시큐리티는 원래 액세스 하려고 했던 페이지를 기억하고 있으며 해당 페이지로 이동시켜줍니다. 만약 로그인이 실패한 다면 로그인 실패의 에러 페이지로 이동하지만, 또다시 로그인 처리를 실행해서 로그인이 성공 하면 원래 액세스하려고 했던 페이지로 이동해줍니다.

사용자가 인증된 사용자(이미 로그인하고 있는 경우)인 경우, 디폴트 설정으로는 상태 코드 403의 리스폰스를 돌려줍니다. 하지만 설정에 따라 특정 페이지로 이동할 수도 있습니다.

Bean 정의 파일에서 설정하는 경우는 http 태그 내에 access-denied-handler 태그를 정의해 설정할 수 있습니다.

```
<http>
  <access-denied-handler error-page="/accessDenied.jsp"/>
```

JavaConfig인 경우에는 HttpSecurity 오브젝트에 대해서 exceptionHandling 메서드를 실행한 다음, accessDeniedPage 메서드로 에러 페이지를 지정합니다.

```
http
  .exceptionHandling()
    .accessDeniedPage("/accessDenied.jsp")
    .and()
```

또한, 이번 예에서는 URL 단위의 액세스 제어를 주로 살펴봤지만, 메서드 단위의 액세스 제어인 경우도 같은 흐름으로 처리됩니다. 즉, 어떤 오브젝트에서 AccessDeniedException이 발생했더라도(명시적으로 AccessDeniedException을 발생시켰다 해도) 스프링 시큐리티의 Filter는 AccessDeniedException을 감지해서 동일한 처리를 실행해줍니다.

7.7 스프링 시큐리티의 연계 기능

이제부터는 스프링 시큐리티와 웹 애플리케이션의 연계 기능을 알아봅시다. 먼저, JSP와의 연계 기능인 각종 태그 라이브러리를 살펴보고, Servlet API와의 연계 기능, 스프링 MVC와의 연계 기능도 간략히 알아봅니다.

7.7.1 JSP와의 연계 – 스프링 시큐리티 태그 라이브러리

스프링 시큐리티에는 인증 · 인가와 관련해서 JSP 태그 라이브러리가 있습니다. 지금부터 태그 라이브러리에 있는 태그를 몇 가지 소개합니다. 먼저 태그 라이브러리를 사용하기 위해 JSP의 첫머리에 태그 라이브러리를 선언해줍니다.

```
<%@ taglib prefix="sec" uri="http://www.springframework.org/security/tags" %>
```

prefix 속성은 어떤 값이라도 상관없지만, 스프링 시큐리티의 일반 규칙인 sec로 하겠습니다.

authorize 태그

authorize 태그는 화면 표시 레벨에서 액세스 제어를 수행하기 위한 태그입니다.

예를 들어 ROLE_ADMIN 롤을 보유하는 사용자만, 관리자 전용 페이지의 링크를 표시하고자 하는 경우에는 JPS에서 다음과 같이 기술해주면 됩니다.

```
<sec:authorize access="hasRole('ADMIN')">
  <li><a href="admin/admin.jsp">관리자 전용 페이지로</a></li>
</sec:authorize>
```

authorize 태그의 access 속성에 설정하는 것은 SpEL 구문으로 된 액세스 제어문입니다. access 속성의 액세스 제어문을 실행하고, 결과값이 true인 경우에만 authorize 태그의 내용이 평가됩니다. URL 단위, 메서드 단위의 액세스 제어와 동일한 구문으로 제어할 수 있다는 것이 포인트입니다.

또한, authorize 태그에서는 URL 단위의 액세스 제어를 이용하도록 설정할 수도 있습니다. 예를 들어 관리자 전용 페이지(/admin/admin.jsp)의 링크를 /admin/admin.jsp에 HTTP 메서드 GET으로 액세스할 수 있을 때만 표시하고 싶은 경우, JSP에 다음과 같이 설정합니다.

```
<sec:authorize method="GET" url="/admin/admin.jsp">
  <li><a href="admin/admin.jsp">관리자 전용 페이지로</a></li>
</sec:authorize>
```

method 속성과 url 속성에 액세스하려고 하는 URL을 지정해주면, 해당 URL에 액세스 가능한 사용자에게만 authorize 태그의 내용이 표시됩니다. 또한 method 속성은 생략할 수 있습니다.

authorize 태그의 또 다른 편리한 기능은, 하나의 JSP에서 ROLE_ADMIN 롤을 보유하고 있는 경우에만 표시하고 싶은 부분이 여러 군데 있다면, authorize 태그로 다음과 같이 설정할 수 있다는 것입니다.

```
<sec:authorize access="hasRole('ADMIN')">
 관리자라면 표시하고 싶은 내용①
</sec:authorize>
 …（생략）…
<sec:authorize access="hasRole('ADMIN')">
 관리자라면 표시하고 싶은 내용②
</sec:authorize>
```

하지만 이걸로는 access 속성에 같은 내용을 반복해서 구문에 적어줘야 하므로, 실행하면 여러 번, hasRole('ADMIN')의 처리가 실행됩니다. 이를 방지하기 위해 access 속성의 실행 결과를 변수로 저장할 수 있습니다.

```
<sec:authorize var="isAdminRole" access="hasRole('ADMIN')"/>
<c:if test="${isAdminRole}">
 관리자라면 표시하고 싶은 내용①
</c:if>
 …（생략）…
<c:if test="${isAdminRole}">
 관리자라면 표시하고 싶은 내용②
</c:if>
```

이렇게 authorize 태그의 var 속성에 변수명을 지정해주면, access 속성에서 지정했던 식의 결과를 JSP의 EL 식으로 참조할 수 있습니다. 편리한 기능이므로 알아두면 좋습니다.

authentication 태그

authentication 태그는 Authentication 오브젝트의 프로퍼티에 액세스하기 위한 태그입니다. 예를 들어 Authentication 오브젝트의 name 프로퍼티를 표시하고 싶다면 다음과 같이 지정해줍니다.

```
사용자명 : <sec:authentication property="name"/>
```

이걸로 Authentication 오브젝트의 getName 메서드의 결과가 표시됩니다. Property 속성에는 네스트[nested] 구성으로 지정할 수도 있으므로 Authentication 오브젝트의 principal 프로퍼티가 가진 username을 표시하고 싶은 경우는 다음과 같이 지정합니다[12].

```
사용자명 : <sec:authentication property="principal.username"/>
```

또한, authentication 태그도 authorize 태그와 같이 var 속성에 지정할 수 있으므로 다음과 같은 기술도 가능합니다.

```
<sec:authentication var="user" property="principal"/>
사용자명 : ${user.username}<br>
```

7.7.2 Servlet API와의 연계

Servlet API에는 인증·인가와 관련이 있는 API가 몇 가지 있습니다. 스프링 시큐리티를 도입하면 이러한 API와도 연계할 수 있습니다. 구체적인 예를 들어 내용을 살펴봅시다.

먼저 [리스트 7-29]는 인증 정보를 참조하는 메서드 샘플입니다.

리스트 7-29 인증 정보를 참조하는 Servlet(AuthenticationInfoServlet.java)

```
package sample.security.web.servlet;

import java.io.IOException;

import javax.servlet.ServletException;
import javax.servlet.annotation.WebServlet;
import javax.servlet.http.HttpServlet;
import javax.servlet.http.HttpServletRequest;
import javax.servlet.http.HttpServletResponse;

import org.springframework.security.core.Authentication;

@WebServlet(urlPatterns = "/authentication-info-servlet")
public class AuthenticationInfoServlet extends HttpServlet {
```

---

12 익명 사용자의 경우는 Authentication 오브젝트의 principal 프로퍼티에는 익명 사용자의 사용자명이 문자열로 설정돼 있으므로 그대로 표시해 버리면 "String 오브젝트에는 username 프로퍼티가 존재하지 않음"이라고 에러가 됩니다. 그러므로 access="isAuthenticated( )"를 지정한 authorize 태그로 이 부분을 감싸두면 좋습니다.

```java
    @Override
    protected void doGet(HttpServletRequest req, HttpServletResponse resp)
        throws ServletException, IOException {

        // 사용자명을 취득
        String username = req.getRemoteUser();
        System.out.println("사용자명:" + username);

        // Authentication 오브젝트를 취득
        Authentication authentication = (Authentication) req.getUserPrincipal();
        System.out.println("Authentication:" + authentication);

        // 지정한 ROLE을 보유하고 있는가를 취득
        boolean hasRoleAdmin = req.isUserInRole("ROLE_ADMIN");
        System.out.println("관리자 ROLE인가?:" + hasRoleAdmin);

        resp.sendRedirect("top.jsp");
    }
}
```

[리스트 7-29]를 보면 알 수 있듯이, HttpServletRequest에 액세스할 수 있으면 어떤 프레임워크를 사용하는 경우에도(물론, Servlet을 직접 사용하는 경우에도) 인증 정보에 액세스할 수 있습니다. 특히 getUserPrincipal 메서드를 실행하면 Authentication 오브젝트를 취득할 수 있기 때문에 모든 인증 정보를 취득할 수 있습니다. 그렇지만 애플리케이션 개발자에게 직접 Authentication 오브젝트를 다루게 하는 것보다는 HttpServletRequest를 인수로 받는 유틸리티 메서드 등을 필요에 따라서 제공하는 것이 좋습니다.

[리스트 7-30], [리스트 7-31]은 로그인과 로그아웃을 실행하는 예제입니다.

리스트 7-30 로그인을 실행하는 Servlet(LoginServlet.java)

```java
package sample.security.web.servlet;

import java.io.IOException;

import javax.servlet.ServletException;
import javax.servlet.annotation.WebServlet;
import javax.servlet.http.HttpServlet;
import javax.servlet.http.HttpServletRequest;
```

```java
import javax.servlet.http.HttpServletResponse;

@WebServlet(urlPatterns = "/login-servlet")
public class LoginServlet extends HttpServlet {

  @Override
  protected void doGet(HttpServletRequest req, HttpServletResponse resp)
    throws ServletException, IOException {

    String username = req.getParameter("paramLoginId");
    String password = req.getParameter("paramPassword");

    try {
      // 로그인을 실행
      // 제1인수: 사용자명, 제2인수: 패스워드
      req.login(username, password);
    } catch (ServletException e) {
      // 로그인에 실패하면 ServletException이 발생함
      ...( 로그인 실패 시의 처리 )...
    }

    ...( 로그인 성공 시의 처리 )...
  }

}
```

리스트 7-31 로그아웃을 실행하는 Servlet(LogoutServlet.java)

```java
package sample.security.web.servlet;

import java.io.IOException;

import javax.servlet.ServletException;
import javax.servlet.annotation.WebServlet;
import javax.servlet.http.HttpServlet;
import javax.servlet.http.HttpServletRequest;
import javax.servlet.http.HttpServletResponse;

@WebServlet(urlPatterns = "/logout-servlet")
public class LogoutServlet extends HttpServlet {

  @Override
```

```
protected void doGet(HttpServletRequest req, HttpServletResponse resp)
    throws ServletException, IOException {

    // 로그아웃을 실행
    req.logout();

    ...(로그아웃 후의 처리)...
  }

}
```

먼저 [리스트 7-30]은 로그인을 실행하는 예제입니다. HttpServletRequest의 login 메서드를 실행해 스프링 시큐리티의 로그인 처리를 실행할 수 있어서, 로그인에 성공한 경우는 **로그인 처리와 인증 오브젝트의 취득**에서 설명했던 로그인 성공 후의 처리가 실행됩니다. 또한, 로그인에 실패한 경우에는 ServletException이 발생합니다.

[리스트 7-31]은 로그아웃을 실행하는 예제입니다. HttpServletRequest의 logout 메서드를 실행하면, 스프링 시큐리티의 로그아웃 처리를 실행할 수 있습니다. 또한 [리스트 7-30], [리스트 7-31]의 login 메서드와 logout 메서드는 Servlet 3 이후에 사용할 수 있는 메서드므로 주의합니다.

7.7.3 스프링 MVC와의 연계

스프링 시큐리티에는 스프링 MVC와의 연계 기능이 있습니다. 특히 유용한 연계 기능은 User Details 오브젝트를 메서드의 인수로 받아들일 수 있는 기능입니다. 다음과 같이 메서드의 인수에 UserDetails 오브젝트를 지정하고 @AuthenticationPrincipal 어노테이션을 설정해두면 UserDetails 오브젝트가 Controller 메서드의 인수에 자동으로 설정됩니다.

```
@RequestMapping(...)
public String doUserDetails(@AuthenticationPrincipal UserDetails user) {...
```

물론, UserDetailsService를 확장해서 독자적인 UserDetails 오브젝트를 사용하고 있는 경우는 해당 클래스 타입을 지정할 수도 있습니다.

```
@RequestMapping(...)
public String doSampleUser(@AuthenticationPrincipal SampleUser user) {...
```

이로써, 앞서의 HttpServletRequest#getUserPrincipal 메서드나 SecurityContextHolder #getContext 메서드를 사용하지 않고도 간단하게 UserDetails 오브젝트에 접근할 수 있습니다.

스프링 MVC와의 연계에 대해 하나 더 언급하면, Controller 메서드는 Servlet API의 Http ServletRequest를 인수로 받아들일 수 있습니다. 그러므로 앞에서의 로그인 및 로그아웃을 Controller로 실행하고 싶다면 인수로 HttpServletRequest를 지정합니다.

7.8 시큐리티 공격 대책

여기서는 시큐리티 공격의 대책으로서 스프링 시큐리티가 갖추고 있는 기능을 설명합니다. 주로 다음 두 가지 기능을 알아봅니다.

- Cross Site Request Forgery 대책 기능
- Session Fixation 대책 기능

이 밖에도 HTTP 리스폰스에 시큐리티 관련 헤더(Cache-Control, X-XSS-Protection, X-Frame-Options, etc)를 자동으로 채워주는 기능이 있습니다. 상세한 내용은 스프링 시큐리티의 레퍼런스 매뉴얼을 참고합니다.

7.8.1 Cross Site Request Forgery 대책 기능

CSRF^{Cross Site Request Forgery}는 웹 애플리케이션에 대한 시큐리티 공격 중 하나로, 액세스한 사용자를 악의적인 사이트로 유도해 공격 대상인 웹 애플리케이션에 부정한 리퀘스트를 송신하는 공격을 말합니다(그림 7-16).

그림 7-16 Cross Site Request Forgery의 개요

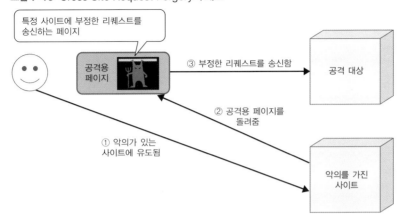

이 공격을 방지하기 위해서는 리퀘스트의 송신이 정규 사이트로부터 온 것이 맞는지 검증하는
장치가 필요한데, 그중 토큰을 사용하는 방법이 있습니다(그림 7-17).

그림 7-17 토큰을 사용한 CSRF 대책

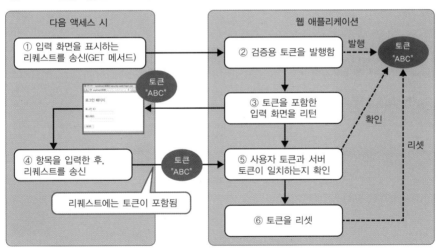

웹 애플리케이션이 입력 화면을 응답으로 돌려줄 때는, 반드시 토큰을 발행해서 입력 화면에
포함되도록 합니다. 그리고 사용자로부터 입력 내용을 전송받을 때는 사용자로부터 전송된 토
큰과 서버 쪽의 토큰이 일치하는지 확인해야 합니다. 이렇게 하면 애플리케이션이 응답으로 돌
려준 입력 화면에서 리퀘스트가 던져진 것인지, 아닌지를 검증할 수 있습니다.

스프링 시큐리티에서는 이러한 토큰을 사용한 방식을 제공하고 있습니다. 또한, CSRF 대책 기능은 스프링 시큐리티에서 디폴트로 활성화되므로, 스프링 설정 파일에 따로 설정해줄 필요가 없습니다. 명시적으로 활성화하려면 다음과 같이 설정합니다[13].

Bean 정의 파일의 경우

```
<http>
  <csrf/>
```

JavaConfig의 경우

```
http.csrf().and()
```

이 설정을 활성화하면, HTTP 메서드의 GET으로 리퀘스트를 받아들일 때 스프링 시큐리티는 CSRF 토큰을 발행합니다. 또한, HTTP 메서드의 POST로 리퀘스트를 받아들일 때는 GET 리퀘스트를 수신할 때 저장했던 CSRF 토큰이 포함되지 않았으면 리퀘스트를 거부합니다.

그러면 CSRF 토큰을 클라이언트로부터의 리퀘스트에 포함시키는 방법을 알아봅시다. CSRF 대책 기능을 유효하게 하면, CsrfToken 오브젝트가 HttpServletRequest에 _csrf라는 이름으로 저장됩니다. CsrfToken 오브젝트의 프로퍼티는 [표 7-5]와 같습니다.

표 7-5 CsrfToken 오브젝트의 프로퍼티

프로퍼티	내용
token	CSRF 토큰의 값
parameterName	리퀘스트 파라미터에서 토큰을 송신할 때의 리퀘스트 파라미터명
headerName	HTTP 헤더에서 토큰을 송신할 때의 헤더명

이 CsrfToken 오브젝트를 활용해서 CSRF 토큰을 송신합니다. CSRF 토큰은 다음 중 어느 하나를 리퀘스트에 포함할 필요가 있습니다.

- 리퀘스트 파라미터
- HTTP 헤더

....
13 CSRF 대책을 무효화하는 설정은 [리스트 6-19 ❹], [리스트 6-20 ❹]를 참고합니다.

폼에서 데이터를 송신하는 케이스에서는 리퀘스트 파라미터를, Ajax 등의 JavaScript로 데이터를 송신하는 케이스에서는 HTTP 헤더를 사용해 송신합니다. CsrfToken 오브젝트의 프로퍼티를 JSP의 EL 식으로 참조하도록 설정하려면, 먼저 리퀘스트 파라미터로 송신할 때는 hidden 태그로 다음과 같이 설정합니다.

```
<form ...
  <input type="hidden" name="${_csrf.parameterName}" value="${_csrf.token} >
```

또는, 스프링 시큐리티의 csrfInput 태그를 사용하면, 자동적으로 input[type=hidden] 태그로 변환됩니다.

```
<form ...
<sec:csrfInput />
```

> **NOTE_ 스프링 MVC에서 CSRF 토큰을 송신하는 방법**
> 스프링 MVC를 사용할 경우에는 form:form 태그를 사용하면 자동적으로 CSRF 토큰이 input [type=hidden] 태그로 포함되므로 여기서 설명한 내용을 따로 신경 쓸 필요가 없습니다.

Ajax 등으로 CSRF 토큰을 송신할 때는 Ajax 프레임워크의 구문에 따라 HTTP 헤더에 CSRF 토큰을 포함시킵니다. 스프링 시큐리티가 제시하고 있는 방식에서는 먼저 HTML의 meta 태그에 CSRF 토큰값과 헤더명을 설정합니다.

```
<head>
  <meta name="_csrf_header" content="${_csrf.headerName}"/><%-- 헤더명 --%>
  <meta name="_csrf" content="${_csrf.token}"/><%-- 토큰값 --%>
  ...(생략)...
</head>
```

그리고 Ajax 프레임워크에서는 meta 태그를 각각 취득해, [헤더명]:[토큰값]의 형식으로 HTTP 헤더에 포함시켜 송신합니다. 또한, 스프링 시큐리티의 csrfMetaTags 태그를 사용해주면 앞에서 설명한 meta 태그가 설정됩니다.

```
<head>
  <sec:csrfMetaTags/>
  ... ( 생략 ) ...
</head>
```

Session Fixation 대책 기능

Session Fixation이란 다음 방법으로 공격하는 시큐리티 공격을 말합니다.

① 공격자는 공격 대상의 웹 애플리케이션에 액세스해서 세션 ID를 취득합니다.

② 공격자는 사용자에게 자신이 취득한 세션 ID를 포함한 리퀘스트를 웹 애플리케이션에 송신하게 합니다.

③ 사용자는 공격자가 취득한 세션 ID로 웹 애플리케이션에 액세스해 로그인을 실행합니다.

④ 공격자가 자신이 취득한 세션 ID로 웹 애플리케이션에 액세스하면, 그 세션 ID는 이미 로그인이 끝난 상태이기 때문에 해당 사용자로 공격할 수 있습니다.

이러한 공격이 가능하려면, 로그인 실행 전에 사용하고 있던 세션 ID를 로그인 후에도 계속해서 사용할 수 있는 웹 애플리케이션이어야 한다는 전제가 있습니다. 다시 말해, 로그인을 실행할 때 세션 ID를 변경한다면, Session Fixation 공격을 방지할 수 있습니다.

스프링 시큐리티는 초기 설정으로 Session Fixation 대책 기능이 활성화되며, 다음과 같은 처리가 실행됩니다.

- **Servlet API 3.0 이전의 환경**
  로그인 실행 시 HttpSession을 파기하고 신규로 HttpSession을 작성합니다. 이때, 원래의 HttpSession에 설정된 오브젝트는 모두 신규 HttpSession으로 이동됩니다.

- **Servlet API 3.1 이후의 환경**
  로그인 실행 시 HttpServletRequest의 changeSessionId 메서드를 실행해 세션 ID를 변경합니다.

웹 애플리케이션 서버에서 이러한 공격에 대한 대책이 있는 경우나 애플리케이션에서 독자적인 방식으로 대책을 강구하고 있는 경우에는 이러한 초기 설정을 변경할 필요가 있을 수 있습니다. 상세한 Session Fixation 대책 기능의 설정 방법은 스프링 시큐리티의 레퍼런스 매뉴얼을 참고합니다.

7.9 정리

이 장에서는 인증·인가에 대한 기본 지식과 스프링 시큐리티의 기본 기능, 그리고 웹 애플리케이션에 적용하는 방법을 알아봤습니다. 인증·인가에 필요한 아주 많은 기능이 스프링 시큐리티에 갖춰져 있음을 이해했을 것입니다. 그러나 여기에서 소개한 스프링 시큐리티의 기능은 아주 기본적인 것일 뿐입니다. 예를 들어 Single Sign On 기능과의 연결이나 Remember Me 기능(자동 로그인 기능), 이 밖에도 도메인 오브젝트에 액세스 제한을 설정하는 기능 등도 있습니다. 반드시 직접 사용하면서 확인해보기 바랍니다.

CHAPTER **08**

ORM 연계
– 하이버네이트, JPA, MyBatis

스프링과 연계할 수 있는 데이터 액세스 기술에는 여러 가지가 있음을 제3장에서도 설명했습니다. 이 장에서는 대표적인 ORM 데이터 기술이라고 말할 수 있는 하이버네이트^{Hibernate}, JPA, MyBatis와의 연계 방법을 알아봅니다. 스프링과 연계해줌으로써 중복된 처리의 기술이 불필요해진다든지, 스프링의 범용 데이터 액세스 예외나 트랜잭션 기능도 사용할 수 있게 되므로 스프링을 사용할 경우에는 필수 기능이라고 해도 과언이 아닙니다.

또한, 이 책에서는 스프링의 연계 방법을 중점적으로 설명하기 때문에 하이버네이트, JPA, MyBatis 자체는 최소한으로 설명할 것입니다. 하이버네이트, JPA, MyBatis에 관한 자세한 내용은 각각의 매뉴얼을 참고합니다.

8.1 하이버네이트와의 연계

2001년에 등장한 하이버네이트는 고비용이며 어렵다고 일컬어지던 ORM에 대한 당시의 이미지를 한번에 바꾼 제품이라고 말할 수 있습니다. 오픈 소스 라이선스로 사용할 수 있으며, 엔티티 클래스를 POJO로 작성할 수 있었기 때문에 많은 개발자로부터 지지를 받았습니다. 현재는 Red Hat이 개발을 진행하고 있으며 집필 시점의 최신판은 4.3.11.Final입니다.

8.1.1 하이버네이트의 사용

하이버네이트는 SQL 문의 생성, 발행 및 도메인[1]과 레코드의 변환을 자동으로 수행해줍니다. 이러한 처리들은 모두 Session(하이버네이트가 제공하는 API) 오브젝트에서 실행되며, Session 오브젝트는 SessionFactory(하이버네이트가 제공하는 API, Session의 Factory 클래스) 오브젝트로부터 취득할 수 있습니다.

---

1 이 장에서는 도메인 클래스의 오브젝트를 도메인이라고 부릅니다.

SessionFactory를 스프링의 Bean으로 관리해주면 리소스 관련 제어(Session 오브젝트의 생성(open)/파기(close)나 트랜잭션 제어)에 대한 로직을 써줄 필요가 없어집니다(스프링이 제어해줍니다). 개발자는 SessionFactory를 Bean으로 정의해주고 DAO 등의 Bean에 인젝션해준 다음 필요에 따라 SessionFactory로부터 Session 오브젝트를 취득해 사용하기만 하면 됩니다(그림 8-1).

그림 8-1 하이버네이트의 사용

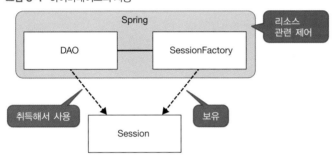

8.1.2 예제 소개

구체적인 연계 방법을 설명하기에 앞서, 해설에서 사용할 예제를 먼저 소개합니다. [그림 8-2]에서 전체 흐름을 확인해봅시다.

그림 8-2 해설에서 사용할 예제

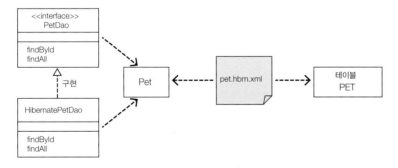

PetDao는 DAO의 인터페이스, HibernatePetDao는 DAO의 구현 클래스입니다. Pet은 도메인 클래스인데, Pet 클래스와 PET 테이블 사이의 매핑 정보는 Pet.hbm.xml에 기록됩니다. 매핑 정보의 설정은 어노테이션이나 XML로 할 수 있지만 이번 예제에서는 XML을 사용합니다.
또한, 이 책에서는 XML 자체에 관한 설명을 생략합니다.

8.1.3 SessionFactory의 Bean 설정

하이버네이트를 사용할 때는 Session의 팩토리인 SessionFactory를 준비할 필요가 있지만,
스프링과 연계해 사용할 경우에는 SessionFactory를 Bean으로 정의해주는 것으로 충분합니
다. [리스트 8-1]에 Bean 정의의 예제가 있습니다.

리스트 8-1 SessionFactory의 Bean 정의(XML)

```xml
<bean id="sessionFactory"
  class="org.springframework.orm.hibernate4.LocalSessionFactoryBean">
  <property name="dataSource" ref="dataSource" />
  <property name="namingStrategy" >
    <bean class="org.hibernate.cfg.ImprovedNamingStrategy"/>
  </property>
  <property name="mappingResources">
    <list>
      <value>sample/dao/Pet.hbm.xml</value>
    </list>
  </property>
  <property name="hibernateProperties">
    <value>
      hibernate.dialect=org.hibernate.dialect.HSQLDialect
      hibernate.show_sql=true
</value>
  </property>
</bean>

<bean id="transactionManager"
  class="org.springframework.orm.hibernate4.HibernateTransactionManager">
  <property name="sessionFactory" ref="sessionFactory" />
</bean>
```

❶

❷

❶의 Bean 클래스에는 LocalSessionFactoryBean이 설정됩니다. LocalSessionFactory
Bean은 SessionFactory를 쉽게 설정하기 위한 FactoryBean입니다. 또한, 프로퍼티 설정에

는 데이터 소스와 매핑 룰(이름 간 매핑을 위한 룰), 매핑 파일 경로[2], 그 밖에도 데이터베이스의 종류(리스트 8-1에서는 HSQLDB를 지정)나 내부에서 발행되는 SQL에 대한 로그 출력 여부 등을 지정해주고 있습니다.

❷에서는 트랜잭션 매니저의 Bean 정의를 설정하고 있습니다. 클래스로는 Hibernate TransactionManager를 사용하게 지정해주고, SessionFactory의 Bean을 인젝션하도록 설정합니다.

같은 Bean 설정을 JavaConfig로 하려면 [리스트 8-2]를 확인합니다.

리스트 8-2 SessionFactory의 Bean 정의(JavaConfig)

```
@Bean
public LocalSessionFactoryBean sessionFactory() {
  LocalSessionFactoryBean fb = new LocalSessionFactoryBean();
  fb.setDataSource(dataSource);
  fb.setNamingStrategy(new org.hibernate.cfg.ImprovedNamingStrategy());
  fb.setMappingResources("sample/dao/Pet.hbm.xml");
  Properties prop = new Properties();
  prop.setProperty("hibernate.dialect", "org.hibernate.dialect.HSQLDialect");
  prop.setProperty("hibernate.show_sql", "true");
  fb.setHibernateProperties(prop);
  return fb;
}


@Bean
public PlatformTransactionManager transactionManager(SessionFactory sf) {
  return new HibernateTransactionManager(sf);
}
```

설정 내용은 [리스트 8-1]과 동일하므로 각각 비교해봅니다.

---

2 여러 매핑 파일을 한꺼번에 지정하고 싶은 경우에는, mappingResource 프로퍼티에서 개별적으로 지정하는 것보다 mapping DirectoryLocations 프로퍼티를 사용하면 편리합니다. mappingDirectoryLocations는 개별적으로 파일을 지정하는 것이 아니라 매핑 파일을 배치한 폴더를 지정할 수 있습니다. 이 밖에도 LocalSessionFactoryBean은 어노테이션으로 매핑을 설정할 경우에도 사용할 수 있습니다. 상세한 내용은 LocalSessionFactoryBean의 API 도큐먼트를 참조합니다.

8.1.4 DAO의 구현

다음으로 DAO의 구현 예제를 보겠습니다.

[리스트 8-3]은 클래스의 전체 소스 코드입니다.

리스트 8-3 DAO의 구현

```
@Repository
public class HibernatePetDao implements PetDao {

    @Autowired
    private SessionFactory sf;    ◄------------------------------------❶

    @Override                   ┌----------------------------------┐
    public Pet findById(int petId) {
      Session s = sf.getCurrentSession();                          ├--❷
      return (Pet)s.get(Pet.class, petId);
    }                           └----------------------------------┘

    @Override                   ┌----------------------------------┐
    public List<Pet> findAll() {
      Session s = sf.getCurrentSession();                          ├--❸
      return s.createQuery("from Pet").list();
    }                           └----------------------------------┘

}
```

❶에서는 필드에 SessionFactory Bean을 인젝션하고 있습니다. 이 설정으로 인해 ❷와 ❸
의 메서드 내부에서 SessionFactory를 사용해 Session 오브젝트를 취득할 수 있습니다.
Session 오브젝트는 getCurrentSession 메서드로 취득합니다. getCurrentSession 메서드
는 현재 사용 중인 Session 오브젝트를 취득하기 위한 메서드입니다.

스프링과 연계하는 경우에는 스프링의 트랜잭션 기능이 관리하는 Session 오브젝트를 가져옵
니다. 일단 Session 오브젝트가 취득되면 Session의 메서드를 자유롭게 사용할 수 있습니다
(Session 메서드에 관한 자세한 내용은 하이버네이트의 매뉴얼을 참고합니다). 사용이 끝난
후에는 Session을 Close하지 않도록 주의해야 합니다(Close는 스프링의 트랜잭션 기능에 일
임해 처리합니다).

지금까지 설명했던 것과 같이, SessionFactory의 getCurrentSession 메서드를 실행해주면 스프링의 트랜잭션 관리하에 제어되고 있는 Session 오브젝트를 취득할 수 있습니다.

반대로, 만약 트랜잭션이 시작되지 않은 경우라면 Session 오브젝트가 존재하지 않으므로 예외가 발생합니다. 그러므로 DAO의 유닛테스트를 수행할 때는 반드시 트랜잭션을 시작한 다음 테스트를 실행해야 합니다. 그러면 어떻게 해야 할까요? 다음과 같이 테스트 메서드에 @Transactional 어노테이션을 설정해주면 됩니다.

```
@Transactional
@Test
public void testFindAll() {
    ...(DAO를 사용한 테스트 코드)...
```

테스트 클래스에 @RunWith(SpringJUnit4ClassRunner.class) 어노테이션을 설정해 놓으면 tx:annotation-driver 태그가 Bean 정의 파일에 없어도 @Transactional 어노테이션을 사용할 수 있습니다. 모든 테스트 메서드에서 트랜잭션 제어를 유효하게 하고 싶다면 클래스 자체에 @Transactional 어노테이션을 설정해 놓으면 됩니다. 그렇지만 트랜잭션 매니저의 Bean 명이 transactionManager가 아니라면 @TransactionConfiguration 어노테이션으로 트랜잭션 매니저의 Bean 명을 지정해줄 필요가 있습니다. 예를 들어 트랜잭션 매니저의 Bean 명이 txManager인 경우에는 테스트 클래스에 아래 강조된 부분과 같이 설정해줍니다.

```
@RunWith(SpringJunit4ClassRunner.class)
@ContextConfiguration(location="classpath:/foo/bar/beans.xml")
@TransactionConfiguration(transactionManager="txManager")
@Transactional
public class PersonDaoTest {
```

8.1.5 범용 데이터 액세스 예외의 사용

Session의 메서드를 호출할 때 내부에서 예외가 발생하면 하이버네이트의 자체 예외가 던져집니다. 즉, DAO 작성 중에 따로 잡아주지 않으면 그대로 하이버네이트의 예외가 전달됩니다 (상위 층에 하이버네이트 예외가 전달). 데이터 액세스 기술(여기에서는 하이버네이트)에 의존이 없는 범용 데이터 액세스 예외(스프링이 제공하는 예외 클래스군)로 변환해주기 위해서는 다음과 같이 Bean을 설정해야 합니다.

XML의 경우

```
<bean class="org.springframework.dao.annotation.PersistenceExceptionTranslationPost
Processor"/>
```

JavaConfig의 경우

```
@Bean
public PersistenceExceptionTranslationPostProcessor exceptionTranslator() {
  return new PersistenceExceptionTranslationPostProcessor();
}
```

이렇게 설정해주면 @Repository를 설정해준 클래스(통상은 DAO의 구현 클래스)의 메서드가 하이버네이트 고유의 예외를 던질 때, 스프링은 범용데이터 액세스 예외로 변환해서 상위층으로 던져줍니다.

> **NOTE_ HibernateTemplate 클래스**
>
> 예전에는 하이버네이트와 스프링을 연계하면 HibernateTemplate 클래스를 사용하는 경우가 많았습니다. HibernateTemplate 클래스는 Session을 래핑(wrapping)한 것 같은 메서드를 제공하고, Session의 취득이나 범용 데이터 액세스 예외의 변환까지 내부적으로 실행해주는 편리한 클래스입니다. 단, Session 전체의 기능을 제공해주는 것은 아니며, 이후 하이버네이트에 기능이 추가됐을 때, HibernateTemplate에서 지원해주지 않으면 사용할 수 없습니다.
>
> 하지만 이 장에서 설명했던 SessionFactory를 직접 사용하는 방식이라면 Session 오브젝트를 직접 사용해서 무엇이든지 할 수 있고, 게다가 하이버네이트에 익숙한 개발자라면 하이버네이트의 API만 신경쓰면 되므로 효율적인 개발을 진행할 수 있습니다.
>
> 이러한 이유로 스프링의 레퍼런스 매뉴얼에서는 이 장에서 해설했던 SessionFactory를 직접 사용하는 방법만 소개돼 권장되고 있습니다.

---

3 정확하게는 HibernateTemplate의 execute 메서드와 HibernateCallback 인터페이스를 사용하면 Session 오브젝트를 사용해서 직접 처리를 구현할 수 있지만, 익명 클래스를 사용하는 등, 구현이 복잡해집니다.

8.2 JPA와의 연계

제3장에서 설명했던 Spring Data JPA는 DAO의 구현을 자동 생성하는 편리한 기능을 제공하는 반면, 직접 JPA를 사용하는 것과 비교했을 때 유연성이 떨어지는 문제가 있습니다. 이 장에서는 직접 JPA를 사용하면서도(Spring Data JPA를 사용하지 않음) 스프링과 연계하는 방법을 알아봅니다. 또한 JPA의 개요 및 사용법에 대해서는 **4.3.2 JPA의 기초**에서 설명했으므로 JPA에 익숙하지 않다면 해당 내용을 참고합니다. 또한 제4장과 동일하게 이 장에서도 JPA의 구현에는 하이버네이트를 사용합니다.

8.2.1 JPA의 사용

JPA는 SQL의 생성과 발행 및 도메인과 레코드를 자동으로 변환해줍니다. 이러한 처리들은 EntityManager 오브젝트(JPA가 제공하는 API)에서 실행하며, EntityManager 오브젝트는 EntityManagerFactory(JPA가 제공하는 API, EntityManager의 Factory)에서 취득할 수 있습니다.

스프링의 Bean으로서 EntityManagerFactory를 관리하므로 리소스에 관련된 제어(EntityManager 오브젝트의 생성(open)과 파기(close) 및 트랜잭션 제어)들은 스프링에게 일임하기 때문에 별도의 코드를 쓰지 않아도 됩니다. 개발자는 단순히 스프링이 제공해주는 EntityManager 오브젝트를 DAO 등의 Bean에 인젝션해 사용하기만 하면 됩니다(그림 8-3).

그림 8-3 JPA의 사용

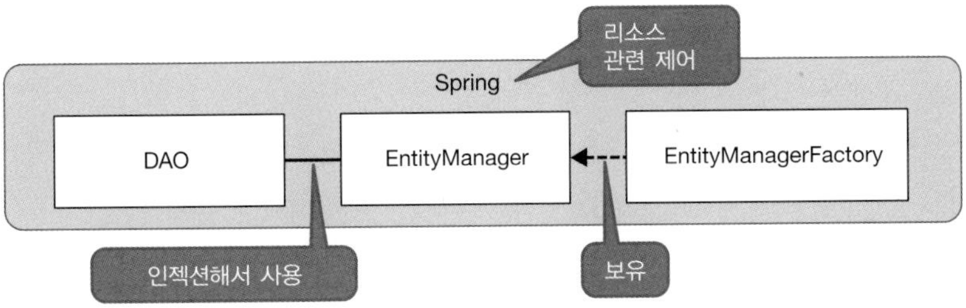

8.2.2 예제 소개

구체적인 설명에 앞서 해설에 사용할 예제를 소개합니다. [그림 8-4]에서 전체 구조를 파악할
수 있습니다.

그림 8-4 해설에서 사용할 예제

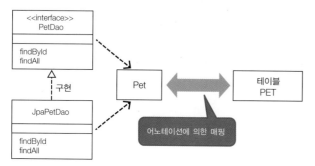

PetDao는 DAO의 인터페이스로서, JpaPetDao는 DAO의 구현 클래스입니다. 또한 Pet은
도메인 클래스로서, Pet 클래스와 PET 테이블 사이의 매핑은 Pet 클래스에 설정된 어노테이
션에 의해 이루어집니다. 어노테이션의 용례를 이 장에서는 따로 설명하지 않지만 **4.3.2 JPA의
기초**에서도 다루고 있으므로 필요하다면 참고합니다.

8.2.3 EntityManagerFactory의 Bean 설정

JPA를 사용할 때는, EntityManager의 팩토리 클래스인 EntityManagerFactory를 준비해
야 하지만, 스프링과 연동할 경우에는 EntityManagerFactory를 Bean으로 정의해주면 됩
니다.

[리스트 8-4]는 Bean 정의 예제입니다.

리스트 8-4 EntityManagerFactory의 Bean 정의(XML)

```
<bean id="entityManagerFactory"
  class="org.springframework.orm.jpa.LocalContainerEntityManagerFactoryBean">
  <property name="dataSource" ref="dataSource" />
  <property name="persistenceProviderClass" value="org.hibernate.jpa.
    HibernatePersistenceProvider" />
```
❶

```
  <property name="packagesToScan" value="sample.entity" />
  <property name="jpaProperties">
    <props>
      <prop key="hibernate.dialect">org.hibernate.dialect.HSQLDialect</prop>
      <prop key="hibernate.show_sql">true</prop>
      <prop key="hibernate.ejb.naming_strategy">org.hibernate.cfg.
        ImprovedNamingStrategy</prop>
    </props>
  </property>
</bean>
<bean id="transactionManager" class="org.springframework.orm.jpa.
  JpaTransactionManager">
  <property name="entityManagerFactory" ref="entityManagerFactory" />
</bean>
```

❶─

❷─

❶의 Bean 클래스 정의에는 LocalContainerEntityManagerFactoryBean이 지정됐습니다.
LocalContainerEntityManagerFactoryBean은 EntityManagerFactory의 설정을 용이하
게 하기 위한 FactoryBean입니다. 프로퍼티 설정에는 데이터 소스와 JPA 프로바이더(JPA
구현) 및 스캔할 도메인 클래스의 패키지 등이 지정됐습니다(각 프로퍼티의 설명은 표 4-2를
참고).

또한, ❷에서는 트랜잭션 매니저의 Bean 정의를 설정하고 있습니다. 클래스에는 Jpa
TransactionManager를 지정하고, EntityManagerFactory의 Bean을 인젝션하도록 설정
해줍니다. 같은 Bean 설정을 JavaConfig로 하면 [리스트 8-5]와 같습니다.

리스트 8-5 EntityManagerFactory의 Bean 정의(JavaConfig)

```
@Bean
public LocalContainerEntityManagerFactoryBean entityManagerFactory(
  DataSource dataSource){

    HibernateJpaVendorAdapter adapter = new HibernateJpaVendorAdapter();
    adapter.setShowSql(true);
    adapter.setDatabase(Database.HSQL);

    Properties props = new Properties();
    props.setProperty("hibernate.ejb.naming_strategy",
                    "org.hibernate.cfg.ImprovedNamingStrategy");

    LocalContainerEntityManagerFactoryBean emfb =
```

```
        new LocalContainerEntityManagerFactoryBean();
    emfb.setJpaVendorAdapter(adapter);
    emfb.setJpaProperties(props);
    emfb.setDataSource(dataSource);
    emfb.setPackagesToScan("sample.entity");

    return emfb;
  }

  @Bean
  public PlatformTransactionManager transactionManager(EntityManagerFactory emf) {
    return new JpaTransactionManager(emf);
  }
```

설정 내용은 [리스트 8-4]와 동일하므로 각각 비교해봅니다.

또한, 개발 프로젝트에 따라서는 Java EE 애플리케이션 서버에서 관리하는 EntityManager Factory 오브젝트를 사용하는 경우가 있을 수 있습니다. 그러한 경우에는 JNDI[4]를 사용해 EntityManagerFactory를 취득한 다음 Bean으로 등록합니다. 다음 예제를 참고합니다.

```
<jee:jndi-lookup id="entityManagerFactory" jndi-name="persistence/
MyEntityManagerFactory"/>
```

jee 스키마의 jndi-lookup 태그를 사용해, JNDI 명(여기서는 persistence/MyEntity ManagerFactory라고 가정함)을 jndi-name 속성에 지정하면 됩니다. JavaConfig를 사용하는 경우에는 다음과 같이 설정합니다.

```
  @Bean
  public EntityManagerFactory entityManagerFactory() throws NamingException {
    Context ctx = new InitialContext();
    return (EntityManagerFactory)ctx.lookup("persistence/MyEntityManagerFactory");
  }
```

JNDI의 API를 직접 사용해서 EntityManagerFactory 오브젝트를 취득하고 있습니다.

....

4 Java Naming and Directory Interface. 네이밍 서비스에서 데이터를 취득하기 위한 Java의 표준 API. 더 자세한 사항은 제3장을 참조합니다.

8.2.4 DAO의 구현

다음은 DAO의 구현 예제입니다. 먼저, [리스트 8-6]은 클래스 전체의 소스 코드입니다.

리스트 8-6 DAO의 구현

```
@Repository
public class JpaPetDao implements PetDao {

    @PersistenceContext
    private EntityManager em;                                            ─❶

    @Override
    public Pet findById(int petId) {
        return em.find(Pet.class, petId);                               ─❷
    }

    @Override
    public List<Pet> findAll() {
        return em.createQuery("from Pet").getResultList();              ─❸
    }

}
```

❶에서는 EntityManager Bean을 필드에 인젝션하고 있습니다(@PersistenceContext를 사용한 것에 주의합니다). 이제부터 ❷와 ❸의 메서드 안에서 EntityManager 오브젝트를 자유롭게 사용할 수 있습니다(EntityManager 오브젝트는 프락시proxy로서, 트랜잭션마다 개별적인 EntityManager 오브젝트로 처리를 이전해줍니다[5]). 하지만 EntityManager의 close 처리는 하지 않도록 주의해야 합니다(close는 스프링의 트랜잭션 기능에서 처리하기 때문입니다).

---

5 DAO의 단위 테스트를 할 때, 트랜잭션을 시작하지 않았다면 EntityManager가 존재하지 않아서 예외가 발생합니다. 단위 테스트 실행 시 트랜잭션을 시작하는 방법은 **Note_하이버네이트로 구현한 DAO의 테스트**에서 소개하고 있으므로 참고합니다.

8.2.5 범용 데이터 액세스 예외의 사용

EntityManager의 메서드를 호출할 때 내부에서 예외가 발생하면 JPA 자체의 예외가 발생합니다. DAO를 구현할 때 에러를 잡아주지 않으면 JPA 예외가 그대로 전달됩니다(상위 층으로 JPA 예외가 전달됩니다).

데이터 액세스 기술(여기에는 JPA)에 의존하지 않는 범용 데이터 액세스 예외(스프링이 제공해주는 예외 클래스군)로 변환하려면 DAO의 구현 클래스에 @Repository 어노테이션을 추가한 다음 Bean 정의에 PersistenceExceptionTranslationPostProcessor를 Bean으로 정의하면 됩니다.

구체적인 정의 방법은 **8.1.5 범용 데이터 액세스 예외의 사용**에서 소개하고 있으므로 참고합니다.

8.3 MyBatis와의 연계

하이버네이트나 JPA 같은 고기능 ORM이 정말 매력적이지만, SQL 문은 스스로 작성하고 싶은 사람에게 추천할 수 있는 것이 MyBatis입니다. 여기서는 스프링과 MyBatis의 연계 방법을 알아봅니다.

2002년에 등장한 MyBatis(당시에는 iBatis)는 개발자가 스스로 SQL을 작성하면서, 도메인과 레코드 간의 변환을 자동화할 수 있게 한 오픈 소스 ORM입니다. 지금도 변함없이 인기가 많아서 많은 개발 프로젝트에서 사용하고 있습니다[6]. 또한 SQL을 외부 파일에 작성하기 때문에 SQL의 관리가 용이하다는 특징이 있습니다. 이 절에서는 MyBatis에 관한 설명은 최소화하고, MyBatis와 스프링의 연계 방법을 중점적으로 설명합니다. 자세한 설명은 MyBatis의 매뉴얼을 참고합니다.

스프링과 MyBatis 간의 연계 기능은 스프링에서 제공하는 것이 아니라, MyBatis에서 제공하고 있습니다. 그러한 이유로 스프링의 매뉴얼에는 연계 기능에 관한 설명이 없습니다.

---

6 해외에서 스프링 관련 엔지니어가 오면, MyBatis의 인기에 놀라는 경우가 있습니다. 해외에서 MyBatis는 그다지 사용되지 않는 듯 합니다.

mybatis-spring이라는 사이트[7]에 자세한 소개가 있으므로 상세 정보가 필요한 경우에는 참고합니다.

8.3.1 MyBatis의 사용

MyBatis의 핵심 API는 SqlSession(MyBatis가 제공하는 인터페이스)입니다. SqlSession 오브젝트는 SQL 문을 외부 파일에서 읽어 들여서 발행하는 한편, 도메인과 레코드의 변환을 담당해줍니다. 매핑 파일이란 SQL과 변환을 위한 매핑 정보를 기술한 파일을 말합니다. 또한, SqlSession 오브젝트는 SqlSessionFactory(MyBatis가 제공하는 API, SqlSession의 팩토리)에서 취득할 수 있습니다.

스프링의 Bean으로서 SqlSessionFactory를 관리하므로 리소스 관련 제어(SqlSession 오브젝트의 생성(open)과 파기(close) 및 트랜잭션 제어)는 스프링에게 일임되기 때문에 별도의 코드를 쓰지 않아도 됩니다. 개발자는 단순히 스프링이 제공하는 SqlSession 오브젝트를 DAO 등의 Bean에 인젝션해 사용하면 됩니다(그림 8-5).

그림 8-5 DAO를 사용하는 경우

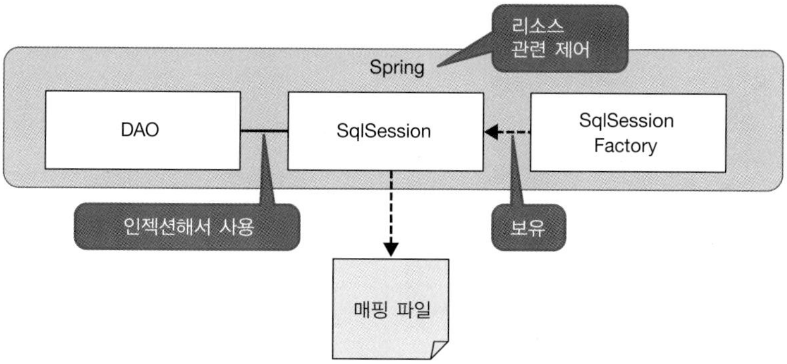

또한, MyBatis는 DAO의 구현을 자동으로 생성해주는 Mapper라는 기능을 제공합니다. Mapper를 사용할 경우에는 개발자가 Mapper용 인터페이스(DAO 인터페이스와 같음)를 준비해서 Mapper 오브젝트를 생성하도록 Bean 정의를 추가한 다음, 서비스 등에 인젝션해서 사용합니다(그림 8-6).

---

[7] http://www.mybatis.org/spring/

그림 8-6 Mapper를 사용하는 경우

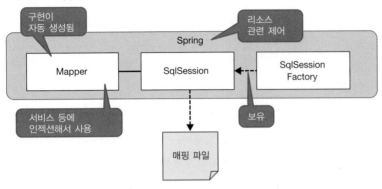

8.3.2 예제 소개

구체적인 연계 방법을 학습하기에 앞서, 해설에서 사용할 예제를 살펴봅니다. Mapper를 사용하지 않는 경우와 사용하는 경우의 두 가지를 소개합니다. [그림 8-7]은 Mapper를 사용하지 않는 경우의 예제입니다.

그림 8-7 Mapper를 사용하지 않는 경우

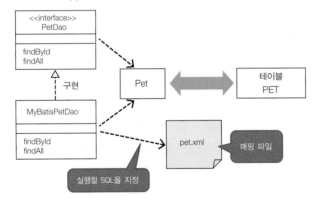

PetDao는 DAO의 인터페이스로서, MyBatisPetDao는 DAO의 구현 클래스입니다. 또한 Pet은 도메인 클래스로서, SQL의 결과 취득이나 파라미터로써 Pet 오브젝트를 사용합니다. 발행할 SQL 문이나 Pet 클래스와 PET 테이블 간의 매핑 정보는 pet.xml에 기재돼 있습니다. 이 장에서는 SQL과 매핑의 기재 방법을 설명하지 않지만, [리스트 8-7]에 설정 예시가 있으므로 참고합니다.

리스트 8-7 pet.xml

```xml
<?xml version="1.0" encoding="UTF-8" ?>
<!DOCTYPE mapper PUBLIC "-//mybatis.org//DTD Mapper 3.0//EN"
"http://mybatis.org/dtd/mybatis-3-mapper.dtd">
<mapper namespace="sample.mybatis.business.service.PetDao">
  <select id="findById" parameterType="int"
          resultType="sample.mybatis.business.domain.Pet">
    SELECT * FROM PET WHERE PET_ID = #{id}
  </select>
  <select id="findAll" resultType="sample.mybatis.business.domain.Pet">
    SELECT * FROM PET
  </select>
</mapper>
```

한 가지 중요한 부분을 보충하면 어노테이션에는 발행할 SQL 문을 특정해줄 필요가 있는데 이 때 사용할 정보로는 mapper 태그의 namespace 속성과 select 태그[8]의 id 속성이 있습니다. 이 두 가지 속성값을 연결한 것이 SQL 문의 식별자가 됩니다. 자세한 기술 방법에 흥미가 있다 면 MyBatis의 매뉴얼을 참고합니다. 간결하고 유용하게 설정할 수 있음을 알 수 있습니다.

[그림 8-8]은 Mapper를 사용할 경우의 예제입니다.

그림 8-8 Mapper를 사용할 경우

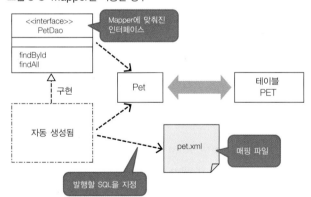

---

8 select 태그 외에도 insert, update, delete 태그가 있으므로 SQL 문의 종류에 맞추어 사용합니다.

DAO 인터페이스와 Mapper가 연결돼 DAO의 구현이 자동 생성됐습니다. 덧붙이면 DAO 인터페이스와 Mapper를 연계시키기 위해 인터페이스를 사용한다든지, 어노테이션을 추가하는 식의 설정은 필요하지 않습니다. 패키지명·인터페이스명·메서드명의 정보를 pet.xml에 기술한 SQL 식별자(mapper 태그의 namespace 속성과 select 태그의 id 속성을 연결한 것)에 연결하면 됩니다.

8.3.3 SqlSessionFactory의 Bean 설정

Mapper의 사용 여부와 관계없이, SqlSessionFactory의 Bean 정의는 필요합니다. [리스트 8-8]은 Bean 정의 예제입니다.

리스트 8-8 SqlSessionFactory의 Bean 설정(XML)

```
<bean id="sqlSessionFactory" class="org.mybatis.spring.SqlSessionFactoryBean">
  <property name="dataSource" ref="dataSource" />
  <property name="configLocation" value="mybatis-config.xml"/>
  <property name="mapperLocations">
    <list>
      <value>sample/dao/pet.xml</value>
    </list>
  </property>
</bean>                                                                    ❶

<bean id="transactionManager"
      class="org.springframework.jdbc.datasource.DataSourceTransactionManager">
  <property name="dataSource" ref="dataSource" />
</bean>                                                                    ❷
```

[리스트 8-8 ❶]의 Bean에는 SqlSessionFactoryBean이 설정됐습니다. SqlSessionFactoryBean은 SqlSessionFactory를 쉽게 설정하기 위한 FactoryBean입니다. 프로퍼티 지정에서는 데이터 소스로 시작해, MyBatis 설정 파일[9]의 경로(mybatis-config.xml이라는 경로로 가정)와 매핑 파일의 경로(sample/dao/pet.xml이라고 경로를 가정)가 지정됐습니다.

---

9 기본적인 설정은 SqlSessionFactoryBean의 프로퍼티에서 설정할 수 있지만, 매핑 시의 이름 규칙이나 캐시의 사용 유무 등 세세한 설정은 MyBatis의 설정 파일에서 지정해야 합니다.

매핑 파일이 여럿일 경우, value 태그를 추가해서 하나하나 지정할 수도 있지만, 그것이 귀찮다면 와일드카드를 사용해 다음과 같이 기술할 수도 있습니다.

```
<value>classpath*:sample/dao/**/*.xml</value>
```

와일드카드를 사용하면 sample/dao 이하(서브 패키지를 포함)의, 확장자가 xml인 파일을 모두 읽어 들일 수 있습니다. 덧붙여 classpath가 아닌 classpath*라고 기술하는 이유는 복수의 파일을 읽어 들일 때 필요한 설정이기 때문입니다. classpath라고 기술하면 와일드카드에 의해 발견된 첫 파일만 읽어 들이기 때문에 주의해야 합니다.

또한, [리스트 8-8 ❷]에서는 트랜잭션 매니저의 Bean 정의를 설정하고 있습니다. 클래스에는 DataSourceTransactionManager를 지정하고 데이터 소스를 인젝션해줍니다. 같은 Bean 정의를 JavaConfig로 설정하는 경우의 예제를 [리스트 8-9]에서 확인할 수 있습니다.

리스트 8-9 SqlSessionFactory의 Bean 정의(JavaConfig)

```
@Bean
public SqlSessionFactoryBean sqlSessionFactory() throws Exception {
  SqlSessionFactoryBean sf = new SqlSessionFactoryBean();
  sf.setDataSource(dataSource);
  sf.setConfigLocation(new ClassPathResource("mybatis-config.xml"));
  sf.setMapperLocations(
    new Resource[]{new ClassPathResource("sample/dao/pet.xml")}
  );
  return sf;
}

@Bean
public PlatformTransactionManager transactionManager() {
  return new DataSourceTransactionManager(dataSource);
}
```

설정 내용은 XML과 동일하므로 각각 비교해봅니다.

또한, 복수의 매핑 파일을 와일드카드로 읽어 들이는 경우는 해당 부분을 다음과 같이 기술해야 합니다.

```
sf.setMapperLocations(
    new PathMatchingResourcePatternResolver().getResources(
        "classpath*:sample/dao/**/*.xml")
);
```

8.3.4 DAO의 구현

Mapper를 사용하지 않는 경우

먼저, Mapper를 사용하지 않는 경우의 DAO 구현부터 살펴봅니다. **8.3.1 MyBatis의 사용**에서도 다뤘지만, Mapper를 사용하지 않을 경우, SqlSession 오브젝트는 DAO에 인젝션해서 사용합니다. SqlSession 오브젝트는 Bean 정의를 통해 준비할 수 있습니다. [리스트 8-10]의 Bean 정의 예제를 봅시다.

리스트 8-10 SqlSession의 Bean 정의(XML)

```
<bean class="org.mybatis.spring.SqlSessionTemplate">
  <constructor-arg ref="sqlSessionFactory" />
</bean>
```

클래스 속성에는 SqlSessionTemplate 클래스를 지정해줍니다. SqlSessionTemplate은 SqlSession 인터페이스를 구현한 클래스입니다.

JavaConfig인 경우에는 [리스트 8-11]과 같이 기술합니다.

리스트 8-11 SqlSession의 Bean 정의(JavaConfig)

```
@Bean
public SqlSession sqlSession(SqlSessionFactory sf) {
  return new SqlSessionTemplate(sf);
}
```

[리스트 8-12]는 DAO의 구현 예제입니다.

리스트 8-12 DAO의 구현

```
@Repository
public class MyBatisPetDao implements PetDao {

    @Autowired                                                        ----①
    private SqlSession ss;

    @Override
    public Pet findById(int petId) {                                  ----②
        return ss.selectOne("sample.dao.PetDao.findById", petId);
    }

    @Override
    public List<Pet> findAll() {                                      ----③
        return ss.selectList("sample.dao.PetDao.findAll");
    }

}
```

[리스트 8-12 ①]에서는 SqlSession의 Bean을 필드에 인젝션하고 있습니다. 이 설정 덕분에, ②와 ③의 메서드 내에서 SqlSession의 메서드를 자유롭게 사용할 수 있습니다 (SqlSession 오브젝트는 프락시로서, 트랜잭션마다 개별적인 SqlSession 오브젝트로 처리를 이전해줍니다).

SqlSession이 포함된 API에 관해 자세히 설명하지는 않겠지만, 예제에서 사용하고 있는 것은 selectOne 메서드와 selectList 메서드입니다. selectOne 메서드는 1건의 데이터(여기서는 Pet 오브젝트)를 돌려주는 메서드입니다. 인수로는 SQL 식별자와 파라미터 정보를 사용합니다(파라미터의 지정이 필요 없는 경우는 생략 가능). selectList 메서드는 복수의 데이터를 리스트로 돌려주는 메서드로서, 인수로는 selectOne 메서드와 같이 SQL 식별자와 파라미터 정보를 사용합니다. 또한 SqlSession의 close 처리는 하지 않도록 주의해야 합니다. close 처리는 스프링의 트랜잭션 기능에서 담당하기 때문입니다.

Mapper를 사용하는 경우

Mapper를 사용하는 경우에는 Mapper 오브젝트를 Bean으로 정의해야 할 필요가 있습니다. Mapper의 구현(이 책에서는 DAO의 구현과 같음)은 MyBatis가 자동 생성하기 때문에 엄밀하게는 Mapper를 자동 생성하는 FactoryBean을 Bean으로 정의해주는 것이 됩니다. 자동 생성의 대상이 되는 DAO의 인터페이스를 [리스트 8-13]에서 확인할 수 있습니다.

리스트 8-13 DAO의 인터페이스

```
package sample.mybatis.business.service;

public interface PetDao {
  Pet findById(int petId);
  List<Pet> findAll();
}
```

얼핏 보면 특징 없는 인터페이스로 보이지만, 패키지명 · 인터페이스명 · 메서드명은 pet.xml 에 기재해두었던 SQL 식별자(mapper 태그의 namespace 속성과 select 태그의 id 속성 을 연결한 것)와 연결됐음을 알 수 있습니다. 다음으로 Mapper를 생성하는 FactoryBean의 Bean 정의를 [리스트 8-14]에서 확인할 수 있습니다.

리스트 8-14 Mapper의 Bean 정의(XML)

```
<bean id="petDao" class="org.mybatis.spring.mapper.MapperFactoryBean">
  <property name="mapperInterface" value="sample.mybatis.business.service.PetDao" />
  <property name="sqlSessionFactory" ref="sqlSessionFactory" />
</bean>
```

클래스 속성에는 MapperFactoryBean을 지정해줍니다. 프로퍼티 속성에는 Mapper에 연결 해줄 인터페이스(PetDao)를 설정한 다음, SqlSessionFactory 오브젝트를 인젝션하고 있습 니다. 또한, Mapper 오브젝트를 하나씩 Bean으로 정의하는 것이 싫다면 다음과 같이 한꺼번 에 정의할 수 있습니다.

```
<mybatis:scan base-package="sample.mybatis.business.service"/>
```

sample.mybatis.business.service 이하(서브 패키지 포함)의 인터페이스에 대해 Mapper 오브젝트가 생성돼 Bean으로 관리됩니다. 또한 위의 태그는 mybatis 스키마를 사용하므로 mybatis 스키마를 사용하기 위한 beans 태그의 설정 예는 다음과 같습니다. 진하게 표시된 부분이 mybatis 스키마의 설정 부분입니다.

```
<beans xmlns="http://www.springframework.org/schema/beans"
  xmlns:xsi="http://www.w3.org/2001/XMLSchema-instance"
  xmlns:context="http://www.springframework.org/schema/context"
  xmlns:tx="http://www.springframework.org/schema/tx"
  xmlns:mybatis="http://mybatis.org/schema/mybatis-spring"
  xsi:schemaLocation="
   http://www.springframework.org/schema/beans
   http://www.springframework.org/schema/beans/spring-beans.xsd
   http://www.springframework.org/schema/context
   http://www.springframework.org/schema/context/spring-context.xsd
   http://www.springframework.org/schema/tx
   http://www.springframework.org/schema/tx/spring-tx.xsd
   http://mybatis.org/schema/mybatis-spring
   http://mybatis.org/schema/mybatis-spring.xsd
   ">
```

이제, JavaConfig인 경우의 Mapper Bean 설정을 살펴봅시다(리스트 8-15).

리스트 8-15 Mapper의 Bean 설정(JavaConfig)

```
@Bean
public PetDao petDao(SqlSessionFactory sf) {
  SqlSessionTemplate st = new SqlSessionTemplate(sf);
  return st.getMapper(PetDao.class);
}
```

SqlSessionTemplate을 사용해 Mapper 오브젝트를 생성할 수 있습니다. 또한 일괄적으로
Mapper 오브젝트를 생성하는 경우에는 @MapperScan 어노테이션을 JavaConfig 클래스에
추가하면 됩니다.

```
@MapperScan(basePackages="sample.mybatis.business.service")
```

sample.mybatis.business.service 이하(서브 패키지 포함)의 인터페이스에 대해 Mapper
오브젝트가 생성돼 Bean으로 관리됩니다.

앞에서 설명한 어떤 방법을 사용하든, 일단 Mapper 오브젝트가 준비되기만 하면 서비스 등에
오브젝트를 인젝션해서 사용할 수 있습니다.

8.3.5 범용 데이터 액세스 예외의 사용

MyBatis의 처리 중 내부에서 예외가 발생하면 자동으로 범용 데이터 액세스 예외(스프링이 제공하는 예외 클래스군)로 변환됩니다.

딱히 범용 데이터 액세스 예외를 사용하기 위한 설정은 필요하지 않습니다.

8.4 정리

이 장에서는 하이버네이트, JPA, MyBatis의 연계에 관해서 설명했습니다. 제3장에서 설명했던 스프링 JDBC나 Spring Data JPA도 그렇지만, 각각의 데이터 액세스 기술에는 각기 장단점이 있어서 어떤 것이 가장 좋다고 말할 수는 없습니다.

하나의 애플리케이션 내에서 여러 데이터 액세스 기술을 혼용해서 사용해도 괜찮습니다. 애플리케이션의 특징이나 개발자의 스킬 등을 잘 고려해 적절하다고 생각하는 데이터 액세스 기술을 선택하면 됩니다.

CHAPTER 09

캐시 추상 기능

웹 애플리케이션에서 발생하는 성능 문제로 가장 대표적인 것은 RDB 등의 데이터가 저장된 스토리지로의 액세스라고 널리 알려져 있습니다(그림 9-1). 그렇다면 RDB에서 마스터 테이블로 분류할 수 있는, 변경이 잘 일어나지 않는 데이터나 웹에서 Amazon이 제공하고 있는 ISBN 같은 데이터, 이러한 데이터는 매번 RDB에 액세스해서 데이터를 가져오는 것이 아니라 데이터를 캐싱해 줌으로서 성능이 떨어지지 않도록 할 수 있습니다(그림 9-2).

그림 9-1 퍼포먼스의 보틀넥

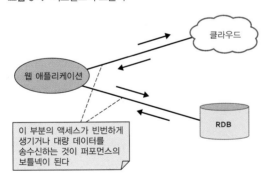

스프링은 3.1부터 데이터 캐시 기능을 제공하고 있습니다. 이를 캐시의 추상화cache abstraction라고 부르며, 주로 Cache와 CacheManager 인터페이스로 구성되는 SPIService Provider Interface입니다.

그림 9-2 캐시

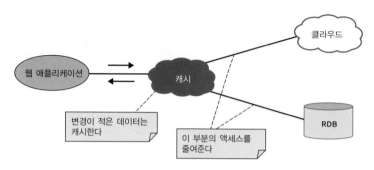

SPI는 JNDI와 같이 인터페이스의 구현 클래스를 보이지 않게 숨김으로써 이용자가 내부 구현을 의식하지 않아도 교체할 수 있도록 해주는 것을 말합니다. 스프링의 캐시 추상화도 역시 SPI를 통해 실제 사용할 Cache Provider에 액세스할 수 있습니다. 또한 스프링 4.1부터는 JSRA-107(JCache)의 어노테이션도 이용할 수 있지만, 이 장에서는 먼저 스프링이 제공하는 어노테이션을 이용해서 **제2장 스프링 DI**에서 설명했던 샘플에 캐시 기능을 추가해봅니다.

9.1 ProductDaoImpl과 ProductServiceImpl, ProductSampleRun의 수정과 동작 확인

먼저 ProductDaoImpl 클래스를 조금 수정해봅시다. 주된 수정 내용은 findProduct 메서드의 return 구문 앞(리스트 9-1 ❶)에 3초간 sleep하는 메서드인 slowly를 추가하는 것입니다(리스트 9-1 ❷). 다음으로 ProductServiceImpl 클래스의 findProduct 메서드에 스톱워치를 삽입(리스트 9-2 ❶~❸)해 메서드의 처리 속도 및 취득한 데이터 Product 인터페이스의 내용을 표시해줍니다(리스트 9-2 ❹).

마지막으로, 실행 클래스인 ProductSampleRun의 execute 메서드에서는 Product 인터페이스(키는 호치키스, 가격은 100)를 추가하고 3회 가져옵니다(리스트 9-3 ❶). 그리고 Product 인터페이스(키는 호치키스 그대로, 가격은 200으로)를 덮어 쓰기로 추가[1]해주고 3

---

1 리스트 8-3의 ❷의 최초 메서드는 덮어쓰기이므로 'addProduct( )가 아니라, updateProduct( )가 아닌가?'라는 의견도 있지만, DI와 AOP의 해설의 흐름상, 메서드명은 addProduct( )를 채택하고 있습니다.

회 가져오도록 로직을 추가해줍니다(리스트 9-3 ❷).

그럼 바로 실행해봅시다. slowly 메서드가 보틀넥이 돼서 한 번 읽어 들이는 데 3초, 실행이
끝나기까지는 18초가 걸릴 것입니다(그림 9-3).

리스트 9-1 수정 후의 ProductDaoImpl

```
@Repository
public class ProductDaoImpl implements ProductDao {

  // RDB 역할
  private Map<String, Product> storage = new HashMap<String, Product>();

  // Dao지만, 간단하게 하기 위해 RDB에는 액세스하지 않음.
  public Product findProduct(String name) {
    slowly(); // 고의로 느리게 함  ◀---------------------------------------❶
    return storage.get(name);
  }

  public void addProduct(Product product) {
    storage.put(product.getName(), product);
  }

  private void slowly() {
    try {
      Thread.sleep(3000L);
    } catch (InterruptedException e) {              ┆--❶
      throw new IllegalStateException(e);
    }
  }
}
```

리스트 9-2 수정 후의 ProductServiceImpl

```
@Service
public class ProductServiceImpl implements ProductService {
  @Autowired
  private ProductDao productDao;

  public Product findProduct(String name) {
```

```
    // 측정 시작
    StopWatch sw = new StopWatch();    ◄----------------------------------❶
    sw.start();    ◄-------------------------------------------------------❷

    Product product = productDao.findProduct(name);

    // 측정 종료
    sw.stop();    ◄--------------------------------------------------------❸

    System.out.format("Seconds=%1$s, value=%2$s%n", ----------------------┐
            sw.getTotalTimeSeconds(), product); ----------------------┘┄┄❹

    return product;
  }

  public void addProduct(Product product) {
    productDao.addProduct(product);
  }
}
```

리스트 9-3 수정 후의 ProductSampleRun의 execute 메서드

```
public void execute() {
  ProductService productService = initProductService();

  String productName = "호치키스"; ┄┄┄┄┄┄┄┄┄┄┄┄┄┄┄┄┄┄┄┄┄┄┄┄┄┐
  productService.addProduct(new Product(productName, 100));       ┊
  productService.findProduct(productName);                        ┊┄┄❶
  productService.findProduct(productName);                        ┊
  productService.findProduct(productName); ┄┄┄┄┄┄┄┄┄┄┄┄┄┄┄┄┄┄┄┄┘

  productService.addProduct(new Product(productName, 200)); ┄┄┄┄┄┐
  productService.findProduct(productName);                        ┊
  productService.findProduct(productName);                        ┊┄┄❷
  productService.findProduct(productName); ┄┄┄┄┄┄┄┄┄┄┄┄┄┄┄┄┄┄┄┄┘
}
```

그림 9-3 실행 후의 콘솔 화면

```
Seconds=3.0, value=Product= [name=호치키스, price=100]
Seconds=3.0, value=Product= [name=호치키스, price=100]
Seconds=3.001, value=Product= [name=호치키스, price=100]
Seconds=3.0, value=Product= [name=호치키스, price=200]
Seconds=3.0, value=Product= [name=호치키스, price=200]
Seconds=3.0, value=Product= [name=호치키스, price=200]
```

9.1.1 캐시의 적용과 실행

그러면 병목 현상의 원인인 클래스 ProductDaoImpl의 findProduct 메서드가 호출될 때 이미 데이터가 캐싱됐다면 그 데이터를 이용하도록 함으로써 findProduct 메서드를 사용하지 않도록 해봅시다.

application-context.xml

첫 작업으로 Bean 정의 파일을 수정합니다. 캐시를 사용하기 위해서 schema와 schema Location을 설정합니다(리스트 9-4 ❶, ❷). 그리고 cache:annotation-driven 어노테이션을 사용해 캐시를 사용하도록 설정합니다(리스트 9-4 ❸).

다음은 CacheManager를 설정합니다. 이번에는 스프링이 제공하는 간단한 SimpleCache Manager를 이용합니다(리스트 9-4 ❹).

실제로 데이터를 저장하는 캐시는 ConcurrentMapCacheFactoryBean이 작성합니다(리스트 9-4 ❺). 프로퍼티에 설정된 area라는 값(리스트 9-4 ❻)이 작성되는 캐시의 이름으로 필요하다면 다른 이름의 캐시를 여러 개 작성할 수도 있습니다.

리스트 9-4 application-context.xml

```xml
<?xml version="1.0" encoding="UTF-8"?>
<beans xmlns="http://www.springframework.org/schema/beans"
  xmlns:xsi="http://www.w3.org/2001/XMLSchema-instance"
  xmlns:context="http://www.springframework.org/schema/context"
  xmlns:cache="http://www.springframework.org/schema/cache"  ◀----------------------❶
```

```
xsi:schemaLocation="
 http://www.springframework.org/schema/beans
 http://www.springframework.org/schema/beans/spring-beans.xsd
 http://www.springframework.org/schema/context
 http://www.springframework.org/schema/context/spring-context.xsd
 http://www.springframework.org/schema/cache ---------------------------
 http://www.springframework.org/schema/cache/spring-cache.xsd">  ----❷

<context:annotation-config />
<context:component-scan base-package="sample.di.business.*" />
<context:component-scan base-package="sample.di.dataaccess" />

<cache:annotation-driven /> ◄------------------------------------------❸
<bean id="cacheManager" --------------------------------------------
  class="org.springframework.cache.support.SimpleCacheManager"> --┤--❹
  <property name="caches">
    <set>
      <bean class="org.springframework.cache.concurrent. ----------
        ConcurrentMapCacheFactoryBean"> --------------------------┤--❺
      <property name="name" value="area" /> ◄-------------------------❻
      </bean>
    </set>
  </property>
</bean>
</beans>
```

캐시 어노테이션의 설정

이제 캐시를 설정해봅시다.

클래스 ProductDaoImpl의 findProduct 메서드에 @Cacheable(value="area")를 추가합니다(리스트 9-5 ❶). value에 설정된 area는 Bean 정의에서 설정한 사용할 캐시의 이름입니다(리스트 9-4 ❻). 또한 원래는 @Cacheable(value="area", key="#product.name")과 함께 key도 설정해야 하지만, 메서드의 제1인수를 key로 사용할 경우는 생략할 수 있기 때문에 여기서는 생략합니다.

이것으로 설정이 끝났습니다. 이 정도의 작업만으로도 캐시를 사용할 수 있습니다(그림 9-4).

리스트 9-5 @Cacheable

```
@Repository
public class ProductDaoImpl implements ProductDao {

    // RDB 역할
    private Map<String, Product> storage = new HashMap<String, Product>();

    // Dao지만, 간단하게 하기 위해 RDB에는 액세스하지 않음.
    @Cacheable(value = "area")  ◀------------------------------------------❶
    public Product findProduct(String name) {
...(생략)...
```

그림 9-4 @Cacheable의 캐시 이미지

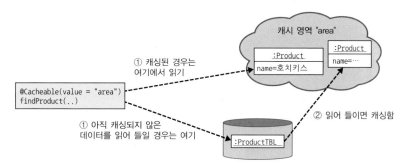

실행과 문제점

그러면 실제로 캐시가 동작하는지 실험해봅시다(그림 9-5). 최초 1회째의 읽기 처리에서는 3초(그림 9-5 ❶), 2회 이후는 캐시 효과로 인해 0.0초 이하로 빠른 것을 알 수 있습니다(그림 9-5 ❷). 하지만 잘 생각해보면 4회부터는 호치키스의 가격을 200으로 바꿔줬는데(리스트 9-3 ❷) 가격이 변함없이 100입니다(그림 9-5 ❸). 변경된 값이 캐시에 반영되지 않았습니다.

그림 9-5 실행 후의 콘솔(@Cacheable)

```
Seconds=3.0, value=Product= [name=호치키스, price=100]  ◄-------------------●
Seconds=3.004, value=Product= [name=호치키스, price=100] ⌐-----------------
Seconds=0.001, value=Product= [name=호치키스, price=100] ┊
Seconds=0.0, value=Product= [name=호치키스, price=100]   ┊
Seconds=0.0, value=Product= [name=호치키스, price=100]   └-------------------●
Seconds=0.0, value=Product= [name=호치키스, price=100]  ┊-●
Seconds=0.0, value=Product= [name=호치키스, price=100]  ┊
```

수정과 실행

값이 변경되면 캐시에도 반영되도록 바꿔봅시다. @CacheEvict를 ProductDaoImpl 클래스의 addProduct 메서드에 추가하면 끝입니다(리스트 9-6 ❶). @CacheEvict의 value는 사용하고 있는 캐시의 이름이 설정됐습니다. key에는 SpEL 식으로 캐시를 클리어하는 조건이 입력됐는데, #product.name은 인수로 입력될 product의 name 프로퍼티를 의미합니다.

예제에서는 Product 인터페이스의 name 프로퍼티에 설정된 값에 해당하는 부분(예제의 경우에는 호치키스 데이터)만이 클리어됩니다(그림 9-6). 만약 캐싱된 전체 데이터를 삭제하고 싶은 경우에는 @CacheEvict(value="area", allEntries = true)라고 설정해줍니다. 이 밖에도 [표 9-1]과 같은 어노테이션이 있습니다.

그럼, 실제로 캐시가 클리어되는지 실행해봅시다. 4회에는 캐시가 클리어됐기 때문에 3초가 걸리지만, 5회, 6회에는 0.0초 이하, 값도 200으로 변경된 것을 알 수 있습니다(그림 9-7).

리스트 9-6 @CacheEvict

```
...(생략)...
  @CacheEvict(value = "area", key = "#product.name")  ◄----------------------●
  public void addProduct(Product product) {
    storage.put(product.getName(), product);
  }
...(생략)...
```

그림 9-6 @CacheEvict의 캐시 이미지

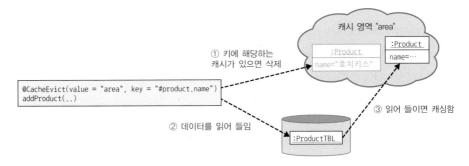

표 9-1 캐시의 주된 어노테이션

속성	의미
@Cacheable	캐시를 적용 [리스트 9-5]는 메서드의 첫 번째 인수를 key로 사용하므로 key를 생략하고 있지만, @Cacheable (value="area", key="#product.name")과 동일
@CacheEvict	캐시를 삭제
@CachePut	캐시를 갱신 @CachePut(value="area", key="#product.name")으로 캐시만 갱신
@Caching	@CacheEvict나 @CachePut 설정들을 정리 다음은 2개의 @CacheEvict를 정리한 예 @Caching(evict={ @CacheEvict(value="space", key="#product.price"}, @CacheEvict(value="area", key="#product.name")})

그림 9-7 실행 후의 콘솔(@CacheEvict)

```
Seconds=3.001, value=Product= [name=호치키스, price=100]
Seconds=0.0, value=Product= [name=호치키스, price=100]
Seconds=0.0, value=Product= [name=호치키스, price=100]
Seconds=3.002, value=Product= [name=호치키스, price=200]
Seconds=0.0, value=Product= [name=호치키스, price=200]
Seconds=0.0, value=Product= [name=호치키스, price=200]
```

9.2 응용 편

지금까지 샘플 코드를 사용해서 간단한 캐시의 예를 살펴봤습니다. 하지만 엔터프라이즈 시스템에서는 사용자의 증가 등을 고려해 캐시를 여러 서버가 공유해야 하거나, 캐시를 스토리지에 저장한다든지, 스토리지를 확장해야 하는 경우도 있을 것입니다(그림 9-8).

가장 알기 쉬운 예로서 웹 애플리케이션의 세션 저장 방식으로 캐시를 적용하는 방법을 생각해 볼 수 있습니다.

그림 9-8 캐시의 공유

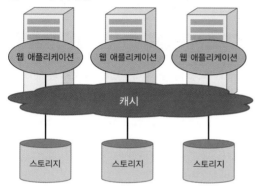

스프링에는 Spring Data라는 프로젝트가 있는데, 그중에는 Spring Data Redis와 Spring Data GemFire가 있습니다. 이러한 프로젝트를 이용한다면 Redis[2]나 GemFire[3]를 캐시의 기반으로 사용해볼 수 있습니다.

이 책의 범위를 넘기 때문에 자세한 설명은 하지 않겠지만, 예를 들어 앞서의 샘플에서 Spring Data Redis를 적용해보고 싶은 경우에는 Spring Data Redis와 Redis의 클라이언트인 Jedis, 이 2개의 Jar를 클래스 패스에 추가한 다음, Bean 정의(리스트 9-4)에서 cache Manager의 설정을 변경해주는 것(리스트 9-7)만으로 프로그램의 변경 없이 Redis 캐시를

---

2 Twitter와 LINE에서의 채택 실적도 있는 비SQL Key-Value 스토어로서, In-Memory로 고속 데이터 액세스도 가능합니다. 2010년부터 VMWare가 지원하고 있습니다.

3 Pivotal이 제공하는 비SQL Key-Value 스토어로서, In-Memory로 고속 데이터 액세스도 가능합니다. OSS판인 Geode가 2015년에 공개됐습니다.

사용할 수 있습니다[4].

예제는 간단한 샘플이므로 여러 애플리케이션에서 캐시를 공유한다든지 하는 것은 어렵지만,
웹 애플리케이션으로 작성한다면 [그림 9-8]과 같은 것도 구현할 수 있습니다. 또한 GemFire
의 샘플을 간단히 사용해보고 싶다면 스프링 부트의 샘플 중 Caching Data with GemFire
가 있으므로 참고하기 바랍니다.

리스트 9-7 cacheManager의 설정 변경

```
...
  <bean
    id="jedisConnectionFactory"
    class="org.springframework.data.redis.connection.jedis.JedisConnectionFactory"
    p:host-name="localhost" // 설정된 host-name과 port는 Redis 서버를 가리킵니다.
    p:port="6379"           // 여기에서는 Redis 서버와의 커넥션을 작성합니다.
    p:use-pool="true"/>

  <bean
    id="redisTemplate"
    class="org.springframework.data.redis.core.RedisTemplate"
    p:connection-factory-ref="jedisConnectionFactory"/>
      // RedisTemplate는 Redis에 대한 set과 get,
      // delete 등의 메서드를 제공합니다.

  <bean
    id="cacheManager"
    class="org.springframework.data.redis.cache.RedisCacheManager"
    c:template-ref="redisTemplate"/>
  </beans>
```

---

4 또한 앞서의 샘플에서는 클래스 ProductDaoImpl의 프로퍼티인 HashMap을 RDB로 간주했지만, 이 절에서는 어디까지나 단순
한 HashMap이라고 생각해주기 바랍니다.

CHAPTER 10

배치의 설계와 구현

엔터프라이즈 시스템을 개발하려면 웹 애플리케이션뿐만 아니라 배치 시스템도 필요해집니다. 웹 애플리케이션을 자바로 만들면 자연스럽게 배치도 자바로 만들고 싶어지고, 웹 애플리케이션에서 스프링을 사용하고 있다면 배치에서도 스프링을 사용하고자 할 것입니다. 이 장에서는 배치를 만들기 위한 제품인 스프링 배치[1]에 대해 알아봅니다.

10.1 배치

스프링 배치의 설명에 들어가기에 앞서, 먼저 배치 처리란 무엇인지 이해할 필요가 있습니다. 원래 Batch는 '묶음'이라는 뜻의 단어입니다. 업무적으로 생각해보면 '전표 다발' 정도로 생각해볼 수 있습니다. 그렇게 '전표 다발을 한꺼번에 처리', '데이터의 일괄 처리'를 배치라고 말하게 되지 않았을까 생각합니다.

10.1.1 배치의 기본

배치는 대량 데이터를 처리하고, 웹 애플리케이션의 백그라운드에서 정기적으로 자동 실행해 과제를 해결합니다.

---

1 Java EE 7에 포함돼 있는 배치 사양(JBatch, JSR-352)은 Spring Batch로부터 상당히 많은 부분을 받아들이고 있으므로 이 책에서는 따로 설명하지 않지만, Spring Batch는 JSR-352도 지원하고 있습니다.

대량 데이터를 처리하기 위해서는 무엇보다 성능이 중요합니다. 흔히, 야간 배치 처리가 끝나지 않아서 문제가 된다는 이야기를 들은 적이 있을 것입니다. 배치 성능을 높이기 위해서는 배치가 대상으로 하는 테이블이나 SQL의 튜닝도 중요한 일이지만, 배치 자체에도 복수의 처리를 동시다발적으로 실행하는 기능을 지원해야 합니다.

또한, 웹 애플리케이션이 백그라운드에서 정기적으로 자동 실행한다는 말은 달리 말하면, 배치는 웹 애플리케이션처럼 오퍼레이터가 UI를 통해서 조작하는 일이 꼭 필요한 것은 아니라는 말입니다.

일단 언제쯤 실행해야 하는지, 매일인지 매월인지, 야간인지 주간인지, 실행에는 어느 정도의 시간이 허용되는지, 그리고 실행 시 처리 불가한 데이터를 취득하거나 데이터 반영 처리에 에러가 발생하는 경우에 배치 처리를 멈춰야 하는지, 아니면 다음 처리를 계속해야 하는지, 이러한 것들을 선택할 수 있는 기능, 그리고 배치의 처리 결과를 로그 등에 남겨서 추후 오퍼레이터가 확인할 수 있는 기능 등이 필요합니다.

10.1.2 Job의 기본

배치는 복수의 처리로 구성되는 것이 일반적입니다. 하나하나의 처리는 일반적으로 Job이라는 단위로 불립니다(배치 자체를 'Job'이라고 부르는 경우도 있기는 하지만, 여기에서는 하나의 처리 단위를 기준으로 설명합니다).

보편적인 Job의 기본 동작을 설명하면 먼저 배치는 커밋commit 단위로 RDB나 CSV 파일 등에서 데이터를 입력받아 데이터의 타당성을 체크하고 출력 포맷에 맞춰 가공한 다음, RDB나 CSV 파일에 출력합니다(그림 10-1). 이와 같은 처리를 입력 데이터가 없어질 때까지 반복하는 것입니다. 또한, Job 안에서 커밋의 단위로서 분류된 데이터를 chunk(이하, 청크)라고 합니다.

10.1.3 JobNet의 기본

배치는 여러 개의 Job으로 구성돼 있습니다. 각 Job의 의존 관계, 즉 어떤 순서로 각 Job을 실행할 것인가를 정의하는 것을 JobNet이라고 합니다. JobNet은 [그림 10-2]와 같이, 주로 '순차, 동시 병행, 분기, 재실행' 이렇게 네 가지 패턴을 조합해서 만들어집니다.

그림 10-1 Job (기본 처리)

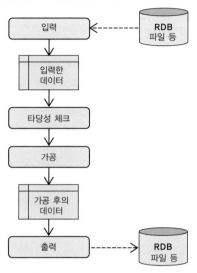

그림 10-2 JobNet의 기본 패턴

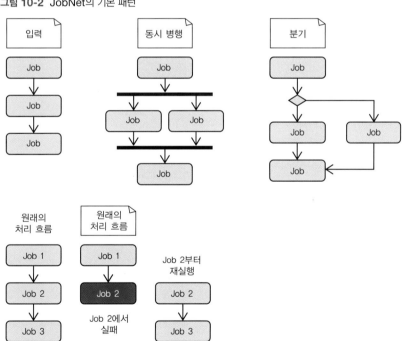

10.2 스프링 배치

배치의 기본을 이해했으니 이제 스프링 배치의 구조를 살펴봅니다.

10.2.1 구성 요소

먼저 스프링 배치의 주요 구성 요소를 알아둡시다.

- **JobLauncher**

Job을 기동합니다.

- **Job**

JobLauncher에 의해 실행되며, 설정된 Step을 실행합니다.

- **Step**

Job에 의해 실행됩니다. 배치의 최소 실행 단위며, ItemReader부터 ItemWriter에 대해서는 **ItemReader, ItemProcessor, ItemWriter**의 간단한 해설에서 설명합니다.

- **JobRepository**

배치 실행 시 JobLauncher, Job, Step의 실행 상태 및 결과를 RDB에 저장 및 관리합니다.

그림 10-3 스프링 배치의 전체 구조

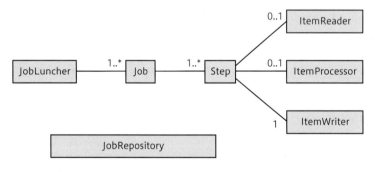

10.2.2 JobLauncher

JobLauncher는 Job을 실행하기(Job을 실행한다는 배치를 실행한다는 의미) 위한 인터페이스로 구현 클래스는 SimpleJobLauncher입니다. Job을 실행하려면 JobLauncher의 run

메서드를 호출하면 됩니다. [리스트 10-1]의 코드는 Bean 정의 파일[2]을 이용할 경우의 Job Launcher를 통한 Job의 실행 예시입니다.

[리스트 10-1]에서는 run 메서드의 인수에는 기동할 Job과 JobParameters[3]를 지정합니다 (리스트 10-1을 커맨드 라인에서 실행하는 예는 리스트 10-4를 참고).

리스트 10-1 JobLauncher에 의한 Job의 실행

```
ApplicationContext ctx = new ClassPathXmlApplicationContext("/batch-context.xml");
JobLauncher jobLauncher = ctx.getBean(JobLauncher.class);
Job job = (Job) ctx.getBean("job1");
jobLauncher.run(job, new JobParameters());
```

만약, 파라미터를 사용하고 싶은 경우, 예를 들어 데이터 입력용으로 CSV 파일을 지정하고 싶을 때는 [리스트 10-2 ❶]과 같은 코드가 됩니다(커맨드 라인의 실행 예는 리스트 10-5를 참고합니다).

리스트 10-2 JobLauncher에 의한 Job의 실행

```
ApplicationContext ctx = new ClassPathXmlApplicationContext("/batch-context.xml");
JobLauncher jobLauncher = ctx.getBean(JobLauncher.class);
Job job = (Job) ctx.getBean("job1");

Map<String, JobParameter> params = new HashMap<String, JobParameter>();   ◀------------❶
params.put("inputFile", new JobParameters("classpath:/product_csv/1.csv"));

jobLauncher.run(job, new JobParameters(params));
```

어떤 애플리케이션에서 Job을 비동기로 실행시키고 싶을 때는 [리스트 10-3]처럼 Job Launcher의 taskExecutor 파라미터(리스트 10-3 ❶)에 SimpleAsyncTaskExecutor를 추가하는 설정(리스트 10-3 ❷)을 Bean 정의 파일에 기술하면 됩니다.

---

2 여기에서는 스프링 배치에서 사용하는 Bean 정의 파일을 따로 설명하지 않지만, 나중에 나오는 [리스트 10-10], 특히 [리스트 10-10 ❶]을 이해한 후에 이 부분을 다시 한번 읽어봅시다.

3 Job을 실행하는 데 필요한 파라미터를 설정해줍니다. [리스트 10-1]에서는 사용할 파라미터가 없어서 인스턴스만 만들고 있을 뿐입니다.

```
... ( 생략 ) ...
  <bean id="jobLauncher"
        class="org.springframework.batch.core.launch.support.SimpleJobLauncher">
    <property name="jobRepository" ref="jobRepository" />
    <property name="taskExecutor">  ◀----------------------------------------❶
      <bean class="org.springframework.core.task.SimpleAsyncTaskExecutor" />  ◀----❷
    </property>
  </bean>
... ( 생략 ) ...
```

JobRunner

Job을 실행하는 방법에는 JobLauncher를 이용하는 것뿐만 아니라, 커맨드 라인에서 해당 Job을 실행해주는 CommandLineJobRunner 클래스를 이용하는 방법도 있습니다.

CommandLineJobRunner에는 [표 10-1]과 같은 파라미터를 지정할 수 있습니다.

표 10-1 CommandLineJobRunner의 주요 옵션 파라미터

No	파라미터		설명
1	Bean 정의 경로		Job 정의를 포함한 Bean 정의 파일의 경로를 지정
2	Job의 식별자		Bean 정의에 기술된 실행 대상인 Job ID(**10.3.3 batch-basic(배치의 기본)**을 참고), 또는 Job의 실행(**10.2.5 Execution**을 참고)을 지정
3	파라미터		입력 및 출력 파일명 등의 파라미터를 지정
4	주요 옵션	-restart	실패한 Job의 실패한 Step부터 재실행 • Job 식별자에 Job ID를 지정한 경우 : 최근의 실패한 Job Execution(**10.2.5 Execution**을 참고)을 검색해서 실행 • Job 식별자에 Job 실행 ID를 지정한 경우 : 지정된 JobExecution을 실행
		-next	강제로 Job을 실행 -next에서는 파라미터를 기술할 수 있습니다. • Job 식별자에 Job ID를 지정한 경우 : 가장 최근의 JobExecution을 검색해서 실행 • Job 식별자에 Job 실행 ID를 지정한 경우 : 지정된 JobExecution을 실행

No	파라미터	설명	
4	주요 옵션	–stop	처리 중의 Job을 정지하고 JobExecution의 상태(표 10-3 참고)를 STOPPED로 설정 정지한 Job은 –restart로 재실행할 수 있음 • Job 식별자에 Job ID를 지정한 경우 : 모든 JobExecution의 상태를 STOPPED로 설정한 후 정지 • Job 식별자에 Job 실행 ID를 지정한 경우 : 지정된 JobExecution의 상태를 STOPPED로 설정한 후 정지

다음의 [리스트 10-4], [리스트 10-5], [리스트 10-6]은 커맨드 라인에서 Job을 실행하는 예입니다(또한, 이클립스 등에서 실행하려는 경우에는 CommandLineJobRunner의 선두에 java 패키지명을 추가해서 org.springframework.batch.core.launch.support. CommandLineJobRunner로 지정해야 합니다).

리스트 10-4 Job ID = 1의 실행

```
CommandLineJobRunner classpath:/batch-context.xml job1
```

리스트 10-5 Job ID = 1, 입력 파일을 파라미터로 지정한 경우

```
CommandLineJobRunner classpath:/batch-context.xml job1 inputFile=
classpath:/product_csv/1.csv
```

리스트 10-6 Job 실행 ID = 13을 재실행할 경우

```
CommandLineJobRunner classpath:/batch-context.xml 13 -restart
```

10.2.3 Step, Job, ItemReader, ItemProcessor, ItemWriter

스프링 배치를 이해할 때 가장 먼저 주의해야 할 점은 **10.1.2 Job의 기본**에서 기술한 Job은 스프링 배치에서는 Step이라는 것입니다. 그리고 이 Step들을 결합해서 만들어낸 JobNet은 바로 Job이 됩니다(그림 10-4).

그림 10-4 Step과 Job의 예시

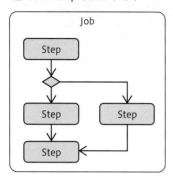

그림 10-5 Step의 실행

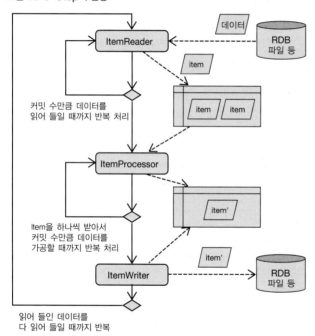

그리고 Step은 다음과 같이 3개의 오브젝트로 구성됩니다. ItemWriter는 보통, 커밋 주기 commit-interval별로 호출되는데, 주기가 2로 지정됐다면 ItemReader와 ItemProcessor는 2번씩 호출된 다음, ItemWriter를 호출합니다. 처리의 흐름은 [그림 10-5]를 참고합니다.

- **ItemReader**
  - RDB나 파일 등에서 데이터를 취득해서 ItemProcessor에 데이터를 제공한다.

- **ItemProcessor**
  - 제공받은 데이터(Item)를 가공해서 데이터(Item')로 만든다.
- **ItemWriter**
  - Item'를 RDB나 파일 등에 출력합니다.
  - ItemWriter의 호출은 커밋 주기와 같기 때문에, 커밋 주기의 값이 2로 설정된 경우에는 ItemReader 와 ItemProcessor가 2회 실행된 다음 ItemWriter가 호출됩니다.

ItemReader, ItemProcessor, ItemWriter

여기서는 ItemWriter와 ItemReader에 관해 알아봅니다. 이 두 클래스는 인터페이스로 제공 되며, 이 인터페이스를 이용해 각 기능에 맞춘 적절한 처리를 구현한 클래스를 만들어야 합니 다. [리스트 10-7]은 RDB나 파일에 데이터를 출력하는 처리 없이 그저 입력받은 데이터를 표 준 출력인 콘솔에 출력해주는 아주 간단한 ItemWriter입니다.

@Component의 Bean 설정에는 임의의 이름을 지정하고, @Scope에는 step이라고 설정하 고 있습니다(만약, Scope를 step으로 지정하지 않는다면 커맨드 라인에서의 실행은 문제가 없지만, 다른 애플리케이션에서 호출할 경우에는 해당 인스턴스가 없어지지 않고 계속 남아 있 게 되므로 주의해야 합니다).

리스트 10-7 간단한 ItemWriter 샘플

```java
@Component("itemWriter")
@Scope("step")
public class EntryItemWriter implements ItemWriter<Object> {

  public void write(List<? extends Object> data) throws Exception {
    System.out.println(data);
  }
}
```

스프링 배치에서 개발자가 실제로 코드를 구현하는 클래스는 ItemWriter, ItemProcessor, 그리고 ItemReader, 이 3개 정도밖에 없다는 점을 기억해야 합니다(물론, Bean 정의는 필요 합니다).

계속해서 Job과 Step을 어떻게 설정하는지 Bean 정의 파일을 살펴봅니다. [리스트 10-8]은 한 Job 내에서 1개의 Step만 실행하는 Bean 정의 파일입니다. Job 태그의 id 속성에 기술돼

있는 것이 Job ID인데, CommandLineJobRunner 등에서 실행할 때에 인수로 사용됩니다. step 태그 내에는 tasklet이라는 태그가 보이는데, 이것은 Step 내에서 실행하는 처리를 의미합니다.

ItemReader 및 ItemWriter는 chunk 태그 안에서 찾아볼 수 있는데, 여기서 chunk 태그의 reader, processor, writer 같은 속성에는 반드시 Bean 명을 적어줘야 합니다. [리스트 10-7]의 ItemWriter는 @Component에서 Bean 명을 itemWriter로 설정했기 때문에, chunk 태그에 write="itemWriter"라고 기술하면 ItemWriter로서 사용됩니다.

덧붙이면 chunk 태그의 chunk(청크)란 커밋 단위로서 묶어 놓은 데이터 집단을 말합니다. 또한, ItemWriter가 호출되는 커밋 주기도 chunk 태그의 속성으로 설정 가능함을 알 수 있습니다. 이 commit-interval 속성은 생략할 수 없는 속성이라는 점을 주의해야 합니다. chunk 태그도 필수 항목은 아니며, tasklet 태그에서도 직접 Stored Procedure 등을 호출할 수 있다는 점도 주의합니다.

리스트 10-8 간단한 Job과 Step, Item의 설정

```
... ( 생략 ) ...
  <job id="job1">
    <step id="step1">
      <tasklet>
        <chunk reader="itemReader" processor="itemProcessor"
                            writer="itemWriter" commit-interval="1" >
        </chunk>
      </tasklet>
    </step>
  </job>
... ( 생략 ) ...
```

앞에서 스프링 배치에 개발자가 직접 코드를 구현해야 하는 것은 ItemWriter와 ItemProcessor, 그리고 ItemReader 이렇게 3개 정도라고 기술했지만, 실제로는 ItemReader, ItemProcessor, 그리고 ItemWriter에 해당하는 클래스도 [표 10-2]와 같이 스프링에서 제공해주는 서포트 클래스를 사용하면 스프링 배치에서 프로그래밍은 그다지 필요하지 않습니다[4].

----

4 그러한 이유로, 스프링 배치는 JavaConfig가 아닌 어노테이션과 Bean 정의 파일만 주로 설명하고 있습니다.

표 10-2 스프링이 제공하는 주된 서포트 클래스

인터페이스	서포트 클래스	개요
ItemReader	HibernateCursor ItemReader	• 하이버네이트를 이용한 RDB 입력용 클래스 • JPA 및 JDBC, Mongo, Neo4j 용도 있음
	FlatFileItemReader	• 텍스트 파일 입력용 클래스 • 임의의 구분 문자로 CSV 형식 및 TSV 형식 등을 지원 • header와 footer를 대상에서 제외하는 것도 가능
ItemProcessor	ValidatingItemProcessor	• 데이터를 검증하는 역할을 담당하는 클래스 • HibernateValidator 등과 혼용해 사용할 수 있음
ItemWriter	HibernateItemWriter	• 하이버네이트를 이용한 RDB 출력용 클래스 • JPA 및 JDBC, Mongo, Neo4j 용도 있음
	FlatFileItemWriter	• 텍스트 파일 출력용 클래스 • 임의의 구분 문자로 CSV 형식, 및 TSV 형식 등을 지원 • header와 footer를 추가할 수 있음
	SimpleMailMessage ItemWriter	• 메일 송신용 클래스

10.2.4 JobInstance

JobInstance는 스프링 배치의 기본 오브젝트 중 하나로서, 실행된 Job을 구별할 수 있습니다. 여기부터는 [그림 10-6]을 참고하면서 읽는 편이 이해에 도움이 됩니다. 예를 들어, 똑같은 Job의 실행을 통제(일단 완료된 Job은 재실행할 수 없게 한다든지)할 수 있습니다.

JobInstance는 **10.2.2 JobLauncher**에서 설명했던 JobLauncher의 파라미터, JobIdentifier(Job의 ID)와 JobParameters(Job의 인수)를 이용해 각 Job의 동일 여부를 구분합니다(같은 JobInstance인 경우에는 org.springframework.batch.core.repository.JobInstance AlreadyCompleteException 예외가 발생합니다).

다음은 JobInstance가 어떻게 Job을 구별하는지에 대한 예시입니다.

- **같은 JobInstance가 되는 JobLauncher의 파라미터**
  - Job1 name=tarou date=2015/01/01
  - Job1 date=2015/01/01 name=tarou

- 다른 JobInstance가 되는 JobLauncher의 파라미터

    -Job1 date=2015/12/25 name=tarou

    -Job1 date=2015/12/25 name=hanako

    -Job1 date=2015/12/24 name=tarou

    -Job1 date=2015/12/25 name=tarou

10.2.5 Execution

Execution은 해당 Job이나 Step의 실행 결과 등을 Property로서 가지고 있으며, Job Execution과 StepExecution이 있습니다. JobExecution은 Job이 실행될 때마다 생성되며, 또한 Job 실행 ID가 부여됩니다.

앞서 설명했던 JobInstance는 가지고 있는 Job ID별로 구별되는 반면 JobExecution은 하나의 JobInstance에 대해 복수로 존재할 수 있습니다. 즉, 하나의 Job ID에 대해 여러 Job 실행 ID가 존재합니다.

JobExecution과 StepExecution

JobExecution은 Job이 실패할 경우의 재실행 등에 사용하기 위해, Job의 실행 결과와 실행했던 Step만큼의 StepExecution을 프로퍼티로 가지고 있으며, StepExecution은 단 하나의 Step 결과를 프로퍼티로 가지고 있습니다.

표 10-3 JobExecution의 프로퍼티

프로퍼티	설명
Status	Job의 주요 실행 상태 정보 • 실패 : BatchStatus.FAILED • 성공 : BatchStatus.COMPLETED • 정지 : BatchStatus.STOPPED
startTime	Job의 실행 시작 시간
endTime	Job의 실행 종료 시간(실행 결과와 관계 없음)
exitStatus	실행 결과. 기본적으로 status(BatchStatus)와 동일한 값이 설정됨 • 실패 : ExitStatus.FAILED • 성공 : ExitStatus.COMPLETED • 정지 : ExitStatus.STOPPED ExitStatus는 클래스를 작성해 커스터마이징 가능

프로퍼티	설명
createTime	JobExecution이 처음 생성된 시간
lastUpdated	JobExecution의 존재 여부를 알 수 있는 마지막 기록 시간
executionContext	ExecutionContext의 참조
failureExceptions	Job 실행 중에 발생한 예외 리스트

표 10-4 StepExecution의 프로퍼티

프로퍼티	설명
Status	실행 상태(다음은 주된 실행 상태) • 실패 : BatchStatus.FAILED • 성공 : BatchStatus.COMPLETED • 정지 : BatchStatus.STOPPED
startTime	Job의 실행 시작 시간
endTime	Job의 실행 종료 시간(실행 결과와 관계 없음)
exitStatus	실행 결과. 기본적으로 status(BatchStatus)와 동일한 값이 설정됨 주된 실행 결과 • 실패 : ExitStatus.FAILED • 성공 : ExitStatus.COMPLETED • 정지 : ExitStatus.STOPPED ExitStatus는 클래스를 작성해 커스터마이징 가능 또한, 실행 결과는 리스너 등을 사용해 임의로 변경이 가능(리스트 10-17 ❶)
executionContext	ExecutionContext의 참조
readCount	데이터 입력 성공 횟수
writeCount	데이터 출력 성공 횟수
commitCount	커밋 횟수
rollbackCount	롤백 횟수
readSkipCount	입력 실패(주로 ItemReader에서 발생한 예외)로 인한 스킵 횟수
processSkipCount	Process 실패(주로 ItemProcessor에서 발생한 예외)로 인한 스킵 횟수
filterCount	ItemProcess에서 필터링된 데이터(Item) 수
writeSkipCount	출력 실패(주로 ItemWriter에서 발생한 예외)로 인한 스킵 횟수

10.2.6 ExecutionContext

ExecutionContext는 Job이나 Step에서 사용하고 있는 모든 데이터에 대한 저장소(저장소로
서는 RDB를 이용)로, Job용의 ExecutionContext와 Step용의 ExecutionContext가 있습니
다(Job용, Step용의 ExecutionContext 양쪽 다, 같은 ExecutionContext 클래스를 사용).

JobExecutionContext는 JobExecution의 메서드인 getExecutionContext()로 가져오며, Step용의 ExecutionContext도 역시 StepExecution의 메서드인 getExecutionContext()로 취득할 수 있습니다. 또한, ExecutionContext의 메서드인 put(key, 데이터)를 통해 데이터를 저장할 수 있습니다.

ExecutionContext에 저장된 데이터는 Job이나 Step의 종료 시, Chunk의 커밋 시 등, 사전에 정해진 시간에 맞춰 RDB에 저장되며, 다시 시작할 경우에는 예전에 사용했던 데이터를 그대로 이용할 수도 있습니다. 샘플에서는 데이터 저장을 위해 HSQLDB를 사용하고 있으므로 Job이라면 BATCH_JOB_EXECUTION_CONTEXT 테이블을, Step인 경우에는 BATCH_STEP_EXECUTION_CONTEXT 테이블에 어떤 데이터가 저장됐는지 확인해봅니다(리스트 10-9).

10.2.7 JobRepository

JobRepository는 JobLauncher, Job, Step의 실행 상태 및 결과를 RDB에서 영속 관리하는 것입니다. 구체적으로는 Job 실행에 대해 JobExecution을 생성 및 영속화하고, 또한 Step의 실행에 대해서도 StepExecution을 생성하고 영속화합니다.

그림 10-6 지금까지의 전체 구조

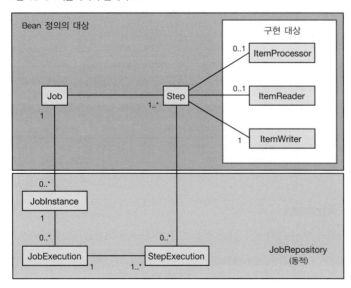

다시 말해, JobExecution이나 StepExecution은 실제 실행 결과인 데 비해, JobInstance 는 복수의 Job을 개념적으로 정리했다고 할 수 있습니다. 지금까지의 설명을 정리하면 [그림 10-6]과 같이 표현할 수 있습니다.

10.3 예제로 알아보기

지금까지 스프링 배치의 기본을 이해했다면 이제부터는 실제 예제를 보면서 학습합니다. 예제 는 다음과 같이 입문entry 단계부터 응용advanced 단계까지 세 가지가 있는데, 지금부터 차례대로 알아봅니다.

- **batch-entry(배치의 입문)**
  - −1Job, 1Step
  - −문자열을 콘솔 화면에 표시하기
  - −실제 구현한 ItemReader, ItemProcessor, ItemWriter 그리고 SkipException을 이용하기

그림 10-7 batch-entry

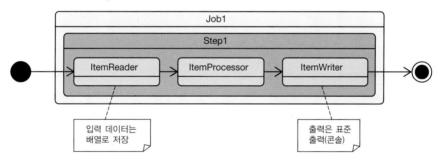

- **batch-basic(배치의 기본)**
  - −1Job, 1Step
  - −CSV 파일에서 데이터를 입력하고 RDB에 출력하기
  - −ItemReader, ItemProcessor, ItemWriter는 서포트 클래스를 이용하기
  - −리스너(Listener)를 이용하기

- **batch-advanced(배치의 응용)**
  - 1Job, 2Step
  - Step1은 CSV 파일에서 데이터를 입력 후 RDB에 출력하기
  - Step2는 RDB에서 데이터를 입력 후 CSV 파일에 출력하기
  - ItemReader, ItemProcessor, ItemWriter는 서포트 클래스를 이용하기
  - 여러 가지 JobNet을 실제로 테스트해보기

그림 **10-8** batch-basic

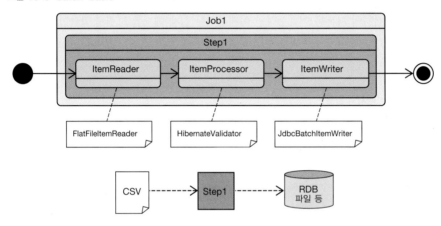

그림 **10-9** batch-advanced

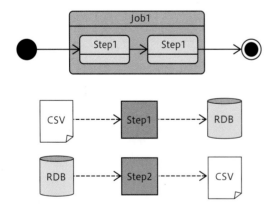

그림 10-10 batch-advanced(분기)

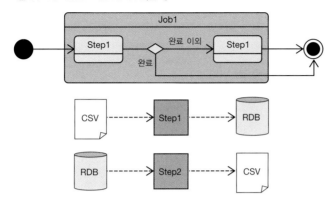

그림 10-11 batch-advanced(병행)

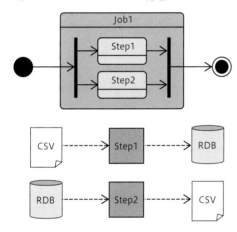

그림 10-12 batch-advanced(동일 Step의 병행)

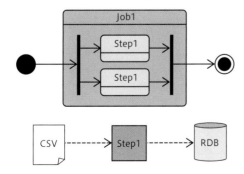

10.3.1 DB 설정과 Bean 정의 파일(batch-context.xml)

예제를 보기 전에, 모든 예제가 공통적으로 사용하는 부분인 RDB 설정과 Bean 정의 파일 batch-context.xml을 살펴봅니다.

RDB 설정

이 책에서는 RDB로 HSQLDB를 사용하고 있습니다. batch-basic과 batch-advanced 예제에서는 배치 처리에 PRODUCTS 테이블과 MEMBER 테이블을 사용합니다. batch-entry는 이 테이블을 사용하지는 않지만, JobRepository가 Job과 Step의 실행 결과를 저장할 때 RDB를 사용합니다.

예제 코드를 실행해보기 전에 [리스트 10-9]를 HSQLDB에서 실행시켜 JobRepository 용 테이블을 미리 작성할 필요가 있습니다(이후에 설명할 Bean 정의 파일인 batch-context.xml의 내용에는 리스트 10-9를 자동으로 실행하기 위한 설정이 들어있습니다).

리스트 10-9 schema-init-hsqldb.sql

```
DROP TABLE  BATCH_STEP_EXECUTION_CONTEXT IF EXISTS;
DROP TABLE  BATCH_JOB_EXECUTION_CONTEXT IF EXISTS;
DROP TABLE  BATCH_STEP_EXECUTION IF EXISTS;
DROP TABLE  BATCH_JOB_EXECUTION IF EXISTS;
DROP TABLE  BATCH_JOB_PARAMS IF EXISTS;
DROP TABLE  BATCH_JOB_INSTANCE IF EXISTS;

DROP TABLE  BATCH_STEP_EXECUTION_SEQ IF EXISTS;
DROP TABLE  BATCH_JOB_EXECUTION_SEQ IF EXISTS;
DROP TABLE  BATCH_JOB_SEQ IF EXISTS;

CREATE TABLE BATCH_JOB_INSTANCE  (
    JOB_INSTANCE_ID BIGINT IDENTITY NOT NULL PRIMARY KEY ,
    VERSION BIGINT ,
    JOB_NAME VARCHAR(100) NOT NULL,
    JOB_KEY VARCHAR(32) NOT NULL,
    constraint JOB_INST_UN unique (JOB_NAME, JOB_KEY)
) ;

CREATE TABLE BATCH_JOB_EXECUTION  (
    JOB_EXECUTION_ID BIGINT IDENTITY NOT NULL PRIMARY KEY ,
```

```sql
    VERSION BIGINT   ,
    JOB_INSTANCE_ID BIGINT NOT NULL,
    CREATE_TIME TIMESTAMP NOT NULL,
    START_TIME TIMESTAMP DEFAULT NULL ,
    END_TIME TIMESTAMP DEFAULT NULL ,
    STATUS VARCHAR(10) ,
    EXIT_CODE VARCHAR(100) ,
    EXIT_MESSAGE VARCHAR(2500) ,
    LAST_UPDATED TIMESTAMP,
    constraint JOB_INST_EXEC_FK foreign key (JOB_INSTANCE_ID)
    references BATCH_JOB_INSTANCE(JOB_INSTANCE_ID)
) ;

CREATE TABLE BATCH_JOB_PARAMS  (
    JOB_INSTANCE_ID BIGINT NOT NULL ,
    TYPE_CD VARCHAR(6) NOT NULL ,
    KEY_NAME VARCHAR(100) NOT NULL ,
    STRING_VAL VARCHAR(250) ,
    DATE_VAL TIMESTAMP DEFAULT NULL ,
    LONG_VAL BIGINT ,
    DOUBLE_VAL DOUBLE PRECISION ,
    constraint JOB_INST_PARAMS_FK foreign key (JOB_INSTANCE_ID)
    references BATCH_JOB_INSTANCE(JOB_INSTANCE_ID)
) ;

CREATE TABLE BATCH_STEP_EXECUTION  (
    STEP_EXECUTION_ID BIGINT IDENTITY NOT NULL PRIMARY KEY ,
    VERSION BIGINT NOT NULL,
    STEP_NAME VARCHAR(100) NOT NULL,
    JOB_EXECUTION_ID BIGINT NOT NULL,
    START_TIME TIMESTAMP NOT NULL ,
    END_TIME TIMESTAMP DEFAULT NULL ,
    STATUS VARCHAR(10) ,
    COMMIT_COUNT BIGINT ,
    READ_COUNT BIGINT ,
    FILTER_COUNT BIGINT ,
    WRITE_COUNT BIGINT ,
    READ_SKIP_COUNT BIGINT ,
    WRITE_SKIP_COUNT BIGINT ,
    PROCESS_SKIP_COUNT BIGINT ,
    ROLLBACK_COUNT BIGINT ,
    EXIT_CODE VARCHAR(100) ,
    EXIT_MESSAGE VARCHAR(2500) ,
    LAST_UPDATED TIMESTAMP,
```

```
        constraint JOB_EXEC_STEP_FK foreign key (JOB_EXECUTION_ID)
        references BATCH_JOB_EXECUTION(JOB_EXECUTION_ID)
) ;

CREATE TABLE BATCH_STEP_EXECUTION_CONTEXT  (
        STEP_EXECUTION_ID BIGINT NOT NULL PRIMARY KEY,
        SHORT_CONTEXT VARCHAR(2500) NOT NULL,
        SERIALIZED_CONTEXT LONGVARCHAR ,
        constraint STEP_EXEC_CTX_FK foreign key (STEP_EXECUTION_ID)
        references BATCH_STEP_EXECUTION(STEP_EXECUTION_ID)
) ;

CREATE TABLE BATCH_JOB_EXECUTION_CONTEXT  (
        JOB_EXECUTION_ID BIGINT NOT NULL PRIMARY KEY,
        SHORT_CONTEXT VARCHAR(2500) NOT NULL,
        SERIALIZED_CONTEXT LONGVARCHAR ,
        constraint JOB_EXEC_CTX_FK foreign key (JOB_EXECUTION_ID)
        references BATCH_JOB_EXECUTION(JOB_EXECUTION_ID)
) ;

CREATE TABLE BATCH_STEP_EXECUTION_SEQ (
        ID BIGINT IDENTITY
);
CREATE TABLE BATCH_JOB_EXECUTION_SEQ (
        ID BIGINT IDENTITY
);
CREATE TABLE BATCH_JOB_SEQ (
        ID BIGINT IDENTITY
);
```

Bean 정의 파일(batch-context.xml)

이 책에서는 Bean 정의 파일을 역할에 따라 3개의 파일로 분할해 사용합니다(그림 10-13). 실제 개발에서는 파일을 반드시 나눌 필요는 없으며 상황에 따라 달라집니다.

[리스트 10-10]에서 보이는 batch-context.xml은 세 가지 예제(batch-entry, batch-basic, 그리고 batch-advanced) 배치에 공통으로 필요한 Bean 설정 파일로서 3개로 분할된 Bean 정의 파일의 시작점이 되는 파일입니다.

그림 10-13 Bean 설정 파일의 구성

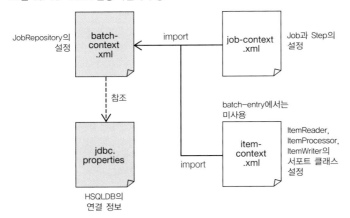

그러므로 처음은 다른 Bean 정의 파일을 import하는 것을 알 수 있습니다(리스트 10-10 ❶, 하지만 프로젝트 batch-entry는 item-context.xml을 사용하지 않으므로 코멘트 아웃됐습니다).

다음으로 JobLauncher와 그 파라미터로 사용될 JobRepository의 정의를 볼 수 있습니다(리스트 10-10 ❷, 리스트 10-10 ❸).

JobRepository는 영속화 처리에 RDB를 사용하므로, RDB로의 연결 정보를 갖고 있는 프로퍼티 파일(리스트 10-11)을 읽어 들여 DataSource를 생성합니다(리스트 10-10 ❹). 또한, RDB로 데이터를 입력하기 위해서 트랜잭션 매니저도 생성하고 있습니다(리스트 10-10 ❺).

마지막 부분(리스트 10-10 ❻)에는 배치 처리를 예제로 실행할 수 있도록 RDB를 초기화해주는 스크립트(리스트 10-9)의 설정이 있습니다. 만약, 이 파일을 이용해 RDB 초기화를 실행하지 않는다면 같은 Job을 계속해서 실행하는 것이 불가능하므로 주의합니다.

리스트 10-10 batch-context.xml

```
...( 생략 )...
    <context:component-scan base-package="sample.batch" />
    <import resource="classpath:/META-INF/spring/job-context.xml" />
    <!-- batch-entry에서는 사용하지 않음
    <import resource="classpath:/META-INF/spring/item-context.xml" />
    -->
```
❶

```xml
<bean id="jobLauncher"
      class="org.springframework.batch.core.launch.support.SimpleJobLauncher">
  <property name="jobRepository" ref="jobRepository" />
</bean>                                                                    ②


<batch:job-repository id="jobRepository"
    data-source="jobDataSource" transaction-manager="transactionManager" />   ③

<context:property-placeholder location="classpath:/META-INF/jdbc.properties" />

<bean id="jobDataSource" class="org.apache.commons.dbcp.BasicDataSource">
  <property name="driverClassName" value="${batch.jdbc.driver}" />
  <property name="url" value="${batch.jdbc.url}" />
  <property name="username" value="${batch.jdbc.user}" />                   ④
  <property name="password" value="${batch.jdbc.password}" />
</bean>


<bean id="transactionManager"
      class="org.springframework.jdbc.datasource.DataSourceTransactionManager">
  <property name="dataSource" ref="jobDataSource" />                        ⑤
</bean>


<jdbc:initialize-database data-source="jobDataSource">
  <jdbc:script location="${batch.schema.init.script}" />                    ⑥
</jdbc:initialize-database>
```

리스트 10-11 jdbc.properties

```properties
# HSQLDB
batch.jdbc.driver=org.hsqldb.jdbcDriver
batch.jdbc.url=jdbc:hsqldb:hsql://localhost/
batch.jdbc.user=sa
batch.jdbc.password=
batch.schema=
batch.schema.init.script=classpath:/META-INF/schema-init-hsqldb.sql
#batch.schema.init.script=classpath:/org/springframework/batch/core/schema-hsqldb.sql
#batch.schema.drop.script=classpath:/org/springframework/batch/core/schema-drop-hsqldb.sql
```

10.3.2 batch-entry(배치의 입문)

첫 예제에서는 배치의 전체 이미지(그림 10-7)를 확립하는 것이 목적이므로 파일 입력 처리나 RDB의 트랜잭션 처리는 없습니다.

먼저 프로그램을 봅시다. ItemReader(리스트 10-12)는 배열 input에 있는 문자열 데이터를 입력 데이터(리스트 10-12 ❶)로 사용합니다. 입력 데이터인 문자열에 abcd가 있는 경우에는 에러 데이터로 취급하고, 예외로 처리를 건너뛸 수 있도록 했습니다(리스트 10-12 ❷).

ItemProcessor(리스트 10-13)는 문자열의 마지막에 !!를 추가하고, ItemWriter(리스트 10-7)에서는 넘겨받은 데이터를 표준 출력인 콘솔에 그대로 출력할 뿐입니다(그림 10-14).

리스트 10-12 batch-entry의 ItemReader

```
@Component("itemReader")
@Scope("step")
public class EntryItemReader implements ItemReader<String> {

    private String[] input = {"Hello World", "abcd",  "안녕. 세계!!", null};   ◀---------❶
    private int index = 0;

    public String read() throws Exception {

        String message = input[index++];

        if(message == null) {
            return null;
        }
        if (message.equals("abcd")) {   ◀----------------------------------❷
            throw new BatchSkipException("부적합한 데이터입니다 [" + message + "]");
        }
        return message;
    }
}
```

리스트 10-13 batch-entry의 ItemProcessor

```
@Component("itemProcessor")
@Scope("step")
public class EntryItemProcessor implements ItemProcessor<String, String> {

  public String process(String message) throws Exception {
    return message + "!!";
  }
}
```

그림 10-14 콘솔 출력

```
[Hello World!!]
[안녕. 세계!!]
```

다음으로 Job 설정이 들어있는 job-context.xml(리스트 10-14)을 봅시다. [리스트 10-8]에서 설명한 내용과 내용면에서 그리 달라진 점이 없으므로 추가된 부분만 설명합니다.

먼저, skip-limit 속성에 관해서입니다(리스트 10-14 ❶). 이 속성은 1회의 청크(커밋 단위의 데이터 입력)에 부적합한 데이터가 있는 등의 경우에 스킵할 수 있는 횟수를 말합니다. 1회의 청크에서 지정해 놓은 스킵 횟수를 넘는 부적합 데이터가 있을 경우에는 대상 Job이 종료됩니다.

예제에서는 ItemReader의 입력 데이터에 문자열 abcd가 있으면 부적합 데이터로 보기 때문에, abcd의 수를 늘리거나 skip-limit의 속성값을 변경해보면서 직접 동작을 확인합니다.

다음으로 skippable-exception-classes 태그(리스트 10-14 ❷)에 관해서 설명하면 여기에는 스킵이 가능한 Exception을 지정할 수 있습니다. 예제는 BatchSkipException이 발생할 때, 처리를 건너뛸 수 있도록 설정해 놓고 있습니다. 여기에서 다시 한번 [리스트 10-12 ❷]를 봅시다. 문자열 abcd가 있을 경우에는 BatchSkipException을 던지는 것을 확인할 수 있습니다.

리스트 10-14 batch-entry의 job-context.xml

```
... ( 생략 ) ...
<batch:job id="job1">
  <batch:step id="step1">
    <batch:tasklet>
      <batch:chunk reader="itemReader" processor="itemProcessor"      ◀┈┈┈┈┈┈┈┈┈┈┈┈❶
                   writer="itemWriter" commit-interval="1" skip-limit="2">
        <batch:skippable-exception-classes>      ◀┈┈┈┈┈┈┈┈┈┈┈┈┈┈┈┈┈┈┈┈┈❷
          <batch:include class="sample.batch.exception.BatchSkipException" />
        </batch:skippable-exception-classes>
      </batch:chunk>
    </batch:tasklet>
  </batch:step>
</batch:job>
... ( 생략 ) ...
```

10.3.3 batch-basic(배치의 기본)

배치의 입문을 통해 스프링 배치의 기본 동작을 이해했다면 다음으로는 업무에 조금 더 가까운
예제로서, CSV 파일을 입력해서 RDB에 출력하는 예제를 살펴봅시다(그림 10-8).

필수 사항

일단, 이 절에서 ItemReader, ItemProcessor, ItemWriter는 모두 서포트 클래스만을 사용
합니다. 다시 말해, 배치의 입문에서와 같이 직접 작성한 클래스는 사용하지 않습니다.

item-context.xml

그렇기 때문에 ItemReader, ItemProcessor, ItemWriter에 서포트 클래스를 사용하기 위한
설정을 추가해야 합니다. 그 설정은 item-context.xml(리스트 10-15)에서 확인할 수 있습
니다.

리스트가 조금 길기 때문에 A, B, C의 세 블록으로 나누어 설명합니다.

  • **A블록: ItemReader**
가장 첫 부분인 A블록은 ItemReader에 대한 설정입니다(그림 10-15).

Product(제품) 데이터가 든 CSV 파일을 읽어 들이기 위해 FlatFileItemReader를 사용하고 있으며(리스트 10-15 ❶), 다음에 나오는 resource 프로퍼티에서는 Job에서 사용할 입력 파일명(그림 10-15 실행 커맨드에서의 inputFile 부분)을 설정해 놓았습니다(리스트 10-15 ❷). lineToSkip 프로퍼티는 CSV 파일의 첫 번째 행 처리를 생략하기 위한 설정으로, CSV 파일의 첫 번째 행이 항목인 경우에 사용하는 옵션입니다(리스트 10-15 ❸).

lineMapper 프로퍼티 이하의 내용은 CSV 파일의 데이터가 각 행마다 name(제품명)과 price(가격) 데이터를 각각 콤마로 구분해 저장하고 있기 때문에, 데이터는 콤마를 기준으로(리스트 10-15 ❹) 구분되며, 데이터 항목에는 name과 price(리스트 10-15 ❺)가 있다는 것을 설정하는 부분입니다. 다음으로, 읽어 들인 데이터를 Product 클래스에 Mapping하는 설정이 있습니다(리스트 10-15 ❻).

• B블록: ItemProcessor

B블록에서는 ItemProcessor를 다루고 있으며(리스트 10-15 ❼), 이 Item Processor의 역할은 입력 데이터의 Validation입니다(그림 10-16). 어떠한 Validation을 행하고 있는가는 입력 데이터를 저장하는 Product 클래스의 어노테이션으로 지정하고 있습니다(그림 10-16의 Product 클래스).

실제로 데이터 체크를 행하는 Validator는 LocalValidatorFactoryBean이라는 Validator만을 생성하는 Factory를 통해 생성됩니다(리스트 10-15 ❽). 덧붙여서 LocalValidator FactoryBean은 클래스 패스에 HibernateValidator가 존재하는 경우에는 자동으로 그것을 사용합니다. 예제에서도 클래스 패스상에 HibernateValidator가 존재하므로 HibernateValidator를 사용하고 있습니다. 또한, 입력된 데이터를 체크하는 과정 중에 에러가 발생하면 META-INF 아래에 배치된 ValidationMessages.properties(파일명은 원칙적으로 고정입니다)의 키와 일치하는 메시지가 표준 출력에 표시됩니다.

• C블록: ItemWriter

마지막으로, C블록은 ItemWriter에 관한 설정입니다(리스트 10-15 ❾). 입력된 후, Validation까지 통과한 데이터는 이곳에서 RDB로 출력됩니다(그림 10-17). 예제에서는 RDB로의 데이터 출력을 위해 JdbcBatchItemWriter를 사용하고 있습니다(리스트 10-15 ❿). [표 10-2]에 있는 것처럼 HibernateItemWriter를 사용할 수도 있지만, 그럴 경우에는 매핑용 파일이 많아지기 때문에 예제는 JdbcBatchItemWriter를 사용합니다.

JdbcBatchItemWriter를 사용하고 있기 때문에 데이터의 RDB 출력은 매우 간단합니다. Insert 문을 기술하고, 입력될 데이터 부분은 :(콜론)에 Product 클래스의 프로퍼티명을 써줄 뿐입니다(리스트 10-15 ⑪).

리스트 10-15 batch-basic의 item-context.xml

```
... ( 생략 ) ...
<bean id="productItemReader"                                              ─➊
      class="org.springframework.batch.item.file.FlatFileItemReader" scope="step">
  <property name="resource" value="#{jobParameters[inputFile]}" />     ─➋
  <property name="linesToSkip" value="1" />                            ─➌
  <property name="lineMapper">
    <bean class="org.springframework.batch.item.file.mapping.DefaultLineMapper">
      <property name="lineTokenizer">
        <bean class="org.springframework.batch.item.file.transform.
            DelimitedLineTokenizer">
          <property name="delimiter" value="," />                      ─➍
          <property name="names" value="name,price" />                 ─➎      ─Ⓐ
        </bean>
      </property>
      <property name="fieldSetMapper">
        <bean class="org.springframework.batch.item.file.mapping.
            BeanWrapperFieldSetMapper">
          <property name="targetType"
                    value="sample.business.domain.Product" />          ─➏
        </bean>
      </property>
    </bean>
  </property>
</bean>

<bean id="productItemProcessor"                                        ─➐
      class="org.springframework.batch.item.validator.ValidatingItemProcessor">
  <property name="validator">
    <bean class="org.springframework.batch.item.validator.SpringValidator">
      <property name="validator" ref="validator" />                          ─Ⓑ
    </bean>
  </property>
</bean>

<bean name="validator"                                                 ─➑
      class="org.springframework.validation.beanvalidation.
```

```
                    LocalValidatorFactoryBean" />

<bean id="productItemWriter"  ◄┄┄┄┄┄┄┄┄┄┄┄┄┄┄┄┄┄┄┄┄┄┄┄┄┄┄┄┄┄●⑨ ┐
      class="org.springframework.batch.item.database.JdbcBatchItemWriter"> ⑩  ┆
  <property name="dataSource" ref="batchDataSource" />                        ┆
  <property name="sql"                                                        ┆
    value="insert into product (name, price) values(:name, :price)" /> ◄┄⑪  ┄┄┄●ⓒ
  <property name="itemSqlParameterSourceProvider">                           ┆
    <bean class="org.springframework.batch.item.database.                    ┆
      BeanPropertyItemSqlParameterSourceProvider" />                         ┆
  </property>                                                                 ┆
</bean> ┄┄┄┄┄┄┄┄┄┄┄┄┄┄┄┄┄┄┄┄┄┄┄┄┄┄┄┄┄┄┄┄┄┄┄┄┄┄┄┄┄┄┄┄┄┄┄┄┄┄┄┄┄┄┄┄┄┄┘
... ( 생략 ) ...
```

그림 10-15 ItemReader의 사양

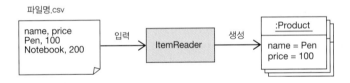

실행 커맨드
org.springframework.batch.core.launch.support.CommandLineJobRunner
classpath:/batch-context.xml job1 inputFile=classpath:/product_csv/파일명.csv

그림 10-16 ItemProcessor의 사양

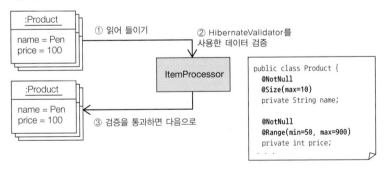

그림 10-17 ItemWriter의 사양

job-context.xml

job-context.xml(리스트 10-16)은 앞서 설명한 batch-entry의 job-context.xml(리스트 10-14)과 거의 동일합니다. 달라진 부분은 Skip의 Exception 부분인데, 이전 예제에서는 직접 작성한 BatchSkipException을 사용했지만, 이번 예제에서는 ItemProcessor의 검증 처리에서 발생하는 ValidationException을 사용하고 있습니다(리스트 10-16 ❶).

리스트 10-16 batch-basic의 job-context.xml

```
...(생략)...
  <job id="job1">
    <step id="step1">
      <tasklet>
        <chunk reader="productItemReader" processor="productItemProcessor"
               writer="productItemWriter" commit-interval="1" skip-limit="2">
          <skippable-exception-classes>
            <include class="org.springframework.batch.item.validator.
            ValidationException" />                                         ❶
          </skippable-exception-classes>
        </chunk>
      </tasklet>
    </step>
  </job>
...(생략)...
```

여기까지 기본적으로 알아야 할 배치의 내용을 설명했습니다. 이제는 실제로 예제를 실행해보면서 확인해보면 좋겠습니다.

리스너를 추가하기

앞에서 설명한 스프링 배치의 기본을 이해했다면 지금부터는 추가로 리스너[listener]에 대해 알아봅시다.

스프링 배치에서는 Step이나 Chunk, ItemReader · ItemProcessor · ItemWriter, 그리고 Skip에 대해 리스너 인터페이스가 있습니다(표 10-5).

표 10-5 Listener 인터페이스

대상	인터페이스	어노테이션

Step	public interface StepExecutionListener extends StepListener {
	    void beforeStep(StepExecution stepExecution);
	    ExitStatus afterStep(StepExecution stepExecution);
	}
		@BeforeStep
		@AfterStep

Chunk	public interface ChunkListener extends StepListener {
	    void beforeChunk();
	    void afterChunk();
	}
		@BeforeChunk
		@AfterChunk

ItemReader	public interface ItemReadListener⟨T⟩ extends StepListener {
	    void beforeRead();
	    void afterRead(T item);
	    void onReadError(Exception ex);
	}
		@BeforeRead
		@AfterRead
		@OnReadError

Item
Processor
	public interface itemProcessListener⟨T,S⟩ extends StepListener {
	    void beforeProcess(T item);
	    void afterProcess(T item, S result);
	    void onProcessError(T item, Exception e);
	}
		@BeforeProcess
		@AfterProcess
		@OnProcessError

ItemWriter	public interface itemWriteListener⟨S⟩ extends StepListener {
	    void beforeWrite(List⟨? Extends S⟩ items);
	    void afterWrite(List⟨? Extends S⟩ items);
	void onWriteError(Exception exception, List⟨? Extends S⟩ items);
	}
		@BeforeWrite
		@AfterWrite
		@OnWriteError

Skip발생 시
(SkipListener의
대상 메서드는
커밋 직전에
한꺼번에 호출)
	public interface SkipListener⟨T,S⟩ extends StepListener {
	    void onSkipInRead(Throwable t);
	    void onSkipInProcess(T item, Throwable t);
	    void onSkipInWrite(S item, Throwable t);
	}
		@OnSkipRead
		@OnSkipWrite
		@OnSkipProcess

이러한 인터페이스를 구현한 리스너를 사용하므로 예를 들자면, 데이터를 건너뛸 때 따로 로그를 출력한다든지, Step의 전처리나 후처리를 별도로 구현하거나 Step이 분기될(분기에 대해서는 **job-context.xml** – **순차ㆍ분기ㆍ병행**을 참고) 경우에 종료 상태를 변경하는(리스트 10-17 ❶) 등의 처리를 구현할 수 있습니다.

특히, Step 리스너는 메서드의 인수로 StepExecution을 입력받는데, StepExecution에서 JobExecution, ExecutionContext를 취득할 수 있으므로, 이를 이용해 여러 처리를 할 수 있습니다.

우선 Step 리스너(리스트 10-17)와 Chunk 리스너(리스트 10-18)를 참고합니다. 특별한 처리는 없기 때문에 따로 설명은 하지 않겠습니다.

리스트 10-17 Step 리스너(SampleStepExecutionListener)

```
@Component
public class SampleStepExecutionListener {

  @BeforeStep
  public void beforeStep(StepExecution stepExecution) {
    System.out.println("*** Before Step :Start Time " + stepExecution.getStartTime());
  }

  @AfterStep
  public ExitStatus afterStep(StepExecution stepExecution) {
      System.out.println("*** After Step :Commit Count " + stepExecution.
getCommitCount());
    return ExitStatus.COMPLETED;  ◀------------------------------------❶
  }
}
```

리스트 10-18 Chunk 리스너(SampleChunkListener)

```
@Component
public class SampleChunkListener {

  @BeforeChunk
  public void beforeChunk() {
    System.out.println("*** before Chunk");
```

```
    }

    @AfterChunk
    public void afterChunk() {
      System.out.println("*** after Chunk");
    }
  }
```

이어서, job-context.xml(리스트 10-19)을 살펴봅시다. 새로 listeners 태그가 추가됐고 리스너가 추가된 것을 알아볼 수 있습니다. 실제로 리스너를 추가한 후, batch-basic 예제를 실행해보면 콘솔 화면에 [그림 10-18]과 같은 메시지가 출력됩니다.

리스트 10-19 job-context.xml(리스너 추가)

```
... ( 생략 ) ...
  <job id="job1">
    <step id="step1">
      <tasklet>
        <chunk reader="productItemReader" processor="productItemProcessor"
        writer="productItemWriter" commit-interval="1" skip-limit="10">
          <skippable-exception-classes>
            <include class="org.springframework.batch.item.validator.
            ValidationException" />
          </skippable-exception-classes>
        </chunk>
      </tasklet>
      <listeners>
        <listener ref="sampleChunkListener" />
        <listener ref="sampleStepExecutionListener" />
      </listeners>
    </step>
  </job>
... ( 생략 ) ...
```

그림 10-18 리스너 추가 후의 실행 결과 (콘솔)

```
*** Before Step :Start Time Tue Jun 02 13:44:21 JST 2015
*** before Chunk
*** after Chunk
*** before Chunk
*** after Chunk
*** After Step :Commit Count 2
```

10.3.4 batch-advanced(배치의 응용)

여기서는 스프링 배치의 마지막 부분인 응용을 살펴봅니다. 2개의 Step이 등장하는데, Step1은 앞서의 Product(제품) 정보 CSV 파일에서 데이터를 입력하고 PRODUCT 테이블에 출력합니다. 또한, 여기에 새롭게 MEMBER 테이블에서 데이터를 입력해서 CSV 파일에 출력하는 Step2를 추가했습니다. 그리고 여기서는 Step의 구성 방법(순차, 분기, 병렬)에 더욱 집중하기 위해서 ItemProcessor를 사용하지 않습니다.

item-context.xml

그럼, 예제에서 사용할 item-context.xml을 살펴봅시다(리스트 10-20). Step1에서 이용할 Item 관련 설정은 전 예제의 item-context.xml(리스트 10-15)에서 ItemProcessor 설정을 삭제한 것이므로 생략합니다.

Step2의 Item 관련 설정을 설명하면 우선, Member(회원)의 데이터를 RDB에서 입력받는 ItemReader(그림 10-19)부터 CSV에 데이터를 출력하는 ItemWriter(그림 10-20)까지로 구성됐음을 이해해야 합니다.

또한, Step2의 item-context.xml에서는 ItemReader를 직접 구현해서 쓰지 않고, 서포트 클래스인 JdbcCursorItemReader를 사용하고 있습니다(리스트 10-20 ❶). 그리고, Step2에서도 Step1과 똑같은 이유로 HibernateCursorItemReader와 같은 클래스를 사용하지 않습니다. ItemReader가 수행하는 처리는 단순한데, SELECT 문을 발행해서 취득한 데이터를 Member 클래스의 프로퍼티에 저장합니다(리스트 10-20 ❷, 리스트 10-20 ❸).

ItemWriter도 스스로 구현한 클래스가 아닌, FlatFileItemWriter라는 서포트 클래스를 사용합니다(리스트 10-20 ❹). resource 프로퍼티에 출력 파일명(리스트 10-20의 ❺)을 지정하고, shouldDeleteIfExists 프로퍼티를 true로 설정함으로써 파일의 덮어 쓰기가 가능하게 설정했습니다(리스트 10-20 ❻). 만약, 출력 파일명을 실행할 때마다 변경하고 싶을 경우에는 Step1에서 입력 파일명을 파라미터로 입력받는 것처럼 동일하게 변경해주면 됩니다.

lineAggregator 프로퍼티(리스트 10-20 ❼) 이하의 부분에서는 CSV에 출력하는 각 행의 내용을 기술합니다. 출력 대상은 Member 클래스의 프로퍼티 memberId와 name입니다(리스트 10-20 ❽).

리스트 10-20 batch-advanced의 item-context.xml

```
... ( 생략 ) ...
    <bean id="memberItemReader" class="org.springframework.batch.item.database.
JdbcCursorItemReader">  ◀-----------------------------------------------------❶
        <property name="dataSource" ref="batchDataSource" />
        <property name="rowMapper">
            <bean class="org.springframework.jdbc.core.simple.ParameterizedBeanPropertyRo
wMapper">
                <property name="mappedClass" value="sample.business.domain.Member" /> ◀----❷
            </bean>
        </property>
        <property name="sql" value="select * from member" />  ◀--------------------❸
    </bean>

    <bean id="memberItemWriter" class="org.springframework.batch.item.file.
FlatFileItemWriter">  ◀--------------------------------------------------------❹
        <property name="resource" value="file:c:/member.csv" />  ◀--------------❺
        <property name="shouldDeleteIfExists" value="true"/>  ◀----------------❻
        <property name="lineAggregator">  ◀----------------------------------❼
            <bean class="org.springframework.batch.item.file.transform.
            DelimitedLineAggregator">
                <property name="fieldExtractor">
                    <bean class="org.springframework.batch.item.file.transform.
                    BeanWrapperFieldExtractor">
                        <property name="names" value="memberId,name" />  ◀---------------❽
                    </bean>
                </property>
            </bean>
        </property>
    </bean>
... ( 생략 ) ...
```

그림 10-19 ItemReader의 사양

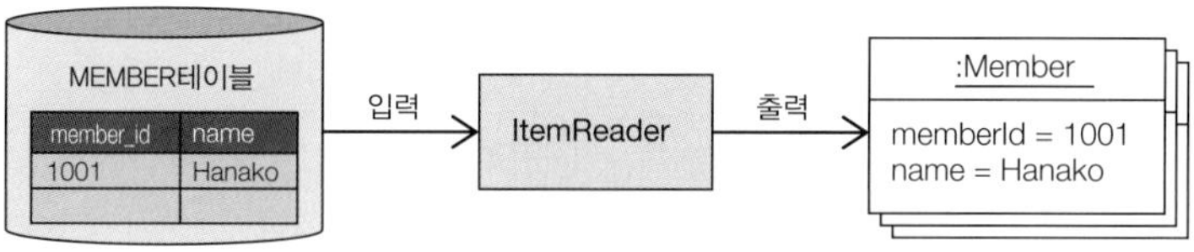

그림 10-20 ItemWriter의 사양

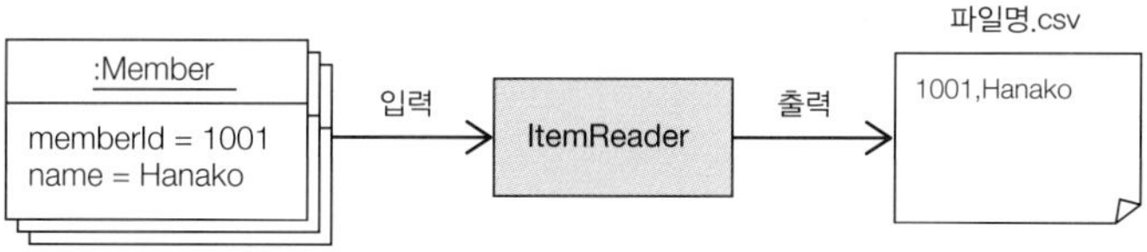

job-context.xml - 순차, 분기, 병행

Step1과 Step2를 이해했다면 Step은 어떻게 순차적으로 실행하는지, 분기나 병행 처리는 어떻게 해야 하는지를 알아봅시다. Step의 구성 방법은 예제의 job-context.xml에 기술된 job 태그 이하의 부분을 참고합니다.

순차

먼저, 기본 처리인 순차 처리입니다(그림 10-9).

job-context.xml(리스트 10-21)의 내용으로 미루어, Step1이 종료한 후에 그 실행 결과와 상관없이 Step2가 실행된다는 점을 짐작할 수 있습니다(리스트 10-21 ❶, ❷).

리스트 10-21 순차의 job-context.xml

```
...(생략)...
  <job id="job1">
    <step id="step1" next="step2">  ◀------------------------------ ❶
      <tasklet>
        <chunk reader="productItemReader" writer="productItemWriter"
            commit-interval="1"/>
      </tasklet>
    </step>
    <step id="step2">  ◀--------------------------------------------- ❷
```

```
      <tasklet>
        <chunk reader="memberItemReader" writer="memberItemWriter"
            commit-interval="1"/>
      </tasklet>
    </step>
  </job>
... ( 생략 ) ...
```

분기

다음으로 분기에 대해 알아봅니다(그림 10-10).

job-context.xml(리스트 10-22)의 분기 설정을 설명하자면 Step1의 실행이 종료될 때 실행 결과(정확하게는 StepExecution의 exitStatus, 표 10-4 참고)가 COMPLETED인 경우는 종료(리스트 10-22 ❶), 그 밖의 경우(*)에는 Step2를 실행합니다(리스트 10-22 ❷, ❸).

리스트 10-22 분기의 job-context.xml

```
... ( 생략 ) ...
  <job id="job1">
    <step id="step1">
      <tasklet>
        <chunk reader="productItemReader" writer="productItemWriter"
            commit-interval="1" />
      </tasklet>
      <end on="COMPLETED" />  <------------------------------------❶
      <next on="*" to="step2" />  <--------------------------------❷
    </step>
    <step id="step2">  <-----------------------------------------❸
      <tasklet>
        <chunk reader="memberItemReader" writer="memberItemWriter"
            commit-interval="1" />
      </tasklet>
    </step>
  </job>
... ( 생략 ) ...
```

조금 더 자세하게 설명하면 [리스트 10-22]에서 이용했던 end나 next 이외에도 분기의 태그에는 [표 10-6]의 태그와 [표 10-7]의 속성이 있습니다.

표 10-6 주된 분기의 태그

태그	해설
next	on 속성값에 합치하는 경우, to 속성에 지정된 Step으로 이동
end	on 속성값에 합치하는 경우, 실행 상태(StepExecution의 status, 표 10-4 참고)를 COMPLETED로 변경하고 배치를 종료
fail	on 속성값에 합치하는 경우, 실행 상태(StepExecution의 status, 표 10-4 참고)를 FAILED로 변경하고 배치를 종료
stop	on 속성값에 합치하는 경우, 실행 상태(StepExecution의 status, 표 10-4 참고)를 STOPPED로 변경하고 배치를 종료. restart 속성이 필요함

표 10-7 주된 분기 태그의 속성

태그	해설
on	분기 조건인 Step의 실행 결과(StepExecution의 exitStatus, 표 10-4 참고)를 설정 참고로 조건이 합치하는지 아닌지는 태그의 순서와 관계가 없으며, 예들 들어 [리스트 10-22 ❶]과 [리스트 10-22 ❷]의 순서를 바꾸어도 의미상 변화는 없음. 또한, Step의 실행 결과에는 [리스트 10-22 ❷]와 같이 '*'나 '?' 같은 와일드카드를 사용할 수 있음
to	next 태그의 on에 설정한 값과 매치하는 경우에는 지정한 Step으로 이동
exit-code	end, fail, stop 태그에 Job의 실행 결과(JobExecution의 exitStatus, 표 10-3 참고)를 설정

병행

분기에 이어서 다음은 병행에 대해 알아봅시다.

먼저 병행 처리는 병렬 처리와 다르다는 점을 이해해야 합니다(병행과 병렬은 여러 정의가 있으므로 이 설명이 꼭 정답이라고 할 수는 없습니다). 병행은 여러 동작이 연속적으로 실행되면서, 동시 처리처럼 보이는 것을 말하며, 병렬은 여러 동작이 정확하게 동시에 실행되는 것을 말합니다. 예를 든다면 사람이 PC로 메일을 쓰면서 Facebook을 본다면 병행이고, 이쪽 사람은 PC로 메일을 쓰고 저쪽 사람은 또 다른 PC로 Facebook을 본다면 병렬입니다. 배치라고 생각하면 사람과 PC는 CPU, 메일을 쓰거나 Facebook을 보는 것은 Job이라 할 수 있습니다.

어째서 배치 처리에는 병행 처리가 필요한 것일까요? 당연히 대량의 데이터를 처리하는 배치를 제한된 시간 내에 최대한 빨리 끝마치고 싶기 때문입니다. 하지만 병행의 설명에서 알 수 있듯이, 경우에 따라서는 순차적으로 처리하는 편이 빨리 끝나는 경우도 있으므로 주의해야 합니다.

스프링 배치는 JMS 등을 이용해 Remote chunking이나 Remote partitioning에 의한 병렬 처리도 지원하고 있지만, 이 책에서는 논외로 하겠습니다.

여기에서는 Split(복수의 Step을 병행 처리)와 Partition(동일 Step을 다중 병행 처리), 이렇게 두 종류의 병행 처리만 다루겠습니다.

Split

Split는 복수의 Step을 병행해서 실행해줍니다(그림 10-11). 예제에서는 Step1과 Step2, 2개의 Step을 병행 실행하는데, Split는 Step을 동시 실행해도 서로 영향이 없는 경우에 주로 사용합니다.

설정 방법을 보면(리스트 10-23), Split는 split 태그(리스트 10-23 ❶) 안에 병행 처리할 Step들에 대해 각각 flow 태그(리스트 10-23 ❷)를 설정하고, 그 안에 실행해줄 step 태그를 설정해줍니다.

참고로 split 태그의 task-executor 속성에 설정된 taskExecutor(리스트 10-23 ❸)에는 비동기 처리를 위해 사용되는 SimpleAsyncTaskExecutor가 설정됐습니다(리스트 10-23 ❹).

리스트 10-23 병행(Split)의 job-context.xml

```
... ( 생략 ) ...
  <job id="job1">
    <split id="split1" task-executor="taskExecutor">  ◀························· ❶
      <flow>  ◀············································································· ❷
        <step id="step1">
          <tasklet>
            <chunk reader="productItemReader" writer="productItemWriter"
                   commit-interval="1" />
          </tasklet>
        </step>
```

```
      </flow>
      <flow>    ◄┄┄┄┄┄┄┄┄┄┄┄┄┄┄┄┄┄┄┄┄┄┄┄┄┄┄┄┄┄┄┄┄┄┄┄┄┄┄┄┄┄  ❸
        <step id="step2">
          <tasklet>
            <chunk reader="memberItemReader" writer="memberItemWriter"
                   commit-interval="1" />
          </tasklet>
        </step>
      </flow>
    </split>
  </job>

<bean id="taskExecutor"  ┄┄┄┄┄┄┄┄┄┄┄┄┄┄┄┄┄┄┄┄┄┄┄┄┄┄┄┄┄┄┄┄┄┄┄┄┄
  class="org.springframework.core.task.SimpleAsyncTaskExecutor" /> ┄┄┄┄ ❹
... ( 생략 ) ...
```

또한, 예제에서는 [그림 10-11]과 같이 병행 처리를 구현하고 있지만, split 태그를 〈split id="split1" task-executor="taskExecutor" next="step3"〉와 같이 설정해준다면 [그림 10-21]처럼 배치의 흐름을 변경할 수도 있습니다.

그림 10-21 병행(3개의 Step)

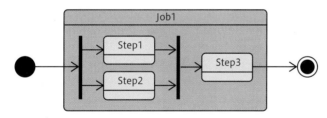

Partition

Partition은 하나의 Step을 동시에 병행 처리합니다(그림 10-12). 예제는 Step1을 다중 병행으로 실행합니다. Partition은 같은 형식의 파일이 대량으로 있고, 동일한 처리가 필요한 경우에 사용하는 것이 좋습니다(그림 10-22).

그림 10-22 Partition이 유효한 예

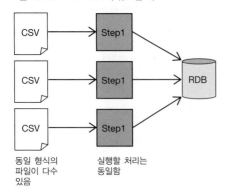

설정 방법을 살펴봅시다(리스트 10-24). 설정 내용은 크게 A 블록과 B 블록으로 나누어 생각해볼 수 있습니다. A 블록은 병행 처리하고자 하는 Job의 설정, B 블록은 실제 실행될 Step에 대한 설정입니다. B 블록에 대해서는 지금까지 몇 번이나 반복해서 사용한 Step 설정이므로 설명은 생략합니다.

그럼, A 블록을 봅시다. Job 태그 아래의 step 태그에 주목해야 합니다(리스트 10-24 ❶). 이것은 Partition을 사용할 때 기술하는 메인 Step이라고 하며, B 블록처럼 내부에 tasklet이나 chunk 태그를 설정하지 않습니다.

메인 Step의 내부에는 partition 태그가 있습니다(리스트 10-24 ❷). partition 태그의 step 속성에는 실제 실행하려고 하는 Step의 식별자명을 설정해야 합니다. 예제는 B 블록의 Step인 step1을 설정하고 있습니다.

마찬가지로 partition 속성에는 파일을 입력하기 위해 사용할 Bean(리스트 10-24 ❹)을 참조하도록 설정하고 있습니다. 예제에서 사용되고 있는 Bean인 MultiResource Partitioner(리스트 10-24 ❹)에는 resource 속성값으로 와일드카드(*)를 파일명으로 지정해줌으로써(리스트 10-24 ❺) 병행 처리가 실행될 때 Step에 파일이 적당하게 분산되게 해줍니다.

다시 말해, itemReader는 job으로부터가 아닌 MultiResourcePartitioner가 가져온 리소스(실제는 StepExecutionContext로부터)를 읽어옵니다. 주의할 점은 파라미터를 통해 파일명을 가져오고 싶을 경우, [리스트 10-25]와 같은 설정을 반드시 추가해야 한다는 것입니다. 예제에는 item-context.xml에 추가됐습니다.

또한, partition 태그 안에 보이는 handler 태그(리스트 10-24 ❸)에서는 병행할 Step의 최대 개수를 grid-size 속성을 통해 지정할 수 있습니다. 예를 들어, 입력 대상이 되는 CSV 파일수가 100이면 grid-size 속성에 지정된 수만큼만 Step을 병행해서 실행합니다. 다음으로 task-executor에는 TaskExecutor를 설정했습니다. TaskExecutor에 대해서는 Split를 설명할 때 다룬 내용이므로 생략합니다.

리스트 10-24 병행(partition)의 job-context.xml

```
... ( 생략 ) ...
  <job id="job1">
    <step id="main">  ◄----------------------------------❶
      <partition step="step1" partitioner="partitioner">  ◄-------❷      ⒜
        <handler grid-size="4" task-executor="taskExecutor" />  ◄-------❸
      </partition>
    </step>
  </job>

  <step id="step1">
    <tasklet>
      <chunk reader="productItemReader" writer="productItemWriter"       ⒝
            commit-interval="1" />
    </tasklet>
  </step>

  <bean id="partitioner"
    class="org.springframework.batch.core.partition.
          support.MultiResourcePartitioner">  ◄----------------❹
    <property name="resources" value="classpath:/product_csv/p*.csv" />  ◄-------❺
  </bean>
  <bean id="taskExecutor"
  class="org.springframework.core.task.SimpleAsyncTaskExecutor" />
... ( 생략 ) ...
```

리스트 10-25 리소스를 MultiResourcePartitioner로부터 취득하기

```
... ( 생략 ) ...
  <bean id="itemReader" scope="step">
    <property name="resource" value="#{stepExecutionContext[fileName]}" />
  </bean>
... ( 생략 ) ...
```

10.3.5 스프링 배치의 유닛 테스트

스프링 배치에서 유닛 테스트로 테스트해볼 필요가 있는 것은 단 하나뿐이라고 생각합니다. 그 것은 프로그래머가 직접 구현한 ItemReader와 ItemProcessor, 그리고 ItemWriter입니다.

테스트를 해야 할 때 스프링 배치라서 특히 신경 써야 할 부분은 없습니다. 파일을 출력하는 부 분이라면 JUnit의 메서드인 assertFileEquals로, RDB를 다뤄야 하는 경우라면 DbUnit을 사 용해서 다른 애플리케이션과 마찬가지로 JUnit을 사용해서 테스트하면 됩니다.

만약 필요하다면 유닛 테스트라고 말할 수 없을지도 모르지만, JobLauncher의 메서드인 run()이 정상적으로 실행되는지 실행해보는 것도 좋을 것입니다(리스트 10-26).

이 밖에도 스프링 배치의 테스트용 라이브러리(Maven의 경우, spring-batch-test를 의존 관계에 추가해야 합니다)를 사용해서 사용할 Step을 단독으로 실행해보는 것도 할 수 있지만, 테스트용의 Bean 정의 파일을 따로 작성하는 것도 귀찮은 일이므로, 굳이 사용하려고 할 필요 는 없습니다.

리스트 10-26 JobLauncher의 실행 테스트

```
@ContextConfiguration(locations={"batch-context.xml"})
@RunWith(SpringJUnit4ClassRunner.class)
public class jobConfigTest {
  @Autowired
  private JobLauncher jobLauncher;

  @Autowired
  private Job job;

  @Test
  public void testRun() throws Exception {
    jobLauncher.run(job, new JobParameters());
  }
}
```

CHAPTER 11

클라우드 네이티브 입문

이 장에서는 제1장에서 한 번 소개했던 클라우드 네이티브^{Cloud Native}를 알아봅시다. 이 장의 제목과 같이 '입문'이기 때문에 상세한 설명은 생략하고 클라우드 네이티브 애플리케이션 개발이란 무엇인지를 체험해봅니다[1]. 스프링 부트를 사용해서 웹 애플리케이션을 빠르게 작성하고 PWS에 디플로이한 후, 클라우드에 웹 애플리케이션을 공개하고 동작시켜보는 것까지 진행해봅니다.

작성할 웹 애플리케이션은 아주 간단한 것이지만, 이것을 마이크로서비스라고 가정한다면 이 장을 끝마칠 즈음에는 클라우드 네이티브에 입문했다고 말할 수 있을 것입니다.

더 자세한 정보를 원한다면 스프링 사용자 모임에서 발표한 슬라이드나 Hands-On 자료 등이 인터넷상에 공개돼 있으므로 참고합니다.

11.1 스프링 부트

스프링 부트를 들어보았나요? 최근에는 스프링 프레임워크를 넘어섰다고 말할 만큼 인기가 있어서 DI나 AOP는 몰라도 스프링 부트는 알고 싶다는 엔지니어가 늘고 있다고 합니다.

----

1 또한, 이 책에서 이용하는 STS(3.7.1.RELEASE)와 Pivotal Web Services 등은 지속적으로 변경되고 있기 때문에, 이 책의 설명대로 움직이지 않을 수도 있습니다. 실제로 며칠 전(현재, 2015/11/29)까지 이 책의 설명대로 PWS에 애플리케이션을 디플로이할 수 없었습니다. 그러한 점은 양해 바랍니다.

스프링 부트란 무엇일까요? 간단히 말해 스프링 기반의 애플리케이션을 간편하게 만들기 위한 프레임워크(개인적으로 인프라용 프레임워크라고 생각하면 이해가 쉬울 듯합니다)입니다. '애플리케이션을 간편하게 작성해주는 거라면 Spring Roo가 있잖아?'라고 생각할 수 있지만, Spring Roo가 Rails처럼 도메인까지 포함해 자동으로 생성하는 툴이라면 스프링 부트는 그러한 자동 생성 툴이 아닙니다. 적어도 스프링 부트는 도메인을 자동 생성하지 않습니다.

'그럼 스프링을 위한 이클립스의 편리한 플러그인인가?'라고 생각할 수도 있겠지만, 그렇지 않습니다. 인프라와 같은 역할을 수행하는 프레임워크라고 할 수 있습니다. 그럼 '도대체 간단하게 만들 수 있다는 게 무슨 뜻이지?'라고 의문이 들 수 있는데, 스프링 부트는 다음과 같은 특징을 제공해 애플리케이션을 간편하게 개발할 수 있게 해줍니다.

- 이용하는 라이브러리와 프레임워크의 의존 관계나 Bean 설정을 자동으로 해결해준다. (Auto Configuration)
- Tomcat과 HSQLDB 등이 포함돼 있어서 결과물을 간단하게 즉시 실행할 수 있다.
- Tutorial[2]과 Sample[3]이 다양하게 준비돼 있어서, 샘플을 활용한 개발이 가능하다.

11.1.1 스프링 부트로 작성해보기

스프링 부트의 특징을 이해하려면 직접 사용해보는 것이 가장 빠릅니다. 그럼 지금부터 브라우저에 'Hello World'라는 메시지를 REST로 돌려주는 간단한 시스템을 만들어봅시다.

먼저 STS[4]를 실행합니다. STS가 실행되면 [File] 메뉴를 선택한 다음, [New] → [Spring Starter Project]를 선택합니다.

[그림 11-1]이 표시되면 name에는 'hello-cloud'라고 입력하고 Packaging은 'War'를 선택한 후, Next 버튼을 클릭합니다.

[그림 11-2]가 표시되면 [Web]을 체크하고 [Finish] 버튼을 클릭합니다.

---

2 https://spring.io/guides STS를 사용하면, 간편하게 임포트해서 사용할 수 있습니다.

3 https://github.com/spring-projects/spring-boot/tree/master/spring-boot-samples

4 이 책에서는 STS에서의 예시만 다루지만, Spring Boot, PWS에서도 커맨드 라인 인터페이스(CLI)가 준비돼 있습니다.

hello-cloud라는 프로젝트가 생성돼(Package Explorer 뷰 그림 11-3 참고) Boot Dashboard에 hello-cloud가 추가된 것을 볼 수 있습니다(Boot Dashboard 뷰 그림 11-3 참고).

그림 11-1 New Spring Starter Project 다이얼로그-1

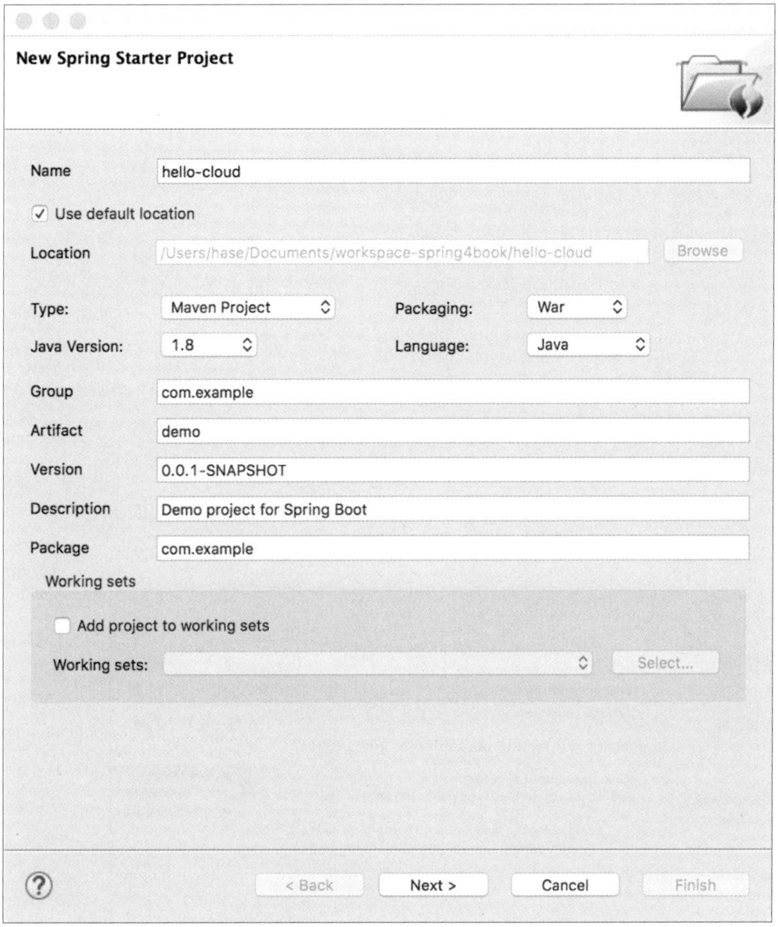

그림 11-2 New Spring Starter Project 다이얼로그-2

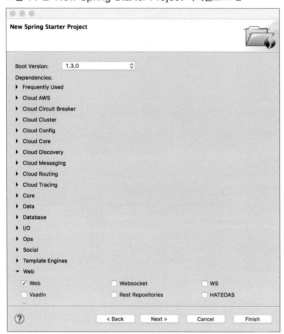

그림 11-3 스프링 부트 첫 화면

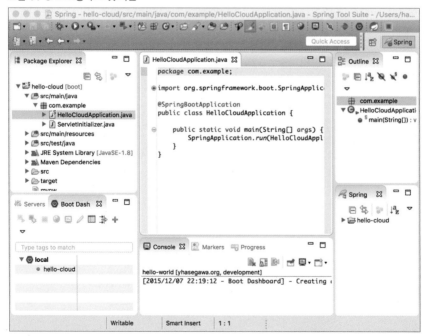

이제 스프링 부트 프로젝트가 만들어졌습니다. 사용하는 라이브러리와 프레임워크의 의존 관계를 Maven의 pom.xml에서 확인해봅시다.

11.1.2 pom.xml과 의존 관계

STS의 Package Explorer에서 Maven Dependencies를 살펴보면 log4j, Hibernate Validator 또한 내장된 Tomcat 등 필요한 라이브러리와 프레임워크가 이미 사용할 수 있는 상태라는 것을 알 수 있습니다. 다음으로 이러한 의존 관계를 정의해주는 pom.xml에서 설정이 어떻게 정의됐는지 살펴봅시다(리스트 11-1). 설정이라고 들어가 있는 것은 boot, boot, boot……[5] 같은 dependency가 몇 개 적혀있을 뿐이고 복잡한 의존 관계 설정은 필요하지 않다는 사실을 알 수 있습니다. 스프링 부트에서는 필요한 라이브러리나 프레임워크의 의존 관계를 하나하나 설정하지 않아도 필요한 모든 설정을 자동으로 추가해줍니다.

리스트 11-1 pom.xml

```
... ( 생략 ) ...
<groupId>com.example</groupId>
<artifactId>demo</artifactId>
<version>0.0.1-SNAPSHOT</version>
<packaging>war</packaging>

<name>hello-cloud</name>
<description>Demo project for Spring Boot</description>

<parent>
  <groupId>org.springframework.boot</groupId>
  <artifactId>spring-boot-starter-parent</artifactId>
  <version>1.3.0.RELEASE</version>
  <relativePath/> <!-- lookup parent from repository -->
</parent>

<properties>
  <project.build.sourceEncoding>UTF-8</project.build.sourceEncoding>
  <java.version>1.8</java.version>
```

---

[5] 자세한 내용은 [Spring Boot Reference, Starter POMs] http://docs.spring.io/spring-boot/docs/current/reference/htmlsingle/ #using-boot-starter-poms를 참조합니다.

```
        </properties>

        <dependencies>
          <dependency>
            <groupId>org.springframework.boot</groupId>
            <artifactId>spring-boot-starter-web</artifactId>
          </dependency>

          <dependency>
            <groupId>org.springframework.boot</groupId>
            <artifactId>spring-boot-starter-tomcat</artifactId>
            <scope>provided</scope>
          </dependency>
          <dependency>
            <groupId>org.springframework.boot</groupId>
            <artifactId>spring-boot-starter-test</artifactId>
            <scope>test</scope>
          </dependency>
        </dependencies>
        ... ( 생략 ) ...
```

11.1.3 소스 코드 분석

다음으로 스프링 부트로 샘플 애플리케이션을 실행할 때 호출되는 main 메서드를 가지고 있는 클래스 HelloWorldApplication의 소스 코드를 살펴봅니다.

스프링 부트에서 애플리케이션을 실행하기 위해서는 꼭 알아야 할 두 가지가 있습니다. 지금부터 설명하는 내용은 반드시 기억해두는 것이 좋습니다.

첫 번째는 스프링 부트의 실행 클래스라고 선언하는 어노테이션인 @SpringBoot Application입니다(리스트 11-2 ❶). 이 어노테이션은 JavaConfig의 @Configuration 및 해당 클래스의 산하 컴포넌트를 모조리 검색해서 @Component, @Service, @Controller 그리고 @Repository 등에 대해 DI해주는 @ComponentScan, 그리고 스프링 부트의 실행에 있어 필수적인 여러 가지 클래스를 로딩하거나 Dispatcher Servlet 등과 같이 web.xml에 추가해야 할 설정 등을 자동으로 해결해주는 @EnableAutoConfiguration 등을 포함하고 있어서 선언해 놓는 것만으로 하나하나 해줘야 했던 귀찮은 설정들을 필요 없게 해주는 아주 편리한 어노테이션입니다.

두 번째는 HelloWorldApplication의 main 메서드에서 스프링 부트를 기동하기 위해 사용
됐던 코드 SpringApplication.run(HelloWorldApplication의 클래스 타입, main 메서드
의 인수였던 String 배열)입니다(리스트 11-2 ❷). run 메서드는 ApplicationContext를
결과값으로써 돌려주지만, 특별히 필요하지 않다면 사용하지 않아도 됩니다.

리스트 11-2 HelloCloudApplication.java

```
@SpringBootApplication  ◀---------------------------------------------------- ❶
public class HelloCloudApplication {

  public static void main(String[] args) {
    SpringApplication.run(HelloCloudApplication.class, args);  ◀------------- ❷
  }
}
```

하지만 이 코드만으로는 애플리케이션을 실행해도 아무 일도 일어나지 않기 때문에 'Hello
World' 메시지를 결과값으로 되돌려줄 수 있도록 @RestController(리스트 11-3 ❶)와 @
Request Mapping을 설정한 hello 메서드(리스트 11-3 ❷)를 추가 작성합니다.

리스트 11-3 변경된 HelloCloudApplication.java

```
@SpringBootApplication
@RestController  ◀---------------------------------------------------------- ❶
public class HelloCloudApplication {

  @RequestMapping("/")
  public String hello() {  ◀------------------------------------------------- ❷
    return "Hello World!";
  }

  public static void main(String[] args) {
    SpringApplication.run(HelloCloudApplication.class, args);
  }
}
```

11.1.4 스프링 부트로 웹 애플리케이션을 실행하기

Package Explorer 뷰에서 hello-cloud 프로젝트를 마우스 오른쪽 버튼으로 선택한 다음, [Run As] → [Spring Boot App]을 선택(그렇지 않으면 Spring Dashboard 뷰상에서 hello-cloud 프로젝트를 마우스 오른쪽 클릭으로 선택한 후, [Start]를 선택)하면 스프링 부트가 실행되는데, 내장 서버인 Tomcat의 기동이 완료되면 브라우저의 URL 입력창에 http://localhost:8080/이라고 입력해 'Hello World!'라는 메시지가 표시되는지 확인합니다(그림 11-4).

스프링 부트의 실행은 이것으로 끝났습니다. Tomcat이 내장됐기 때문에 서버 설정 등을 따로 해주지 않아도 잘 작동합니다. web.xml이나 Bean 설정들도 마찬가지로 해줄 필요가 없었습니다. 이 예제에서는 HSQLDB를 사용하지 않았지만, 만약 사용했다고 하더라도 예제와 같이 직접 설정해줄 필요가 없습니다. 그리고 이렇게 만들어진 애플리케이션을 클라우드 환경에 디플로이하면 그것이 바로 마이크로서비스가 됩니다.

그림 11-4 로컬 환경에서의 실행

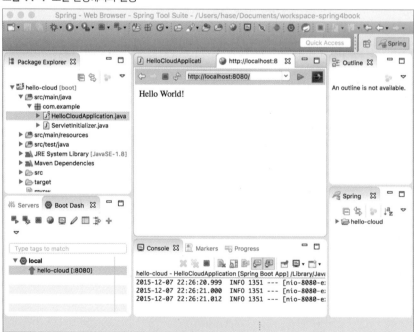

11.2 PWS를 이용한 "Hello World!"

여기서는 앞에서 작성한 웹 애플리케이션을 클라우드에 배치해서 작동시켜봅니다. 사용할 클라우드는 Pivotal Web Service(이하, PWS라 표기. https://run.pivotal.io/)입니다. PWS는 Cloud Foundry(CF) 기반의 Public PaaS로서 공개됐으며, 가입 후 60일 동안 무료로 사용할 수 있습니다.

일단, PWS의 로그인 사이트(https://login.run.pivotal.io/login, 그림 11-5 참고)에 접속한 다음, Create account를 클릭해 PWS의 계정을 생성합니다(그림 11-6).

그림 11-5 로그인 화면

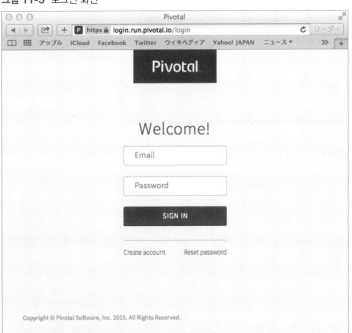

그림 11-6 계정 작성 화면

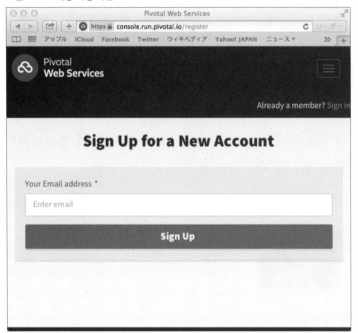

Column1_ Cloud Foundry와 Pivotal Cloud Foundry

Cloud Foundry(이하 CF라 표기)는 Cloud Foundry Foundation이라고 하는 표준 단체에서 개발되고 있는 오픈 소스 PaaS 플랫폼으로서, 보통은 IaaS(AWS, OpenStack, VMware vSphere, Azure 등)나 Linux에 설치해서 사용합니다. Heroku나 Google App Engine, AWS Elastic Beanstalk, 또는 PWS 등과 같이 서비스로 공개된 PaaS가 아닌 점에 주의해야 합니다.

CF의 배포판에는 Pivotal Cloud Foundry(이하 PCF라 표기. https://pivotal.io/jp/platform)가 있으며, Hadoop나 RabbitMQ, Jenkins, Spring Cloud 등과 함께 여러 가지 운영상의 편리한 기능 등, CF에는 포함되지 않은 여러 서비스를 제공하고 있습니다. 일본에서는 NTT 데이터가 애자일 개발 기반으로 PCF를, Yahoo! Japan은 차세대 PaaS 기반으로서 PCF를 발표하고 있는 등, 앞으로 일본에서도 그 활약이 기대되고 있습니다.

11.3 PWS에 로그인하기

PWS는 등록 후 최대 60일간 무료로 사용할 수 있는데, 그 기간에는 yhasegawa.org(이 부분은 '등록한 메일 주소의 로컬 부분.org'가 되므로 자신의 메일 주소를 기준으로 바꿔줍니다)에 development 스페이스[6]가 작성됐다고 가정하고 진행합니다(그림 11-7).

그림 11-7 PWS의 콘솔 화면

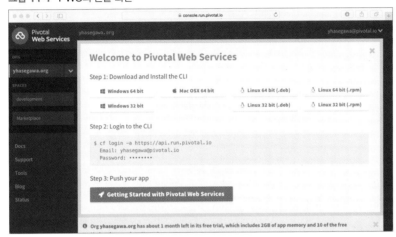

11.4 PWS에 디플로이하고 실행해보기

여기서는 이전 장에서 작성했던 hello-cloud를 PWS에 디플로이해봅니다. 여기에서 설명하는 방법은 먼저 타깃이 되는 PWS를 STS에 연결한 후 hello-cloud를 PWS에 디플로이해 실행하는 것입니다[7].

그럼 가장 먼저 타깃이 되는 PWS를 STS에 연결합니다. 일단, Boot Dashboard 뷰에 있는 녹색의 [+] 아이콘을 클릭합니다. Add Cloud Foundry Target 다이얼로그(그림 11-8)가 표시되면 PWS에서 등록했던 메일 주소와 패스워드를 입력하고, [select space] 버튼을 클릭

---

6 CF에서는 스페이스라고 불리는 관리 단위에 대해 애플리케이션을 디플로이합니다.

7 디플로이는 커맨드 라인에서도 실행할 수 있습니다.

해서 development 베이스를 선택한 다음 [Finish] 버튼을 클릭합니다.

그림 11-8 Add Cloud Foundry Target 다이얼로그

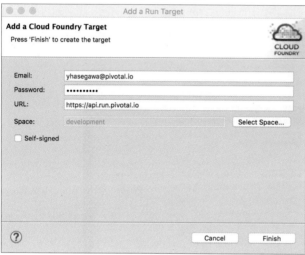

잠시 기다리면 Boot Dashboard 뷰에 yhasegawa.org:development가 생성됩니다(그림 11-9).

그림 11-9 추가된 Cloud Foundry Target

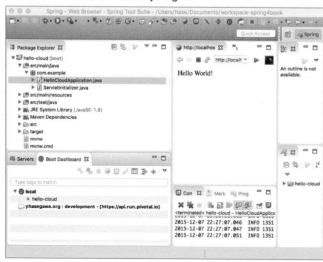

이상으로 PWS를 STS에 연결했습니다. 계속해서 디플로이해봅니다.

먼저 hello-cloud 프로젝트(그림 11-3 Package Explorer 뷰 참고)를 드래그해서 Boot Dashboard 뷰의 yhaseawa.org로 드롭해줍니다(그림 11-3 Boot Dashboard 뷰 참고). 그러면 [그림 11-10]과 같은 Enter Application Deployment Properties 다이얼로그가 표시되는데, 이제 [Finish] 버튼을 클릭합니다.

그림 11-10 Enter Application Deployment Properties 다이얼로그

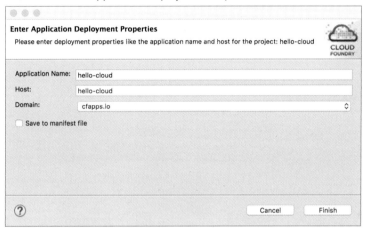

잠시 후 hello-cloud 프로젝트가 yhasegawa.org에 디플로이되면서 기동됩니다(그림 11-11).

이것으로 네트워크에 연결만 되면 어디에서나 'Hello World!' 메시지를 볼 수 있습니다. 브라우저에서 http://hello-cloud.cfapps.io/를 입력하면 'Hello World!' 메시지가 표시됩니다(그림 11-12).

그림 11-11 추가된 hello-cloud 프로젝트

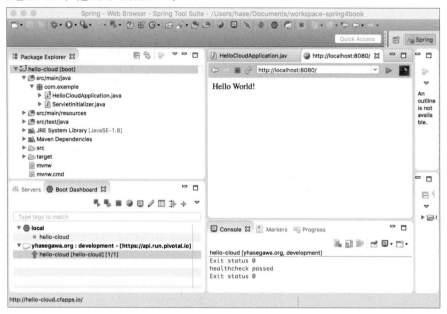

그림 11-12 클라우드에서의 실행

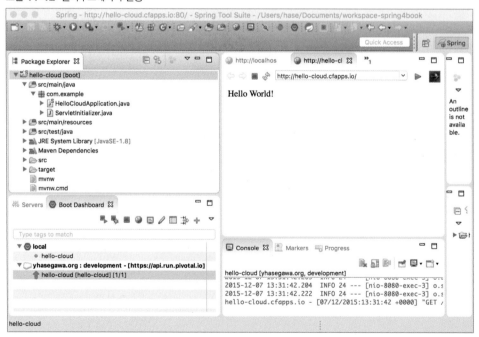

마지막으로 PWS의 콘솔에 액세스해서 hello-cloud의 상태를 확인해봅니다(그림 11-13). 콘솔 화면에서도 알 수 있듯이, hello-cloud의 시작 및 정지는 STS의 Boot Dashboard 뷰에서도, PWS의 콘솔에서도 할 수 있습니다.

또한 현재로서는 그다지 의미가 없는 것일 수도 있지만, PWS의 콘솔에서 인스턴스 및 메모리를 추가할 수도 있으므로 이것저것 조작해봅시다.

그림 11-13 PWS의 콘솔 화면-2

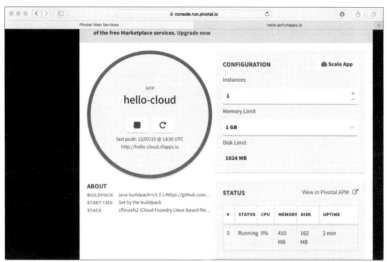

11.5 정리

지금까지 스프링 부트를 사용해 간단한 마이크로서비스(이 장에서 작성한 웹 애플리케이션)를 빠르게 작성하고, PWS에 디플로이한 후 클라우드상의 웹 애플리케이션으로서 공개 및 동작까지 해보았습니다.

이제 여러분은 클라우드 네이티브의 입구에 서 있습니다. 이 입구를 지나 앞으로 나아가면 이 장에서 작성했던 마이크로서비스보다 더욱 쓸모 있는 많은 마이크로서비스를 클라우드상에 동작시키고 스프링 클라우드Spring Cloud를 사용해 마이크로서비스를 관리할 수 있게 될 것입니다.

예를 들면 Spring Cloud Config에서 Bean 정의 파일을 여러 마이크로서비스가 사용하도록 설정한다든지, Spring Cloud Netflix로 여러 마이크로서비스를 연계해보는 것 등이 있습니다.

아쉽지만 이번 장은 여기서 마칩니다. 앞으로 더 나아가고 싶다면 인터넷상의 정보나 JSUG의 세미나 등을 활용해 스스로 진행해보길 바랍니다. 하지만 판매나 물류, 금융과 같은 업무 시스템을 개발하는 현장에 클라우드 네이티브가 필요해지는 시대가 올지는 모르겠습니다(그에 대한 해답 한 가지는 다음 칼럼을 참고합니다).

Column2_ 클라우드 네이티브는 업무 시스템으로도 유효할까?

다르게 표현하면 "과연 클라우드 네이티브로 실제 비즈니스에서 이익을 창출할 수 있을까?"라고도 말할 수 있습니다. 이제까지의 업무 시스템 대부분은 업무 효율화를 통한 비용 절감에 주안점을 두고 있었지만, 최근의 비즈니스에서는 직접 이익을 창출하는 쪽으로 무게 중심이 점점 옮겨가고 있습니다. 이제 과거의 업무 시스템은 비즈니스를 실현하는 시스템으로 그 추구하는 방향이 점점 바뀌어갈 것입니다.

예를 들어 물류 시스템을 생각할 때, '창고(업무)를 어떻게 개선하면 직원을 줄일 수 있을까?'가 아닌, '어떻게 하면 지금 화장실에서 (화장지가 떨어져서) 곤경에 빠진 사람에게 바로 화장지를 전해줄 수 있을까?'를 생각하는 것에 중점을 두는 것입니다.

이제 시스템의 주인공은 사원(비용이 들어가는 사람)에서 고객(비용을 지불하는 사람)으로 변화하고 있다고 생각할 수 있습니다. 그 대표적인 예가 바로 Amazon입니다.

그러한 고객을 주인공으로 해서, 이제까지의 업무 시스템이 아닌 새로운 서비스를 시스템으로 구축하려고 한다면 과거와 같은 '하드웨어부터 먼저 준비해서~' 운운하는 식의 개발 프로세스를 밟아나가는 방식으로는 불가능합니다. 느긋하게 대규모 소프트웨어를 몇 년이나 걸려서 만들고 있을 수는 없습니다. 실제로 동작하는 소프트웨어를 재빠르게 작성해서 시장에 내놓아야 하기 때문입니다.

그래서 클라우드 네이티브 같은 선택지가 필요해지는 것입니다. 마찬가지 이유로 스프링 부트가 있으며, Agile이 있습니다.

처음부터 마이크로서비스가 필요한지 아닌지는 알 수 없습니다. 하지만 새로운 비즈니스로서 이익을 창출하려고 한다면 애자일로 서비스를 만들게 될 것이며, 언젠가는 그러한 서비스들이 늘어나, 각각의 서비스는 생명 주기가 회전할 때마다 기능이 확장될 것입니다. 그리고 각 서비스는 연계돼 언젠가는 마이크로서비스 아키텍처가 될 것입니다. 그리고 예전의 시스템들은 새로운 비즈니스에 맞춰서 변경해야 할 시기가 올 것이라고 생각합니다.

책을 마치며

어느 날 스프링 프레임워크를 이용한 클라우드 네이티브 애플리케이션의 완성을 겨우 마칠 수 있었던 저와 후배들은 시원한 맥주와 맛있는 안주거리를 앞에 두고 선술집에서 이야기를 나눴습니다.

 Coffee break

후배와의 대화

후배 이번 프로젝트는 여러 가지로 공부가 됐습니다.

나 그랬지. 현재로서는 스프링이 자바의 근간이 되는 기술이라고까지 말할 정도니까. 스프링을 이해했다면 한동안 기술자로서 살아갈 수 있을 거야. 하지만 자네가 앞으로 계속 스프링만으로 승부하겠다고 한다면 그건 잘못된 생각이야. 이 세계는 새로운 기술이 계속 등장하고 있으니까 말이야. 이번에도 그랬지만 엔터프라이즈 세계에서는 스프링은 당연한 거고, 더 나아가 고객의 도메인을 어떻게 만들어야 하는지까지 알고 있지 않으면 안 돼.

후배 예. 말씀하신 대로에요. 제아무리 스프링을 쓴다고 해도 업무 프로그램이 엉망이면 결국 변경 용이성이나 테스트 용이성이 엉망인 웹 애플리케이션이 돼버려요.

나 그렇지. 그러니까 DDD(도메인 주도 설계)라든지 클래스나 메서드를 작게 만들자고 하는 S-OP(Small-Object Programming) 같은 것도 공부해두는 편이 좋을 거야. 거기에 하나 더한다면 클라우드 같은 새로운 기술을 이용해 최종적으로는 운영 비용을 낮추는 것에 대해서도 생각하지 않으면 안 돼. 새로운 비즈니스 솔루션은 기술 주도로 생각하지 않으면 안 될지도 몰라. 그런 의미에서 현재 IT는 경영에 직결된다고 할 수 있지. 정상을 목표로 하는 사람이면 앞으로는 지금까지처럼 기술만 할 수 있는 것만으로는 통하지 않을 거야.

후배 그럼 언제까지나 공부, 공부네요.

나 그럴지도 몰라. 하지만 자네도 모처럼 이 업계에 발을 들였으니 '일단 시키신 일은 다 하고 있어요.'라고 말하는 그런 얼빠진 월급쟁이가 되지는 말고 한 사람의 엔지니어로서 최선을 다했으면 해.

후배 물론이죠. 앞으로도 엔지니어로서 노력할 겁니다. 앞으로도 많이 가르쳐주세요.

나 그래. 그렇게 해야지. 그런데 말이야. 다음에는 그걸 한 번 시험해보려고 해.

후배 그게 뭔가요?

나 사실은 말이야. 이번에 지진도 있고 해서, 만들어 놓은 시스템을 어떻게 끝낼 것인지 생각해봤어. 생각해보면 건축물과 같은, 그런 만들어진 물건들은 대개 끝내는 방법을 생각하지 않으니까, 예를 들면 고속도로 같은 것도 보강하고 또 보강해서 유지하려고 하는 면이 있잖아. IT시스템은 지금까지는 건축 같은 것에 비유돼 왔지만, 이제부터는 건축이 IT를 따라서 깔끔한 종료 방법을 생각해보는 것은 어떨까? 예를 들면 이런 생각이 들었는데 말이지.

그렇게 우리의 밤은 즐거운 미래와 희망을 이야기하면서 깊어갔습니다. 우리는 현재에 머물러 있고 싶지 않습니다. 왜냐하면 우리의 가슴속에는 지금보다 훨씬 즐거운 미래와 희망으로 가득 차 있기 때문입니다. 언젠가 여러분과 만나서 많은 이야기를 나눌 수 있기를 기대해 마지 않으며 이 책을 마치고자 합니다. 여기까지 읽어주셔서 정말로 고맙습니다. 여러분이 참여할 프로젝트가 성공하길 바라며, 그리고 무엇보다 유쾌한 동료들과 즐겁게 개발하시길 바랍니다.

INDEX

INDEX

INDEX